U0453313

项目资助

2024年度河南省高等教育教学改革研究与实践项目（本科教育类）重大课题"中国式教育现代化视域下的地方高校一流本科专业高质量发展研究与实践"（课题编号：2024SJGLX0006）

世界一流大学
教学学术国际比较研究

International Comparative Study on the Scholarship of
Teaching and Learning in World-class Universities

杨捷 吴路珂 ◎ 主编

中国社会科学出版社

图书在版编目（CIP）数据

世界一流大学教学学术国际比较研究／杨捷，吴路珂主编．--北京：中国社会科学出版社，2024.9
ISBN 978-7-5227-3493-4

Ⅰ.①世… Ⅱ.①杨… ②吴… Ⅲ.①高等学校—教学研究—比较研究—世界 Ⅳ.①G649.1

中国国家版本馆CIP数据核字（2024）第085375号

出 版 人	赵剑英
责任编辑	赵　丽
责任校对	王　龙
责任印制	郝美娜

出　　版	中国社会科学出版社
社　　址	北京鼓楼西大街甲158号
邮　　编	100720
网　　址	http://www.csspw.cn
发 行 部	010-84083685
门 市 部	010-84029450
经　　销	新华书店及其他书店

印　　刷	北京明恒达印务有限公司
装　　订	廊坊市广阳区广增装订厂
版　　次	2024年9月第1版
印　　次	2024年9月第1次印刷

开　　本	710×1000　1/16
印　　张	27
插　　页	2
字　　数	389千字
定　　价	138.00元

凡购买中国社会科学出版社图书，如有质量问题请与本社营销中心联系调换
电话：010-84083683
版权所有　侵权必究

目　　录

绪　论 …………………………………………………………………… 1

第一章　教学学术的本质 …………………………………………… 8
第一节　教学学术的基本内涵 ………………………………… 8
第二节　教学学术的思想渊源 ………………………………… 27
第三节　教学学术的理论基础 ………………………………… 35

第二章　教学学术的历史沿革 ……………………………………… 46
第一节　教学学术的萌芽时期 ………………………………… 46
第二节　教学学术的开拓时期 ………………………………… 64
第三节　教学学术的发展时期 ………………………………… 79

第三章　教学学术共同体 …………………………………………… 102
第一节　教学学术共同体的内涵 ……………………………… 102
第二节　教学学术共同体所面临的挑战 ……………………… 118
第三节　教学学术共同体的构建 ……………………………… 127

第四章　教学学术能力的发展 ……………………………………… 152
第一节　教学学术能力的内涵 ………………………………… 152
第二节　教学学术能力发展的影响因素 ……………………… 165
第三节　教学学术能力的发展路径 …………………………… 178

第五章　教学学术的模式 ······ 207
第一节　教学学术模式的理论基础 ······ 207
第二节　教学学术的理论模式 ······ 215
第三节　教学学术的经验模式 ······ 231

第六章　教学学术评价 ······ 254
第一节　教学学术评价的基本理论 ······ 254
第二节　教学学术评价的实施策略 ······ 270
第三节　教学学术评价的国别研究 ······ 289

第七章　教学学术制度的建构 ······ 311
第一节　教学学术制度建构的内涵 ······ 311
第二节　教学学术制度建构的路径 ······ 323
第三节　教学学术制度建构的国际比较 ······ 353

第八章　教学学术的伦理 ······ 367
第一节　教学学术伦理释义 ······ 367
第二节　教学学术伦理的成因 ······ 378
第三节　教学学术伦理的践行 ······ 390

参考文献 ······ 417

后　记 ······ 426

绪　　论

教学学术将教学视为系统探究的场所，把课堂中出现的教学问题框定为具有广泛学术意义的问题，从而将教学活动纳入了学术研究的范畴。它旨在对教学实践和学生学习进行系统的反思和探究，在促进学生有效学习和教师专业发展，以及改进高校教学实践等方面具有重要意义。近年来，中国教学学术研究已取得了一定程度的发展，需要进一步拓展国际视野，主动借鉴世界一流大学教学学术的经验与做法。因此，开展世界一流大学教学学术的国际比较研究可为中国教学学术的高质量发展带来思考与启示。

一　中国教学学术的发展

20 世纪 90 年代，厄内斯特·博耶针对美国研究型大学"重科研，轻教学"的现象以及"不发表即解聘"的教师评价机制，创造性地提出了教学学术的概念。在卡内基教学促进会的推动下，教学学术逐渐发展成了一项全球性运动。随着教学学术理念的传播和教学学术运动的全面展开，中国也开始关注和重视教学学术研究，主要从理论研究和实践经验两条主线进行探索。

（一）中国教学学术的理论研究

自博耶提出教学学术以来，中国就开始了对教学学术的初步探索。20 世纪最后十年中，中国学者对教学学术的研究主要体现为翻译介绍性的分散研究，有关教学学术的内容多夹杂在有关"大学教学论""发达国家教育改革""美国高等教育""国际高等教育""卡内基教学促进会"以及"学术职业"的研究中。此时，中国教学学术研究的国别也多局限于美国。21世纪以来，随着中国大学教学与科研功能失衡现象的出现以及教学学术运动在全球范围内的推广，中国开始给予教学学术研究更多的倾斜。中国学者对教学学术进行了更为全面和深入的探索，其研究内容涵盖了国外学者的教学学术思想、教学学术的概念框架、历史发展、共同体构建、保障制度、教学学术能力的内在结构，以及发展路径、评价指标体系与评价方法等；研究国别从美国逐渐扩大到了英国、加拿大以及澳大利亚等国家。在此阶段，中国也开始出台相应的政策支持，以便为开展教学学术理论研究奠定良好基础。例如，2016年《教育部关于深化高校教师考核评价制度改革的指导意见》中明确指出"确立教学学术理念，鼓励教师开展教学改革与研究，提升教师教学学术发展能力"。[①]

（二）中国教学学术的实践经验

随着教学学术在中国的深入发展，越来越多的教学学术实践开始在学校和学科层面展开。2020年8月21日至23日，由北京理工大学主办，国际教与学学术学会（ISSOTL）、中国高等教育学会大学素质教育研究分会、高教发展与评估杂志社等单位承办的"2020中国教与学学术国际会议"上，许多中国学者从学校或学科层面出发，介绍了中国大学推进教学学术的实践经验。例如，福建农林大学构建了以教师教学学术能力为核心的教师教学发展体系；西南交通大学建筑设计学院在不断推进课程体系迭代设计的同时，对教师成长、教研相长和教学创新途径进行了积极探索；[②]华中科技大学教师教学发展中心则开设了以学生为中心的本科教学改革骨干教师培训班。该项目要求教师在培训期间按照

[①] 中华人民共和国教育部：《教育部关于深化高校教师考核评价制度改革的指导意见》，http://www.moe.gov.cn/srcsite/A10/s7151/201609/t20160920_281586.html。

[②] 庞海芍、曾妮、高琦：《推进大学教学学术，改革教师评价体系——"2020中国教与学学术国际会议"综述》，《高教发展与评估》2021年第3期。

以学生为中心的教学理念设计一门课,完成一个教学学术课题,并发表一篇学术论文。①

虽然与欧美发达国家相比,中国教学学术的发展尚处于起步阶段,但近年来教学学术在中国呈现出了良好的发展态势。许多大学已经在理论和实践层面积累了一定的经验,初步构建了相应的教学学术共同体、教学学术能力培养体系和评价机制等。在充分借鉴世界一流大学教学学术发展经验的基础上,中国教学学术制度体系一定能得到进一步完善。

二 世界一流大学教学学术的主要特征

世界一流大学具有高质量的师资队伍、优秀的生源、卓越的研究、高质量的教学、充裕的经费、学术自由和自主治理结构等,这些优势为实施教学学术提供了有利条件,促进了一流大学核心竞争力的形成,为学生提供了优质的教育资源和发展机遇。

(一) 共同体组织结构层次化

教学学术共同体是一种由对教学学术具有共同目标的成员组成的组织,其核心特征是成员间的合作、成果共享以及共同进步。这种共同体不仅强化了成员间的合作关系,更是通过共享优质的教学资源、丰富的教学经验等方式,显著地提升了教与学的质量,优化了教学效果。世界一流大学在构建教学学术共同体时特别注重构建层次化的组织结构。具体而言,在成员层次方面,世界一流大学将教师的专业发展路径、学生的教学参与度与教学学术共同体的构建紧密结合。于是,教师和学生作为教与学的主体,都能在教学学术共同体的互动中,不断探索、思考、交流并付诸实践,实现持续的自我提升。在组织结构层次方面,世界一流大学通常会构建校、院、系(或学科)三级运行体系。这三级体系之间形成了一种有机合作关系,共同为教学学术的深入发展提供支持。在这样的共同体中,每个成员都能得到各级组织的支持和保障,从而避

---

① 赵炬明、李蕾:《如何做好大学教学学术研究:一个案例分析》,《高等教育研究》2021年第9期。

免了个人主义和孤立无援的问题。在交流层次方面,世界一流大学实施以教学学术项目为牵引的交流活动,提供文献阅读、口头探讨、写作交流等多途径交流的方式,旨在为构建教学学术共同体提供多样化平台。多样的交流活动不仅促进了知识的传递和思想的碰撞,更为共同体的成员提供了宽广的视野和丰富的资源,促使他们在教学学术领域取得更大的成就。

(二) 教学学术能力发展路径多元化

教学学术能力不仅强调教学与研究的结合,更注重通过教学研究反哺教学,使教学与科研相互促进,塑造教学与科研同向发力的新生态。发展高校教师教学学术能力是促进教师专业发展以及提高高校核心竞争力的关键。基于此,世界一流大学致力于从多方面探究发展高校教师教学学术能力的路径,以期将教学学术真正融入高校文化,为提升教师教学学术能力提供全方位的支持。就宏观层面来说,世界一流大学主要通过完善教学学术奖励制度、优化教师晋升制度,以及改革教学学术评价制度的方式为教师教学学术能力的发展提供制度保障。就中观层面来说,世界一流大学致力于建立教学学术项目、搭建教学学术共同体及开发数字教学工具,旨在为教师教学学术能力的发展提供外部支持。就微观层面来说,世界一流大学着重鼓励教师开展教学学术研究,激发教师发展教学学术能力的动力。概述之,通过多元化的教学学术能力发展路径,世界一流大学不仅能不断发展教师的教学学术能力,提升教学学术能力水平;同时,世界一流大学的实践经验也为其他高校提供了有益的借鉴,有助于推动高校教师教学学术能力的整体发展。

(三) 制度支持体系全面化

教学学术作为高等教育内涵式发展的重要一环,对增强教师的教学专业能力、改善学生的学习体验与提高教育质量有着深远的影响。随着教学学术理念、实践不断地更新与深化,高等教育机构中现有的支持教学学术发展的制度体系逐渐显得有些滞后。为适应高等教育的发展需求,进一步推动教学质量的提升,世界一流大学纷纷着手对支持教学学术的制度体系进行改善，建立了一套全面化的教学学术制度支持体系。

首先，全面化的教学学术制度支持体系需要在规章政策上对其进行保障。这包括国家在高等教育上宏观的政策支持、世界一流大学的战略发展方向以及大学内部院系的规章制度等。只有在政策上确定了教学学术的地位，才能更好地建构全面化的教学学术制度支持体系。其次，师资队伍的建设也是世界一流大学全面化教学学术制度体系的重要组成部分。建立一支高水平的教学学术型教师队伍，既要注重各阶段教师教学专业技能的传授，更要培养教师在教学上的创新精神。通过对教师管理制度进行改革与完善，激发教师的教学热情，提高其教学水平，使教学学术更具有活力与吸引力。最后，全面化的教学学术制度支持体系还需要良好的教学学术生态环境的烘托，和谐、宽容的教学学术生态环境使教学学术制度支持体系得到了较为完善的落实，并推动了大学整体学术水平的提高。

(四) 学术评价机制科学化

学术评价对高等教育具有极其重要的意义，它不仅是衡量教育教学质量的标尺，更是促进教学与研究的动力，世界一流大学在开展教学学术实践中形成了科学的教学学术评价机制。

第一，世界一流大学教学学术评价机制具有科学的理论依据。第四代评价理论、动机期望理论和人本理论在教育教学领域的广泛应用为教学学术评价机制的科学化提供了理论上的指导，指明了教学学术的评价方向与原则。第二，科学化的教学学术评价机制充分地考虑了评价主体的多元化。传统的评价方式往往偏重教师自评，而忽略了来自学生、教师同行及教学管理者等主体的评价反馈。世界一流大学在教学学术评价中将这些易被忽视的主体纳入其中，不仅收集了各方利益相关者的反馈信息，使得各类的评价信息能够相互补充，而且可以有效地保障教学学术评价的多样性与公正性。第三，世界一流大学科学化的教学学术评价机制还包括了评价方法与标准的灵活多样。在评价方法上，世界一流大学采用定性评价与定量评价相结合、过程性评价与终结性评价相结合的方式，这种综合的评价方式能够更为细致地了解教师的教学理念和教学方法，为教师的教学改进与研究提供科学的指导。在评价指标上，世界一流大学的教学学术评价机制并非仅依赖于量化指标，而更为关注教师的全部教学活动，对不同的教学表现采取不同的评价标准，以此来提高评价的针对性，保障评价的个性化与差异化。

三　世界一流大学教学学术的发展趋势

在三十余年的发展历程中，世界一流大学已经形成了一套相对完整的教学学术制度体系，并以此为基础开拓出了新研究视角和领域，从而为教学学术的发展提供了新动力。目前，世界一流大学教学学术发展总体上呈现出三种趋势。

（一）教学学术参与主体范围的扩大

在博耶最初的观点中，教学学术的侧重点是教师的教，属于教的学术。而博耶的继任者舒尔曼则丰富了教学学术思想，将教学学术的内涵扩展为"教与学的学术"，强调了教师对学生学习的探究。随着教学学术理论与实践的不断发展，学者们逐渐认识到，教学是一个双边活动的过程，它不仅包含教师的教，还包含学生的学。想要真正改善学生的学习，仅靠教师是不够的，还必须充分发挥学生在教与学研究中的作用。因此，许多学者呼吁重新定位学生在教学学术中的角色，加强学生在教学设计、管理、评估等方面的作用。世界一流大学意识到了学生参与教学学术的重要性，并通过采用多样化的措施提高了学生在教学学术活动中的参与度。例如，学生与教师共同开展教学学术项目，通过设置资金、奖项等措施确保学生参与的程度与质量。随着学生参与教学学术理念与实践的发展，世界一流大学教学学术实现了研究视角与实践层面的创新发展，并且在学生参与形式上不断丰富创新，从整体上推动着教学学术的进步与发展。

（二）教学学术制度体系的完善

自 1990 年"教学学术"这一术语被正式提出以来，世界一流大学在教学学术制度体系建设方面得到了持续性的发展，在教学学术组织、管理以及规范等方面形成了较为完整的制度体系。首先,在政策层面,许多国家和地区通过出台相关政策,保障了教学在大学中的地位,确保了教学能够获得与科研工作同等的待遇。其次,在教师管理方面,许多世界一流大学建立了完善的师资培训制度,通过将预备师资培养融入研究生教育,进而保障了大学教师资源在数量和质量上的稳定。同时,世界一流大学还注重发挥奖励制度对教师教学的激励作用。例如,将教学作为教师晋升与评价的重要指标、提升教学在日常工作中的占比等。这些规定有力地推动了教学学术的制度化发展。最后,在大学环境方面,世界一流大学注重通过培育教学与科研并重的学术生态环境来强化大学教学职能,在大学文化认知层面保障教学学术的制度化发展。教学学术制度体系的完善为教学学术活动的开展提供了坚实的制度基础,有力地推动了教学学术的发展。

(三) 教学学术伦理意识的觉醒

随着教学学术的深入发展,学术伦理开始成为该领域学者所关心的话题之一。在教学学术中,学生往往是"被研究者",而教师则扮演着"教育者"和"研究者"的双重角色。这种双重角色导致的利益冲突、教师和学生之间固有的权力差异等因素将加剧学生的"脆弱性",进而导致伦理问题的产生。除此之外,教学学术自身的复杂特征也导致了一些新的伦理问题的出现。例如,研究者在使用学生论文或考试数据时是否需要获得学生的许可?什么程度的许可是合适的?该如何获得许可?研究者是否需要向大学的伦理审查委员会递交其研究设计?学生在教学学术中是人类受试者吗?研究者是否需要学生的知情同意才能开展研究或出版研究成果?在面对这些问题时,世界一流大学通过开展研究者伦理培训、简化教学学术伦理审查程序、改进教学学术研究设计、将学生视为共同研究者以及引入独立的第三方等途径,强化了研究者的伦理意识,帮助研究者在与课堂相关的各种权利和责任之间取得了平衡,从而确保了教学学术活动符合道德规范。

第一章 教学学术的本质

当前,教学学术已成为高等教育界讨论、研究和实践的热门话题。从本质上讲,教学学术是对教学和学习采取批判性和研究性方法展开思考,并在这样做的过程中,试图提高教学角色的地位。教学学术的本质在于其实践性、学术性和对教师自身发展的关注。这些特征共同构成了教学学术的独特内涵,使其成为推动教育发展的重要力量。通过全面探索教学学术的自我实现和成就的认识论和方法论体系,可以更好地理解和应用教学学术,进而提升教学质量和学生的学习效果。

第一节 教学学术的基本内涵

教学学术既是一种运动,也是一种思想,并与围绕研究与教学关系的讨论紧密相连。教学学术的发展在一定程度上是对量化研究的反映,高等教育学者发现研究与教学之间没有很强的关系,这产生了政策后果,对研究和教学的资助和监督日益脱钩。在这样的环境中,人们担心研究职能会变得越来越突出,特别是在领先的大学中,从而导致人们认为需要重新强调教学和学习的重要性。

一 教学学术的界定

什么是教与学的学问?阿尔伯特大学的卡罗琳·克莱博和布伦斯威克大学的帕特里夏·克兰顿提出了被称为教学学术的三个递进的理念:第一个重视教学研究,第二个强调教学的卓越,第三个涉及教育理论和研究在实践中的应用。①

(一) 教学学术的定义与特征

教学学术是一个综合性的概念,它涉及多个学科和领域的知识,旨在提高教学质量和学生的学习效果。它强调从实践中提取问题、进行多学科综合研究、注重理论与实践的结合,并关注教育的效果与质量。通过教学学术的研究和实践,教师可以不断提升自己的教学能力,推动教学的创新与发展。

1. 定义

1990年博耶在其工作报告《学术反思——教授工作的重点领域》中,正式提出教学学术的思想,并且对教学学术理论进行了初步建构。但是,他只给出了教学学术的描述性定义,没有明晰教学学术概念和内涵,导致教学学术的定义成为不甚明确的话语。

首先,关于不同学术个体对教学学术定义的界定。博耶将教学学术界定为:"教师应从事原创性研究,即摆脱个体研究,在理论与实践之间建立起联系的桥梁,并将个体知识有效地传达给学生"②,强调教师在提高教学质量中的作用,即强调"学术";帕特·赫钦斯和舒尔曼认为:"教学学术并不等同于优秀的教学。这需要走向一种'元分析',在这种情况下,教师(学术型教师)设计并系统地调查与学生学习相关的问题、学生学习发生的条件、它看起来像什么、如何深化学习等等,这样做不仅是为了改善他们自己的课堂,也是为了推进课堂以外的实践。"③ 与博耶相比,赫钦斯和舒尔曼更加强调教师对学生学习的探究,强调"教学"。十多年后,赫钦斯与卡内基教学促进基金会的玛丽·胡博和安东尼·西科尼进一步完善了教学学术定义,即认为"教学

---

① Carolin Kreber and Patricia A. Cranton, "Exploring the Scholarship of Teaching", *The Journal of Higher Education*, Vol. 71, No. 4, 2000, pp. 476-495.

② Ernest L. Boyer, *Scholarship Reconsidered: Priorities of the Professoriate*, Princeton: Princeton University Press, 1990, p. 16.

③ Pat Hutchings and Lee S. Shulman, "The Scholarship of Teaching: New Elaborations, New Developments", *Change: The Magazine of Higher Learning*, Vol. 31, No. 5, 1999, pp. 10-15.

学术包括一系列广泛的实践,使教师密切关注和批判性地看待学生的学习,以改进他们自己的课程和计划。也许最好将其理解为一种将学术研究与教学工作中的任何智力任务相结合的方法——设计课程、促进课堂活动、尝试新的教学理念、提供建议、撰写学生学习成果、评估项目。带着关于学生学习的严肃问题进行研究,一个人就进入了教与学的学术领域"[1]。

总体上来看,教学学术的要素包含提问、批判性、对教学实践采取我们可以称之为"研究性"的态度等。除此之外,牛津大学的基思·特里格威尔强调了透明度和公众监督在使教学和学习成为学术过程中的作用,他认为,"我们把学术看作是使学术过程透明并公开,以供同行审查……我们把教学看作是旨在使学习成为可能的学术过程。要做到这一点,大学教师必须了解本学科教学的理论观点和文献,并能够从这些角度搜集和展示他们作为教师的有效性的严格证据。反过来,这又涉及检查、调查、评估、记录和交流。教学学术模型提供了一个框架,使学习过程变得透明。"[2] 显然,教学学术可以使教师成为一名有见识的、质疑的、反思的、批判的和探究的教师,促使他们改进教学,提高学生的学习效率。

其次,关于院校和机构对教学学术的不同定义。博耶的教学学术思想,受到很多院校和机构的认可和赞同,由于没有统一的教学学术概念界定,各个院校和机构在实施过程中,也有各自不同的理解。例如:美国伊利诺伊大学将教学学术界定为:"对教与学的系统反思与公开";威斯康星大学将教学学术理解为:"对教与学问题的系统研究";范德比尔特大学将教学学术理解为:"教学学术是高等教育教学、学习和研究的综合,旨在将学术视角——好奇心、探究、严谨、学科多样性——

---

[1] Pat Hutchings, Mary Taylor Huber and Anthony Ciccone, *The Scholarship of Teaching and Learning Reconsidered: Institutional Integration and Impact*, San Francisco: Jossey-Bass, 2011, p. 35.

[2] Keith Trigwell and Suzanne Shale, "Student Learning and the Scholarship of University Teaching", *Studies in Higher Education*, Vol. 29, No. 4, 2004, pp. 523-536.

带到课堂上发生的事情"①；明尼苏达大学认为"教学学术是对教学或学习问题的系统调查，共享以供审查，传播和可能采取一些改变课堂所做行为的行动。与传统的教育研究和学习科学一起，教学学术有助于为高等教育的课堂教学实践提供证据基础"②；内布拉斯加林肯大学分校认为教学学术是"是一种学术传统，涉及教师系统地检视自己的教学，特别是其对学生学习的影响。……教学学术包括从对个人教学实践效果的叙述性反思，到在同行评审期刊上发表的全面研究项目"③；美国高等教育协会将教学学术界定为"用恰当的学科认识论对教与学进行研究，将结果运用于实践，并进行交流、自我反思和同事评议"；卡内基教学促进会将教学学术定义为："教学学术是对学生学习严格的全面调查，并将结果尽可能地公开供同行评议，以便更广泛地推广和使用；他的首要目的是通过个人和集体的知识建构，尽可能地促进学生学习。"

最后，教学人员对教学学术概念的分类与认识。在一项关于教学学术概念的研究中，墨尔本大学的迈克尔·普罗瑟和他的同事发现澳大利亚教学人员对教学学术概念的一系列分类。这些包括教学和学习的学问是关于：a. 通过收集和阅读文献来了解教学文献；b. 通过收集和阅读教学文献来改进教学；c. 通过调查自己的学生的学习和自己的教学来改进学生的学习；d. 通过了解教学文献并将其与特定的文献和知识联系起来改进自己的学生的学习；e. 通过收集和交流自己在学科内的教学工作的结果总体上改进学生在学科内的学习。④

综上所述，教学学术的定义正呈现出趋于完善和成熟的趋势，虽侧重点不同，但从中汲取出各类定义的关键性、共识性要素包括"教与

---

① Nancy Chick, "A Scholarly Approach to Teaching", https：//my. vanderbilt. edu/sotl/understanding-sotl/a-scholarly-approach-to-teaching/. (2023-07-06)

② University of Minnesota, "A Guide to the Scholarship of Teaching and Learning", https：//cei. umn. edu/teaching-resources/guide-scholarship-teaching-and-learning. (2023-07-06)

③ University of Nebraska-Lincoln, "What is SoTL?", https：//teaching. unl. edu/what-exactly-sotl/. (2023-07-06)

④ Michael Prosser, "The Scholarship of Teaching and Learning：What is it? A Personal View", *International Journal for the Scholarship of Teaching and Learning*, Vol. 2, No. 2, 2008, p. 1.

学、反思、基于证据、批判性、教学实践研究性、同行共享等",同时结合时代特征,本书对教学学术的理解性定义更加偏向于采用卡内基教学促进会对教学学术的定义,并在此基础上进行一些补充即教学学术是对教与学的系统展开批判性、反思性研究,并将基于证据的结果尽可能地公开供同行评议,以便更广泛地推广和使用。

2. 特征

教学学术是学术形式之一,既有学术整体的共性特征也有不同于其他学术形式的个性特征,本部分着重论述教学学术的个性特征。教学学术同其他学术形式一样,都具备系统探究、持续性实践反思、同行评价、公开交流的特征,但作为一种相对独立的学术形式,教学学术又有不同于其他学术形式的独特特征。

(1) 研究主题:教学学术以教与学的问题为研究导向。教学学术的关键特征便是围绕教与学的问题进行探究,以学生学习研究为起点,探究如何开展有效教学。教学学术的研究者需要建立在教与学的知识基础之上,通过反思、准备和探究,促进学生学习。

(2) 研究性质:教学学术研究是跨学科的混合研究。教学学术是以教与学为研究主题的跨学科研究与教育研究的混合研究。既不同于学科研究的单一性与理论性研究,也不同于教育研究的理论性研究,教学学术研究是将学科研究与教育研究相混合的实用性研究,侧重教学实践。[①]

(3) 研究成果:教学学术研究成果具有可交流性、可验证性、可持续性。教学学术研究结果公开但不一定发表,以供同行参考与讨论;教学学术以反思为基础,展开对学科教学知识的探究,生成新的学科教学知识,偏重教学实践,注重成果的转换生成,进一步检验生成的学科教学知识的有效性;教学学术研究成果的得出是一个建立在已有成果基础上持续性地不断累积与改善的过程。

[①] 王建华:《大学教师发展——"教学学术"的维度》,《现代大学教育》2007年第2期。

(二) 教学学术的相关概念

教学学术的内涵经历了不断演变的过程。概而言之，教学学术的内涵经历了以下四个发展阶段，可以看出在概念的明晰过程中，呈现出了一种由"以教为中心"到"以学为中心"的学术转向。

1. "教"的学术

教学学术内涵演变的第一阶段是以博耶为代表的重"教"阶段。博耶未能摆脱传统教育的禁锢，对教学学术的看法主要集中在教师与教学，忽略了学生与学习。博耶认为，教学、研究实际上交织成一种全面的、动态的关系，它们不断地相互影响和重叠，好的教学学术便是教师能够做到通晓专业知识，教学是教师作为学习者所做的学术的、动态的努力。它在传播知识的同时也转化和扩展了知识。在博耶对良好教学的定义中，学习者也有一个关键的位置即通过课堂讨论、评价和质疑将教授推向新的和生成性的方向。[①] 总之，通过对博耶思想的归纳，可以看出"教"的学术，注重教师的教学作用，讲究单向传递与传播知识，忽视学生与学习，是典型的教师教学中心范式。

2. "教与学"的学术

教学学术内涵演变的第二阶段是以舒尔曼为代表的偏"教"阶段。1995年美国高等教育呈现出一种由注重"教"到注重"学"的范式转型。[②] 随着高等教育范式转型，教学学术研究者们也逐渐呈现出一种求平衡的现象。尤以舒尔曼为代表，认为教与学紧密联系，二者不可分，主张教学学术既是教的学术又是学的学术，是对教和学两个方面的综合性系统研究。舒尔曼的"教与学"的学术得到广大学术研究者的认同，"教与学"的学术（SoTL）逐渐取代"教的学术"（SoT）。

3. "学与教"的学术

教学学术内涵演变的第三阶段是偏"学"阶段。在第二阶段教与

---

① Ernest L. Boyer, *Scholarship Reconsidered: Priorities of the Professoriate*, Princeton: Princeton University Press, 1990, p. 24.

② Robert B. Barr and John Tagg, "From Teaching to Learning—A New Paradigm for Undergraduate Education", *Change: The Magazine of Higher Learning*, Vol. 27, No. 6, 1995, pp. 12-26.

学的基础上更偏向学习，成为"教与学"的学术。这一阶段呈现出以"学"为主，以"教"为辅，以"教"促"学"。教学学术的研究和发展以学生学习为起点和落脚点，教师的教学为学生学习服务，教师应注重反思和观察，为学生创设学习环境。这一阶段的教学学术研究完全改变了以往教师主动、学生被动的知识传递方式，形成了一种学生主动建构的新氛围。

4. "学"的学术

教学学术内涵演变的第四阶段是以特里格威尔为代表的重"学"阶段。进入 2010 年以后，教学学术的内涵发生了新的转变，从一个相对求平衡的阶段转为重"学"的阶段，成为"学"的学术。这一阶段的教学学术特征便是将学生学习置于教学学术研究的中心地位，鼓励学生积极参与，从教师主导研究转为学生团体主导研究，从教师反思问题转向学生呈现问题。正如特里格威尔所言："这种学术视知识的创造工作为学生和教师共同努力的结果，将学生视为学术研究的伙伴主体，取代以往的指导与被指导关系。"[①]

(三) 教学学术的多维关系

高等教育中的教学学术是一种相对较新的理念和实践，对于教学学术是什么依旧是争论的焦点，不乏出现一些将教学学术等同于教学研究或等同于基于循证的实践研究的现象。

1. 教学学术与研究

关于高等教育中教学学术与教学研究之间的意义和关系已有很多讨论，而博耶在 1990 年对现代大学的研究和教学状况所做的分析是最有影响力的例证之一。一般意义上的教学研究是为了增强教师对教与学理论或概念的理解，是基于相关文献并对该领域做出实质性贡献的学术活动；教学学术是为实践提出建议，基于实践的循证批判性反思，旨在改进实践。根据此基本定位，可以看出高等教育内教学学术的特殊性在于

[①] Keith Trigwell and Suzanne Shale, "Student Learning and the Scholarship of University Teaching", *Studies in Higher Education*, Vol. 29, No. 4, 2004, pp. 523–536.

可以在一般性和情境性之间相互作用，研究可以产生一般性的描述和思维方式，但教学学术可以赋予个别学科或学者在自己的教学或学习环境中对一般性意义产生情境性意义。教学研究是更通用和一般性的，而教学学术则是更具体和情境性的，将通用的研究放在学科内。总而言之，教学学术不是传统意义上的研究，是一项以实践为导向的活动。

2. 教学学术与学术性教学

国际教师学者联盟主席劳里·利奇林是最早专门论述学术性教学与教学学术的研究者。教学学术的概念，正如博耶所论述的那样，实际上包括两种不同的活动：学术教学和由此产生的学术。学术教学与教学学术密切相关。然而，它们的意图和产品都不同。因为学术教学和教学学术对学院的生命都是至关重要的，所以澄清它们并使之可操作是很重要的。利奇林认为，教学学术是建立在学术教学的最终成果之上的。学术性教学的目的是影响教学活动和由此产生的学习，而教学学术的结果是在适当的媒体或场所进行正式的、同行评议的交流。

3. 教学学术与其他三种学术

博耶在《学术反思——教授工作的重点领域》一书中提出了大学教师的学术活动包括四种范畴：发现的学术、整合的学术、应用的学术和教学的学术。[1]

发现的学术是指教师在专业领域进行创新性的研究，产生新的知识和理论，为社会和人类提供智力支持；整合的学术是指教师将不同领域或层次的知识进行整合、梳理、阐释或批判，形成新的见解或观点，为社会提供智慧和启示；应用的学术是指教师利用自己的专业知识和技能，为社会、行业、机构或个人提供咨询、培训、评估等服务，促进社会的发展和进步；教学的学术是指教师对自己的教学进行反思、研究、改进和分享的一种学术活动，其目的是提高教学质量和效果，促进学生的学习和发展，推动教育的创新和进步。

---

[1] Ernest L. Boyer, *Scholarship Reconsidered: Priorities of the Professoriate*, Princeton: Princeton University Press, 1990, p. 16.

教学学术与其他三种学术之间有密切的联系，但也有明显的区别。教学学术与发现学术之间的联系表现为：教师可以将发现成果应用于教学中，提高教学内容的前沿性和实用性；教师可以通过开展研究性教学，培养学生的科研能力和素养；教师可以通过教学活动发现新的科研问题或方向，促进科研创新。而两者的区别表现为：教学学术关注的是教与学的过程和效果，而不是专业领域内的新知识或理论；教学学术以真实课堂为主要场景，而不是实验室或图书馆；教学学术以提升教师自身和他人的教育实践为目标，而不是为了发表论文或获得资助。

教学学术与整合学术之间的联系表现为：教师可以通过整合学术活动，为教学提供更广阔的视野和更深刻的理解，提高教学的层次和质量；教师可以通过教学活动，将自己的整合学术成果传播给学生和同行，引发更多的讨论和反思；教师可以通过教学活动，激发自己对不同知识之间的联系和差异的兴趣和好奇，促进自己的整合学术能力。两者的区别表现为：教学学术以解决教与学中遇到的实际问题为导向，而不是以追求知识本身的价值为导向；教学学术以教师自身的经验和实践为主要依据，而不是以文献或数据为主要依据；教学学术以促进受众（主要是本校或本专业的在校生）的认知发展和素养提升为目标，而不是以形成新的见解或观点为目标。

教学学术与应用学术之间的联系表现为：教师可以将应用对象作为教学对象，将应用内容作为教学内容，将应用过程作为教学过程，实现应用与教育相结合；教师可以通过应用活动了解社会需求和问题，反馈到教学中，提高教育的针对性和有效性；教师可以通过应用活动展示自己的专业水平和社会责任感，树立良好的形象和声誉。两者的区别表现为：教学学术以促进受众（主要是本校或本专业的在校生）的知识获取、能力提升、价值观塑造等为目标，而不是为了解决具体问题或满足特定需求；教学活动以课堂为主要载体，而不是以项目或案例为主要载体；教师在教育活动中拥有较高的主导权和话语权，而不是以平等或从属的身份参与应用学术活动。

4. 教学学术与学科

学科是决定学术工作的内容、方法和规范的知识领域。学科有自己的文化、语言、认识论和价值观，它们影响着教师和学生的教学方式。学科也有自己的研究和学术传统，可能与教学学术的目标和原则不同或冲突。

首先，教学学术与学科多样性。教学学术面临的挑战之一是如何在其调查和实践中适应学科的多样性和特殊性。学科有不同的方式来定义、创造、组织和交流知识。它们也有不同的期望、标准和评价教与学的标准。其次，教学学术需要尊重教师和学生的学科差异和偏好，避免强加"一刀切"的教学模式。教学学术还需要承认，不同的学科对教学学术作为一个概念或实践的熟悉程度或参与程度可能不同。最后，教学学术和学科专业知识。学科专业知识对于有效教学至关重要，因为它使教师能够设计相关和有意义的课程，并为学科的进步作出贡献。教师还需要教育学专业知识，即如何在各种环境下有效教学的知识和技能。教育学专业知识包括理解学生如何学习，应用基于证据的教学原则，采用不同的教学方法，为学生积极参与学习活动提供条件。

5. 教学学术与道德

任何学术活动都要与伦理道德问题相遇，教学学术研究者也绕不开对自己行动的道德判断。加拿大阿尔伯塔省卡尔加里大学教学学术研究人员和机构研究伦理委员会对教学学术伦理问题十分重视。由于教学学术是一个研究人员来自许多不同学科的领域，研究方法的差异延伸到对伦理的看法的差异，因此，来自不同学科的教学学术学者与略有不同的研究传统保持一致，无论是新的还是经验丰富的教学学术研究人员，质疑研究伦理批准的必要性是很常见的。与此同时，由于对该领域缺乏熟悉度，伦理委员会成员一直对批准教学学术申请犹豫不决。反过来，这种混乱又引发了围绕教学学术研究伦理审查过程的一般看法的问题，并使人们对申请和遵守研究伦理批准的担忧永久化。

教学学术和道德意识紧密相关。道德意识是认识和理解一个人的行为或决定的道德维度或含义的能力。教学学术可以通过鼓励教师和学生反思他们自己的教学实践,以及他们如何影响自己和他人,来培养他们的道德意识和责任感;还可以通过让教师和学生接触不同的道德观点或框架;可以通过让教师和学生参与合作或参与研究来培养他们的道德观和责任感。

教学学术也面临着道德困境。道德困境是指存在两种或两种以上道德上可接受或不可接受的行为或决定,但它们彼此不相容或相互矛盾的情况。教学学术可以通过清楚明确的识别、批判性的和系统的分析、公正客观的评估、创造性的和建设性的解决,以及有效和尊重的沟通来解决教学环境中可能出现的道德困境或冲突。通过解决教学环境中可能出现的道德困境或冲突,教学学术可以帮助教师和学生驾驭复杂和动态的教育道德景观。教学学术可以帮助教师和学生做出明智的、合理的、正当的道德选择或决定。

总而言之,教学学术不仅是一种伦理活动,也是一种道德活动;不仅包括遵循伦理原则和指导方针,还包括进行道德推理和反思;不仅包括保护研究参与者的权利和利益,还包括为教育和社会的共同利益作出贡献。

二 教学学术要素

教学学术要素是指构成教学学术的不同方面或组成部分。本部分主要讨论不同学者对教学学术构成观的不同看法,并进行梳理与比较,以期进一步完善教学学术研究。

(一) 三成分说

教学学术要素的三成分说不仅反映了教师在教学实践中的知识、能力和素质水平,也体现了教师作为学术工作者的专业性和学术性。通过不断提升教学学术要素的水平,教师可以提高教学学术水平,为学生的成长和发展提供更好的支持和指导。

1. 迈克尔·普罗瑟的三成分说

迈克尔·普罗瑟认为,教学学术的三个要素是:(1)关注学生学习体验和成果。理解学生的学习体验和成果,以及改善这些体验和成果的方法。(2) 基于证据的批判性反思实践。为了努力改善学生的学习,需要系统地反思从自己的班级和学科中取得的证据,基于证据的批判性反思实践。(3) 改进学术团队的合作。学术人员在学科内部共同努力,将努力取得的成果分享并公开给同事,以改善学生的学习体验和成果。① 这三个要素相互关联、相互依存,但不是固定的或规定性的,它们代表了学术探究的不同方面,可以提高教学质量和影响力。

2. 米克·希利的三成分说

英国格鲁斯特大学教授米克·希利认为教学学术的三个要素包括:(1) 学术教学,通过阅读和应用有关高等教育的研究来提高教与学的实践,它涉及了解相关文献并使用基于证据的方法来改进教学法。(2) 教的学术,使一个人的学术教学公开、接受同行评审和批评的过程,它涉及通过出版物、演讲或其他形式的传播与学术界的其他人分享自己的见解、反思和发现。(3) 教学学术,使用适当的方法和道德原则对学生学习进行系统的探究,它包括提出有意义的问题、收集和分析数据、得出结论以及提出改进建议。这三个要素相互关联、互补,但不是同义词。它们代表了对教学学术的不同程度的参与。

3. 帕特·赫钦斯的三成分说

帕特·赫钦斯认为,教学学术有三个主要组成部分:质疑、证据和公开。首先,质疑(提问)是教学学术的第一个组成部分,涉及识别可以通过教学学术进行调查的教学和学习中的问题或差距。提问可能是出于好奇、不满或改进目标。提问也可以以现有的文献、理论或为探究提供信息的框架为指导。提问可以采取不同的形式,例如描述性问题(发生了什么?)、解释性问题(为什么会发生?)、比较性问题(在不同背景下有何不同?)或评估性问题(效果如何?)。② 其次,证据是教学学术的第二个组成部分,涉及收集和分析来自各种来源的数据以回答问

---

① Michael Prosser, "The Scholarship of Teaching and Learning: What is it? A Personal View", *International Journal for the Scholarship of Teaching and Learning*, Vol. 2, No. 2, 2008, p. 1.

② Pat Hutchings, *Opening Lines*, *Approaches to the Scholarship of Teaching and Learning*, Princeton: Carnegie Foundation for the Advancement of Teaching, 2000, p. 4.

题。证据可以是定量的或定性的或两者的组合。证据可以来自学生作业、调查、访谈、观察或文献综述等，还可以从多个来源或方法对证据进行三角测量，以提高有效性和可靠性。证据应该是严谨的、系统的和道德的。① 最后，公开是教学学术的第三个组成部分，涉及向相关受众传播和交流教学学术的研究结果和影响。公开可以通过各种渠道进行，例如期刊、会议、时事通讯、博客、社交媒体。公开也可以出于各种目的，例如分享见解、产生反馈、贡献知识、影响实践或建立社区。公开应该是尊重的、平易近人的、有影响力的。② 她认为，这三个组成部分对于从事作为一项学术研究的教学学术是必不可少的，它可以改善高等教育的教与学。

(二) 五成分说

教学学术要素相互关联、相互支持，共同推动着教师的教学和学术发展。通过不断提升要素的能力和素养，教师可以更好地履行自己的职责和使命，为培养优秀人才做出更大的贡献。

1. 舒尔曼的五成分说

舒尔曼是斯坦福大学教育学名誉教授，卡内基教学促进基金会前主席。他也是教学学术领域的先驱和领导者，他撰写了多本有影响力的书籍和文章，涉及与教学学术相关的主题，例如教学内容知识、标志性教学法、教学作为社区财产以及教学的道德维度。他还主张将教学学术公开、实行同行评审，以便有助于跨学科和背景的教学与学习的集体理解和改进。他是世界上最受尊敬和认可的教学学术学者和实践者之一，他认为教学学术的构成要素包括愿景、模型、教学内容知识、社区财产、道德承诺。

愿景是指能够想象教学和学习的新可能性，并清晰地表达令人信服的愿景。舒尔曼在《教学作为公共财产：结束教育孤独》中呼吁教学

---

① Pat Hutchings, *Opening Lines*, *Approaches to the Scholarship of Teaching and Learning*, Princeton: Carnegie Foundation for the Advancement of Teaching, 2000, p. 6.

② Pat Hutchings, *Opening Lines*: *Approaches to the Scholarship of Teaching and Learning*, Princeton: Carnegie Foundation for the Advancement of Teaching, 2000, p. 9.

愿景不是孤立或私人的,而是共享和公共的。他认为,教学应被视为一种有助于知识进步和实践改进的学术形式。他还设想了一种重视教师和学习者之间的协作、探究和反思的教学文化。模型是指能够设计和实施反映愿景的教学和学习模型,并测试其有效性和可行性。舒尔曼提出了一种基于教学推理概念的教学模型。他将教学推理定义为教师将其内容知识、教学知识和课程知识转化为有效且引人入胜的教学的过程。他还概述了教学推理的阶段,包括理解、转化、指导、评价、反思和新理解。教学内容知识是指整合学科知识和教学知识,并将其应用于具体环境和情况的能力。舒尔曼将教学内容知识描述为主题知识和教学知识的整合,即教师能够使学生理解其内容。社区财产是指能够与他人分享自己的教学实践和发现,并与同行进行批判性审查和对话。舒尔曼主张建立基于共有财产原则的教学学术。[1] 道德承诺是指面对教与学的道德挑战和责任的能力,行为正直并尊重学生和同事。舒尔曼探讨了教师在工作中面临的道德挑战和责任,认为教学是一种道德活动。

2. 彼得·费尔腾的五成分说

美国依隆大学学者彼得·费尔腾认为,教学学术的构成要素包括对学生学习的探究、基于情境、方法上的严谨、与学生合作进行、适当公开。

对学生学习的探究:教学学术的核心是对学生学习过程的深入探究。这要求教师不仅关注学生的学习结果,还要关注学生学习过程中的体验、策略和障碍。通过这种探究,教师可以更好地理解学生的需求,设计更有效的教学方法。[2]

基于情境:教学学术的研究应该基于真实的教学和学习情境。这意味着教师需要在实际的教学环境中观察和分析,而不是仅仅依赖于理论或模拟的情境。这样可以确保研究结果的实用性和相关性。

---

[1] Lee S. Shulman, "From Minsk to Pinsk: Why a Scholarship of Teaching and Learning", *Journal of the Scholarship of Teaching and Learning*, Vol. 1, No. 1, 2000, pp. 48-53.

[2] Peter Felten, "Principles of Good Practice in SoTL", *Teaching & Learning Inquiry: The ISSOTL Journal*, Vol. 1, No. 1, 2013, pp. 121-125.

方法上的严谨：进行教学学术研究时，必须采用严谨的方法论。这包括选择合适的研究设计、收集和分析数据的方法，以及确保研究的可靠性和有效性。严谨的方法可以提高研究结果的信度和效度。

与学生合作进行教学学术的研究应该是教师与学生的合作过程。学生作为教学学术的合作者，可以提供宝贵的视角和反馈，帮助教师更好地理解教学过程和学习经验。

适当公开：教学学术的研究成果应该适当地公开分享。这不仅可以促进知识的传播，还可以鼓励教师之间的交流和合作，从而提升整个教育领域的教学质量。

这五个要素不一定是顺序或线性的，而是迭代和循环的，因为教学学术是一个持续的探究和改进过程。

(三) 特里格威尔的多成分说

特里格威尔在已有的五成分基础上对教学学术的构成加以研究，形成了新的教学学术构成观。特里格威尔认为，教师从事教学学术活动受知识（获得关于教学和学习的一般信息和教师自己的学科信息）、反思（对这些信息、教师的特定背景以及两者之间的关系的反思）、交流和观念四个维度的影响，这四个维度是教学学术的必要组成部分，但每个维度之间质的变化与联系又构成了教学学术的多种成分（见表1.1）。[①]

表1.1　　　　　　　　　　教学学术的多维成分

知识维度	反思维度	交流维度	观念维度
使用非正式的教学理论	无效或无意识的反思	没有交流	以教师为中心
掌握一般教学理论		与院系同事交流（如喝茶时间、院系研讨会）	

---

① Keith Trigwell, Elaine Martin and Joan Benjamin, et al., "Scholarship of Teaching: A Model", *Higher Education Research & Development*, Vol.19, No.2, 2000, pp.155–168.

续表

知识维度	反思维度	交流维度	观念维度
阅读文献，尤其是学科教学理论	行动中反思	在地方性或全国性的学术会议上汇报	
开展行动研究，具备概括能力和学科教学知识	对关注点进行反思，教师现在必须知道什么，教师将如何找寻答案	在国际学术刊物发表成果	以学生为中心的教学

资料来源：Keith Trigwell, Elaine Martin and Joan Benjamin, et al., "Scholarship of Teaching: A Model", *Higher Education Research & Development*, Vol. 19, No. 2, 2000, pp. 155-168。

三 教学学术的意义

教学学术的意义在于提升教学地位、增强教学有效性、提高教学质量以及促进教师专业发展等方面。它不仅有助于推动高等教育的发展，还有助于培养更多具有创新精神和实践能力的人才。

（一）教学学术的层级功能

教学学术是一个研究领域，旨在通过进行系统、严格和符合伦理的研究，并将研究结果传播给学术界和社会，来改善高等教育中的教学和学习。教学不仅包括调查什么在教学中起作用或不起作用，还包括为什么和如何起作用或不起作用，以及对学生、教师、机构、学科和社会的影响和后果。教学学术对不同的教育利益相关者，如学校、教师和学生，起着不同的作用。

1. 学校层面

教学学术对提供高等教育的学校，如学院或大学发挥着如下作用：首先，教学学术可以通过提供基于证据的见解、策略、创新和建议来改进课程设计、教学实践、评估方法、学习环境、学生支持服务和教育提供的其他方面，从而提高学校教与学的质量和有效性。[①] 其次，教学学术可以通过展示他们对教育实践和成果的学术探究、反思、改进和传播，展示学校在教学方面的承诺和卓越。这可以提高他们的声誉、认

---

① Kathleen McKinney, *Enhancing Learning Through the Scholarship of Teaching and Learning: The Challenges and Joys of Juggling*, Bolton: Anker Publishing Company, 2007, p. 125.

可、认证、排名，以及对未来学生、员工、合作伙伴、资助者和雇主的吸引力。① 最后，教学学术可以通过提供相关数据、分析、评估、反馈以及解决教育问题、挑战、机遇和目标的建议，为学校的教学政策和决策提供信息。这可以帮助学校将他们的愿景、使命、价值观、战略、计划、行动和资源与他们的教育目的和期望结合起来。

2. 教师层面

教学学术对于作为参与者的高等教育的教师发挥着如下功能：首先，教学学术可以通过为教师提供最新的、相关的、可靠的和有效的信息来增强教师的知识和理解。教学学术还可以帮助教师加深对他们自己的教学实践、学生的学习过程、学科的认识论以及教育背景和挑战的理解。其次，教学学术可以通过向教师提供反馈、指导、支持、资源、工具、模型、范例和创新来改善教与学，从而提高教师的实践和绩效。最后，教学学术可以通过为教师提供发展和展示其教学专业知识、学术生产力、职业身份和职业发展的机会，来促进教师的发展和认可。教学学术还可以帮助教师从他们的同龄人、机构、学科和社会中获得对他们卓越教学、学术贡献和教育领导力的认可和奖励。

3. 学生层面

教学学术对于作为学习者参与高等教育的学生发挥着如下功能：首先，教学学术可以通过让学生接触到更有效、更吸引人、更有意义、更容易完成的教学实践来提高他们的学习体验和成果，这些教学实践可以满足他们的需求、兴趣、偏好、能力和目标。其次，教学学术可以通过为学生提供发展和应用各种认知、元认知、情感、社交和专业技能的机会来提高他们的技能和能力，帮助学生整合他们在不同环境中的学习、学科和领域，使他们能够适应在复杂的环境中茁壮成长和改变世界。最后，教学学术可以通过让学生接触不同的观点、框架、理论、证据、论点和伦理原则来提高他们的价值观和态度，教学学术还可以帮助学生培

---

① Keith Trigwell, Elaine Martin and Joan Benjamin, et al., "Scholarship of Teaching: A Model", *Higher Education Research & Development*, Vol. 19, No. 2, 2000, pp. 155-168.

养严谨的学术态度、开放性思维、批判性思维、创造力、协作力、反思以及对教与学改进的思考。

(二) 教学学术的多重价值

教学学术的多重价值体现在积累与传播知识、提升教学质量、促进教师专业发展、推动教育改革与创新以及增强学术研究的多样性等方面。这些价值使得教学学术在高等教育和学术研究中具有重要的地位和作用。

1. 拓展学术内涵

教学学术可以通过挑战、丰富、转化和连接学术工作的不同方面，在扩展学术内涵方面发挥作用。

首先，教学学术可以挑战现有的或占主导地位的学术内涵，这些内涵可能会限制或约束高等教育中教与学的认可、欣赏和发展。例如，教学学术可以挑战传统的研究和教学之间的等级制度或二分法，这种制度通常在地位、奖励、资助和评估方面将研究置于教学之上。

其次，教学学术可以丰富现有的或新兴的学术内涵，从而增强或支持对高等教育教与学的认可、欣赏和发展。例如，教学学术可以通过利用各种知识来源（如学科认识论、学习理论、教育研究、教学框架和专业标准）来丰富教与学的理论和概念基础。

最后，教学学术可以连接现有的或新兴的学术内涵，从而创建或增强高等教育中的教与学的协同作用。例如，教学学术可以连接大学教师从事的不同类型或水平的学术，如发现、集成、应用和教学的学术。教学学术认为，这些类型或层次的学术活动是相互依赖、相互补充和相互充实的，可以提高彼此的质量和影响。

2. 改善研究生教育

教学学术可以通过提高从事教学学术研究、教学或学习的研究生的专业发展、教学技能和学术职业前景，在改变研究生教育中发挥作用。

首先，教学学术可以为研究生提供发展和展示其学术能力的机会，如批判性思维、创造力、沟通与协作能力、反思和自我提升能力，从而促进研究生的职业发展。教学学术还可以帮助研究生扩大他们的知识基础，与同龄人和导师建立联系，并为他们的学科和领域的进步作出贡献。

其次，教学学术可以通过为研究生提供访问当前、相关、可靠和有效的信息、研究、文献、数据和证据的途径来提高他们的教学技能。教学学术还可以帮助研究生改善他们的教学实践，评估他们的教学效果，并提高他们学生的学习成果、满意度、参与度和成就感。

最后，教学学术可以通过向研究生提供反馈、指导、支持、资源、工具、模型、范例和创新来提高他们的研究生产率和质量，从而改善他们的学术职业前景。教学学术还可以帮助研究生从他们的潜在雇主，如学术机构或组织，获得对他们优秀教学和学术贡献的认可和奖励。

3. 改变工作方式

教学学术可以在改变工作方式方面发挥作用，在教职员工、学生和机构中推广学术的、基于证据的、协作的和反思的教学方法。

首先，教学学术可以通过鼓励教师参与调查、分析、综合和传播他们的教学实践及其学生的学习过程和结果，来促进教学和学习的学术方法。教学学术也可以帮助教师发展专业知识、技能和能力，成为学科前沿领域的引领者、传播者和探索者。

其次，教学学术可以通过鼓励教师使用最新的、相关的、可靠的和有效的信息、研究、文献、数据和证据来通知、改进和评估他们的教学实践和学生的学习成果，从而促进基于证据的教学方法。教学学术还可以帮助教师使用适当的方法、工具、模型、例子和创新来设计、实施、测量和报告他们的教学干预、策略、创新和建议。

最后，教学学术可以通过鼓励教师与各种利益相关者或教与学的合作伙伴合作，来促进教与学的协作方法。教学学术还可以帮助教师建立网络、社区、团体或团队，以分享与教和学相关的兴趣、目标、期望、责任、资源、反馈、支持和学习。

(三) 教学学术的独特成果

教学学术已经取得了一些独特的成就，使其区别于其他形式的学术或教育研究。这些成就包括：

1. 建立新学术范式

教学学术建立了一种新的学术范式，承认并重视教学是一种学术活动，需要探究、证据、严谨性、创造性和传播。教学学术拓展了研究和教学之间的传统分界线，教学学术还证明了研究和教学是相互关联和互利的活动，可以提高彼此的质量和影响。

2. 创建新实践社区

教学学术创建了一个新的实践社区，将来自不同学科、背景和观点的教师聚集在一起，他们在教学方面有着共同的兴趣、目标、期望和责任。教学学术在从事教学学术研究、教学或学习的教师中培养了一种合作、交流和学习的文化。教学学术还促进了教师和其他利益相关者或教与学的合作伙伴（如学生、学术开发者、教育研究人员、行政人员、政策制定者、资助者、雇主和社会）之间的网络、团体、团队或伙伴关系的形成。

3. 贡献知识体系

教学学术为新的知识体系做出了贡献，促进了对高等教育中教与学现象、挑战、机遇和目标的理解和解释。教学学术利用各种知识来源，如学科认识论、学习理论、教育研究、教学框架和专业标准，来通知、改进和评估教学实践和结果。教学学术还产生了新的理论或概念，解决了教师、学生、机构、学科或社会在教学方面面临的各种问题、难题、需求或挑战。

第二节　教学学术的思想渊源

教学学术是一种将教师作为学者的理念，要求教师以批判性和反思性的态度，运用不同的理论和方法，来研究和改进自己和他人的教学行为和效果。教学学术也是一种跨学科和跨文化的交流和合作，要求教师与学生、同行、管理者等利益相关者共同参与，分享和借鉴不同的经验和见解。

一 哲学范畴的教学学术

教学学术既受到学术和本土环境的影响,也对其自身产生影响,形成了一个动态的互动过程。教学学术的思想起源则涉及复杂的历史、文化和政治因素,不同的地域和学科可能有不同的理解和应用。本部分将从东西方哲学思想和教育学思想两个角度来探讨教学学术的思想起源,分析其异同和互动,并试图为教学学术的发展提供一些启示。

(一) 西方哲学思想

从西方哲学思想来看,教学学术可以追溯到古希腊时期,苏格拉底、柏拉图、亚里士多德等提倡采用理性思维、逻辑推理、知识探索等方法,来寻求真理和智慧,并将其应用于教育领域。他们强调教师应该具备专业知识、教学技能、道德责任等素质,并以此指导和激励学生。西方哲学思想对教育理论和实践产生了深远的影响。

1. 苏格拉底

苏格拉底认为,教育是人类最高的活动,是培养德行、智慧、美感等品质的途径,是实现个人和社会幸福的基础。他最著名的教育思想之一就是"助产术",他认为知识不是从外部灌输给学生的,而是存在于学生内心深处的,教师的任务就是通过提问、引导、反驳等方式,帮助学生发现自己内在的知识,并将其表达出来。[①]

首先,苏格拉底认为,教学不是向学生传递信息或知识,而是让他们参与探究和对话的过程,旨在引发他们对人类重要问题的理解,例如什么是美德、正义、虔诚等。其次,"苏格拉底方法"体现了一种对话式的教学方法。这种方法通过问答来检验和挑战学生和教师的观点和假设,并引导他们逐步接近真理或者意识到自己的无知。最后,"苏格拉底反讽"体现了一种反思式的教学态度。这种态度既能保持自己对知识和真理的谦逊和渴求,又能促使自己和他人对自己所信和所行进行反思

---

① Gustavo Araújo Batista, "Socrates: Philosophy Applied to Education—Search for Virtue", *Athens Journal of Education*, Vol. 2, No. 2, 2015, pp. 149–156.

和审视。

苏格拉底强调教师应该以批判性和反思性的态度,运用不同的理论和方法,来研究和改进自己和他人的教学行为和效果;强调教师应该通过提问、对话、反馈等方式与学生互动,并关注学生如何思考、理解、表达、应用等方面;强调教师应该关注真理的探索而不仅仅是知识的传授,应该以智慧为目标而不是以技能为目标,应该以价值为导向而不是以效率为导向。

2. 柏拉图

柏拉图认为,存在着永恒不变的思想或本质,存在于与物质世界不同的领域中。这些形式是真正知识的对象,只能通过理性而不是感官来获取。柏拉图认为,教师扮演的是引导者角色。教师开展教学不是向学生传授新知识,而是帮助他们记住灵魂中已经知道的东西。他认为灵魂来自观念领域,在那里它可以接触到事物永恒不变的形式,如美、正义、平等。当灵魂进入身体时,它会忘记这些形式,但它可以通过学习来恢复它们,这是一个回忆或追忆的过程。在柏拉图的"教学即回忆"这一思想中充分体现了一些教学学术思想。例如,柏拉图强调学生学习的主体性和主动性,认为学生不是被动地接受教授的知识,而是通过提问、对话和思考,唤起自己灵魂中已有的知识;关注了教师和学生之间的互动和对话,认为教师的作用是引导和启发学生,而不是灌输和训练学生,教师应该与学生建立一种平等和尊重的关系,共同探索真理;体现了对教学过程和结果的反思和评估,认为教师应该不断地检验自己的教学方法和目标,根据学生的反馈和进步,调整和改进自己的教学策略。

柏拉图的思想意味着教学不是从教师到学生的单向信息传递,而是一种激发学生批判性思维和创造力的双向对话和探究。教师不是知识的权威来源,而是帮助学生发现自身潜力、追求自己兴趣的促进者和引导者。学习不是被动接受事实和概念,而是主动探索塑造个人身份和世界观的思想和价值观。

3. 亚里士多德

亚里士多德被认为是诸多学科之父和三段论（一种演绎推理形式）的发明者。亚里士多德提出了一种不同的实质理论，认为一切都是由物质和形式组成的，形式是事物的现实性或本质。亚里士多德还强调观察和经验证据在获取知识中的重要性。他还讨论了不同类型的知识，例如理论知识（为了知识本身）、实践知识（为了行动）和生产性知识（为了创造事物）。

亚里士多德认为，教学不仅是向学生传授信息或知识，而且是培养学生自身的理解力和智慧。他认为教学是一种实践活动，其目的是教师和学生的利益和幸福。他还认为，教学是一种智力美德，需要理论知识和实践技能。亚里士多德实践了一种被称为论证法或辩证法的教学方法，其中包括定义术语、陈述前提、得出结论和提供例子。他不依赖权威或传统，而是依赖理性和证据。他不仅教导事实或概念，而且教导原因和原则。他还教授各种学科，如逻辑学、物理学、生物学、心理学、伦理学、政治学、修辞学、诗学等。亚里士多德不仅是为了获取知识或信息而教学，更是为了提高一个人的品格和灵魂而教学。他认为，美德是一种习惯或性情，是在理性指导下反复行动所产生的结果。他还认为教学是一种道德义务，是对他人的服务，也是表达对智慧的热爱的一种方式。

亚里士多德的思想意味着教学不仅是传递信息或回忆固有思想的问题，而且是开发人的潜力和实现人的本性的问题。教师不仅是促进者或指导者，也是为学生提供定义、演示和例子的专家或大师。学习不仅是接受或回忆，而且是观察、分析和综合。

苏格拉底、柏拉图和亚里士多德对教学学术有着不同的影响。三位哲学家都重视理性和逻辑作为发现真理和增进对现实理解的工具。他们还使用对话和辩论作为向他人教学和学习的方法；都关心伦理道德问题，他们还认为，教育的目的应该是培养学生的品德和智慧。但是，三位哲学家对于知识的本质和来源都有不同的看法。苏格拉底认为知识是与生俱来的，可以通过提问来回忆。柏拉图相信知识源自存在于更高境界的形式。亚里士多德认为,知识来源于这个世界上存在的形式和物质。此外,他们对教师的角色和职能也有不同的看法。苏格拉底认为,教师应该充当助产士,帮助学生诞生自己的想法;柏拉图认为,教师应该充当引导者,引导学生走向形式;亚里士多德认为,教师应该充当专家,为学生提供定义和论证。

(二) 中国古代哲学思想

从哲学思想来看,教学学术可以追溯到中国春秋战国时期,孔子、孟子、荀子等均提倡仁义礼智信等道德原则,心之官则思、日参省乎己的反思意识等方法,寻求道德和秩序,并将其应用于教育领域。

1. 孔子

孔子提出了以仁为核心的道德体系,强调人与人之间的关系和责任,倡导礼仪、忠诚、恕、孝悌等美德。孔子认为教育应该因材施教,不拘一格,不分贵贱,不厌其烦。在孔子的教育思想中也蕴含着一些教学学术的思想。孔子的教育思想中蕴含着许多教学学术的内涵。

第一,教育反思。孔子的"克己内省,改过迁善"是他对道德修养的重视和强调,表明了他对人格完善的追求和期待。孔子认为,克己是指约束自己的欲望和情感,遵循道德规范和社会秩序。内省是指反思自己的言行举止,检查自己的优缺点和过失。改过是指纠正自己的错误和缺陷,提高自己的品德和能力。迁善是指向善而行,实践自己的理想和信念。孔子以此为标准,要求自己和学生都能做到修身齐家治国平天下。第二,教育主体。孔子提倡有教无类的大众化教育,强调教育应该是平等和包容的,不分贵贱、贫富、种族、性别等差异,人人都有受教育和参与教育研究的权利和机会。第三,教学方法。孔子强调德育和智育的有机结合,总结出因材施教、启发诱导、学思并重和温故知新的教学原则。他主张"敏而好学,不耻下问""不愤不启,不悱不发",强调启发式教学,引导学生自主思考和探究,激发学生的学习兴趣和动机,培养学生的思维能力和创新精神,鼓励学生反思自己的学习过程和成果。

2. 孟子

首先，孟子主张教育应该注重以人为本，关爱学生。他认为，教育者应该根据每个学生的个性，采取不同的教育方法，使他们在学习中找到自己的特长和优势，全面提升学生的素质。同时，教育者应该让学生认识到自己的天赋和潜能，鼓励他们自信地面对人生，不怕困难，勇往直前。其次，孟子认为教学的目的是培养"圣人"，即具有仁义智勇等完美品德的人。他强调人性的善良和潜能，认为只要努力修养自己的仁义智勇等品德，人人都可以成为圣人。最后，孟子强调反思的作用。他说"心之官则思，思则得之，不思则不得也"；强调教育应该注重启发思维，让学生主动思考，通过不同的角度和思路来分析和解决问题，从而发展自己的思维能力；强调辩证式教学，运用问答、比喻、引证等手法，激发学生的思辨和判断能力。

3. 荀子

荀子认为，教育的本质在于引导。他强调："故木受绳则直，金就砺则利，君子博学而日参省乎己，则知明而行无过矣。"荀子以木与刀剑为例，来说明人需要不断学习、不断检验自己。荀子提出教育的目的是培养人的道德修养。在他看来，道德修养是教育的最终目的，他认为教育的目的是使人们能够行好事、做好人、修身养性。荀子主张教学的法则是"闻见知行"，教学应遵循闻、见、知、行的教学法则，即学习阶段与过程的统一，闻、见是学习的起点、基础，也是知识的来源。

二 教育学范畴的教学学术

教育学范畴中的教学学术是一个具有重要意义的概念。它强调教学实践与学术研究的结合，关注教学质量和学习效果的提升，推动教学的专业化和学术化，并在整个教育领域发挥重要的推动作用。

（一）西方教育学思想

从西方教育学思想来看，教学学术源于教育家和学者的工作，他们主张在学院中采用更具反思性、循证性和协作性的教学方法。

1. 洪堡

德国教育家洪堡倡导学术自由、卓越研究和跨学科合作。其主要教育思想是：

第一，学术独立和自由原则。大学应该是一个追求真理和创造知识的机构，不受政府或其他外界干预，享有学术自治权和教授治校权。大学的任务是通过发展学术去发展人的个性，而不是为了满足社会或经济的需要。大学的教师和学生都应该有自由选择研究领域和方法的权利，不受课程计划或考试规定的约束。

第二，教学和研究统一原则。洪堡认为，在大学里，教师不仅是传授知识的人，也是创造知识的人。教师应该在潜心进行科学研究的基础上，通过课堂授课的形式，把科学研究中获得的第一手材料和自己的研究方法、研究心得及独特见解，及时传递给学生，使学生尽快了解科学的最新发展、最前沿信息和科学研究的最新手段。

第三，科学统一原则。洪堡强调，大学教育应当能"理解和造成科学的统一"，即把各种科学统一到一定的哲学基础上。也就是说，大学教育应该超越各种不同学科的差异，培养一种掌握和统筹知识的能力，对人类知识的整体把握和人类的知识探求活动提出哲理性的见解。

2. 杜威

杜威认为，教育应该基于学生的兴趣和需求，学习应该是一个主动的社会过程，涉及探究、解决问题、反思和沟通。他还倡导民主教育，让学生为公民意识和社会责任做好准备。杜威强调经验作为知识来源和学习基础的重要性。他认为，当学生与环境互动并从他们的经历中构建意义时，学习就会发生。他还区分了初级体验（与现实的直接接触）和次级体验（通过语言、艺术或科学等符号与现实进行中介和解释的接触）。杜威将探究的概念发展为适用于任何主题或情况的通用思维和学习方法。他将探究定义为"受控或定向地将不确定的情境转变为在其构成区别和关系上如此确定的情境，从而将原始情境的要素转变为一个统一的整体"。① 杜威提倡民主和协作的教育方式,尊重学生和教师的多样性和自主权。他认为,教育应该培养学生和教师的社区意识和社会责任感,让他们参与社会的进步。

(二) 中国教育学思想

从教育学思想来看,教学学术在中国有其深厚的历史根源和文化基础。中国传统教育中有着"师道""师德""师范"等概念,强调教师应该具备高尚的品德、广博的知识、严谨的方法、慈爱的情怀等素质,并以此影响和启迪学生。中国近现代教育中也有着"以人为本""因材施教""德智体美劳全面发展"等理念,强调教育应该关注学生的个性、兴趣、需求、潜能等方面,并以此指导教学的目标、内容、方式、评价等环节。

1. 王阳明

明代思想家和教育家王阳明关注"心学",认为人的内心在发现和了解事物的过程中有很大的作用,他反对朱熹"格物致知"的教育思想,以及传统的教育方法。

首先,强调心灵的作用。王阳明认为,人的内心在认知和行为中起着重要的作用。他主张,"心之所向,焉则知之",即人的内心感受和体验是认知和思考的重要来源。他认为,学生应该通过感官和训练来发现世界和了解事物,不应单单从经典文献和理论中抽象知识。

其次,主张以道义为核心。在王阳明看来,教育的最高目的在于道德实践和探究能力的提高。他认为,道德教育是教育的核心,强调教育应该以道义为核心,而非单纯的学科知识。他认为,教育目的应该是直接的道德实践,而非单纯的道德知识。

最后,发扬主观能动性。王阳明强调,人是能动的主体,不应让信息被动地灌输给学生,而应该让学生通过自我思考发挥自己的能动性。他主张让学生的灵性得到培养和激发,让他们通过自我探索和创造来掌

---

① James Scott Johnston, *Inquiry and Education: John Dewey and the Quest for Democracy*, Albany: SUNY Press, 2006, p.108.

握知识。

2. 陶行知

中国近代教育家陶行知强调教育应该以完善人格、培养公民素质为目的，其教育思想对教学学术发展也有一定的影响。

第一，强调以学生为中心。陶行知提倡教师应该把学生放在教学的中心地位，以学生为主体，更多地关注学生的需求和兴趣，发挥学生的主导作用。他强调，教育不是学校的教书育人，而是教师和学生共同探究和学习的过程。

第二，关注人格完善。陶行知强调人格的完善是教育的核心，他认为，"德育为先，智育为辅"，即道德素质是学生发展的基础，在德育方面应该更注重学生的修身养性和品德培养。他认为，通过道德教育的引导和塑造，可以培养学生自律、自尊、自信、自强的品质，从而更好地发挥自己的才能。

第三，主张教育要注重技能培养。陶行知认为，教育应该注重学生的实用技能培养，强调教育应该与生活和社会实践紧密结合。他提倡学校应该开设各种实践活动课程，让学生通过亲身实践更好地掌握知识和技能，实现知行合一。

第三节 教学学术的理论基础

教学学术是一个探究领域，旨在通过向其他教育工作者公开研究成果来提高高等教育教学的质量和有效性。教学学术的前提是教学不仅是一项实践活动，也是一项学术活动，需要严格的调查、批判性的反思和同行评审。教学学术的理论基础是指构建所依赖的理论概念、原理或框架，通常可以从哲学和教育学的角度追溯，因为教学学术利用各种知识来源和探究方法来解决复杂且多方面的教学现象。从哲学的角度来看，教学学术受到关于教育中知识、现实和价值观的性质和目的的不同认识论、本体论和价值论假设的影响；从教育学的角度来看，教学学术受到学习、教学、课程、评估和教师发展的不同理论和模式的影响，这些理论和模式为教育实践的设计、实施和评估提供信息。

一 教学学术的哲学基础

教学学术的哲学基础可以从美国教育家杜威的实践哲学和社会科学家唐纳德·舍恩的反思实践理论谈起,它们都强调探究、经验和反思在教育中的重要性。杜威认为,教育不是为生活做准备,而是通过积极参与环境而持续生活和学习的过程。舍恩扩展了杜威的思想,提出专业实践涉及处理复杂和不确定的情况,需要使用"行动中反思"和"对行动反思"。

(一) 杜威的实践哲学

杜威的实践哲学是一种独特的哲学体系,它深深地植根于经验主义和实验主义。这一哲学体系强调实践、经验和民主教育的价值,同时主张通过社会改革来推动社会进步。

1. 杜威实践哲学的要义

杜威的实践哲学强调现实生活世界和实践的重要性,反对抽象的、绝对的、不变的真理和现实的观念。杜威强调知识与行动之间的紧密联系。他认为,知识的真正意义在于它的实用性,即知识能够指导我们的行动,并对社会产生积极的影响;主张将知识与实践相结合,认为真正的学习应该是基于经验和实际问题的解决;强调学习的目的是解决现实生活中的问题,而不仅是为了获得抽象的理论知识;主张教育应该是一个以学生为中心的过程,注重学生的实际体验和实践活动。

杜威认为,哲学应该是一种解决人类生活中遇到的各种问题和困难的实践探究,而不是一种脱离实际的理论推演。杜威的实践哲学主要表现在实用主义、经验主义和探究思想三个方面。其一,杜威的实用主义主张思想和信念的真伪并不取决于它们是否符合某种先验的标准或原则,而取决于它们是否能够在实践中产生有利的后果。杜威认为,思想和信念是人类为了适应环境而形成的工具,它们是不断变化和发展的,而不是固定和完成的;事物是人类在实践中与环境互动而产生的结果,它们是有历史性和社会性的,而不是有永恒性和普遍性的。其二,杜威的经验主义主张经验是人类认识世界和自身的唯一来源,也是人类行动和创造的唯一基础。他认为,经验是一种主动参与、有目的地探究、有情感色彩的过程;反思经验是科学、艺术、哲学等领域中最重要和最高级的经验。其三,杜威的探究思想将探究视为人类最本质和最普遍的活动,也是其哲学方法论的核心。探究是指人们在遇到某种困惑或疑问时,通过收集资料、提出假设、进行验证、得出结论等步骤来解决问题或消除困惑的过程。总之,杜威的实践哲学强调了知识与行动的结合,强调了学习的实用性和解决问题的能力。

2. 实践哲学与教学学术运动

杜威的实践哲学为教学学术提供了哲学基础。它强调探究、经验主义、连续性、社会性与教学学术的核心思想相契合,为教师和学者提供了指导和借鉴。

第一,两者都旨在通过探究来改善人类生活。杜威的实践哲学将探究视为解决问题和改善人类生活的一种方式;探究不是一个被动或机械的过程,而是一个主动和创造性的过程;探究是一种社会和合作的过程,涉及探究者之间的沟通、协作和批评;探究不仅是一种认知过程,也是一种情感、道德、审美和身体的过程,涉及人类体验和表达的各个方面。[①] 而教学学术将探究视为提高学生学习成果的一种方式;探究不是一个简单或肤浅的过程,而是一个严格而深入的过程;探究不是一个单独或秘密的过程,而是一个合作和公开的过程,涉及与学生的合作以及在同伴之间传播结果;探究不仅是学术过程,而且是一种专业、个人和社会的过程,涉及教师发展、身份和责任等方面;探究不仅是一种教育过程,而且是一种科学的过程。

第二,两者都强调经验是知识和行动的源泉和基础。杜威的实践哲学强调经验的重要性。他认为,真正的知识来自实践,而不是仅依靠理论。这与教学学术的核心理念相契合,即通过实践和经验来改进教学和

---

① James Scott Johnston, *Inquiry and Education: John Dewey and the Quest for Democracy*, Albany: SUNY Press, 2006, p.109.

学习。杜威的实践哲学强调经验的重要性。他认为真正的知识来自实践，而不是仅仅依靠理论，而反思性经验是人类在初级经验基础上进行的思考、判断、推理、解释等活动，是科学、艺术、哲学等领域最重要、最先进的经验。教学学术与杜威的实践哲学的核心理念相同，两者均主张通过实践和经验来改进教与学。它将实践定义为"对学生学习的系统调查，通过公开研究结果来推进教学实践"。两者都强调实践和经验对于通过探究改善人类生活的重要性。

第三，两者都强调教与学连续性。杜威强调教学和学习的连续性。他认为，教学和学习应该是一个相互促进和相互补充的过程。他还强调教与学的连续性。他认为，教与学是一个相互促进、相辅相成的过程；教学和学习不是分开的或连续的活动，而是相互关联和同时发生的活动。教学学术与杜威教学连续性观点基本一致，两者的共同点是都强调通过探究进行教与学的相互促进和互补。

(二) 舍恩的反思性实践论

舍恩的反思性实践论是一个具有深远影响的理论，它主要探讨的是如何在实践中进行反思，并通过反思来提升实践的效果和质量。

1. 舍恩反思性实践论的要义

舍恩的反思性实践论主张，专业人士在面对复杂和不确定的情境时，需要通过反思来创造新的知识和解决问题。对行动的反思是指实践者在行动结束后对自己的经验、结果和后果进行分析和评价，以提高自己的专业水平和能力。

舍恩认为，专业人士在面对复杂和不确定的情境时，需要通过反思来创造新的知识和解决问题，而不是仅仅依赖技术性的知识和规范。反思性实践是一种对专业知识和实践的批判性的思考和探究，它可以促进专业人士的学习和发展。舍恩提出在行动中反思和对行动的反思两种方式。在行动中反思是指实践者在行动过程中对自己的假设、理论和行为进行批判性的思考，以调整和改进自己的实践。舍恩最初是在城市规划和设计等领域提出反思性实践的理念，后来又将其扩展到教育、管理、社会工作、法律等多个领域。他认为，反思性实践可以帮助专业人士应对不稳定、复杂、多变、有冲突的情境，以及与之相关的价值观、利益、权利等因素。他提出了一些促进反思性实践的方法，如生成性隐喻、框架反思、行动研究等。①

2. 反思性实践与教学学术运动

舍恩的反思性实践论可以作为教学学术的哲学基础，因为它提供了一种对教学知识和实践的新颖和深刻的理解，以及一种促进教师专业发展和教育变革的方法。以下是舍恩反思性实践论与教学学术之间的主要联系：

舍恩反思性实践论强调了实践者与同行、导师、研究者等之间的合作与交流，以促进彼此的学习和发展。这与教学学术的要求相符，即教师要将自己的教学经验、结果和收获与其他教师或研究者分享，并参与相关的讨论、评审、出版等活动。舍恩的反思性实践论对教学学术运动有着重要的影响，它促进了教师成为反思性实践者的理念，即教师不仅要掌握技术性的知识和技能，还要能够在教学中反思和探究，构建适用于特定情境的教学理论。教师成为反思性实践者可以通过多种途径，如微格教学、反思性教学、反思日志、行动研究、叙事研究等。舍恩的反思性实践论也为教师专业发展提供了一个有效的框架，它强调了教师在实践中学习、在学习中发展的过程，以及教师与同行、导师、研究者等之间的合作与交流。

二 教学学术的心理学基础

教学学术的心理学基础是指在教学和学习的过程中，涉及的心理学原理、理论、方法和应用。以心理学为基础可以帮助教师和学生了解自己和他人的认知、情感、动机、行为等方面，从而提高教学质量和效果，促进教师和学生的学习和发展。建构主义心理学和人本主义心理学是教学学术的心理学基础。

---

① Andrew Ortony ed., *Metaphor and Thought*, Cambridge: Cambridge University Press, 1993, p.137.

(一) 建构主义心理学

建构主义心理学是一种认为人类知识是通过主动地与环境交互而建构出来的心理学观点。它强调了个体在知识构建过程中的主体性、创造性和社会性。建构主义心理学认为，教学和学习不是知识的传授和接受，而是知识的协商和共建。教师的角色是引导、支持、激励和促进学生的自主学习，而不是灌输、控制、评判和限制学生的思维。学生的角色是探索、发现、解决和创造问题，而不是被动、消极、依赖和服从。建构主义心理学对教学学术的心理学基础的贡献在于，它提供了一种以学生为中心、以意义为导向、以情境为依托、以合作为方式、以反思为核心的教学和学习模式。

1. 布鲁纳的建构主义心理学要义

美国心理学家布鲁纳认为人类知识是通过主动地与环境交互而建构出来的，而不是被动地接受外部的信息或规则。他强调了个体在知识构建过程中的主体性、创造性和社会性，以及教师在促进学习中的引导、支持和激励的作用。[①]

布鲁纳借鉴了皮亚杰的认知发展理论，提出了三种认知表征的方式：行动表征、图像表征和符号表征。这三种表征方式是可以相互转化和整合的，而不是严格按照年龄或顺序发展的。布鲁纳主张教师应该根据学生的认知水平，采用适当的表征方式来教授知识，并促进学生从一种表征方式向另一种表征方式过渡。[②] 为此，布鲁纳提出了四个教学设计的原则：动机原则、结构原则、程序原则和强化原则，以及一种螺旋式课程的设计模式，即在不同年级或阶段，对同一主题或领域进行反复的教授和学习，但每次都以不同的深度、广度和角度来呈现。布鲁纳认为，任何知识都可以在任何年龄或水平上教授，只要教师能够将知识转

---

① Saul Mcleod, "Jerome Bruner's Theory of Learning and Cognitive Development", (2023-11-05), https://www.simplypsychology.org/bruner.html. (2024-01-23)

② Laura Stapleton and Jill Stefaniak, "Cognitive Constructivism: Revisiting Jerome Bruner's Influence on Instructional Design Practices", *TechTrends*, Vol. 63, No. 4-5, 2019, pp. 4-5.

化为适合学生的表征方式,并与学生的先前知识和经验相联系。①

2. 建构主义心理学与教学学术运动

建构主义心理学强调了个体在知识构建过程中的主体性、创造性和社会性。教学学术是一种将教学视为一种学术活动,需要进行研究、反思、评估和传播的理念和实践。教学学术的目的是提高教学质量和效果,促进教师和学生的学习和发展,以及推动教育创新和改革。

建构主义心理学为教学学术提供了理论基础,它解释了教师和学生在教与学过程中所经历的心理活动,如认知、情感、动机、信念等,并提供了一些指导原则和方法,如以学生为中心、以意义为导向、以情境为依托、以合作为方式、以反思为核心等。这些原则和方法可以帮助教师和学生更好地理解、探究、表达和应用知识,以及创造新的知识。

建构主义心理学和教学学术之间存在一个互动和互惠的关系,它们相互影响、相互促进、相互完善。通过建构主义心理学,教师可以更好地理解自己和学生的教与学过程,并提供一种以知识建构为核心的教学模式。通过教学学术,教师可以更好地实施自己的教与学计划,并通过研究、反思、评估和传播来检验自己的假设、理论和行为,并从中总结经验教训,并分享给其他教师或研究者。

(二) 人本主义心理学

人本主义心理学是一种关注人类潜能、自我实现、价值选择和个体完整性的心理学流派。人本主义心理学对教学学术的心理学基础的贡献在于,它提供了一种以人为本、以情感为关键、以价值为导向、以成长为目标的教育和发展观。

1. 勒温行动研究及韦特海默顿悟思想

社会心理学家勒温认为,行动研究是一种将研究和行动相结合的方法,旨在解决社会问题,并促进个人和组织的变革。勒温在 1944 年首次提出了行动研究的概念,他将其定义为"对各种形式的社会行动的条

---

① Jerome S. Bruner, *The Process of Education*, Cambridge: Harvard University Press, 2009, p.52.

件和效果进行比较研究,以及导致社会行动的研究"。① 他认为,行动研究需要遵循一个循环的步骤,即计划、行动、观察和反思。

勒温认为,社会科学应该不仅仅是描述和解释现实,而且应该参与和改变现实。他将自己的社会心理学视为一种"行动科学",即以实践为目标、以实验为方法、以变革为结果的科学。他提出了一个著名的行动研究模型,即计划—行动—观察—反思循环。勒温认为,行动研究不仅可以帮助解决具体的社会问题,而且可以促进参与者的学习和发展,以及社会系统的改善和创新。

心理学家马克斯·韦特海默提出了"顿悟思想"研究,主要指在面对一个问题时,突然发现一个新的、正确的、完整的解决方案的思维过程;顿悟思想是一种创造性的思维,它需要对问题有一个整体的把握,而不是通过试错或机械地应用规则来解决问题。韦特海默将其心理学称为"格式塔心理学",即以整体的形式和结构为基础的心理学。他认为,顿悟思想有四个特点:突然性;完整性;稳定性;转移性。

2. 认知学习理论与教学学术运动

认知学习理论是一种关注人类如何获取、存储、加工和应用知识的心理学理论。它强调了个体在学习过程中的认知结构、策略和技能,以及外部环境对学习的影响和支持。

认知学习理论可以帮助教师和学生更深入地了解教与学的心理机制,从而提高教与学的效率和效果。认知学习理论揭示了教师和学生在教与学过程中所涉及的各种心理活动,并提供了一些指导原则和方法。这些原则和方法可以帮助教师和学生更有效地组织、呈现、获取、加工和应用知识,以及提高自己的学习能力和水平。认知学习理论可以帮助教师和学生更主动地参与教与学的实践,从而提高教与学的创新性和变革性。认知学习理论强调了个体在教与学过程中的主体性、创造性和社会性,以及外部环境对教与学的影响和支持。认知学习理论鼓励教师和

---

① Clem Adelman, "Kurt Lewin and the Origins of Action Research", *Educational Action Research*, Vol. 1, No. 1, 1993, pp. 7-24.

学生将自己视为知识的建构者、探索者和创造者，鼓励教师和学生将自己视为教与学的参与者、合作者和变革者。认知学习理论还鼓励教师和学生将自己置于一个开放、多元、动态的教与学环境中，而不是一个封闭、单一、静态的教与学环境中。

三　教学学术的教育学基础

教学学术的教育学基础是指在教学和学习的过程中，涉及的教育学原理、理论、方法和应用。以教育学为基础可以帮助教师和学生了解教育的目的、内容、形式、方法、评价等方面，从而提高教育质量和效果，促进教师和学生的发展和成长。

（一）学科教学知识论

学科教学知识论主要探讨教师对于所教授的学科领域知识的理解和应用的能力，以及如何将这些知识有效地传授给学生的能力。学科教学知识论可以帮助教师和学生了解不同学科的特点、规律、方法和价值，以及如何根据不同学科的要求设计、实施和评价教与学活动。

1. 舒尔曼及其学科教学知识论

舒尔曼认为，学科教学知识是教师专业知识的核心组成部分，主要包括：（1）学科内容知识：指教师对于自己所教授的学科内容的掌握和理解，如事实、概念、原理、理论等。这种知识要求教师不仅熟悉自己所教授的学科领域，而且能够在不同的层次和角度上分析、评价和批判自己所教授的学科内容。（2）一般教学法知识：这涉及教学的一般原则和策略，如学习理论、教学设计、评估方法、学生学习动机和管理课堂等。这些知识帮助教师理解如何教，而不仅仅是教什么。（3）学科课程知识：指教师对于如何将学科内容安排在一个有序和连贯的课程体系中掌握和理解，如目标、主题、进度、评价等。这种知识要求教师不仅要掌握自己所教授的单元或课程的内容和结构，而且要掌握整个学段或学年的内容和结构，以及与其他相关学科或领域的内容和结构，以便实现跨单元、跨课程、跨学段或跨领域的整合和衔接。

2. 学科教学知识论与教学学术运动

首先,学科教学知识论可以帮助教师和学生提高对不同学科的认识和理解,从而提高教与学的质量和效果。其次,学科教学知识论可以帮助教师和学生发展对不同学科的兴趣和态度,从而提高教与学的动力和情感。学科教学知识论认为,教师对学科领域知识的理解和应用能力,不仅取决于他们对于该领域的客观认识,而且取决于他们对于该领域的主观评价。最后,学科教学知识论可以帮助教师和学生拓展对不同学科的视野和思维,从而提高教与学的创新性和多样性。学科教学知识论认为,每一个学科都有其独特的特点、规律、方法和价值,但是每一个学科也都有其相互联系、相互影响、相互补充的方面。因此,通过拓展对不同学科的视野和思维,可以帮助教师和学生发现不同学科之间的共同点和差异点,以及不同学科之间的联系和作用。

(二) 个体知识理论

迈克尔·波兰尼的个体知识论强调了知识的个人性和实践性。波兰尼认为,知识不仅仅是客观的和系统的,还包含着个人的、主观的和隐性的成分,教师在教学过程中的个人参与和隐性知识具有重要的价值。

1. 迈克尔·波兰尼及其个体知识论

英国思想家波兰尼的知识理论被引入教育理论研究中来,对教育领域许多重要问题的分析都产生了较大影响,特别是学校教育活动中大量的"缄默知识"及其教育意义开始被人们所发现。[1]

波兰尼的个体知识论主要有三个论点:第一,知识的主观性。波兰尼认为,所有知识都是个人的和主观的。这意味着知识不仅仅是客观事实的集合,而且是个体对世界的理解和解释,包含着个人的承诺和情感。第二,缄默知识。波兰尼特别强调了缄默知识的重要性,即那些难以用语言表达的知识,包括技能、直觉和未经明确表达的理解。缄默知识是知识传递和创造过程中不可或缺的部分,它是所有知识的基础和内

---

[1] 石中英:《波兰尼的知识理论及其教育意义》,《华东师范大学学报》(教育科学版) 2001 年第 2 期。

在本质，是一种与认知个体活动无法分离、不可言传只能意会的隐性认知功能。第三，知识的个体性。波兰尼认为，每个人的知识和理解都是独特的，受个人背景、经验和信念的影响。这种个体性意味着即使是在相同的信息和经验下，不同的人也可能形成不同的知识和理解。

2. 个体知识论与教学学术运动

波兰尼的个体知识论提供了理解和分析这些规律的理论工具，特别是在处理教学中的主观性和隐性知识方面。个体知识论作为教学学术的理论基础，具体表现为：

首先，知识的主观性指导教师开展教学实践反思。波兰尼的理论强调，教师应该将自己的主观理解融入教学中，这样的教学更能反映出知识的深层含义，并且更加贴近学生的实际理解和需求。教学学术鼓励教师将个人的教学实践和学生的学习过程作为研究对象，这种研究包含主观评价和反思，强调教师个人经验在教学研究中的价值。波兰尼认为，教师的个人经验和主观理解是教学改进的重要资源。

其次，隐性知识在教学中的应用。隐性知识的概念对开展教学学术研究具有重要意义。教师在教学过程中运用的直觉和经验，往往是难以言传的。教学学术应鼓励教师通过反思和研究，将这些隐性知识转化为可以共享和讨论的公共知识，从而提升教学质量和学生的学习效果。波兰尼强调，隐性知识与个体的经验和背景紧密相关。每个人的隐性知识都是独特的，因为它来源于个人的生活感知和实践技能。

最后，知识的个体性与教学研究。波兰尼认为，在教学学术中，教师的个人教学实践被视为研究的重要对象。教师的个人经验和主观理解是教学改进的重要资源。知识的个体性并不妨碍其被共享，通过交流和合作，个体的知识可以转化为集体的智慧。

第二章　教学学术的历史沿革

　　教学与科研作为现代大学的两项基本职能，二者相辅相成，共同实现大学人才培养和知识创新的目标。然而，伴随着功利主义思想在世界范围内的发展，高等教育市场化倾向日益严重，"重科研，轻教学"的现象出现在世界一流研究型大学中，各国政府和高校不断加大对科研的投入力度，教学被摆在了次要位置，教学与科研的不平衡发展最终导致大学本科教育质量的下降。对此，许多世界一流研究型大学开展改革行动，平衡教学与科研在高校中的比重。其中，教学学术作为一种扭转教学与科研不平衡局面的有力改革手段，在世界一流研究型大学本科教育发展中产生了重要影响。

第一节　教学学术的萌芽时期

　　教学学术的产生源自高等教育发展过程中长期存在的教学与科研的二元对立现象，在教学学术被正式提出之前，世界一流研究型大学在发展过程中已经出现了教学学术萌芽，萌芽时期相对较长，涵盖了从洪堡提出"教、研、学"相结合思想到20世纪90年代之前这一段时间。在这一时期，教学学术的思想和实践已经出现在大学日常的教学与科研工作之中，对世界一流研究型大学的本科教育改革以及教师发展工作产生了积极的影响。

一 大学教学本位理念的重新确立

现代大学职能经历了一个从以教学为主到注重科研的过程，国家政府与高等教育机构不断加强对科学研究的投入，大学教学逐渐处于次要位置。面对这一变化，许多高等教育学者提出要平衡教学与科研的关系，重新确立教学在大学中的主要地位，而教学学术的提出与发展正是建立在高等教育界对大学教学与科研关系思考的基础之上的。

（一）洪堡大学"教—研—学"相结合的思想

现代意义上的高等教育起源于欧洲的中世纪大学，在这一时期，大学主要开设古典人文学科，教学是大学的主要职责，研究是一种业余活动，主要围绕教学内容展开，科研处于次要地位。直至18世纪，大学仍承担着传递知识、培养人才的单一职责，科研活动主要存在于大学之外。只有少数大学将科研活动纳入学校日常发展活动之中，例如，1694年创办的德国哈勒大学，就十分注重将科学引入大学课堂，其主要特征，一是重视现代哲学和现代科学；二是倡导思想自由和教学自由。[①]此外，于1734年创办的哥廷根大学也以哈勒大学的办学理念和实践为蓝本，将科学研究列为大学的基本任务之一。在这两所大学的示范和影响下，时任普鲁士教育大臣洪堡在上任后不久，就着手于起草柏林大学规划。洪堡早年求学于法兰克福大学和哥廷根大学，并深受法国大革命的影响，在洪堡看来，创办大学不仅是为了传播知识，还是为了树立起自己独特的教育风格。洪堡认为，柏林大学应该是一所新型的全国性的综合性大学，在这所大学中，要破除过去大学里的一切陈规陋习，把文化与教育、教学与科研紧密地结合起来，要求每个学生不仅要学好功课，而且也要在教授的指导和帮助下从事一定的研究工作。[②]

在洪堡的推动下，柏林大学于1810年正式建立，在建设过程中，他十分注重科研在大学中的作用，在他看来，科研是开展教育活动的一

---

① 韩延明：《大学理念论纲》，人民教育出版社2003年版，第331页。
② 杨焕勤、张蕴华：《柏林洪堡大学》，湖南教育出版社1986年版，第14页。

种十分理想的方式。大学教师的科研方向和学术兴趣才是其教学的重心,一个在科研方面卓有成效的优秀学者,也总是最好的和最有能力的教师。首先,科研应该在大学而并非科学院中进行,因为大学里会集了头脑聪明的年轻学者,他们能够主动消化理解学术,并将其以更易被大众理解的方式传递新知识。其次,大学教学并不是一件困难的工作,教师可以在科研活动的间隙开展教学。自此,科研职能被正式引入大学之中,成为除教学之外的第二项重要职能,这也标志着现代大学的正式建立。但这两项任务并非同等重要,其中科学研究作为大学的主要任务,而授课仅作为次要的问题来考虑。①

为了保证大学中科研活动的开展,洪堡主张柏林大学在强调开展纯粹的科学研究之外,还应采用新的教学方式。其中,"习明纳"作为一种将教学与科研相结合的有效方法,得到了大力提倡。习明纳是一种讨论式教学法,通过组建学生小组,以解决问题为主要途径,教师与学生在课堂中针对问题自由发表见解,探讨真理。这是一种区别于传统辩论式教学的方法,讨论的目的不仅是开展教学,更是为了科研。同时,这种方法能够调动学生的主动性,使学生参与到科学研究之中。在柏林大学之前,"习明纳"式教学在哥廷根大学和一些文科中学中已经出现,但使用的范围很小,当时并不是教学的主要形式。②随着柏林大学对"习明纳"教学方法的大力倡导,使用这一教学方法的大学数量不断增多,有力地促进了现代大学人才培养模式的发展与完善。

在洪堡大学理念下建立的柏林大学奠定了科研在大学中的中心地位,柏林大学也因此成为世界各国建立高水平大学的效仿对象,现代研究型大学也由此逐渐发展完善。19世纪后半叶,美国的经济和社会实力不断增强,但已有的高等教育却仍处于较低水平。当时,许多教职员工都是未来的神职人员,几乎所有的校长都是现任或前任牧师,大学教

---

① 施晓光:《西方高等教育思想进程》,黑龙江人民出版社2002年版,第4页。
② 施晓光:《西方高等教育思想进程》,黑龙江人民出版社2002年版,第13页。

学可以说是对弱者或堕落者的另一种形式的传道。① 大学教师的主要任务仍然是传授基础知识，他们无法向学生介绍快速发展的复杂世界，也没有能力为知识更新作出贡献。对此，许多高等教育改革者认为，解决问题的办法在于学习柏林大学的经验，于是越来越多的美国学者来到德国，进入柏林大学学习。1876年，霍普金斯大学建立，首任校长丹尼尔·吉尔曼深受德国大学的影响，主张大学应该主动开展科学研究，约翰·霍普金斯大学也得以贯彻"教学与科研相统一"的原则，成为美国历史上第一所研究型大学。这所完全区别于美国传统高等院校的大学，在成立后的十几年间取得了巨大的发展。一些美国著名大学出于自身转型的需要，以及受到约翰·霍普金斯大学的影响，开始增加科研在大学发展中的比重，拓展研究生教育范围，并大量招收高水平教师。到了19世纪末20世纪初，美国研究型大学的规模和影响力不断增长，为使美国高等教育发展更具一致性，美国大学联合会于1900年成立，该组织致力于提升研究型大学的学术标准，维护美国大学的名誉。自大学联合会成立到第二次世界大战，美国研究型大学在质量与数量上都没有实质性的发展。②

此外，柏林大学的发展对欧洲国家的高等教育发展产生了重要影响。以英国为例，在德国高等教育的影响下，伦敦大学等研究型高等院校随之建立，科学研究被引入英国大学之中。同时，自中世纪起就坚守传授古典学科的牛津大学和剑桥大学也开启了改革道路，扩大自然科学课程，加大科学研究在学校活动中的比重。到80年代，科学研究之风已盛行于英国大学之中，19世纪后期数以千计的英国学生赴德学习，其人数不少于同一时期的美国。③ 中国近代高等教育的发展也受到德国的影响，曾任北京大学第14任校长的蔡元培就曾在德国莱比锡大学学

---

① James Axtell, *Wisdom's Workshop: The Rise of the Modern University*, New Jersey: Princeton University Press, 2016, p.222.
② 王英杰：《美国研究型大学辨析》，《清华大学教育研究》2008年第1期。
③ 贺国庆、王保星、朱文富等：《外国高等教育史》，人民教育出版社2006年版，第172页。

习。受德国高等教育思想的影响，蔡元培认为大学应是研究高深学问的地方。因此，他在改革过程中充分贯彻"教学与科研相结合"的原则，发展研究所，实行选课制，主张教授治校。在蔡元培的领导下，北京大学成为中国一流高等教育学府，为大学科研职能的转型做出了重要贡献。

(二) 战后大学教学与研究的关系

随着德国高等教育模式走向全球，各个国家的研究型大学数量不断增多，科研在大学中的地位得到了巩固，随着初期研究型大学发展逐渐走向成熟阶段，大学中聚集了大量学者，教师用于教学和研究的时间也得到了重新分配。1908年，卡内基教学促进基金会发布了一篇关于大学教师课堂教学时间的调查报告，报告显示，研究型大学教师用于教学的时间为平均每周8—10小时，而文理学院的教师教学时间则为平均每周15—18个小时，开展研究已然成为研究型大学教师日常工作的重要组成内容。但这并不代表这一时期的研究型大学完全放弃了教学，在20世纪二三十年代，美国研究型大学中出现了一场重视学院经验、倡导通识教育的高潮。这一时期，教学仍是研究型大学的主要工作，此外，伴随着通识教育运动，研究型大学对于教育教学理念和实践的关注也在不断增多，许多高校针对专业教师培养的问题展开了改革，例如，1920年，哈佛大学哈佛学院在亨利·霍姆斯的领导下建立了第一个教育学博士学位，亨利·霍姆斯认为，通过成立与其他人文学院和部门不同且专门培养教育工作者和教育领导者的学院，开创了一个提高教师职业声望和合法性先例。此外，一些基金会也对教师培训计划进行了资助。但即使在这种条件下，研究型大学对于科研的关注度仍在不断上涨，教师晋升以及教学与科研时间分配更偏重科研，"不发表即解聘"已经成为研究型大学教师的行为准则之一。

随着第二次世界大战的爆发，世界一流研究型大学迎来了重要的发展转折点，19世纪以来形成的"教学与科研相结合"的高等教育发展模式逐渐朝向偏重科研的方向发展。在"二战"爆发前，大学科研主要由学校内部发起，甚至在一些学者的观点中，战前的大学科研只能算是教授的一种业余爱好。到了"二战"期间,许多研究型大学开始积极开展科研活动,其研究成果也被直接应用于战争之中。以美国研究型大学为例,麻省理工学院建立了著名的辐射实验室,并研制出了150种不同的雷达系统,适应于陆地、空中和水面的不同战争条件;哈佛大学无线电研究实验室改进了用于潜艇战的声呐并发明了阻挡敌人使用雷达的技术。[①]

研究型大学在战争中的优异表现使联邦政府开始重视科研在国家未来发展中的重要作用,并通过加强外部行政干涉的方式,促使研究型大学加大科研投入力度。到了"二战"后期,时任美国总统富兰克林·罗斯福和美国科学研究与开发办公室主任范内瓦尔·布什就战后美国联邦政府在科学研究中的角色问题进行讨论。1945年7月,范内瓦尔·布什与其他专家出版了《科学:没有止境的前沿》报告,这份报告主要陈述了三个观点:首先,基础研究是所有技术进步的动力源泉;其次,开展基础研究需要长期稳定的资金支持;最后,政府不应对科研及运行过多的支配和干扰。第二次世界大战后,美国依据布什报告确立的国家科研政策,大幅增加了政府尤其是联邦政府对于科学研究的支持,进而全面改变了之前主要由民间资助研发创新体系的状态。大学科研逐渐演变成国家科研生态系统中的重要组成部分,而教学与科研也走向了失衡的局面,"重科研轻教学"成为"二战"后高等教育界的普遍现象。

(三)"重科研轻教学"现象的反思

第二次世界大战使研究型大学中科学研究的地位得到了进一步加强,教学与科研的对立矛盾进一步深化,大学最原始的教学职责被忽视,大学将更多精力放在研究生教育上。

一些学者认为,联邦政府对研究型大学科研的支持,加速了本科教学长期以来的贬值趋势。教师们常常请假或暂时离校,有人从来只是暂

---

① James Axtell, *Wisdom's Workshop*: *The Rise of the Modern University*, New Jersey: Princeton University Press, 2016, pp. 330-331.

时在校,更多的教学指导工作落到那些非常规成员的教师身上。① 在教师招聘中,研究型大学也以教师的研究能力为主要参考依据,这是因为他们相信"基于研究表现的教师选择比基于难以定义的教学能力的选择导致的错误更少"②。研究能力作为一个能够长期衡量的指标,在研究生教育中也得到了凸显,在读研究生更倾向于获得奖学金或研究助理奖学金,而并非助教奖学金。同时,对于科学研究的关注会导致大学将更多精力放到研究生教育发展之中,本科教育遭到了严重的忽视。大部分博士在毕业后通常不会选择去教书,而是作为研究人员进入科研所或大学的研究中心,长此以往,教学领域中人才的大量流失势必会造成国家教育水平的下降。然而,现代社会中的高等教育水平高低已然成为综合国力发展的决定性因素之一,虽然大学科研的发展能够带来科学技术进步,但也会造成未来国家发展动力不足的问题。

大学发展重点的变化引发了社会公众对未来高等教育发展的讨论,许多学者指出,以本科教学被忽视为代价促进研究型大学科研进步并不能保证高等教育的长远发展。对于教学本位的呼唤使研究型大学开始反思教学与科研的关系,以改变"二战"后形成的"重科研轻教学"的现象。

二 大学本科教育质量改革

大学工作重点从教学到科研的变化使本科教育质量出现下滑,社会上对于大学教育的质疑声音越来越大。为解决高等教育中出现的质量问题,政府与大学对高等教育教学给予了更多关注,试图从教学质量入手,解决本科教育问题。

(一) 社会公众对本科教育质量的质疑

1957 年,苏联成功发射斯普特尼克 1 号卫星,在此之前,美国曾

---

① [美] 克拉克·克尔:《大学之用(第五版)》,高铦、高戈、汐汐译,北京大学出版社 2019 年版,第 37 页。
② Henry Rosovsky, *The University: An Owner's Manual*, New York: W. W. Norton & Company, 1991, p.93.

两次试图发射人造卫星,但均以失败告终。起初,在苏联人造卫星成功发射后,美国民众对此的反应十分冷漠。但随着媒体报道的增多,社会公众终于理解了苏联卫星发射成功的真正含义,这不仅代表着苏联在军事武器方面远超美国,还代表着苏联教育体系的完全胜利。长久以来,美国民众被引导本国拥有世界上最先进的科学技术,但随着后人造卫星时代的到来,人们逐渐意识到美国无论在科技还是在教育上,都只能排在第二位。批评者们认为,美国在太空上的落后与其教育的失败是密不可分的,苏联在科学家以及工程师培养方面日益走向成熟,而美国的学校在科学、数学教育等方面远远落后于苏联。美国公众对于教育的批判态度,对政治领域也产生了影响。时任美国总统尼克松也指出,苏联发射卫星的根本挑战是在教育领域,我们的军事和经济实力不可能超越我们的教育制度,主要问题是质量而不是数量。[1]

战后,为应对经济危机,美国继续实行新政式国家垄断资本主义经济政策,这一策略缓和了美国战后经济危机,但也为20世纪七八十年代的资本主义滞胀危机埋下了伏笔。20世纪60年代末,滞胀现象已经初现端倪,伴随着滞胀危机的发展,社会中对于改革派和激进派的批判不断增多,保守党派势力渐长。到了20世纪70年代后期,美国保守趋势迅速发展,并走向高潮。1980年,共和党保守派代表罗纳德·里根以巨大优势击败民主党总统候选人吉米·卡特,出任美国第40任总统。1984年,里根击败民主党总统候选人沃尔特·蒙代尔,成功连任美国总统,这代表着保守主义观念在美国政治领域中的复苏,社会公众对于前几任总统实行的自由主义政策并不满意,保守主义在美国社会中逐渐蔓延。

作为一名极端保守派,里根上台后对美国经济政策进行改革,主张部分放弃新政式国家垄断资本主义经济政策,部分恢复自由放任政策,实行保守主义的社会福利政策,并减少了政府对教育的资助。从1980

---

[1] Jeffrey Herold, "Sputnik in American Education: A History and Reappraisal", *McGill Journal of Education*, Vol. 9, No. 2, 1974, pp. 143-164.

财年到 1989 财年,联邦政府对初等和中等教育的资助缩减了 17%,对高等教育的资助缩减了 27%。① 此外,在这一时期,美国还面临着来自日本的经济挑战。20 世纪 60 年代后期,日本经济实力逐渐强大,美国经济却呈现出衰退趋势,并逐渐失去对日经济政策中的主导地位,随着美日之间的贸易摩擦不断增多,美国也不得不正视来自日本的威胁。在这种情况下,经济发展与教育的联系再次回到社会讨论的前沿。同时,受保守主义的影响,自由主义教育遭受越来越多的批判,社会公众对当时高等教育的不满情绪愈发严重,人们批判自由主义主导下的教育忽视质量。为了挽救学校教育质量,里根任命了全国优质教育委员会,委员会于 1983 年发布《国家在危机中:教育改革势在必行》,这份报告在美国教育史上有着划时代的意义,追求平等和提高质量成为美国教育发展所追求的双重目标,并由此引发了教育优异改革运动。最初,这场运动主要集中在基础教育领域,但随着改革实践的发展,这场运动逐渐蔓延到高等教育领域,本科教育质量问题逐渐成为高等教育领域改革的重点。

(二) 本科教育调查研究的开展

随着追求卓越思想在高等教育领域的发展,美国社会各界针对研究型大学本科教育中存在的问题进行了分析,并形成了两份重要的研究报告。第一份报告是 1984 年美国高质量高等教育研究小组发布的《投身学习:发挥美国高等教育的潜力》(以下简称《投身学习》)。在报告中,研究小组指出美国高等教育中存在招收新生素质下降;大学专业和课程设置不合理;教师工作环境恶化;学生参与科研的机会少;本科教育评估体系受损,这五方面问题的存在导致了研究型大学本科教育质量低下的问题。对此,在教师教学方面,研究小组建议研究型大学应该将教学和科研综合起来,"教学人员要积极参与研究工作,并将他们的学

---

① [美] L. 迪安·韦布:《美国教育史:一场伟大的美国实验》,陈露茜、李朝阳译,安徽教育出版社 2010 年版,第 381 页。

术成果综合到教学过程中去"①。同时，重视研究成果出版，积极开展专业交流。此外，直接负责教师人事安排的学校行政官员应更多考虑教学在人员雇用和决定留用、任命、提升、报酬等过程中的比重，并应改进评价教学效果的手段。这些建议十分注重加强教学在大学中的地位，同时保证科研的顺利完成，教学与科研相平衡是这份报告的主要原则之一。《投身学习》是20世纪80年代美国第一份以本科教育为关注点的国家级研究报告，其出台引起了社会各界对研究型大学本科教育问题的关注，极大地影响了其后美国全国范围内研究型大学的本科教育改革浪潮。②

第二份报告是由卡内基教学促进基金会出版、时任基金会主席博耶主笔的《学院——美国本科生教育的经历》，这篇报告基于基金会对美国研究型大学开展的长达四年的调查研究。博耶在报告中指出，目前美国研究型大学中教学与科研的分工使教师对工作的"忠诚"被割裂开，教师对本科教育的责任让位于科学研究工作，让位于"著书立说"。针对这种情况，博耶认为，研究型大学教学应和科研同样受重视，出色的教学应成为获得终身职位和晋升的同样重要的标准。③ 因此，博耶在报告中建议研究型大学应重建学术标准，并将教学质量纳入教师学术评价体系之中，同时，大学也要积极采取行动鼓励教师投身教学。这份报告已经包含了一定的博耶教学学术思想，更为具体地为研究型大学通过改进教学来提高本科教育质量提供建议。在这两份报告中，不仅详细地指出了美国研究型大学本科教育中存在的一系列问题，还阐明了重视教师教学的重要性，为美国研究型大学开展本科教育改革提供了一定的理论指导。

（三）教学管理与评价方式的变革

20世纪80年代的美国高等教育界兴起了一场以提高质量为主题的

---

① 美国高质量高等教育研究小组：《投身学习：发挥美国高等教育的潜力》，吕达、周满生主编《当代外国教育改革著名文献（美国卷·第一册）》，人民教育出版社2004年版，第49页。
② 贺国庆等著：《战后美国教育史》，上海交通大学出版社2014年版，第60页。
③ 美国高质量高等教育研究小组：《投身学习：发挥美国高等教育的潜力》，吕达、周满生主编《当代外国教育改革著名文献（美国卷·第一册）》，人民教育出版社2004年版，第148页。

改革运动,在这场运动中,研究型大学通过改革课程、教学方法及加强学生科研等多种途径来提高本科生培养的质量。其中,研究型大学在本科教学方面的改革有力地提升了教学在科研型大学中的地位,其改革经验也为教学学术的产生与发展提供了现实经验。在《投身学习》报告发布后,哈佛大学最先进行了本科教学改革。首先,哈佛大学加大了对教学中心的资金投入,改进教学中心的工作。在几年时间内,哈佛大学投资了500万美元用于改进教学中心的工作。以哈佛大学物理系为例,教学中心对物理系全部教师教学活动进行录像,然后对教学录像进行分析,将其中存在的问题反馈给教师,以此达到提高教学质量的目的。其次,哈佛大学还组织建立了一个由100人组成的"哈佛评价研讨组",定期召开会议,讨论提升教学质量的方法。研讨组向文理学院的980名教师散发了一份报告,建议他们及时把考试结果和论文情况反馈给学生,给学生布置更多的作业等。[1]

研究型大学在教学管理和评价方式等方面的变革在很大程度上增加了教师对教学的关注度,有效提升了教师的教学水平,本科教育质量也随之得到发展。此外,这些措施还包含了教师教学研究,并从同行评价的角度推动教学发展,在一定程度上起到了推动教学学术发展的作用。

三 大学教师发展运动的兴起

纽约州立大学的约翰·弗朗西斯认为,教师发展是一个制度性的过程,寻求改变教师的态度、技能和行为,以提高教师的工作能力和效率,来满足学生的需求、教师自身的需求和学校的需求。[2] 大学教师发展运动从政策、组织以及资金方面为教师教学能力的提升提供了条件,也为教学学术的形成与发展创造了良好的基础。

(一)高等教育新发展对教师的新要求

大学教师是高校教学和科研的主体,是高校最重要的人力资源,其

---

[1] 王英杰:《美国高等教育的发展与改革》,人民教育出版社1993年版,第98页。
[2] John Bruce Francis, "How Do We Get There From Here? Program Design for Faculty Development", *The Journal of Higher Education*, Vol. 46, No. 6, 1975, pp. 719–732.

水平高低直接影响着高等教育的质量。随着高等教育的理论与实践的不断发展，如何培养高素质教师、如何促进教师教学和科研水平的发展已经成为许多高校最为关心的问题之一。作为世界高等教育体系最为发达的美国，研究型大学的教师发展可以追溯到19世纪，并随着高等教育的发展不断完善进步。教学学术运动的产生与大学教师发展运动有着一定的联系。在美国高等教育的初期发展阶段，大学教师并不受重视，教师的地位和待遇相对较低。到了19世纪，伴随着高等教育现代化发展，研究型大学出现，教师作为科研活动主体的专业身份逐步确立。在20世纪60年代之前，美国教师发展处于"学者时代"，在这一时期，美国教师发展主要集中于提高教师在专业领域内的科研能力，教学职能在一定程度上处于次要位置。研究型大学主要为教师"学者"身份的发展提供支持，资助的重点是研究成果和出版率所显示的学术专门知识的发展。同时，教师也清楚地认识到，通往成功的道路是建立在研究和发表记录的基础上的。[①]

到了20世纪70年代，美国大学教师发展进入"教师时代"，这一时期的高等教育发展背景主要是联邦政府减少对高校的资助，大学入学人数也在不断减少。此外，在20世纪60年代末到70年代初，一些美国研究型大学爆发了学生抗议活动，他们将矛头指向学校教育，认为现有的课程和教学十分枯燥乏味，无法满足学生的受教育需求。他们揭露了"只要了解自己的学科就能成为好老师"的神话。[②] 对此，研究型大学积极采取措施，提升大学教学水平，改革课程，应对高等教育发展危机。20世纪80年代，保守主义政治势力占据主导地位，高校财政赤字严重，大学教师的薪酬待遇水平较低，这一职业的吸引力不断降低，大部分博士生都不愿从事大学教师这一职业。此外，这一时期大学教师的平均年龄在45岁。美国高校管理层和学术界担心，随着年龄的增长，

---

① Kay J. Gillespie and Douglas L. Robertson eds., *A Guide to Faculty Development* (Second edition), San Francisco: Jossey-Bass, 2010, p.5.

② Jerry Gaff and Ronald Simpson, "Faculty Development in the United States", *Innovative Higher Education*, Vol.18, 1994, pp.167-176.

大学教师的活力和创造力会显著降低，从而影响到大学的声望、教学的质量和学术的创新。这些因素的存在导致大学教师发展成为美国研究型大学亟须解决的重要问题。

英国大学教师发展历程与美国相似。在20世纪50年代之前，英国大学教师发展主要是个人自发行为，并没有得到系统化的发展，这一时期的英国大学教师主要通过带薪休假来反思个人教学行为。英国真正意义上的大学教师发展开始于20世纪60年代，随着《罗宾斯报告》的颁布，英国高等教育正式由精英化朝向大众化迈去，英国高校入学人数不断增多，原有的高等教育体制受到冲击。在这种情况下，高等教育对大学教师提出了新要求。到了20世纪70年代，英国建立起现代教师培养制度，大学教师发展在官方层面得到支持。20世纪80年代，高等教育朝向市场化方向发展，政府资助也倾向拥有良好教育质量的大学，大学教师发展在高校中进一步受到重视。

(二) 教师研究运动的发展

"行动研究"一词最早起源于美国，1945年由时任美国联邦政府印第安人事务管理局部门主管的约翰·柯立尔提出，他鼓励部门同事采用行动研究的办法与其他部门开展合作，以达到改善与印第安人之间关系的目的。但柯立尔只是提出了这一专有名词，并未对其进行提炼概括。勒温进一步发展了行动研究思想，他指出，行动研究是对社会行动的条件和效果的比较研究。这种研究呈现出一种螺旋状的形态，研究过程中的每一步都有计划、行动以及对行动结果的反思。可以说，行动研究是针对研究与实践脱离的现实而提出的一种使社会科学直接联系社会实践的方式，并在实践中努力寻求通过研究者和实践者的群策群力的方式来改变社会和文化。[①] 在英国学者威尔弗雷德·卡尔和澳大利亚学者斯蒂芬·凯米斯看来，行动研究是"参与者在社会情境中为提高自身实践的合理性和正义性，以及他们对这些实践和实践所处情境的理解而进行的

[①] 李方安：《二十世纪西方教师研究运动发展脉络与启示》，《华东师范大学学报》（教育科学版）2009年第4期。

一种自我反思性探究"①。他们将这一定义引入教育领域,指出教育研究和课程开发需要被视为一门社会科学,教师应该利用行动研究来提高自己的实践,增进对教学实践的理解,以及这些实践的合理性和正义性。受行动研究思想发展的影响,课堂观察工作获得越来越多的关注,并形成了专门的教师研究团队。1943 年成立的哥伦比亚大学贺拉斯·林肯教师研究所就是其中之一,这个研究所成立的目的就是形成一种能够加速课程变革、减少学校中知识和实践差距的研究类型,后来在美国风靡的行动研究也就是通过这个研究所的努力在学术界获得了认可。②该研究所设置多个研究小组,坚持教师应参与研究过程的理念,成为教师与研究室之间的重要连接枢纽,为美国学校课程变革做出巨大贡献。研究所的成功同样体现出行动研究对于推动教育领域发展的潜力,这也使得行动研究思想在美国高等教育领域受到越来越多的关注。

20 世纪四五十年代,美国掀起了一场以"教师作为研究者"为中心思想的教师研究运动。这股热潮起源于行动研究思想在美国高等教育中的发展,主张将教育理论与实践结合起来,让教师成为教学活动的研究者,以达到提高教育质量的目的。这场运动起源于 20 世纪四五十年代,后在批判声中逐渐衰败,但到了 20 世纪 80 年代又重获青睐,再度回到大众视野。教师研究的概念扩大了教师的角色——决策者、顾问、课程开发者、分析师、活动师、学校领导,以及加强了对教育变革背景的理解,③ 成为教学学术的重要组成部分之一。

伴随着行动研究在美国教育领域的发展,教师研究与行动研究的关系愈加密切,并逐渐成为教育行动研究的代表。虽然行动研究在教育领域取得的成就越来越多,但其应用范围远不及传统研究。许多研究者仍然倾向于通过传统的标准化方式开展研究,并将研究成果发布在学术期

---

① Wilfred Carr and Stephen Kemmis, *Becoming Critical: Education Knowledge and Action Research*, Philadelphia: The Falmer Press, 1986, p.180.
② 范敏:《西方教师研究运动形成的历史透视》,《全球教育展望》2015 年第 3 期。
③ Marilyn Cochran Smith and Susan L. Lytle, "The Teacher Research Movement: A Decade Later", *Educational Researcher*, Vol.28, No.7, 1999, pp.15-25.

刊之中。与此同时，受美国国家政策的影响，高校的经费资助大部分都投入学术研究之中，且学术研究成果的可量化性也使其成为教师职称评定的主要标准，这就导致越来越多的教师重新回归到学术研究之中，到了20世纪50年代末，行动研究在美国高等教育领域逐渐遇冷。20世纪60年代，英国课程改革专家劳伦斯·斯滕豪斯在实践中对行动研究思想进行了深层研究，教育行动研究在英国发展壮大，并逐步发展到澳大利亚等其他国家，形成了一场世界范围内的教师研究运动。

20世纪70年代，面对教育质量下滑的困境，美国兴起了一场"回到基础"教育改革运动，主张加强基础教育领域教育改革，强调教师在教学过程中的主导作用。这场改革热潮逐渐扩展到高等教育领域，要求改进大学教学和教师教育，而美国政府将美国教育的失败归咎于教师的观点，反而强化了教师是教育界中强有力的领导者的概念，教师能够凭借他们的决定以及行为对教育产生影响。此后不久，支持教师与研究者之间的平等合作逐渐成为教育政策以及高校发展的方向。在理论研究方面，许多研究者将教育改革的失败归结为只重视"事"，而忽略人的主观能动性。因此，越来越多的课程研究专家鼓励教师投身到教学研究之中，教师研究在美国高等教育中逐渐复苏，相关研究文献也涌现出来，许多著名的期刊开始刊登教师研究成果，例如《哈佛教育评论》《语言艺术》《英语杂志》《教学与变革》《全国写作计划季刊》会定期发表教师的研究成果以及教师研究的许多方面的文章。[1] 这些期刊为教师研究成果提供了一个重要的公开共享平台，对这一时期教师研究运动的发展起到了重要作用。

20世纪七八十年代教师研究运动的复苏使教师与研究者之间的关系再次成为高等教育领域关注的焦点，这一时期的教师研究运动呈现出了一种与十年前不同的教育氛围：第一，教师研究使教师学习到如何通过收集和分析日常学习数据来改进教学，在教师教育、专业发展和国

---

[1] Marilyn Cochran Smith and Susan L. Lytle, "The Teacher Research Movement: A Decade Later", *Educational Researcher*, Vol. 28, No. 7, 1999, pp. 15–25.

家、州、学区和个别学校层面的学校改革中发挥重要作用,有效促进了教学法和课程的完善;第二,教师研究的概念框架也得到了新发展,并分为作为社会探究的教师研究、作为社区认知方式的教师研究以及作为实践探究的教师研究。[①] 作为社会探究的教师研究将教师研究作为社会科学运动的重要组成部分,关注教师研究运动与所处社会历史背景之间的关系。作为社区认知方式的教师研究关注以教室和学校为主要研究场所的探究社区,教师和学生在合作研究中产生有关教与学的知识。作为实践探究的教师研究则认为教学知识蕴含在教学实践以及教师对实践的反思之中,教师研究能够满足教师在日常工作中所面临的知识需求,并提供新的问题及关注点,为正规研究奠定基础。

这一时期的教师研究运动已经具备了教学学术的一些特质,例如关注教学实践过程中遇到的问题、将研究成果发表、在学科领域内形成教师研究团体等等。教师研究运动的新变化为教学学术的发展提供了重要的理论与现实基础,成为教学学术的组成部分之一,而教学学术作为教育研究的延伸领域,与教师研究共同推动着高等教育教学质量的提升与发展。

(三) 大学对教师发展策略的探索

面对社会上对于加强大学教学的呼唤,以及在政府和非官方机构的推动下,许多研究型大学设置了专门的教师发展机构,并开展了教师发展项目,以制度化的形式推动大学教师发展。

许多研究型大学开设了专门的教师发展中心,虽然这些机构的名称并不完全相同,但其基本功能都是为教师教学发展提供建议,提高教师教学能力,优化教学质量。1962 年,密歇根大学在学校董事会的带领下设立了教学研究中心,这是美国最早的研究型大学教师发展机构。这一机构的成立与当时密歇根大学本科生数量增加,而已有的师资力量无法满足学生需求的背景有关。在这种情况下,密歇根大学在大学事务评

---

① Marilyn Cochran Smith and Susan L. Lytle, "The Teacher Research Movement: A Decade Later", *Educational Researcher*, Vol. 28, No. 7, 1999, pp. 15-25.

议委员会的领导下,于1959年成立了教学促进委员会。教学促进委员会经过一年半的调查,于1961年4月出台了两篇调查报告:《密歇根大学教学评估报告》和《密歇根大学教学促进资源清单》。这两篇报告说明了大学存在的教学评估体系缺乏问题,同时指出各个学院在教师晋升过程中对教学的关注不够,教学创新发展缺乏动力。对此,委员会撰写了《建立大学教学中心的建议》一文,提议在大学中建立一个专注于提升教学质量的专门性机构。此外,一位董事会董事要求学校尝试在教学中使用教学机器和程序学习,因此,密歇根大学指定了一个教学改进教授评议委员会对这项问题进行研究。这一委员会设置了一个程序学习临时特别委员会,后者于1962年建议大学创建一个研究有效教学的中心,而不仅仅是教育技术。[①] 在中心设立初期,主要担任学校教学信息集散地的角色,中心工作人员主要由教师或心理学方面的专业人员担任。随着中心的发展,其项目和服务类型也在不断增加,中心研究人员在1968年开始为教师举办研讨会,到1976年还为教师改进教学水平提供资助,1985年举办了第一届国际研究生助教培训会。[②] 中心的这些举措为教师教学的发展提供了充足的保障,同时,中心还会将其最新的教学研究成果出版,供学校教师以及国内外学者参考。密歇根大学教学研究中心的设立极大地推动了学校教学活动的开展,中心进行的教学服务以及相关研究也具有一定的教学学术理念。此外,密歇根大学教学研究中心也为其他研究型大学教学中心的发展提供了借鉴经验。

  1975年,在丹佛斯基金会的支持下,哈佛大学成立了教学中心,即哈佛-丹佛斯中心,中心成立的初衷是通过提高教师教学水平达到提高本科教育质量的目的。中心能够直接与教师开展合作,通过课堂录像、教学咨询、开展研讨会、设置教学工作坊、出版教学相关论著等多种形式,为教师教学提供帮助,努力实现卓越教学。此外,作为丹佛斯基金会资助对象之一的斯坦福大学,也于1975年成立了教学

---

① 汪霞主编:《中外大学教学发展中心研究》,南京大学出版社2013年版,第132页。
② [美]康斯坦斯·库克等:《提升大学教学能力:教学中心的作用》,陈劲、郑尧丽译,浙江大学出版社2011年版,第4页。

中心，其主要目的是提高教学质量，次要目的是扩大未来教师队伍和教学助理队伍。1978年，随着丹佛斯基金会资助方向的转变，大学需要自己承担教学中心的经营，在这种情况下，哈佛大学决定与斯坦福大学进行教学中心共建，通过内部融资的方法，确保教学中心各项活动的正常开展。

澳大利亚最早的研究型大学教师发展中心于1958年在墨尔本大学成立，当时的名称是教育研究办公室。1960年，墨尔本大学教育学院高级讲师芭芭拉·福克与工程系合作创办了"大学教学项目"，通过讲座、研讨会等方式提高大学教学质量。到了1962年，大学教学项目更名为"大学教学项目办公室"，并与教育研究办公室展开合作。1968年，这两个机构与视听技术部合并，成立了墨尔本大学高等教育研究中心。早期的教师发展中心主要关注教学研究，为教师提供教学方法以及技能的培训，并会针对教师教学中存在的问题提供教师发展项目。作为澳大利亚大学教师发展历史的起点，墨尔本大学教师发展中心对其他大学的教师发展产生了影响，在20世纪60年代末、70年代初，澳大利亚大学的教师发展中心已经成为一个相对具有影响力的教师发展组织。到了20世纪七八十年代，大学教师发展得到了澳大利亚政府的关注，并加大了对大学教师发展中心的资助。此外，一些大学教师发展中心对教师晋升政策进行了改革，加大了教师教学成绩在最终聘任和晋升考核中的比例。与此同时，这些研究型大学的教师发展中心还开展了教师发展项目，并通过开展教学研讨会、设置教学奖、实行同行教学评价等方式促进大学教师发展。

（四）组织机构对大学教师发展的促进

大学教师发展运动在国家与高校的支持下，在政策、机构等方面取得了一定的进展。除此之外，一些非官方的组织机构也对大学教师质量的提升产生了重要影响。以美国为例，20世纪70年代初的美国并没有一个专门致力于教师发展的正式组织，致力于大学教师发展研究的学者以及院校也没有正式的交流渠道。到了1976年，在美国高等教育协会召开的春季会议中，高等教育专业与组织发展协会（POD）正式成立。

POD 是一个专门致力于高校教师发展的组织，自 20 世纪 70 年代起，POD 通过提供教师项目、管理者项目以及研究生项目，为大学教师提供教与学方面的指导。POD 强调将教学作为高等教育机构的核心学术活动，以研究和反思为基础，提升教学质量，并逐渐发展成为世界上规模最大、历史最悠久的教育发展组织。[①] POD 为大学教师发展提供了多样化的支持。1984 年，POD 举办了一个名为"服务学院：高等教育专业发展实践者"的暑期培训班，为参与培训的教师提供探讨教师角色的相关课程。培训期间，POD 在俄勒冈州立大学举办了一场教师发展研讨会，为寻求更多选择、机会、资源、知识、技术和技能以促进教学专业发展的教师提供帮助。这场研讨会的主题包括教学发展、引导式设计、4MAT 学习风格、反馈讲座、个性化教学和微型计算机扫盲。[②] 此外，POD 会每年定期召开年会，为协会成员提供一个交流教学发展经验的机会，以改善大学教师的教学实践。还有一些组织机构通过颁发教学贡献奖的形式，鼓励大学教师促进教学发展。例如，美国社会学协会从 1980 年开始，为在社会学教学中取得杰出贡献的教师颁发杰出教学贡献奖，该奖项旨在表彰教师对地区、州、国家或国际层面的社会学教学方式产生重大影响的贡献。

总的来说，以美国为代表的大学教师发展运动在 20 世纪后半叶对高等教育教学质量发展起到了一定的推动作用。政府、机构以及大学积极开展教师发展活动，从多个层面推动教学方法的更新和教学技能的发展，也为 20 世纪 90 年代教学学术在研究型大学中的发展打下了良好的基础。

第二节 教学学术的开拓时期

教学学术的第二个发展时期是 20 世纪 90 年代至 21 世纪 10 年代

[①] POD, "POD at a Glance", https：//podnetwork. org/about/pod-at-a-glance/. (2023-08-30)

[②] POD Network, "POD Network News 1984", https：//digitalcommons. unl. edu/cgi/viewcontent. cgi? article=1000&context=podnetworknews. (2023-08-30)

初。1990年,时任卡内基教学促进基金会主席的博耶提交了《学术反思——教授工作的重点领域》报告。在报告中,博耶提出,应当对学术有一个更全面、更有活力的理解,将教学、研究和服务的严格分类加以扩大,并更加灵活地定义。随着"教学学术"一词被正式提出,许多世界研究型大学在这一时期开启了对教学学术的讨论与研究,并将教学学术发展正式纳入日常教学发展之中,教学学术得以在理论与实践两方面实现开拓发展。

一 大学教学学术的外部支持

自博耶提出教学学术思想后,高等教育界开启了对大学教学问题的大讨论,政府以及一些非正式的组织机构为大学教学学术发展提供了政策、组织机构以及资金上的支持。

(一) 颁布教学学术支持性政策

美国高等教育机构具有很大的独立性和自主权,因此,美国高等教育机构之间开展的课程以及质量具有很大的差距。为保证高等教育的基本质量水平,教育认证在美国兴起,作为对教育机构和项目进行评估的一种手段。通常来讲,美国高等教育认证机构的职能包括:评估高等教育机构学术课程的质量;营造高校学术质量不断提高的文化,促进教育机构水平的普遍提高;让教职员工全面参与机构评估和规划。[1] 到了1990年,伴随着本科教学的发展,大学教学方法以及教学机构取得了重要进展。美国联邦教育部首次要求美国公认的高等教育认证机构将对学生学习成果的评估纳入其院校评估的标准之中。[2] 这一举措对扭转大学教学长期不受重视的现象有着推动作用,对学生学习成果的关注能够使大学将发展重点向教学转移,大学为获得认证资格,必须花费更多时间用于开展教学研究,教学学术的发展也就得到了保障。

---

[1] U. S. Department of Education, "Accreditation in the United States", https://www2.ed.gov/admins/finaid/accred/accreditation_pg2.html. (2023-08-29)

[2] Peter Ewell, "Twenty Years of Quality Assurance in Higher Education: What's Happened and What's Different?", *Quality in Higher Education*, Vol. 16, No. 2, 2010, pp. 173-175.

为保障大学教育质量,英国于 1985 年颁布高等教育绿皮书《20 世纪 90 年代英国高等教育的发展》,期望英国大学能够在坚持学术自由的前提下,保障教育质量。到了 1997 年,以迪尔英爵士为代表的英国高等教育调查委员会在对英国高等教育进行详尽的调查后,发布了《学习社会中的高等教育》,这份报告对英国高等教育的目的、模式、结构、规模、经费拨款及高等教育的未来提出了建议。其中,报告将提高教学质量、促进教与学列为主要内容之一,强调大学要重新制定和实施教与学策略,促进学生学习发展。此外,大学还要开展教师发展培训,以提高教师教学能力,实现高质量教学。报告还指出要建设共享的学习和教学知识库,利用研究成果促进学习和教学的创新,具体活动可包括:扩大对整个高等教育教师的课程、教学和评估的辩论;鼓励和部分赞助旨在在整个部门传播有趣和有用的做法的会议、讲习班和研讨会;以及制作面向从业人员的出版物。[①]

(二) 设立教学学术协助性机构

为保障高等教育中教与学质量的发展,一些国家通过建立教育质量保障体系,设置相关机构,并与大学展开密切合作,对已有教学进行评估与反思,提高教学质量。例如,英国通过建立一个统一的高等教育质量保证体系,确保教学学术在院校内的开展。1990 年,英国大学校长和副校长委员会(CVCP)成立了学术审核处(AAU),其主要职责是对大学内部的质量保障体系、课程结构与专业计划、教学质量与师生沟通、教师队伍素质及建设规划与实施、学生对质量的评价和大学自评的报告内容进行评估。[②] 学术审核处为英国大学的教学发展提供了外部支持,确保其拥有充足且有效的机制和结构来监控、维持和提高教学质量。1992 年,英国政府设立了高等教育拨款委员会(HEFC),从学科层面对大学教学开展评估,其评估结果与政府拨款直接挂钩。HEFC 的设立加强了英国政府对大学教育质量的直接管控,许多大学为获得更多

---

① The National Committee of Inquiry into Higher Education,"Higher Education in the Learning Society",https://education-uk.org/documents/dearing1997/dearing1997.html#08.(2023-08-29)

② 胡锋吉:《高校学生评价研究:英国的实践》,浙江大学出版社 2014 年版,第 30 页。

政府拨款，相继开展了学科层面的教学研究。同年，CVCP 还成立了高等教育质量委员会（HEQC），并与 AAU 合并，从院校层面对大学教育质量进行审查。到了 1997 年，英国政府将 HEFC 与 HEQC 合并为高等教育质量保证署（QAA），QAA 是一所独立的评估机构，受英国政府的认可开展大学教育质量审查工作。[①] QAA 为英国大学院系、学科教学发展以及教学学术的开展提供了一套统一的标准。

澳大利亚大学教学学术的发展也依托于高等教育质量保障体系的建立。澳大利亚高等教育发展与其他西方国家相比起步较晚，直到 20 世纪 90 年代初期，澳大利亚高等教育系统才由政府统一管理，而在此之前，并没有形成统一的高等教育质量管理框架。1992 年，澳大利亚政府成立高等教育质量保障委员会，对高等教育机构内部质量保障制度和程序进行审核，并提供一定的资金支持。1995 年，澳大利亚教育就业培训和青年事务部创建了澳大利亚学历资格评定框架署，要求高等教育机构完善其内部学术标准和教学质量评估机制。到了 1998 年，澳大利亚政府将高等教育质量与资金数目挂钩，要求大学对自身教育质量保障体系发展进行规划。2000 年《国家高等教育资格认证协议》的出台，标志着澳大利亚高等教育机构认证从此有了统一标准和程序。在澳大利亚高等教育质量保障体系发展的过程中，政府倡导大学通过开展教学质量评比活动提升教学水平，并鼓励大学加大对教学的经费投入，提高师资队伍的素质与水平，加强教学创新。澳大利亚的高等教育机构也积极开展内部教学质量保障体系改革，引入专家、同行和国际评估，坚持提升教学质量。

（三）设置教学学术针对性资金

为鼓励更多大学和教师投入教学学术研究与实践中，许多国家政府、组织以及慈善基金会为教学学术发展提供了资金支持。美国高等教育改善基金（FIPSE）是美国教育部于 1973 年成立的一个资助项目，其主要任务是改善高等教育，并与其他慈善基金会合作，为高等教育领

---

① QAA, "About Us", https://www.qaa.ac.uk/about-us. (2023-08-29)

域中出现的创新发展项目提供资金支持。自 1990 年起，FIPSE 资助的许多项目都专注于教学学术研究与实践的发展。例如，1999 年，FIPSE 与卡内基教学促进基金会合作，对亚利桑那大学开展的教学团队计划进行资助，这是一项通过教师与本科生合作开展通识教育改革的计划；2000 年，FIPSE 与威廉-弗洛拉·休利特基金会共同为北卡罗来纳州立大学开展的探究引导式教学的扩展评估与传播研究提供了 15 万美元的资助。[1] 这些资助在很大程度上激励了大学与教师开展教学学术研究，不断探索本科教育领域中教学发展与进步的新路径。

在美国的影响下，英国政府也为教学学术发展投入了大量资金。英格兰高等教育资助委员会为提高大学教学质量，于 2006 年启动了一项针对 74 所大学教学中心的资助项目，该项目要求这些教学中心在项目结束时，将教与学研究发展为中心的主要实践活动。这项资助项目共计向英国 74 所大学教学中心发放了 300 万英镑，确保了教学学术在大学教学中心的地位，使资金真正用于教学学术研究。通过资金投入支持教学学术是提高教学质量和实践水平的最直接途径，这在一定程度上缓解了教学与科研投入不平衡的状况，使教师愿意花费更多时间在教学研究中。

二 大学教学学术的内部支持

20 世纪 90 年代以来，许多世界一流研究型大学在教学学术理论发展与外部支持逐渐增多的条件下，开始探索能够有效促进教学学术发展的路径，并从教师晋升制度制定、教学机构建设以及资金奖励设置等方面形成了一套完整的、全面的教学学术发展体系，为教师开展教学学术提供了充足的保障与支持。

（一）教师晋升标准和评价体系的重新制定

研究型大学为保证教学学术的顺利进行，采用了多样化的方式。其

---

[1] U. S. Department of Education, "FIPSE Award-Winning Projects: List of National and International Awards", https://www2.ed.gov/about/offices/list/ope/fipse/awardwinning-chrono.pdf. （2023-08-29）

中，加大教学在教师晋升和评价考核中的比例，关注教师教学成绩，并适当降低对教师科研成果的要求，已经成为研究型大学支持教学学术发展的一个重要机制。一些研究型大学将教学学术纳入职位晋升以及终身教授授予的标准之中，通过这种方式，能够从制度层面保障研究型大学教师在教学中投入更多的精力，保证教学与研究时间处于相对平衡的状态。

1990年，加利福尼亚大学总校长大卫·加德纳要求教务长兼学术事务副校长比尔·弗雷泽对加州大学学术人事手册中有关大学学术人事政策的晋升标准进行审查。弗雷泽组建了一个由加州大学各分校学术评议会的13名教授组成的教师奖励制度特别工作组，并邀请刚卸任加州大学伯克利分校工程学院院长职务的卡尔·皮斯特出任工作组主席。工作组的职责是审查大学学术人事政策的晋升标准，并对政策实施的实践进行审核，以保证教授奖励结构符合大学的使命。工作组在1990年至1991年间召开了五次会议，对学术人事手册进行评价，皮斯特在给校长加德纳的信中写道："我们必须在教师的传统学术活动类别之间恢复更适当的平衡，我们必须更明智地运用我们在评估教师表现方面的灵活性，这些灵活性目前在我们的学术人事手册中有，但很少使用。"[1] 在工作组讨论如何修改政策的过程中，皮斯特阅读了在当时尚未发表的《学术水平反思》，并结合加州大学的实际情况，对博耶的多元学术观进行分析。经过工作组的努力，1991年6月，皮斯特向校长提交了《全校工作小组关于教职工奖励的报告》（以下简称《皮斯特报告》）。在报告中，皮斯特对加州大学1953年至1970年间学术人事手册中评议委员会指导原则部分进行对比，指出加州大学对于教师绩效的要求一直以来都保持同一标准，主要包括对教学、研究和创造性工作、专业活动以及校内和公共服务的要求，而这四种标准也与博耶多元学术观的四种学术类型相符合。同时，工作小组指出，目前的政策强调教学，认为智

---

[1] University of California, Berkeley, "Oral History (2000-2002)", https://digitalassets.lib.berkeley.edu/roho/ucb/text/PisterBook.pdf. (2023-08-05)

力成就要体现在教学以及研究等其他创造性领域之中，但在实际实践中却没有给予大学教师足够的鼓励和支持。对此，工作小组建议对学术人事手册和薪资表说明进行修改，主要包括以下几点：

（1）"强调卓越的智力成就，如教学和研究或其他创造性成就，是任命或晋升终身职位不可或缺的资格。"[①] 同时，工作小组建议将教师对于四个领域绩效的自我评估加入考核档案。

（2）给予教学同行评价与科研同行评价同样的重视，并在审查档案中加入能够证明教师教学效果的证据。

（3）鼓励对以知识应用为重点学术研究的教师，将出版教科书、报告、通知以及类似出版物视为教学能力或公共服务的证明。

（4）对教师在科研、教学、专业活动以及公共服务方面表现出的研究重点转移行为给予鼓励，支持教师对新兴学科以及领域的探索。

（5）鼓励教师开展对学生或新教师的教学和指导，特别是对校园内代表性不强的少数族裔教师的教学和指导。

（6）每十二年对全职教授进行一次审核，取消现有的教授审核办法。

（7）允许终身教授加强与大学使命相符的研究，并根据适用的绩效标准，对取得突出成就的教授给予奖励。

《皮斯特报告》的发表，使教学与科研关系的问题成为加州大学教师讨论的热点。对于这份报告，加州大学校长加德纳表现出了浓厚的兴趣，他甚至将报告打印了一万份，并分发给学术委员会的每一位成员。[②] 同时，副校长弗雷泽写信给各个分校的校长，请求他们在校园内就报告征询意见，从大学行政的角度对报告进行审查。总体来说，加州大学教师大多对报告持赞同态度，但报告也遭受了很多批评，人们对工作小组采取的立场表示反对，即认为目前加州大学过分强调研究而忽视

---

① Karl Pister, "Report of the Universitywide Task Force on Faculty Rewards", https://www.ucop.edu/academic-personnel-programs/programs-and-initiatives/faculty-resources-advancement/report-of-the-universitywide-task-force-on-faculty-rewards.html#lettertopresidentgardner. （2023-08-05）

② University of California, Berkeley, "Oral History (2000-2002)", https://digitalassets.lib.berkeley.edu/roho/ucb/text/PisterBook.pdf. （2023-08-05）

了教学和服务。

在1992年至1993年的几次修改中，学术人才委员会逐渐接受了《皮斯特报告》工作小组提出的建议，并对《学术人员手册》的文本作出了实质性的修改。此外，《皮斯特报告》促进了加州大学教师评价方式的变革。在报告的影响下，一些实操性较强的专业在对教师学术能力进行评价时，会更加注重对教师专业实践能力的考查。并且，增强了教师聘任过程中的灵活性，教师可以灵活选择侧重的方向。在伯克利校区，教师可以对预算委员会（the Budget Committee，其他大学一般称"人事委员会"）说，自己打算在下一个三年中少做一点科研，多做一点教学，把主要精力放到教学上，今后再把主要精力放在科研上。[①] 一般来说，委员会会与教师签署一份合同，教师在接受评价时，只需要提交教学证明材料即可，而这也是博耶《学术水平反思》中创造性合同设想在实际中的运用。

2007年1月24日，哈佛大学艺术与科学学院发布了一份名为《哈佛教学与学习契约》（以下简称《契约》）的报告，该报告旨在改善对优秀教学的支持和奖励，并提高学生的学习能力。2006年9月，应时任临时校长的德里克·博克和艺术与科学学院院长杰里米·诺尔斯的要求，艺术与科学研究生院院长塞达·斯科茨波尔与政府与社会学教授维克多·托马斯领导组建了教学与职业发展工作组。工作组在广泛征求艺术与科学学院教职员工和学生以及同行机构意见的基础上，发表了《契约》报告。该报告提议管理人员、教师以及学生共同承担"契约"，努力恢复哈佛大学在教学与研究中的卓越表现。在教师任命方面，报告认为学院要更加注重教学资格，并建议对研究生教员到初级教师再到终身教授的各级一流教学给予奖励。报告概述了5个主要目标以及18条建议。其中，5个目标为：

（1）采取具体措施，营造一种更具合议性的教学文化，让教师定

---

① 潘金林：《大学本科教育的守护神——欧内斯特·博耶的高等教育思想与实践的研究》，博士学位论文，南京大学，2012年，第180页。

期分享课程材料,讨论教学目标和实践。

(2) 为教学创新提供更多支持,包括资金、行政协助和对现行课程安排做法的审查。

(3) 改进会计制度,使教师在教学和指导方面取得的成绩能够得到更全面地记录,并更有效地为个人、院系和行政办公室所用。

(4) 更一致、更明确地将优秀教学成果与薪酬调整、教师聘任和职业晋升挂钩。

(5) 提高模范教学方法和成果的知名度,这既是一种教育手段,也是对良好教学的一种激励。

5个目标鼓励在哈佛大学教师群体中建立起公开的教学分享制度,并从晋升、薪金等方面保证教师对教学的投入和教学成果,这些措施的出发点和行动方向都与教学学术思想相符合。报告一经颁布,就在哈佛大学管理人员以及教师群体中引起了热烈的反响。《契约》从一个较为全面的角度为解决大学教育质量问题提供答案,并对教师教学以及学生学习体验改善产生了影响。哈佛大学法语和文学系教授克里斯蒂·麦克唐纳认为,该报告令人兴奋的地方在于,它"提议让初级和高级教师(以及教学研究员)走出孤立,进入一个交流教学目标、内容和方法的社区,从而促进实验和发展意识"。[①]

(二) 教学中心的发展与教学学术研究

在20世纪六七十年代,随着大学教师发展运动的推进,少数研究型大学建立了教学中心用于支持大学教师发展。到了20世纪90年代,博耶教学学术思想的出现为大学教师发展提供了一套新的理论依据。在这种情况下,许多研究型大学从机构层面加大对教师教学的支持与研究,教师发展中心作为一种常设机构开始广泛地出现在大学中,这些机构的名称并不完全相同,但承担的责任和发展目标相同。同时,教师发展中心开展了与教学学术相关的实践工作,促进大学教学发展。

---

① Harvard University, "Task Force Proposes 'Compact' for Excellent Teaching", (2007-02-01), https://news.harvard.edu/gazette/story/2007/02/task-force-proposes-compact-for-excellent-teaching/. (2023-08-09)

作为英国最古老的大学,牛津大学于 2000 年建立了大学学习促进中心,该中心在 2006 年更名为牛津学习研究所,其职责主要是通过开展培训、研讨、咨询、指导、评估等策略,帮助教职人员完善职业发展,解决教育教学过程中存在的问题,促进教学质量提高。① 该研究所由专业发展组、教育发展组、研究组、服务组四个组组成,共同为教师教学、研究以及服务方面提供支持,其中的教育发展组专注于提升牛津大学教师教学质量。此外,牛津学习研究所定期举办公共研讨会,邀请知名大学教授讲授教学与研究经验,并鼓励教师积极参与高等教育教学研究。牛津大学学习中心还在官方网站上建立在线资源,供教师查阅、交流,通过发布简讯,分享最新教学成果及研究动向。此中心在 2019 年 9 月划分为教学与学习中心以及人员与组织发展中心两个机构,将教师专业发展与组织个人发展分开管理,给予教学发展更多支持,可见牛津大学对教学的重视。

(三) 设置专门奖项以鼓励教学学术

为鼓励教师积极参与教学学术,许多研究型大学设置了专门的有关教学的奖项,奖励在教学领域中取得突出贡献的教师。美国哈佛大学本科教育办公室设置了哈佛大学教授奖项,这是一项针对艺术与科学学院中高级教师的奖项,最早始于 1997 年,由哈佛大学校友捐赠。艺术与科学学院包含了哈佛大学本科课程以及博士课程,是哈佛大学中最大的部门,也是唯一负责本科和研究生教育的部门。而哈佛大学教授奖项则是专门为致力于本科生教育、促进本科生智力发展的资深教师而设,每年颁发给 4—6 名教师。获得哈佛大学教授奖项的教师会获得五年任期,在此期间,哈佛大学为获奖教师的研究或学术活动提供额外支持,并且给予其一个学期的带薪假期或暑假工资。此外,对于艺术与科学学院中开展的卓越本科教学的初级教师,哈佛大学设置了罗斯林·艾布拉姆森奖,每年颁发给两名教师,并给予他们现金奖励。这一奖项是为了表彰

---

① 权灵通、何红中、胡锋:《英国大学教师发展中心建设研究及启示——以牛津大学为例》,《中国大学教学》2017 年第 11 期。

教师在本科生教学中拥有的卓越表现和敏感性，以及对教学的奉献精神。① 博克中心还致力于研究生教学能力的提升，并在每年召开一次公共会议，为本学期在教学方面表现优秀的研究生助教颁发奖励。1990年，博克中心设置哈佛大学杰出教学证书，其主要申请对象是哈佛大学研究生院的博士生以及处于其他类似职业阶段、从事哈佛大学本科生教学的人员，参与申请的人员必须在学习、实践以及反思三方面达到相应的要求。在学习方面，博克中心要求申请者必须参与三场以教育学和课堂实践等为主题的研讨会；在实践方面，申请者必须参与过博克中心提供的课堂视频观察项目，与中心顾问一起回顾自己在课堂中的教学表现；在反思方面，申请者必须创建三个包含对其教学和学习批判性反思的产品，包括教学陈述、课程教学大纲以及一篇大约1000字的反思性文章。② 这一奖项的设立有力地提高了哈佛大学研究生教学水平，随着教学能力在教师招聘中所占比重越来越高，研究生教学能力课程的开展也为其未来求职提供了有力支持，在一定程度上促进了美国大学教学质量的提高。同时，杰出教学证书对申请者在学习、实践以及教学反思方面提出的要求，促进了目前身为研究生的教学助理对教学问题的探究与反思水平与能力，为其未来成为正式教师后教学学术能力的发展打下基础。

哈佛大学不同学院中也设置了教学奖励，对教师在部门中做出的教学贡献进行表彰。例如，哈佛大学公共卫生学院自1998年颁发罗杰·尼科尔斯杰出教学奖，目的是表彰在课堂教学中表现突出、能够激励学生的能力并拥有教学奉献精神的学院教师。这一奖项不仅要求申请者拥有三年以上的教学经验，所教课程具有一致性，还要求教师获得过较高的整体课程和教学评价。此外，教师想要获得提名还必须拥有参与其他教师教学活动的经历（例如指导和支持其他教师以及在学习和教学过程

---

① Harvard University，"Awards, Prizes, and Events"，https：//oue.fas.harvard.edu/awards-prizes-events#widget-1.（2023-08-05）

② Harvard University，"Teaching Certificate"，https：//bokcenter.harvard.edu/teaching-certificate.（2023-08-09）

中具备一定的领导能力)。① 这些条件不仅要求教师具备优越的教学能力,还要求其教学成果能够获得学生以及同行的优秀评价。

三 教学学术的国际合作研究

教学学术最早兴起于美国,并对美国高等教育质量提升作出了突出贡献。随着美国一流研究型大学教学学术发展的不断深入,这场教学领域的变革逐渐演变成一项国际性教学活动,许多国家和地区的学者们在利用教学学术发展本国高等教育的基础上,开始寻求建立一个更大的教学学术领域,实现跨国的教学交流。

(一) 教学学术公域理念的发展

在高等教育的发展过程中,大学之间逐渐形成了一个专门致力于科研成果交流分享的领域,教授们通过开展学术交流,进行学术研究或跨学科成果分享,这在很大程度上促进了学科研究的发展。但长期以来,这种传统只存在于科研领域,大学教师很少会聚集起来讨论他们在教学过程中总结出的经验或遇到的问题。对于大部分教师而言,教学是一项十分私人的活动,在教室内以非公开的方式进行,而对于教学的关注也只发生在小型教师群体之中。但随着教学学术的发展,教师参与教学研究逐渐变得普遍,公开教学成为大学教学的主要发展趋势,教学资源的交流与共享成为大学开展教学研究的主要方式。在这种背景下,胡博与赫钦斯提出了建立教学公域的想法,在这个空间中,致力于教学探索和创新的教育工作者们聚集在一起,交流有关教学的想法,并利用这些想法应对挑战,为学生的个人、职业和公民生活做好准备。② 教学公域的发展不仅使校内教学交流增多,还为跨校乃至国际交流提供了更多可能性,各种教学协会、研讨会、期刊等的出现将分散的教学交流社区聚集起来。

---

① Harvard University, "Roger L. Nichols Excellence in Teaching Award", https://www.hsph.harvard.edu/office-of-educational-programs/teaching-and-mentoring-awards/roger-l-nichols-excellence-in-teaching-award/. (2023-08-09)

② Mary Taylor Huber and Pat Hutchings, "Building the Teaching Commons", *Change: The Magazine of Higher Learning*, Vol. 38, No. 3, 2006, pp. 24-31.

具有可分享的公共资源是教学公域的重要特征之一，在高等教育领域，公共教学资源包括范围广泛的教学工作，并与课堂教学环境密切相关，而课堂情境的独特性会使教学研究案例具有特殊性，但特定的案例能够使教学研究成果具有普遍性，帮助教师思考特定案例与自身教学工作的相似之处。同时，教师作为教学学术的实践者，他们对于教学经验的分享能够帮助新教师把握课堂教学的细节，促进教学学术研究的顺利开展。伴随着国际交流的增加，越来越多的大学开始关注教学公域建设，将本校的优秀课程、教材以及教学方法等资源以一种更为开放的形式提供给世界各地的大学参考，教学学术也得以依托这些平台在国际中得到快速发展。

（二）国际性教学学术研究组织

随着教学学术运动在美国的发展，其影响力逐渐发展到其他国家。在美国的影响下，英国、澳大利亚、加拿大等国家的研究型大学中都相继出现了有关教学学术的讨论或实践活动。1998年，时任卡内基教学促进基金会主席的舒尔曼与副主席赫钦斯共同创建了卡内基教学学术学会。1998年起，卡内基教学促进基金会在美国大学中开展了多样化的教学学术活动，为不同院校的教师提供教学学术发展方面的指导和帮助，并提供跨校教学学术合作机会，让教师能够了解其他学校教师所获得的教学工作成果。伴随着卡内基教学促进基金会影响力的扩大，美国高等教育协会也与其取得联系，并在年会中举行了卡内基教学学术学会的座谈会，会议的国际参与者逐渐增多。到了2004年，由印第安纳伯明顿大学领导的旨在扩大教学学术公共空间的组群设想建立一个国际性的教学学术学会。在印第安纳伯明顿大学克雷格·尼尔森等教授的带领下，组群从卡内基教学学术学会中招募到了一批学者，以便在教学促进会的资助项目结束后继续开展教学学术活动，其中就有一些来自其他主要英语国家的学者。[①]

---

① International Society for the Scholarship of Teaching and Learning,"Origin of the International Society for the Scholarship of Teaching and Learning",(2020-06-19), https://issotl.com/2020/06/19/origin-of-the-international-society-for-the-scholarship-of-teaching-and-learning/. (2023-08-09)

2004年，印第安纳伯明顿大学的教学学术研究小组决定举办一场关于教学学术的会议，以确定这一国际教学学术协会（ISSOTL）的正式成立。在此次年会中，学者们以"教学学术：视角、交叉和方向"为主题，探讨了教学学术的发展与未来方向。这场会议原计划参与人数在50人左右，但实际与会人数达到了400人。到了2005年，在不列颠哥伦比亚大学主办的第二次年会中，参与人数达到了600人，且来自不同国家的大学，国际教学学术协会的影响力不断扩大。国际教学学术协会主要为关心教学和学习的教师、学者、科研人员以及学生提供服务，并以建设智力和协作基础设施，支持教学和学习相关学术工作为使命。目前，国际教学学术协会年会已经发展成为一项连接协会与不同地区教学学术合作伙伴的最为重要的一项活动。年会为世界各地大学学者提供了一个面对面交流教学学术研究成果的重要场所，其主要目标有两个：一是为从事教学学术的人员提供以多种方式向同事展示其工作的机会；二是通过面对面的互动来发展教学学术工作者社区。[①] 此外，参会学者通过在年会这类公开场合展示其工作成果，能够有力证明其教学学术工作在国际教学事务中得到了认可，从而在学校教师评价晋升等过程中获得更多荣誉。

时至今日，在国际教学学术协会的影响下，南非、欧洲、亚洲、拉丁美洲以及中国、加拿大等国家建立起了教学学术区域性组织，这些组织与国际教学学术协会开展合作，寻求协同发展，将世界各地的教学学术学者联系起来，为世界高等教育发展提供支持。

（三）国际教学学术期刊

教学是一种面向公众和社区的公开活动，教学作品也应接受审查和评估，并能供同一领域的其他人访问。因此，可公开分享并接受评价的教学研究成果是开展教学学术的重要条件之一。随着教学学术思想与实践的不断完善与发展，许多大学、国际性教学学术组织以及出版社创办

[①] International Society for the Scholarship of Teaching and Learning, "Strategic Plan", https：//issotl.com/strategic-plan/. （2023-08-10）

了与教学相关的期刊，这些期刊大多由同行评审，并关注高等教育教学的最新研究活动。

2002年，美国赛吉出版社创办了《高等教育艺术与人文》期刊。该期刊主要发表高质量同行评审文章，并对当代高等教育领域中的教学问题进行研究，为国际艺术与人文教育领域的教育工作者提供教育政策、课程以及评估领域的信息。此外，该期刊发表的文章大多对相关学科中研究与教学之间联系以及高等教育改革目的进行深入思考。[①]

2005年，《国际高等教育教学期刊》第一期正式出版，这是一个隶属于国际探索教学协会的教学学术期刊，主要传播高等教育中以学生为中心、为主题的学术研究成果。[②] 该期刊每期主要包括三种类型的文章，分为研究文章、教学文章以及评论文章，并且，文章都需要重点关注高等教育教学的研究、发展、应用和评价，对于包含创新教学法的文章，期刊会给予特别支持。对于研究文章，期刊要求投稿文章在本质上是理论性或实证性的，在相关文献的基础上，提出与高等教育教学法相关的知识、方法和见解；教学文章应该能够解释和阐明创新的高等教育教学方法，并且侧重于对常识性、新兴或替代教学方法的解释，而不应只是对经验数据的严格报告；评论文章应该集中于对最近出版的、与高等教育相关的著作（书籍、文章或网站）的评论和评估。[③] 但由于资金问题，《国际高等教育教学期刊》无法继续出版，目前，期刊已暂停了所有运营业务和出版工作，并于2022年11月停止文章审核工作，将往期所有文章移至国际探索教学学会官网。

2007年，《国际教学学术期刊》由佐治亚南方大学教师中心出版，该杂志致力于高等教育教学学术问题，并关注教学学术在高等教育中的应用，为学者提供一个国际化的教学学术论坛。《国际教学学术期刊》

---

① Sage Journals, "Arts and Humanities in Higher Education", https://journals.sagepub.com/description/AHH. (2023-08-10)
② International Journal of Teaching and Learning in Higher Education, "History", https://www.isetl.org/about-us/history/. (2023-08-10)
③ International Journal of Teaching and Learning in Higher Education, "Review Criteria", https://www.isetl.org/ijtlhe/ijtlhe-review-criteria.php. (2023-08-10)

审稿人对文章进行审查时，会参考 1997 年出版的《学术评价：教授工作的评估》一书中提到的教学学术通用标准：明确的目标、充分的准备、适当的方法、重大成果、有效的展示、反思性批判。① 与此同时，该期刊在要求投稿文章保证学术严谨性的基础上，加强与教学学术的相关性，文章不仅需要充分关注教学学术的相关问题，能够提供适用于不同学科教学过程的知识，还需要提供合乎道德的教学学术研究证据。此外，该期刊还要求文章具有一定的国际意义，能够对国际读者产生影响，可以被不同国家和高等教育系统的大学教师所理解，并且能够促进对教学学术的国际理解、对话或合作。②

随着教学学术领域的不断扩大，供学者交流的平台不断增多。除上述期刊外，这一时期还出现了很多其他与教学学术相关的期刊，例如 1990 年由迈阿密大学创办的《大学卓越教学期刊》、赛吉出版社于 2000 年创办的《高等教育中的主动学习》期刊、2001 年由印第安纳大学卓越教学学院出版的《教学学术期刊》等等。这些期刊响应了博耶建立教学学术交流平台的呼吁，为世界各国高等教育教师教学发展提供了一个学术性的论坛，让优秀教师以及教学相关工作人员发表其对于教学的新想法。

第三节 教学学术的发展时期

在博耶提出教学学术思想后的二十年里，许多世界研究型大学出现了研究教学学术的浪潮，多元学术观逐渐成为大学教师教学发展的主要理论之一。在实践中，教学学术也得到了来自教师、学院、大学以及社会的支持。到了 20 世纪 10 年代初，世界一流研究型大学教学学术进入了深化发展阶段。在上一阶段，许多研究型大学都奠定了教学学术研究

---

① Charles E. Glassick, Mary T. Huber and Gene I. Maeroff, *Scholarship Assessed: Evaluation of the Professoriate*, San Francisco: Jossey-Bass, 1997, p. 25.

② International Journal for the Scholarship of Teaching and Learning, "Review Process", https://digitalcommons.georgiasouthern.edu/ij-sotl/review_process.html. （2023-08-10）

与实践的基础,到了 21 世纪 10 年代,伴随着教学理论以及信息技术的发展,教学学术也在这一时期得到了深化创新。

一 教学学术参与主体的扩大

自教学学术被正式提出以来,教学学术研究与实践的开展主体主要是大学教师,但随着"以学生为中心"教育理念的发展以及学生群体组成的变化,大学开始关注学生在本科教学研究中的地位和作用,并强调让学生参与到教学学术之中。许多一流研究型大学开展了多样化的活动,提高学生在教学学术研究与实践中的话语权和积极性,教学学术参与主体的不断扩大,为教学学术的发展注入了新的活力。

(一) 学生参与教学理念的发展

舒尔曼丰富了教学学术思想,将教学学术的内涵扩展为"教与学的学术",强调了教师对学生学习的探究。伴随着舒尔曼教学学术思想的发展,越来越多的学者在开展教学学术研究时选择将目光集中在教学法以及学生学习方面。在这一过程中,作为学习主体的学生逐渐受到关注,许多学者重新考虑了学生在教学中的角色,并提出了加强学生在教学设计中作用的主张。在卡内基教学学术协会开展的校园项目中,就提出要关注"学生的声音",学生需要成为学习讨论的一部分。

在彼得·费尔腾看来,学生在学术发展中通常占据三个位置:对象、消费者以及参与者。[1] 在其中,最不常见也是经常被忽视的是学生作为学术发展的合法参与者和代理人的身份。早在 2004 年,就有学者指出教学学术领域对学生伙伴关系的忽视,长期以来高等教育一直在口头上接受学生学术自主取向的各种变化……学生不是以社会新学者的身份出现,也不是以教学评论家或鉴赏家的身份出现,当他们出现时,他

---

[1] Peter Felten, Sophia Abbot and Jprdan Kirkwood, et al., "Reimagining the Place of Students in Academic Development", *International Journal for Academic Development*, Vol. 24, No. 2, 2019, pp. 192-203.

们是被关注的对象、被分析的对象或被动的消费者。① 因此，教学学术的工作核心应该聚集到以学生为核心的教学实践中。随着教育界对学生关注的增多，越来越多的学者开始呼吁将学生的角色重新定位为合作伙伴，使其更加积极地参与到教学学术之中。这一观点在 21 世纪 10 年代前后成为一个国际性的热点话题，许多学者以"学生作为伙伴"为主题开展了研究。其中，作为"学生作为伙伴"研究的集大成者，希利提出了一套"高等教育中学生参与教与学"的模型：②

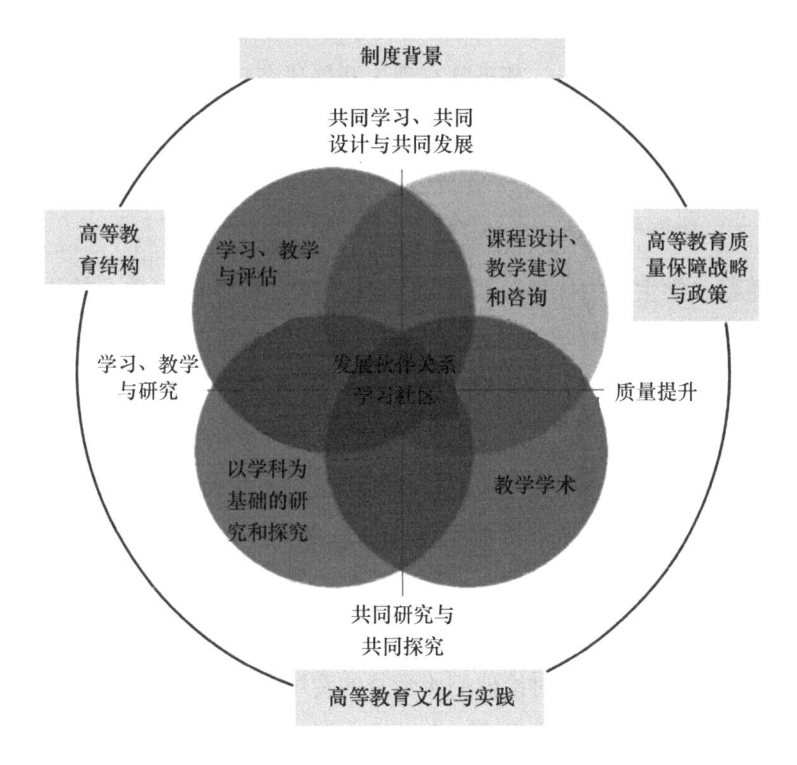

在模型中，希利设计了两条轴线，第一条轴线代表从重视学、教、研到重视质量提升，另一条则是从重视共同研究、探究到重视共同学

---

① Keith Trigwell and Suzanne Shale, "Student Learning and the Scholarship of University Teaching", *Studies in Higher Education*, Vol. 29, No. 4, 2004, pp. 523-536.
② University College Cork, "Students as Partners in Learning and Teaching in Higher Education", (2014-02-04), https://www.ucc.ie/en/media/academic/teachingandlearning/seminarresources/CorkSaPHanodut.docx. (2023-08-31)

习、共同设计、共同开发。轴线划分出了学习、教学及评估,课程设计与教学法咨询,基于学科的研究,教学学术四个相互交叉的维度,这四个维度体现了学生在高等教育中作为教学和学习合作伙伴可以参与的领域,也是四种不同的伙伴关系运作过程。其中,属于师生共同研究并能保证教与学质量维度的教学学术,将教学学术研究的主体从教师扩大到了学生,学生成为教学探究的合作伙伴,师生关系也从一种基于权威的模式朝向友好合作的方向发展。2013 年,彼得·费尔腾提出教学学术良好实践的五项原则,[①] 其中就包括与学生合作进行教与学的探究,这项原则与探究学生学习、基于已有理论开展研究、采取合适的研究方法以及与同行分享成果共同被国际教学学术协会确立为教师开展教学学术的基本原则。

(二) 鼓励学生参与教学学术项目

随着"学生作为伙伴"理念的发展,越来越多的大学开始更多地将学生的声音纳入教学学术研究与实践中。学生所扮演的角色不断丰富,在教学发展过程中的参与度不断提高。

悉尼大学通过选取学生代表的方法,使学生参与到教师教学讨论之中。悉尼教学研讨会作为一项教师教学经验交流的学术活动,为悉尼大学的教学发展提供了一个重要的公开分享平台。自 2011 年开始,研讨会将教学专业发展人员与学生聚集在一起,共同讨论教学理念方法,以及高等教育教学研究的最新发展。通常来说,研讨会会在校园中招募 6 位本科学生代表,并支付给他们 4 个月的费用,作为参与教师教学发展探究的奖励。学生大使会组成一个学生小组,在研讨会中讨论他们的学习经历。到了 2014 年,受"学生作为伙伴"思想的影响,悉尼大学的教学研究所开始思考学生在教学研讨会中的角色,他们决定重新评估学生在研讨会中的参与程度,并采取措施加大学生在研讨会中的话语权。为扩大学生参与度,研讨会决定采用增加学生在其学科课程之外的探究

---

① Peter Felten, "Principles of Good Practice in SoTL", *Teaching and Learning Inquiry*, Vol.1, No.1, 2013, pp.121-125.

机会的方法,在标准的"学生声音"小组之外,学生将有机会了解高等教育研究,能够与研究人员互动、设计评估规划,并介绍和撰写他们作为研究人员的经历。① 同年,教学研讨会以"我们的评估是否达标?"为会议主题,将学生代表纳入会议开展的前中后期,与教学研究所共同开展6项活动:②

(1) 开展社交媒体营销活动,吸引更多的悉尼大学学生参与到教学研究会之中。

(2) 设计一个具有创意性的学生评估环节,并在教学研讨会上进行展示。

(3) 设计并实施教学研讨会评估战略,利用不同的方法和数据,收集领导、教职员工以及学生的评估意见及反馈。

(4) 在教学研讨会的闭幕仪式上介绍评估战略的结果。

(5) 以多种形式搜集有关教学研讨会的资源(特别是学生评估经验),这些资源可用于各种教育目的,以支持全校的评估发展工作。

(6) 参与策划和撰写出版物,并将其提交给《国际学术发展期刊》。

全程参与悉尼大学教学研讨会是学生参与教学学术运动的一个很好的案例。学生作为代表,通过参与调查、文本撰写以及成果分享的方式,实现了教学学术在传播交流维度上的发展,并扭转了教学场景中缺乏学生参与的局面。

剑桥大学教学中心十分重视扩大学生在教学学术中的参与程度,并将"学生作为伙伴"设立为包容性教学的研究项目之一。剑桥大学教学中心官网为教师开展以"学生作为伙伴"为主题的教学研究提供了一份完整的研究指南,为支持教职工与学生作为研究或教育增强项目的合作伙伴提供引导。这份指南介绍了"学生作为伙伴"概念和开展相

---

① Tai Peseta, Amani Bell and Amanda Clifford, et al., "Students as Ambassadors and Researchers of Assessment Renewal: Puzzling Over the Practices of University and Academic Life", *International Journal for Academic Development*, Vol. 21, No. 1, 2016, pp. 54-66.

② Tai Peseta, Amani Bell and Amanda Clifford, et al., "Students as Ambassadors and Researchers of Assessment Renewal: Puzzling Over the Practices of University and Academic Life", *International Journal for Academic Development*, Vol. 21, No. 1, 2016, pp. 54-66.

关工作的一些方法，以及如何在教学实践中应用这些方法。指南中指出，作为教育发展项目的合作伙伴，与学生一起工作可以更切合实际地理解学生面临的复杂经历，并让那些受影响的学生直接参与项目的制定，这也更有可能带来持续性变革的机会。① 与学生合作不代表由学生掌握所有控制权与决策权，也不是指教师的专业知识不被认可，真正地与学生合作是指平等地接受教师与学生在教学过程中所付出的不同贡献。为帮助教师与学生顺利开展合作项目，指南明确阐述了教师与学生的角色以及各自承担的责任，学生负责项目管理、安排会议、搜集数据并分析、撰写报告、展示项目成果以及参加相关培训会议等，而教师主要负责辅助学生工作，为学生提供支持、帮助与建议。指南还从师生权力、设定研究边界、时间安排、薪酬、招聘与选择、财政与网络资源支持、道德审查七个方面指出了开展学生合作需要注意的事项。除此之外，指南还详细介绍了启动一项学生合作教学项目的步骤，并举例列出本校以及外部机构开展的学生合作教学项目。

在剑桥大学教学中心的学生合作教学项目中，学生更多地扮演一种合作研究者的角色，他们不仅能够真正参与到教学学术研究项目之中，还能够与教师共同撰写并发表研究报告。这使得教学过程中学生的声音从"被听见"到主动融入教学学术研究之中，学生的主动性进一步增强，教师也能够在辅助过程中从学生视角了解到更多教学信息。

(三) 设置资金支持学生参与教学学术

与促进教师开展教学学术工作相似，为鼓励学生积极参与教育教学相关的实践活动，许多研究型大学通过设置相关奖项与资助的形式鼓励学生主动与教师开展教学研究。

2014 年，为增强学生学习体验并加大学生在教学研究中的参与力度，伦敦大学学院启动了变革者计划，主要通过小型捐赠的方式支持学生项目。变革者计划的主要目标包括：

---

① Cambridge Centre for Teaching and Learning, "Students as Partners", https://www.cctl.cam.ac.uk/inclusive-teaching/students-partners/introduction. (2023-08-15)

(1) 发展师生伙伴关系文化；

(2) 促进教育变革；

(3) 帮助学生取得成功，创造参与教育提升的机会；

(4) 帮助教职员工探索自己作为教育者的身份。

该计划在开始的第一年就资助了 10 个由学生发起的项目，此后，资助项目不断增加，到了 2022 年，该计划已经为 78 个项目提供了资金支持。① 伦敦大学学院的所有学生都可以申请该项目，且所有项目都必须有一名学生领导者以及一名教师合作伙伴，最高可获得 1000 英镑的资助。该计划支持多样化的主题项目，以 2022—2023 年为例，获得资助的项目主体主要分为学习社区与归属感、学术发展与支持、评估与反馈、支持学生成功：共同创建全纳课程、持续性资助。② 其中，有许多关于提升课堂教学质量、学习和教学评估、教学法发展等与教和学密切相关的项目，伴随着项目的展开，师生之间的伙伴关系加强了双方对教学社区的意识和信任，并创造了一个可以通过公开对话商讨教学的建设性环境。

剑桥大学教学与学习中心于 2019 年设立了"杰出学生教育贡献奖"，表彰那些通过志愿或课外活动，在整个大学教育实践中做出杰出贡献的学生。这项奖项分为五个类别：

(1) 学术或学员代表：获得这类提名的学生能够代表其他学生在教学和学习方面与院校达成合作，解决学生们提出的问题，并与剑桥大学学生会开展合作，推动教学与学习层面的更大规模的制度改革。

(2) 普及与推广：学生通过扩大与社会及公众的接触面，为学校入学审查作出贡献或倡导变革。

(3) 全纳实践：学生为校园内属于少数群体学生代言、推动改善教育体验，倡导全纳教学和学习方法。

---

① UCL ChangeMaker, "ChangeMakers Projects Report：2021-22", https://sway.office.com/8Gt3y6AxD4JJ6oBJ? ref=Link. (2023-08-15)

② UCL ChangeMaker, "2022-23 Projects", https://www.ucl.ac.uk/changemakers/changemakers-projects/2022-23-projects. (2023-08-16)

（4）同伴互助：学生能够因其在支持同学学习方面作出杰出贡献而获得提名，例如主动成立学习小组，或在整个系或学院的课外活动中作出贡献。

（5）创新实践：肯定学生在启发、指导或创立新教育实践方法中作出的贡献，学生可以通过协助系、学院或学校开展教育审查或改革活动获得提名。

该奖项的每个类别都会选出一名获奖者，其余获得提名的学生会以"高度赞扬"的形式呈现在名单上。其中，获得"学术或学员代表"提名的学生和创新实践贡献取决于他们与教学相关人员所开展合作的程度，且都致力于教学与学习的发展，承担着学生代表以及共同研究者的角色。

总的来说，随着21世纪10年代开始快速发展的"学生作为伙伴"研究，许多世界一流研究型大学都开展了学生参与教师教学的合作项目，并通过一些激励措施鼓励更多学生投入这一研究之中。这些研究的发展给教学学术研究带来了崭新的视角，并保证了教学学术对于学生学习的关注。学生合作研究项目涉及多个方面，从整体上推动了教学学术的发展。

二　教学学术与信息技术相融合

21世纪以来，现代信息技术引领的新一轮科学技术革命对现代社会产生了深远的影响。现代信息技术的发展浪潮在为社会带来先进生产方式的同时，也为高等教育发展模式与路径带来了深刻变革，推动信息技术对高等教育教学的变革已经成为一流研究型大学发展的主要方向之一。

（一）教与学信息化发展的政策引导

进入21世纪后，信息技术与高等教育融合发展已经成为一个必然趋势，许多国家开始关注技术在高等教育发展中的作用，以高等教育创新发展促进社会进步。作为世界上最早关注信息技术在高等教育中应用的国家，美国自1996年起，颁布了5份《国家教育技术计划》（NETP）以及一份修订版计划，旨在为处于不同阶段、不同背景的教育发展提供政策指导，确保人人都能获取技术发展带来的变革型学习体验。这是美国现代教育发展史上的纲领性规划，在近 20 年的美国教育技术发展中起到了重要的指引作用。这 6 份计划重点的变迁也反映着美国教育与信息技术融合发展的进程，1996 年颁布的《使美国学生做好进入 21 世纪的准备：迎接技术素养的挑战》以及 2000 年颁布的《网络化学习：让世界一流教育触手可及》重点在于教育技术基础设施建设。到了 2004 年，伴随着教育信息化的发展步入正轨，《迈向美国的黄金时代：因特网、法律和当代学生展望》中开始倾向于用信息技术促进学生在学习中的中心地位。而到了 2010 年，NETP 形成了一个系统的教育技术发展规划——《变革美国教育：技术推动学习》，从学习、教学、评价、基础设施以及生产力五个方面出发，详细规划了教育与信息技术的发展，并强调了评价对学生学习的重要性，主张教与学不是孤立的个体活动，而应该借助信息技术开展团队活动。2016 年的国家教育技术计划《为未来做准备的学习：重塑技术在教育中的角色》从学习、教学、评估、领导力以及基础设施五个主题出发，对美国教育技术发展进行规划。这份计划不仅要求教师在教学过程中使用技术，还主张通过学生使用信息技术增强其主动性，强调技术对学习变革的重要性，并发挥评估与领导力发展对教学实践的影响。2017 年，美国教育部颁布了 NETP 修订版《重新认识技术在教育中的作用：2017 年国家教育技术计划更新》，修订版的 NETP 保留了原有的五个主题，并对每个主题进行了细化。同时，在高等教育发展背景下，美国教育部专门推出了《高等教育国家教育技术计划》，这一计划从美国高等教育发展的特殊背景出发，重塑信息技术对高等教育教学的作用，并作为 2016 年国家教育技术计划的补充文件为美国高等教育未来发展指明方向。

除联邦政府外，美国高等教育信息技术协会（EDUCAUSE）也在推进美国高等教育与信息技术融合的过程中发挥着重要作用。EDUCAUSE 通过积极与大学、学院、企业、基金会、政府以及其他非营利组织开展合作，进一步实现其通过信息技术改变高等教育的使命。① 2002 年，EDUCAUSE 在其开展的学习计划（EDUCAUSE Learning Initiative）中与新媒体联盟共同进行了地平线项目，这是一个定性研究项目，旨在确定和描述未来五年内可能对大学校园的教学、学习或创造性探究产生重大影响的新兴技术，并在每年发布地平线报告，报告中详细描述了六种新兴技术或实践，这些技术或实践可能在未来一到五年内进入大学并成为教学中的主流应用。在 2010 年发布的地平线报告中，EDUCAUSE 首次将开放内容列为未来一年或更短时间内的大学教学应用主流。报告指出，随着以集体知识、学习成果以及学术内容共享和再利用为重点的新教育视角在全球范围内得到发展，通过互联网作为知识传播平台的开放内容得到迅速发展。② 随后，学习分析、MOOC、翻转课堂等关键词出现在年度报告中，成为高等教育发展中的新趋势，许多大学通过参考地平线报告中的案例，相继开始在校园内加大信息技术在教学中的应用。地平线报告不仅在美国产生了重要影响，还成为其他国家高等教育信息化发展的风向标，报告被翻译成中文、德语、日语、俄语等，供世界大学教育管理者参考。

（二）在线学习与教学学术创新

伴随着信息技术的发展，大学教学逐渐突破地域和时间的限制，朝向更加开放的方向发展。在线学习作为一种新型教学模式，在高等教育界受到极大关注，到了 21 世纪 10 年代，大规模开放网络课程（MOOC）逐渐兴起，这是一种建立在联通主义知识观、学习观理论基础之上，把课程中的每个人看作知识节点，他们既是学生又是老师，学习者们聚合在一起构成一个联通着的知识网络，整个课程就是一个巨大的学习社区。③ MOOC 与传统课堂教学有着很大的区别，首先是参与人数，MOOC

---

① EDUCAUSE, "Mission and Organization", https：//www.educause.edu/about/mission-and-organization. （2023-08-27）

② EDUCAUSE, "2010 Horizon Report", https：//library.educause.edu/resources/2010/1/2010-horizon-report. （2023-08-27）

③ 谢阳斌：《教学学术的历史、现状与趋势研究——大学教学的时代特征与学术导向》，博士学位论文，南京大学，2014 年，第 91 页。

超越了教室的限制，课程参与人数可能达到上万人。其次，所有有学习需求的人可以不受限制地随时从网上获取知识。世界一流研究型大学的加入使在线教育在 21 世纪 10 年代以来的高等教育发展中更具优势。2011 年以来，以哈佛大学、斯坦福大学以及麻省理工学院为首的一流研究型大学，开始将自己的课程通过网络免费开放给世界各地的学习者。最先建立在线课程的是斯坦福大学计算机系教授塞巴斯蒂安·特隆，他在 2011 年将自己教授的人工智能导论课程放在了网上，并获得了意料之外的关注。于是，他开始将更多课程放到网上，后来特隆从斯坦福大学辞职，并成立了 Udasicity 公司，专门运行网络课程。麻省理工学院与哈佛大学在网络开放课程领域的合作也为 MOOC 的发展起到了重要推动作用，2011 年，麻省理工学院为使其在 2001 年创办的网络课件开放工程能够对现代课程教学产生更为深刻的影响，将 OCW 项目深化为 MITx 项目，增加对网络学习者的关注与服务，2012 年，哈佛大学加入，项目正式改名为 EDx。随后，越来越多的美国一流研究型大学加入，在 EDx 平台上分享本校课程。除 Udasicity 和 EDx 外，Coursera 在 2012 年由斯坦福大学两位教授共同建立。Coursera 致力于通过技术为世界各地的学习者提供改变生活的学习体验，并与上百所世界一流大学展开合作，在全球范围内提供名校优秀课程。[①] Udasicity、EDx 与 Coursera 被称作 MOOC 发展的三驾马车，这些在线教学平台都十分强调教学的多样化呈现方式，增加了教学的交互性，引导学生主动探究。

  以 MOOC 为主的在线教学形式虽然与传统意义上的课堂教学存在很大的差距，但出于对教学质量的追求教师仍然要不断地开展教学创新活动，实现教学学术的创新发展，而教学学术的先前发展又能够为在线教学的进步提供理论与实践基础。总的来说，在线教学与教学学术的发展呈现出相辅相成的态势：首先，在线学习的发展使信息技术与教学进一步相融合，新的教学实践形式也随之产生。教师、学生与学习内容之间有更多创新发展的机会，而在线上教学中出现的新问题也会使教师重

---

① Coursera, "About Coursera", https：//about.coursera.org/. （2023-08-28）

新思考与反思现有的教学实践,并主动参与教学问题的解决过程。同时,在线教学改变了教学学术的开展和传播途径,越来越多的在线教学学术资源为教师实践教学学术提供了帮助。此外,信息技术在课堂教学评估中的发展增强了教师对学生课堂数据的掌握程度,为教师开展自我反思和同行评价增加了更具说服力的信息。例如,EDx 平台的研究人员能够观察学生观看和倒带视频的实践,并检查学生首选的学习方法与其评估表现之间的相关性。[1] 其次,已有的教学学术研究成果是在线教学良好发展的重要基石。在信息技术进入高等教育领域之前,许多教师并没有线上教学的准备或经验,传统的教学原则并不适用于线上教学。对此,根据已有的教学学术发展经验,教师需要扩大对在线教学和学习实践的看法,并参与到在线教学的研究之中,利用已有的教学学术研究成果,分析在线教学的路径与方法,构建在线教学的知识,成为实践教学学术的在线教师。

(三) 数据挖掘与学习分析助力教学学术

随着信息技术的完善与发展,现代社会已经进入了一个数据呈爆发式增长的时代。在高等教育领域,伴随着教育信息基础设施建设的逐渐完善,20 世纪后期,数据挖掘技术进入教育领域,但受技术发展的限制,收集到的数据较少且简单。在进入 21 世纪之后,越来越多的教育数据开始呈现在人们面前。教育数据产生于教学活动中的每一个环节,如教育环境设计、教育场景设置、教学过程、教学评价、教育管理和决策等。[2] 与传统的教育数据相比,现阶段通过大数据采集获得的教育数据具有更精细的特点,能够反映出教师与学生在教学互动过程中的即时性表现,而传统的教育数据通常来自主观性的调查问卷,并且只能反映一定阶段中的教育活动。可以说,新型教育数据的出现为大学教师开展教学学术提供了新依据。为促进教育数据在教育领域内的应用与发展,

---

[1] The Harvard Crimson, "Harvard and MIT Launch Virtual Learning Initiative EdX", (2021-05-02), https://www.thecrimson.com/article/2012/5/2/mit-edx-virtual-online/. (2023-08-28)

[2] 张燕南:《大数据的教育领域应用之研究——基于美国的应用实践》,博士学位论文,华东师范大学,2016 年,第 56 页。

美国教育部于 2012 年 10 月发布了《通过教育数据挖掘和学习分析促进教与学》。报告中，美国教育部将教育数据挖掘定义为通过应用数学统计、机器学习和数据挖掘技术来分析在教学和学习过程中收集到的数据。开展教育数据挖掘的目的则分为：①

(1) 创建学生模型，预测学生未来学习行为；
(2) 构建优化教学内容和教学顺序的数学模型；
(3) 研究不同学习软件所能提供的各种教学支持的效果；
(4) 建立学习模型和教学法模型，推进有效学习的发展。

通过教育数据挖掘和模型构建，能够为教师清晰地展现出学生的学习进度，分析教学过程中各个变量之间的相关关系，从一种更加精准、科学的角度为教师改进教学实践提供支持。

此外，报告也对学习分析进行了界定：学习分析是指对学生产生和收集的大量数据进行解释，以评估学习进度，预测未来表现，并发现潜在问题。通过学习分析，能够使学校和教师关注到每个学生的不同学习需求，并设计个性化教学。此外，学习分析还可以应用于课程、项目以及机构等的评估工作，提供更为深入的分析，以实现教学方法的改变。与教育数据挖掘不同的是，学习分析侧重于数据的分析和报告，而不涉及数据分析计算方法的开发。同时，学习分析还能够提供与学术分析、行动分析和预测分析相关的内容，监测和预测学生的学习表现，并提前发现潜在问题，教师可以依此调整教学内容与方法。总的来说，教育数据挖掘和学习分析依托在线教学的发展为教师深入了解并反思教学提供了依据，教师可以以学生的学习需求和已有学习经历为基础，解决教学中存在的问题，并通过课程开发等教学实践活动反思构建一个更好的教学系统。

美国哈佛大学于 2008 年创建了战略数据计划，当时的项目重点是与 PK12 教育机构开展合作。到了 2019 年，计划扩展到高等教育领域，

---

① U. S. Department of Education，"Enhancing Teaching and Learning Through Educational Data Mining and Learning Analytics：An Issue Brief"，(2012-10)，https：//files. eric. ed. gov/fulltext/ED611199. pdf. (2023-08-28)

并致力于通过高质量的研究方法和数据分析应用为世界教育管理和政策决定提供支持。[①] 为保证数据挖掘与学习分析对高等教育教学的持续影响，战略数据计划开展了一项名为 SDP 数据团体（SDP Data Fellowship）的项目，培养高等教育数据领域中的领导者，该项目通过定期的研讨会和在线学习模式，培养 SDP 研究员在数据研究方法、领导力、教育政策和有效沟通方面的能力。

美国宾夕法尼亚大学的学习分析中心采用大规模与小规模相结合的研究方法，从学习分析和数据挖掘的角度研究学生的学习参与。中心研究人员通过创新研究方法，对学生在线学习的参与程度进行建模分析、推断复杂的学习和探究技能的发展、研究时刻发生的学习状况，并将学习者的现有经历与其多年后的职业生涯联系起来。[②] 中心开发了多样化的项目，支持数据挖掘与学习分析的发展。例如，中心与北卡罗来纳州立大学展开合作，为期望在 STEM 教学中使用学习分析技术并扩大其所在大学学习分析课程的学者提供一个暑期学校。中心还与佛罗里达大学合作，建立了一个教授如何使用数据科学方法的完全在线授课平台。

三　教学学术与课程改革

自博耶正式提出教学学术后的二十年间，许多研究型大学都相继开展了教学学术的实践活动，但这些活动大多集中在教师个人的课堂实践之中，课程层面的教育改革却被忽视。随着教育教学格局的快速变化，学生组成、学科发展以及现代技术的应用对大学课程提出了更高的要求。在这种情况下，课程实践学术逐渐进入教学研究者的视野，并作为教学学术发展的重要补充领域之一，在研究型大学的课程改革中发挥着重要作用。

---

① Harvard University, "Strategic Data Project", https：//sdp.cepr.harvard.edu/who-we-are.（2023-08-28）

② Penn Center for Learning Analytics, "Mission", https：//learninganalytics.upenn.edu/about.html.（2023-08-28）

(一) 课程实践理论的发展

课程是教学、学习、知识与环境的联系，也是将学术实践与教学学术相结合的理想工具。作为教学的主要开展形式之一，课程实践受到理论的影响，并在发展中形成了多样化的模式。

在加拿大不列颠哥伦比亚大学学者哈利·胡伯等看来，从20世纪50年代至今，关于课程实践的知识至少有四个明显的趋势。[1] 第一个阶段的起始点是1957年苏联人造卫星成功发射，美国政府要求加强自然科学、数学以及现代外语课程的教学，这些课程实践一般基于线性模型，其评价也多采用易于测量的方法，教学工作者通过定量研究的方法对课程进行调查。第二个阶段是20世纪七八十年代，在这一时期，教学工作者意识到定量研究的方法并不能准确、完整地反映出课程开展的实际效果，新的课程实践方法开始出现在教师教学工作之中，定性研究的方法逐渐受到重视，这种方法与实践调查相结合成为课程实践的主要形式。同时，越来越多的学校以及教师会在开展课程时依据不同地区的不同情况进行相应的调整，课程之间的差异性逐渐凸显，焦点也转移到学习者的身上。第三阶段是20世纪90年代，在这一时期，学生组成出现多样化的特征，与此同时，受社会发展变化的影响，课程的设置与发展受社会期望的影响越来越大。在教学中，案例研究等定性研究的方法逐渐被大范围使用，多样化、包容性的认识论在课程实践中占据了主流地位。第四阶段开始于21世纪，在2000—2010年间，受教学学术发展的影响，教师在课程实践方面会采用例如行动研究等的方法。到了2007年，"课程实践学术"一词被正式提出，并成为高等教育领域一个独特但又相互补充的必要研究领域。[2] 这使课程实践提升到一个更为严谨的水平，同行评议和成果公开传播的要求也对课程实践的开展提出了

---

[1] Harry Hubball, Marion L. Pearson and Anthony Clarke, "SoTL Inquiry in Broader Curricular and Institutional Contexts: Theoretical Underpinnings and Emerging Trends", *Teaching and Learning Inquiry*, Vol. 1, No. 1, 2013, pp. 41-57.

[2] Harry Hubball and Neil Gold, "The Scholarship of Curriculum Practice and Undergraduate Program Reform: Integrating Theory into Practice", *New Directions for Teaching and Learning*, No. 112, 2007, pp. 5-14.

更高的要求。

现代高等教育体制强调本科课程设计与教学改革要以学习为中心,这是一种基于建构主义与情境的理论,要求课堂教学过程中教师要能够采用多样化的教学方法。同时,课程之间要具有衔接性和完整性,课程实践要具备一定的学术性特征,在课程开发、实施以及评估的全过程中满足学生的不同需求。在这些条件下,课程能够在学生综合能力发展中发挥出最大的作用,而课程实践所具有的学术性特征也会使致力于科研的大学更有可能提升本科教育的质量,并与课程实践学术相吻合。[①] 课程实践学术的形成与发展为研究型大学本科课程更新提供了更具学术性的依据,也为解决课程实施过程中遇到的效率问题提供了解决思路。课程实践学术的存在,在一定程度上能够保证本科教育课程的活力,避免课程出现重复化、程式化的现象。同时,课程实践学术的开展通常要求教师跨越学科界限,采用多样化的研究方法,这对教师的教学策略水平提出了更高的要求。作为教学学术的重要延伸领域之一,课程实践学术在21世纪10年代前后开始兴起,许多世界一流研究型大学以及国际性教学学术研究组织都开展了理论与实践方面的研究,以支持课程实践学术的发展。

(二) 课程实践学术推动课程更新

随着教学学术研究领域的拓展,越来越多的世界一流研究型大学开始明确承诺开展课程和教学方法的革新,并改组教学与学习中心,为课程实践学术的发展提供更多便利与机会。

加拿大不列颠哥伦比亚大学教学、学习和技术中心推出课程更新计划,通过调整教师开展项目中的课程和学习活动的过程,使学生在实现项目总体学习目标方面得到充分的支持。[②] 中心为教师提供了专业的课

---

① Harry Hubball and Neil Gold, "The Scholarship of Curriculum Practice and Undergraduate Program Reform: Integrating Theory into Practice", *New Directions for Teaching and Learning*, No.112, 2007, pp.5-14.

② The University of British Columbia, "Program Renewal", https://ctlt.ubc.ca/what-we-do/strategic-curriculum-services/program-renewal/. (2023-08-19)

程服务团队，以便教师能够明确课程更新的过程。课程更新计划主要从三个角度对教师所开展的教学项目进行考查：

（1）领域或学科：这个角度从一个宏观的学科领域层面提出了课程更新的方法。首先，教师要理解该领域的教育趋势以及类似项目如何在更大的背景下（如其他大学、研究和应用环境）定位，教师们在重新设计课程时，可以考虑这一课程在其他学校是如何定位或构建的？他们的目的是什么？通过怎样的方式进行定位或构建？此外，教师还应考虑这一领域中有哪些具有较大影响力的争论或任何与未来发展相关的趋势需要在学生的学习过程中体现出来？其次，学生的未来发展也应纳入教师的考虑范围之内。学生作为学习的主体，其兴趣、发展阶段、思维习惯、学习需求都是课程更新过程中必不可少的因素。除此之外，学生未来就业情况也是重要影响因素之一，课程应该包含能够给予对学生未来职业发展道路有利的知识、技能与态度。

（2）UBC学科：在中观层面上，教师从学校层级背景下特定的学科发展视角出发，考虑课程更新的策略。例如，教师需要思考学校或院系在实践和学习方面的价值观是什么？学校或院系的标志性教学法是什么？此外，教师还需要考虑学校或院系希望学生如何在结束课程时展示学习成果？学生将学到什么知识、技能或态度？学生对课程和项目的影响和价值有什么看法？学习到的知识又将如何塑造学生思考、交谈以及与世界沟通的方式？

（3）课程和专业结构：在微观层面上，教师要保证各个课程之间以及与学习目标之间具有牢固且清晰的联系，同时要考虑课程如何与计划目标保持一致？是否适用于所有学生？是否有主题学习途径？

从以上三个角度对课程更新中可能会遇到的问题进行思考，能够保证课程在学科、院校以及课堂三级背景下达到预设的目标，使学生在知识、技能以及态度方面获得成长，并确保学生的学习需求得到充分满足。

美国康奈尔大学的教学创新中心也在课程设计方面为教师提供了一

定的指导和建议。课程重新设计意味着教师能够根据学生与同行的反馈,并根据学习和构建包容性课堂的实践,重新构想他们的课程。在这一过程中,教师要对学生以及课程进行整体性的分析,并识别已有的资源和材料。课程重新设计应该包括创造有用且可衡量的学习成果、选择有效的教学策略和学习经验、评估方法与课程学习成果保持一致以及修订课程大纲。① 康奈尔大学物理系的教师选择使用主动学习的教学策略对物理实验课程进行重新设计。课程重新设计首先从为期四周的特定实验开始,然后进行了五周的开放式项目,学生的主要任务是在先前实验的基础上模拟真实的研究项目,并确定研究问题和设计实验步骤,在形成项目提案后提交给教师团队。这一过程主要通过学生的主动学习实现,领导教师委员会重新设计实验室课程的物理教育研究员娜塔莎·霍姆斯表示:"我们重新设计实验室的方式侧重于让学生迭代并尝试改进他们正在做的事情,帮助他们认识到实验永远不会第一次就成功,并给他们继续尝试的信心。"② 除此之外,娜塔莎·霍姆斯还专门设计了"天地物理"课程,并专门向非物理学专业的学生开设,这些学生大多对物理学感兴趣,但"他们中的一些人在高中时不喜欢物理,并对另一门物理课程的前景感到害怕"。③ 为减少学生的忧虑并增加他们的学习热情,娜塔莎·霍姆斯采用主动学习的教学方法,并设置了三个核心项目:地平说、谁研究物理学、基础物理辩论,这三个项目侧重于挖掘非科学的物理知识,其主要目的是以一种更为轻松愉悦的方式向学生讲授物理学知识。除核心项目外,娜塔莎·霍姆斯还实施了主动学习技术,包括预读测试、答题器、讲座工作表活动、小组白板和可以给学生进行

---

① Cornell University, "Course Redesign", https://teaching.cornell.edu/teaching-resources/designing-your-course/course-redesign. (2023-08-20)
② Cornell Chronicle, "Professors, Students Laud Active Learning Physics Lab Course" (2018-12-21), https://news.cornell.edu/stories/2018/12/professors-students-laud-active-learning-physics-lab-course. (2023-08-20)
③ Cornell Chronicle, "Physics Without Fear: A Course for Students Across Disciplines" (2020-12-21), https://news.cornell.edu/stories/2020/12/physics-without-fear-course-students-across-disciplines. (2023-08-21)

自由课堂反应的麦克风。娜塔莎·霍姆斯希望能够消除学生对于物理学的恐惧心态，而是用一种热情、积极的态度看待物理学，通过教学给学生带来积极的看法，并有利于他们在其他领域的工作和学习。

（三）课程评估方法的发展

随着教学学术在课程改革领域的发展，课堂教学的创新必定伴随着课堂教学评估方法的创新，对于新课程的评估逐渐成为课程实践学术的重点领域，许多研究型大学都采取措施对本校现有的课程评价模式进行改革，使其更符合教学和学习需求。

加拿大多伦多大学建立了一套以学生评价为主的课程评估体系，在2011年颁布的《课程教学学生评价政策》中，多伦多大学规定学校每一门本科和研究生课程都将在每次开设课程时由学生进行评价。多伦多大学在课程教学学生评价政策中规定，开展课程评估的原则包括：

（1）反映学校的教学重点；

（2）认识到学校教学重点和优势的多样性；

（3）从学生那里收集有关其学习经历的信息；

（4）为教学提供总结性和形成性反馈的机会；

（5）在数据的收集、使用和解释方面做到公平、一致和透明；

（6）保护学生受访者的匿名性、机密性；

（7）为教师、管理人员和学生提供可靠和有意义的数据。

此外，为保证课程评估能够有效运作，多伦多大学中不同成员要承担起相应的职责：第一，大学要监督评估政策的实施，并向学生、教师和教育管理人员提供必要的支持。第二，各学院以及分部门需要制定符合本机构框架的指导方针。第三，院长、主任、主席等相关教学管理人员要在充分了解课堂评估数据的前提下，对课程评估数据进行审查，包括现有的定量和定性的数据。第四，教职员工需要充分了解课程评估在多伦多大学中的作用，并向学生介绍课程评估的重要性。此外，教职员工要定期检查自己的课程评估结果，并与系主任、同事等就课程评估结果中的问题进行讨论。第五，对于多伦多大学的学生来说，他们要认真严肃地对待课程评估，积极参与课程评估过程并提供建设性的反馈意见。①

2012年，为确保院系间课程评价的一致性，多伦多大学教学支持与创新中心开发了一个由中央支持的层级课程评估框架，为学生对学校、院系以及教师教学重点提供反馈机会，并通过在线评估软件包的形式向教师和学生提供课程评估支持，以帮助管理评估以及收集、分析和报告结果数据。评估框架由四部分组成：② 第一部分是反映核心教学重点的项目，适用于大学的所有课程；第二部分是部门项目，反映特定部门（如文理学院）内的教学重点；第三部分是系项目，反映特定系（如计算机科学系）内的教学重点；第四部分是教师个人项目，反映特定课程内的教学重点（通过学校项目库进行选择）。层级评估结构是多伦多大学开展课程评估的主要依据，通过对四个层级课程评估数据的收集，为课程、教学等总结性审查过程提供支持。总的来说，多伦多大学形成了一套具有特色的课程评估体系，使课程评估过程在课程总体开发、实施、管理以及支持中得以有效运作，这一系统分为三个部分：③ 首先是学术框架和教育支持，主要承担着课程评估框架的开发和维护，并向教师提供有关使用和解释课程评估的培训，以支持教师教学的发展；其次是多伦多大学使用的在线评估软件，多伦多大学教学支持与创新中心和学术、研究与协作技术部门开展合作，负责软件的管理与维护，并为课程评估框架内的数据创建、分发、收集以及报告提供支持；最后是多伦多大学的行政管理框架，在课程评估框架内收集与课程评价项目相关的数据，并根据各部门、院系以及教师的要求，确定课程评估项目，并将这些项目与特定的课程联系起来。此外，多伦多大学的行政

---

① University of Toronto, "Policy on the Student Evaluation of Teaching in Courses", (2011-05-11), https：//governingcouncil.utoronto.ca/system/files/import-files/studenteval8004.pdf. (2023-08-25)

② University of Toronto, "Course Evaluation Framework", https：//teaching.utoronto.ca/course-evaluations/framework/. (2023-08-26)

③ University of Toronto, "Provostial Guidelines on the Student Evaluation of Teaching in Courses", (2022-02-23), https：//www.provost.utoronto.ca/wp-content/uploads/sites/155/2020/11/Provostial_Guidelines_on_the_Student_Evaluation_of_Teaching_in_Courses.pdf. (2023-08-26)

管理部门还需要生成课程评估结果并向教学管理人员、教师以及学生公开，以确保课程的高效发展。

斯坦福大学于 2015 年推出期末课程反馈表，用来收集学生在课程学习中的想法与意见。对于教师来说，课程反馈表的设置可以使教师深入了解课程中有哪些举措具有良好效果，并为改进教学和学生学习的方法提供支持，是发展教师教学实践的有效措施之一。课程反馈表的设置要求包括：使教师以及教育管理人员的工作重点更聚集在学习问题上；加强学生的自我反思能力；为教师和院系提供有用的教学数据；与每门课程密切相关；支持斯坦福大学的教学优先事项，能够利用反馈改善学生学习、课程和项目，并能够利用分析的方法解决课程中的关键问题。[①]

斯坦福大学期末课程反馈表包括所有课程通用的评估问题和教师自主设计的问题。其中，教师可以依据课程开展情况自定义课程评估题目。教师可以针对课程学习目标、课程要素等一系列问题进行题目编写，例如，您在本课中实现学习目标的程度如何？课程要素（讲座、章节、阅读材料、问题集、小组项目、期末项目、在线组件、教科书等）对您有多大的用处？此类问题能够使教师的教学情况和方法在评估表中得到充分体现。[②] 通用的课程评估题目包括"您参与班级会议（包括讨论）的概率大约是多少？""您从本课程中学到了什么？总体而言，您如何描述本课程的教学质量？"等等。

除一般课程之外，斯坦福大学的许多课程还包括用于辅助主要教学的小节、实验室或讨论小组，这些教学内容通常由不同类型的讲师（包括讲师、研究生讲师和研究生助教）负责。针对此类课程教学，斯坦福大学设计了章节反馈表，供小节、实验室以及讨论小组的指导教师使用。章节反馈表中的教师自定义问题更侧重于评估课程对学生学习技能、思维发展以及概念方法形成的影响，例如这位讲师对您发展思维能

---

① Stanford University，"End-Term Feedback"，https：//evals.stanford.edu/end-term-feedback.（2023-08-26）

② Stanford University，"Course Feedback Form"，https：//evals.stanford.edu/end-term-feedback/course-feedback-form.（2023-08-26）

力有多大的帮助？这位老师对作业的评论对您有多大帮助？这位讲师的解释与您的理解水平有多合适？① 此外，在辅助课程中参与教学工作的助教和课程助理都可以收到期末反馈，与助教和课程助理开展合作的教师可以帮助他们制定自定义题目，并帮助他们回顾课堂中与学生的互动经历，期末课程反馈能够帮助助教和课程助理开展教学反思，这对他们的职业发展有着重要的推动作用。

除期末课程反馈外，斯坦福大学还会在期中开展课程反馈，课程反馈主要有三种形式：第一种是由斯坦福教学中心提供的小组反馈会议。教学中心的课程评估人员会在学期中的一节课程结束前20分钟来到教室，并在教师不在的情况下将学生分成不同的小组，每个小组就课堂学习、课程需要改进的地方以及学生可以在课堂上开展什么活动等一系列问题进行讨论，并将讨论结果告知教学中心的评估人员，评估人员会在课程结束后将结果反馈给教师。第二种是在线反馈，学生以匿名的方式在斯坦福大学反馈系统中提交自己对课程的建议，教师可以使用多种在线工具创建和定制调查问卷并获取详细的匿名反馈。这种形式有助于提供收集反馈、进行修改、评估学生已有知识和进行主动学习练习的机会。教师在获得反馈后，应该在下次的课堂中回复学生们的意见，并将学生们提出的意见分为可以在本学期更改的、下次课程开设时更改的、无法改变或出于教学原因不会更改的，② 并将这些计划及时告知学生。第三种是课堂录音及咨询，教学中心会提供顾问来审查教师的课堂录音，并借助教学录像帮助教师反思教学，最后通过会议与教师进行课程讨论。

在课程实践学术的推动下，一些研究型大学在进入21世纪10年代后在课程领域展开了变革，更加注重课程质量和带给学生的学习体验，

---

① Stanford University, "Section Feedback Form", https://evals.stanford.edu/end-term-feedback/section-feedback-form. (2023-08-26)

② Stanford University, "Recommendations for Collecting and Responding to Online Feedback", https://evals.stanford.edu/mid-term-feedback/recommendations-collecting-and-responding-online-feedback. (2023-08-26)

采取多样化的手段促进教师课程发展。在课程实践学术的带领下，研究型大学课程不仅得到了广泛且有效的改进，在原有的教师发展研讨会等活动的基础上，使教师和学生更加积极地参与到教学实践中，还实现了对课程更为全面、详细的反思。课程实践作为教学学术的重要延伸领域之一，有效地提高了教师的课堂教学质量，改善了学生学习成果，推动教学学术朝向更为广阔的领域发展。

第三章　教学学术共同体

教学学术共同体是一个专注于教学研究与学术交流的集体，其核心成员主要是教师和研究人员，它致力于提升教学质量，推动教学改革，并通过学术研究来深化对教学问题的理解。教学学术共同体是一个集教学、研究和交流于一体的学术性组织，旨在推动教学领域的进步和发展。通过共同努力和合作，教学学术共同体为提升教学质量、促进教师发展和推动教学改革做出了重要贡献。20 世纪 90 年代，胡博和赫钦斯提出了"教学学术之四环节"理论，即探寻教学问题、研究教学问题、改变教学方法并重新认识教学和公开教学研究成果，供同行教师借鉴之用，构建了教学学术共同体的理论框架。

第一节　教学学术共同体的内涵

教学学术共同体是一个基于共同的愿景或目标而联结的教师教学学术团体，教学学术共同体的内涵是一个以提升教学水平和教学质量为宗旨，强调成员间深度交流与分享，展示教学发展成果，实现教师自我提升的有组织、有目标的学术团体。

一　教学学术共同体的基本概念

关于教学学术共同体的概念界定一直存在不同的认知和表述，以及一定的共识和争议，其中涉及众多教学学术共同体概念的辨析和相互关系。教学学术共同体是以教学学术的理论和共同体的理论为基础搭建起来的。

(一) 教学学术共同体的定义

教学活动是教学学术的根源。教师在教学实践中发现问题、提出问题、分析问题、解决问题。教学学术共同体是为了改进教学、指导教学，并将研究成果在教学中应用，提升教学质量，追求学术的实用性效果。

开普敦高等教育学院教学主任薇薇安·博兹莱克的团队运用实践共同体的理论框架，建立了自己的教学学术。该理论框架提出建立共同体的七个要素——对话和参与的机会、关系的质量、共同体背后的感知和假设、共同体的结构和背景、局势、目的和控制。后来哈佛大学的克里斯蒂·唐纳德等学者进一步扩展了实践共同体的概念，认为探究共同体是实践共同体的一种特殊形式，这通常是一种促使知识生成的探究或研究活动。博兹莱克教授团队通过构建这些要素，反思和共同审视实践共同体概念，形成了教学学术共同体。

博兹莱克教授最初是通过一个"高端演讲"（Emerging Technology，即"新兴技术"）课程进入教学学术共同体的。该共同体成员最初来自参与 ET 课程的学者，成员中甚至还有从事健康科学的学者。虽然小组成员均致力于其专业发展，但他们同时对于促进教与学学术研究很感兴趣。所有 ET 课程参与者必须在专业背景下开展真实的案例研究，课程设计采用线下和线上对话。在课程实施期间，每个参与者都开发了案例研究，以改变其教学实践，研究者们从辅导员和其他参与者那里获得了案例研究的教学反馈，而对这门课程的集体参与为教学学术共同体的形成提供了催化剂。博兹莱克教授和其他两名学者共同致力于数字人文、移动技术和社交媒体等其他课题之间的合作研究。参与成员逐渐发展成一个非正式的、坚定的、与研究环境联系在一起的团体，并成为"教学活动研究的平台"。在课程结束时，博兹莱克和小组成员开始反思和撰写 ET 课程经验，并在本土和国际教育发展会议上发言。随后，博兹莱克和他的伙伴继续合作组成一个正式的协作小组——教学学术共同体，同时吸引了对教学学术同样感兴趣的其他学者，共同体为这些学者提供了新的可能性,新手和经验丰富的教育研究人员都有机会相互分享他们的知识和经验,因而组织中的每一个人都感觉到作为共同体中的一员工作的变化和深远的影响。

博兹莱克团队使开普敦大学的教学工作从封闭、结构化转向开放的、自我生成的教学学术研究工作。博兹莱克教授认为,教学学术共同体是一个以共同的目标、相同的兴趣和共同实践相辅相成,以期达成有价值的和有丰富成果的教学学术活动,并为教学学术作出贡献的组织。

澳大利亚、英国和北美的大学为了缓解当代高等教育发展压力,同时为了保持其教育教学质量,将学术角色进行拆分,引入聚焦教育的学术角色。在澳大利亚的莫纳什大学,提高教学学术是通过高等教育研究计划。① 这项活动旨在认真审视学术对学习和教学的影响,以及教学学术在同龄人中的影响。该计划的目标有两个:一是通过加强全民教育工作人员的学习和教学学术,提高莫纳什大学的教学质量;二是培养共同体意识,因为正如他们在领导层审查中所报告的那样——教师在新的角色中感到孤立。所以,莫纳什大学参与高等教育研究计划的团队成员认为,教学学术共同体是通过合作教学计划,以支持高质量的教学文化,使他们能够更深入地了解自己在高等教育中的工作和身份,建设教育工作者共同体的教育研究能力,同时为大学的教育教学作出贡献。

武汉大学教师教学发展中心在《以教学学术化支撑一流本科教育》一文中写道:"倡导教学学术,就是要使教师通过集体化的方式创造和积累专业化、系统化的教学知识。大学教师教学发展不仅要帮助教师确立教学学术思想,更重要的是培育教师教学学术共同体。"② 该中心认为,教学学术共同体是一个让教师普遍认同教学的重要性并乐于承担教学、指导学生的学习和科研创新训练,使教师注重对教与学的发展研究,并且乐于分享彼此的经验和教学研究成果,尊重彼此的教学付出和

---

① Joy Whitton, Graham Parr and Julia Choate, "Developing the Education Research Capability of Education-focused Academics: Building Skills, Identities and Communities", *Higher Education Research & Development*, Vol. 41, No. 6, 2022, pp. 2122-2136.

② 赵菊珊:《以教学学术化支撑一流本科教育》,《中国高等教育》2021 年第 6 期。

教学成就，共同遵守教学的基本规范和规则标准的团体。

（二）相关概念辨析

教学学术共同体关注"教学"及"学术"两个领域，是现代教师在教学工作中的两个重要组成部分。教学学术共同体是一个集合了共同愿景、价值、规范和问题，强调成员间相互制约和影响的群体，旨在推动教学学术的发展和提升，促进教育教学的不断进步。

1. 教师学习共同体

对教师学习共同体的研究兴起于美国迈阿密大学。1974年迈阿密大学部分新入职教师组成了一个团队，其目的是希望通过成员之间彼此的交流和合作帮助他们适应大学教学，这个组织同时获得莉莉（Lilly）基金会提供的资助。从1979年开始，研究团队逐渐引导这些组织发展成为重点关注教师专业发展的共同体组织。1990年迈阿密大学把这样的组织正式命名为教师学习共同体。这些教师学习共同体旨在通过让教师参与合作和讨论来支持其专业发展。[1] 该共同体通过创造一个让参与者感到安全的环境来缓解对某一实践领域的焦虑和担忧，从而有效地支持员工的发展。参与者在信任和非竞争的氛围中感到安全。教师学习共同体的成功最终取决于通过集体学习过程给成员带来的价值。迈阿密大学的教师学习共同体参与者在推广方面更为成功，参与了教学创新和课程开发，并改善了教师教学和提高了学生学习效率。

教师学习共同体的含义有狭义和广义之分，狭义的教师学习共同体是指一个由高校内部跨学科的教师和学校职员组成的学习团队，通常包括8—12位成员。成员将参与一个以教师教学发展为目标的一年期协作学习项目，通过经常组织研讨会或其他活动为成员提供申请资助、学习和发展的机会。参与者可以自由选择一个结合自身工作的课程或项目，设计案例，开展教学，建立教学档案，评价实施效果，与学生社团合作，并把成果在交流会上展示。广义的教师学习共同体是指由上述若干

---

[1] Emma Bailey, Ashley Le Vin and Louise Miller, et al., "Bridging the Transition to a New Expertise in the Scholarship of Teaching and Learning Through a Faculty Learning Community", *International Journal for Academic Development*, Vol. 27, No. 3, 2022, pp. 265-278.

个教师学习共同体单元通过一定的平台组建成的更大的共同体，比如全校性的、全州性的教师学习共同体。

将教师定位为学习者，这一点教师学习共同体与教学学术共同体的定位是一致的，在溯源方面都借鉴了实践共同体概念，这两者成立的目的都是促进教师学习进而提高教学质量。但与教师学习共同体不同，教学学术共同体的主体不仅仅有高校内部跨学科的教师和学校职员组成的学习团队，它的参与主体较教师学习共同体更多元一些；另外，教学学术共同体主旨更侧重于提高教学质量，而不是促进教师学习。

2. 学术共同体

20世纪迈克尔·波兰尼在《科学的自治》中首次提出"学术共同体"这一概念，[①] 他认为学术共同体由有专长的实际工作者组成，他们有共同目标，共同培养接班人。学术共同体成员的专业身份和共同目标尤为重要。康奈尔大学校长弗兰克·罗德斯则认为：学术共同体的含义并不一致，甚至也不是融洽，而是相互作用，是共有空间中相互作用的个体的集合。[②]

学术共同体就是由为了共同的生活兴趣、学术理念和价值追求，有相同或者相近的文化生活、精神气质、行业规范和专业技能，能遵循一定的学术规范的学者组成的一个临时性社会群体，具有研究主体统一、研究目标一致、研究领域相近、学术表达规范等共同特性。相比较其他学术活动，共同体内部要求更密切的交流和互动。

3. 教学共同体

教学共同体具有狭义和广义之分。狭义的教学共同体是指由高校的学生、教师、教学管理者和助教人员组成，其共同愿景是人才培养，以课程教学活动为平台，营造良好的教育教学资源环境、制度环境和文化环境，实现对人才的有效培养，它也是教学共同体的核心含义。广义的教学共同体是指由政府、用人单位、家庭与高校（包括狭义的教学共同

---

① 刘金波：《期刊学术共同体与学术评价》，《中国社会科学报》2017年3月14日第6版。
② [美] 弗兰克·H. T. 罗德斯：《创造未来：美国大学的作用》，王晓阳、蓝劲松等译，清华大学出版社2007年版，第57页。

体)共同组成的主体结构。政府提供制度与财政保障,用人单位提供就业支持,家庭的支持是教学共同体的重要支撑,高校的行动是教学共同体的基础。

教学共同体呈现两个方面的主要特征:一是教学共同体对环境的依赖性。教学共同体成员的行为活动都发生在共同体环境中,其成员之间的沟通、交流和分享等,皆是基于群体环境实现的。二是教学共同体成员教学表达方式的多样性。在复杂多变的教学活动中,由于个体差异,不同教师会选取不同的教学媒体开展教学,这使得教学呈现出多元样态。[1]

与教学共同体相比,教学学术共同体要求教师既是对教学实践中存在的问题进行系统研究的学者,又是教学的研究者,通过同行、专家、学生评议将教学实践上升到理论层面,并把反思运用于实践以改进教学方法,形成富有成效的教育理论。简而言之,教学共同体的终极目的是教学,教学学术共同体把教学视为一个研究对象。

(三) 教学学术共同体的理论依据

教学学术共同体的理论依据是基于博耶多元学术思想对教学学术地位的肯定,以及建构主义理论对学习过程和学习者角色的剖析。这些理论共同构成了教学学术共同体建设的理论基础,指导着教学学术实践的发展方向。

1. 教学学术理论溯源

"教学学术"这一名词最早可以追溯到博耶的论点,当时学术等同于科研的现象很普遍,他对此种现象持批判意见,因此重新定义了"学术"的概念。由此提出学术不仅意味着探究知识、整合知识和应用知识,而且意味着传播知识,教学应当归属于学术这个范畴,由此提出"教的学术"[2]。

---

[1] 李志河、潘霞:《新时代高校教学学术共同体的蕴意与构建》,《现代远程教育研究》2020年第6期。

[2] [美]欧内斯特·L. 博耶:《关于美国教育改革的演讲》,涂艳国、方彤译,教育科学出版社2002年版,第69页。

之后，舒尔曼将"教的学术"拓展至"教学学术"，旨在提高教学在学科和专业领域中的地位，进而提高教学质量。他主张学术生活的统一性，并展示了发现、整合、应用和表现思想的行为是如何相互促进的。他认为教学学术是每个人每天都应该参与的，在课堂上或办公室中同共辅导学生、讲课、进行讨论，以及在教学中扮演的所有角色。作为教师，其教学工作应该符合最高的学术标准，即基础性、开放性、清晰性和复杂性。但教学的学术性要求教师系统反思所从事的教学，以一种可以被同行公开审查和借鉴的形式讲述所做过的事情。

2. 共同体理论溯源

"共同体"是一个社会学概念，最早在德国社会理论家裴迪南·滕尼斯的《共同体与社会》中出现。滕尼斯认为，共同体是基于血缘、地缘、朋友关系形成的社会有机体，主要强调它是在情感、依恋、内心倾向等心理因素基础上形成的，[①] 强调人和人的紧密关系，强调人的归属感和认同感。其内涵包括：因具有共同特征或兴趣，在较大社会组织中显现出来的团体；群体成员之间具有社会性依赖关系，他们共同讨论、共同决定、共同定义着共同体，并为共同体所影响，给成员以归属感。

英国现代思想家齐格蒙特·鲍曼认为，社会中存在的、基于各类共同特征组成的各层次的有形或无形团体、组织就是共同体。德国社会学家和哲学家马克斯·韦伯认为，只要参与者主观感受到属于某个整体，这时的群体就是"共同体"。总结来说，共同体其实就是指由共同信念和追求所指引，有共同生活经历，在内部可以互利共享，可以有共同归属的群体。

3. 教学学术共同体

一个学术部落从出现到最终获得众多成员的拥戴甚至维护必须经过身份认同、依附生存、契约内化、信仰建构，这个过程就是滕尼斯的共

---

① ［德］斐迪南·滕尼斯：《共同体与社会——纯粹社会学的基本概念》，张巍卓译，商务印书馆2019年版，第87页。

同体生活，只不过这里是共同的教学学术生活。教学学术共同体是一种基于共同的教学学术兴趣、相似的学术信仰而凝聚成的学者部落，这个部落的生存能力与其吸引教师投入的能力密切相关。

在博耶的《学术反思——教授工作的重点领域》一书中，他强调教师要想充分发挥作用，就不能独立地持续工作。学术努力的四个维度应该引领我们朝着知识和社会可能性的共同愿景——学者共同体——前进，最好的学术应该把教职员工团结在一起。① 舒尔曼也在《作为共同财产的教学》一书中认为，如果教学要在高等教育中得到更大的重视（因此要努力、改进和奖励），就必须与学科及其学术界重新联系起来。②

胡博和赫钦斯所提出的"教学学术之四环节"理论认为，教学学术是一个由个体实践向群体开放交流的线性过程。③ 在共同体内，教学研究所产生的知识是共享交流的财富，个体和群体相互交融、相互依存，经历从个体单打独斗的学习体验到共同体交流协商的成长共享。我们不仅着眼于狭义的教学学术，而且着眼于更大的领域。在这个称之为"教学公地"的地方，致力于教学探究和创新的教育工作者聚集在一起，交流关于教学和学习的想法。

"教学学术"注重对成果的公开、共享和同行评议，而"共同体"具有群体意识、资源共享和同伴互助等特征，因此，"教学学术"与"共同体"有着天然的结合点，二者的结合强化了教学学术团体的核心价值和意义，也凸显了教学学术共同体的组织特征。教学学术共同体应以教学学术为基本的构建追求，将教学学术置于师生交流互动、共同体环境和社会交互中，强调个体的角色扮演及角色责任，通过成员之间的充分沟通、协同工作、共同承担责任和共同认知，从而实现科研支撑教学、教学反哺科研，促进教学与科研的良性互动，打造一流的高等教育

---

① Ernest L. Boyer, *Scholarship Reconsidered: Priorities of the Professoriate*, Princeton: Princeton University Press, 1990, p. 143.

② Lee S. Shulman, *Teaching as Community Property: Essays on Higher Education*, San Francisco: Jossey-Bass, 2004, p. 139.

③ 杨维嘉：《论"教学学术共同体"的构建》，《江苏高教》2015 年第 5 期。

和培养高水平的创新型人才。

二 教学学术共同体的分类

用比较通俗的话来说,"教学学术共同体"就是"家",教学学术的研究者在寻找"家"。教学学术的"家"既包括全国性的教学学术组织,例如美国的卡内基教学促进基金会,也包括各个高校的教学教师发展中心,还包括跨学科的教学学术学会,各个专业和学科领域都有教学学术共同体,也有相应的期刊发表渠道。按照教学学术共同体的规模和影响范围,教学学术共同体可以分为宏观层面的、中观层面的和微观层面的。

（一）宏观层面

宏观层面的教学学术共同体是指国际性或者全国性基于共同的学术兴趣、相似的学术信仰而凝聚成的教学学术共同体。

以美国为例,美国宏观层面的教学学术共同体就包括卡内基教学促进基金会。该基金会成立于1905年,属于独立的政策和研究中心,其职责是做一切必要的事情,鼓励、维护和表彰教师职业和高等教育事业。其使命是解决公立学校、学院和大学在教学中面临的最困难的问题,即如何在课堂上取得成功,如何最好地实现学生的持久学习,以及如何评估教学对学生的影响。

加拿大宏观层面全国性的教学学术共同体是成立于1981年的加拿大高等教育教学协会,是加拿大进行教学创新发展和教学专业人员发展的主要组织。在教学学术出现的初期,它就在其设立的"3M国家教学奖"的评奖条件中增加了教学学术要求,以此宣传和激励高校教师从事教学学术研究。

澳大利亚全国性的教学学术的"家"是直属于联邦的教育、就业和劳动关系部的澳大利亚教学委员会。教学委员会主要负责管理支持教学创新的竞争性资助计划、引导教师教学发展的方向、促进不同学校及学科间教师的交流等事务,进而推动和促进澳大利亚高等教育机构教学水平的提高。

英国政府在2004年成立了高等教育学术委员会，目的在于支持有助于提高学生学习、教师专业发展的活动。该委员会的资金拨款项目具有选拔性的特点，教学奖励包括教学发展拨款、国际学术奖励计划项目等。

2020年8月由中国承办的"2020中国教与学学术国际会议"在北京理工大学成功举行，会议将追求教学学术的研究者聚拢在一起、积极筹备会议，为教学学术的研究者创建了"家"，成为中国教学学术共同体的起点。

(二) 中观层面

中观层面的教学学术共同体是指在校级层面的教学发展中心，它是基于共同的教学学术兴趣、相似的教学信仰、相同的目的而凝聚成的教学学术共同体，旨在提高大学的教学质量，它承担了高校的教学学术发展任务。

密歇根大学于1962年成立了教学研究中心。它是作为一个教学研究中心建立的，并采用教师研究的教学成果为促进学生学习提供支持。这个教学研究中心是全美最早的高校教师发展中心，其教师发展项目经过近六十年的发展，积累了丰富经验，在世界范围内有着较高的声誉。随后，其他高校也纷纷开始自主建立教师发展中心。1972年，美国丹弗斯基金会组织一批专家协商建立教学能力提升中心。在该基金会和福特基金会的资助下，20世纪80年代，教师发展中心在美国高校迅速发展，并在20世纪90年代基本得到了普及。

到2017年，加拿大各地的高等教育机构有91个教学发展中心。[1]所有教学发展中心都独立于学院，董事向副教务长、副校长报告，或直接向教务长报告。最古老的教学发展中心成立于20世纪60年代末和70年代初，最初通常与教育学院有关，它们最初的任务是进行教育研究。所有教学发展中心都是从少数员工开始的，随着时间的推移，规模逐渐

---

[1] Sarah E. Forgie, Olive Yonge and Robert Luth, "Centres for Teaching and Learning Across Canada: What's Going On?", *The Canadian Journal for the Scholarship of Teaching and Learning*, Vol. 9, No. 1, 2018, pp. 1-18.

增加,最终通常与其他领域逐渐合并。

澳大利亚的堪培拉大学是澳大利亚的新兴大学之一,因其在应用研究和教学方案上十分注重专业化而闻名。堪培拉大学的教学发展中心最初的名称是促进学习、教学和学术的中心,2008 年堪培拉大学将这个中心和技术与教育设计服务整合,成立了教学与学习中心,一直沿用至今。[①] 该机构由学校主管教育教学的常务副校长直接领导,是独立于各个院系和管理部门的服务性机构。它承担着促进教师的发展、提升教师的教学能力、帮助学生有效地学习、提高学校教师队伍的整体教学水平的重要职责。

在英国,剑桥大学 2015 年成立剑桥教学与学习中心,其中心领导机构是教学中心指导委员会,由主管教学的副校长任主席,首要目标是对剑桥教学与学习中心提供战略和运行指导,重点关注大学的教学质量。[②] 剑桥教学与学习中心的主要职责是为教学人员提供交流平台、探讨教与学学术相关问题、总结教学与学习优秀经验、主办教学论坛、提升教师专业发展以及学生迁移能力、关注教育教学改革与创新,更重要的是,在大学倡导一种教学的优先战略发展地位,提高教学质量。

在深入研究教学学术发展内涵的基础上,本着提高教师教学学术能力、服务学校教学改革和创新、提升本科教学质量的基本目标,吉林大学于 2011 年正式成立了吉林大学教师教学发展中心。教师教学发展中心积极开展系统化、制度化和常态化的教师教学学术发展及服务工作,构筑了多元化教学能力发展平台,并在区域教师教学发展中努力发挥示范和带动作用。

(三) 微观层面

教学学术共同体的微观层面是指某一学科范围内基于共同的教学目标、相似的学术兴趣、为提高某一具体学科或具体专业的教学质量而凝

---

① 刘益春:《澳大利亚大学教师管理、培训的特点与启示》,《外国教育研究》2006 年第 1 期。
② 崔骋骋:《英国高校教师发展的"楷模"——剑桥大学教师个人与专业发展中心的经验与启示》,《比较教育研究》2016 年第 2 期。

聚成的教学学术共同体。一般多以院系的教研室为基本单位，或者围绕某个学科、课程乃至教学方法组建教学学术团队，作为教师教学学术能力发展的基本平台。

美国建立的是以教学名师或科学大家为中心的教学学术共同体。这种共同体有的是学校或院系促成的，有的是自然和自发形成的；有的具有比较固定的形式，有的则比较松散。例如，哈佛大学文理学院的科学家系列讲座，该系列讲座以化学系诺贝尔奖获得者达德利·哈奇巴赫教授的名字命名，通过邀请著名科学家来做教学和科学方面的演讲，帮助提高化学系教师的教学学术水平。① 这种讲座实际上有助于形成一系列松散的教学学术共同体。

哈佛大学文理学院自然科学系的同行帮扶，则属于比较固定的教学学术共同体。同行帮扶是由自然科学系的罗布·内尔教授和他的一些同事开发的项目，该项目旨在帮助教师提高教学技能和教学效果。布朗大学的师生教学小组、斯坦福大学心理学系的克劳德·斯蒂尔和黑兹尔·马科斯小组等都是固定形式的教学团队。前者由一名或多名教师和若干学生组成一个教学小组，协同开展本科生课程教学；后者由斯蒂尔和马科斯两位教授组成固定的搭档，共同进行心理学的课堂教学。

20 世纪 90 年代，华中农业大学为打造"一流"高校，加强本科教学工作，提高人才培养质量，就提出课程组、系列课程、"一人多课，一课多人"等思想，实施课程组制度，组建教学学术共同体。授课面向较广的基础课程与学科基础课程，或者同属一个学科方向、内容体系紧密相关的系列课程的授课教师组成一个课程组。课程组旨在为教师发展提供一个良好的教学学术平台，提高教学质量。

三 教学学术共同体的特征

教学学术共同体有不同的类型，每个教学学术共同体组成人员结构

---

① 陈超、郊海霞:《美国研究型大学的教学激励机制及其启示》,《高等教育研究》2011 年第 5 期。

各有不同,规模大小各有不同,对教学学术的研究各有侧重。教学学术共同体的一般要素包括成员、领域、空间、活动与机制,每一个要素又内含若干细化的组成成分,各要素和成分之间存在关联和影响,形成教学学术共同体的基本样态。

(一) 组织合法性与自组织性

组织合法性理论形成于20世纪70年代的战略管理学派,任何组织获取合法性的过程(即合法化)意味着一个组织借此向其同行或上级系统证明其具有生存的权利。组织合法性是权威结构的被承认、支持和服从。任何一个教学学术共同体都要具备组织合法性才能发挥其效能。"自组织"是指一个系统在内在机制的驱动下,自行从简单向复杂、从粗糙向细致的方向发展,不断地自我提高的过程。教学学术共同体的自组织性指共同体是自然发展起来的、凝聚集体教学学术智慧的组织。

1962年成立的密歇根大学教学研究中心是该校对高等教育发展新机遇与新挑战的积极主动回应。该中心的建立是由教师代表组成的第三方委员会、学校层面、学院层面为了应对教学质量下降而建立起来的教学学术机构。它的组织合法性体现在认知合法性和效能合法性。认知合法性是学校、学院管理层以及教师对中心应发挥作用和扮演角色"理所当然"的认识,学校层面、院系层面以及教学个体层面在中心成立过程中确立了共同价值观。具体表现为学校管理者迫切期望推广程序教学以及开发程序教学材料;院系期待有专门的机构为教师教学发展服务;教师个体则希望有一个教学的交流平台,可以获得教学研究资助和教学成果奖励。效能合法性主要体现在对本科生培养质量的规制。政府拨款、基金会资助、学生高额学费等使得大学与利益相关者构成隐性契约关系,促进教师教学发展,提高本科生培养质量成为学校发展的优先事务。

(二) 自由平等性

自由平等性是教学学术共同体持续发挥其功能的前提。自由性一方面体现在共同体成员可以根据自身的教学学术理念加入共同体或者退出共同体，另一方面体现在共同体成员可以自由地进行教学学术合作。教学学术共同体的参与人员一般有教育管理人员、跨学科的专家学者、助教、学生等多方面主体，教学学术共同体的成员基于自身发展需要相互尊重、平等对话。

印第安纳大学伯明顿分校在教学和学习方面有着悠久的历史，于2010成立了创新教学中心。该中心成立是基于学校、培养计划和教师不断增长的教学和课程需求而创建的大型研究密集型机构，为21世纪的学生提供有意义的学习体验。[①] 印第安纳大学的教学性学院专业教师自1989年以来一直致力于开发反思性创新教学。他们成立了一个由兼职教师和讲师组成的研讨会。研讨会主要由与会者介绍反思性教学讲习班和教学学术。印第安纳大学教学学术项目向所有教师开放，每个人都有自由平等交流自己研究成果的权利，所有参与的教师都可以通过学科的视角和专业知识，为实践循证教学提供机会和资源，反思和记录教学学术的实践。

教学学术共同体的自由平等性特征为形成开放和包容的合作氛围提供信息和帮助。目前，印第安纳大学的创新教学中心实施教学学术是由各专业代表组成的工作小组共同决定一个学期的教学主题。通过共同体成员自由探讨，确定学期的活动如何围绕各种方式塑造对话，以帮助学生提高使用资料的能力，通过写作和口语反映学生的思维，并超越浅层的理解，进入更深层次的意义和意义构建。

在共同体中，信任和尊重对于跨项目协作和工作整合至关重要。相互尊重、自由平等的交流使共同体成员认识到，他们的每一个项目都是有价值的。这种信任和尊重在教学学术和印第安纳大学教师之间至关重要，共同体的成员为了实现教学和学习学术的共同愿景而贡献自己的成果。

---

① George Rehrey, Greg Siering and Carol Hostetter, "SoTL Principles and Program Collaboration in the Age of Integration", *International Journal for the Scholarship of Teaching and Learning*, Vol. 8, No. 1, 2014, pp. 1–14.

(三) 开放多元性

开放性体现在教学学术共同体不是一个边界明显的共同体，它可以不断吸纳新的成员，同时也允许已有成员退出。所以，一个教学学术共同体需要与其他教学学术共同体成员交流，甚至可以发展共同体与共同体之间的互动活动，扩充新的学习资源，共同提升教学质量。多元性一方面主要体现在教学学术共同体的成员背景多样，由跨学科的学者构成；另一方面还体现在教学学术共同体多元化的服务活动。

加拿大高校教学发展中心的成员有不同的学科背景，分别来自教育、教育发展、教育心理学、教育技术、英语、环境科学和景观建筑、金融、历史、运动学、管理科学、物理和天文学、康复医学、修辞学和专业写作以及外科学专业，[①] 绝大部分成员都是跨学科的学者，参加教学发展中心的时间从 1 年到 16 年不等，但共同体成员都对教学和学习充满热情，对教学学术怀有浓厚兴趣。

U15 是一个由 15 所加拿大一流研究型大学组成的大学联盟组织，为了更好地提升大学的教学质量，它的每一个组织成员都至少建有一个体制健全的教学发展中心，且这些教学发展中心一般起步较早，发展完善，特色比较鲜明。[②] U15 教学发展中心具有多元性特征：(1) 服务对象多元化，教学发展中心的服务对象主要有全职教师、专职教师、兼职教师和时任讲师、新任教师、职中教师、助教和研究生、学生群体，有些中心还会为博士后以及其他行政人员等提供各类人性化的教和学的服务。(2) 服务主体多元化，有来自中心的各个部门的工作人员和专业团队，也有来自各个学院的研究生或者本科生教学助理，还有来自学校其他各个部门或校外组织的工作人员或专家。(3) 服务内容多样化，几乎涉及教学和学习的方方面面，如课程设计、开发与评

---

① Sarah E. Forgie, Olive Yonge and Robert Luth, "Centres for Teaching and Learning Across Canada: What's Going On?", *The Canadian Journal for the Scholarship of Teaching and Learning*, Vol. 9, No. 1, 2018, pp. 1–18.

② 汪霞主编：《中外大学教学发展中心研究》，南京大学出版社 2013 年版，第 181 页。

价、教学或课程培训、IT 服务、教学档案或电子公报、视听服务、远程学习等等。(4) 服务方式多样化,采取现场服务和在线服务两类方式。现场服务包括各类咨询、培训、评价评估、技术和资源支持等,在线服务则主要包括在线教学和咨询服务、远程学习服务、信息及资源的共享服务等。

(四) 实践反思性

教学学术共同体的实践性表现为共同体成员在教学实践中发现问题、研究问题和解决问题,不断完善、创新教学,进而获得教学实践性知识和智慧。教学学术共同体的反思性不局限于个体行为,个体反思是集体反思的基础,集体反思是个体反思交流互动的延伸。在教学学术共同体里,教师保持批判反思的精神,推动互助合作的探究学习。实践反思性应该渗透至教学学术共同体的各个环节中,它是教学学术的核心特征。

美国的威斯康星大学拉克罗斯分校的很多系一直在通过课程研究来追求教学和学习的学术发展,这是一个教师共同开发、教授、观察、分析和修改课程的过程。威廉·塞尔宾是该项目课程的负责人,他曾评价"在某种程度上,这个过程中的每一步都是一个惊喜"[1]。该课程包含英语、生物学、心理学和经济学四个学科。教学学术共同体中每个成员的工作都记录在有注释的课程视频、课程材料和研究课程报告中,课程报告中主要描述了课程的内容,分析了学生的表现,并阐述了教师学到的东西。

在课程教学研究、教学活动设计和学生指导的过程中,共同体成员通过多元技术所构建的混合空间分享教学经验、展示教学成果,并就教学学术问题进行共同探讨,在经验交流和思维碰撞中进行认知和实践。实践反思性还反映在各位成员在教育活动中找出及分析问题,逐渐改善教学,收获实质性的教育智慧。

---

[1] Mary Taylor Huber and Pat Hutchings, *The Advancement of Learning: Building the Teaching Commons*, San Franciso: Jossey-Bass, 2005, p.107.

第二节 教学学术共同体所面临的挑战

教学学术共同体面临着师资力量、研究成果、合作与交流以及制度保障等多方面的挑战。为了应对这些挑战,共同体需要加强自身建设,提升师资力量和研究水平,加强合作与交流,并争取更多的制度和政策支持。

一 教学学术共同体成员方面

成员是教学学术共同体最为基本和核心的构成要素。在教学学术共同体中,面临着共同体成员对教学学术认识不清、成员的跨学科多元化的身份以及教学学术共同体建设对学生主体地位的忽视等挑战。

(一) 参与主体的认知

博耶的教学学术理念将教学从大学之外转移到大学中心。进入21世纪后,教的学术变成了教与学的学术。从那时起,教学的学术已经扩展到包含学习。尽管诞生了各种形式的教学学术共同体,但大多数共同体中的教师或成员并不十分了解教学学术的内涵,也没有更多的动机去学习和认识它。在《国际教与学学术期刊》的第一期中,威斯康星大学的康妮·施罗德哀叹教学学术被边缘化了。[1]

在教学学术共同体中,成员存在对教学学术认识不清的问题。[2] 其一,有一种持续存在的趋势,即把教学学术作为其他活动的同义词。其二,博耶的教学学术定义在概念上本身就有些混乱。其三,成员对教学学术要素的理解各异。一些学者将教学学术的要素描述为重叠和交互,另一些则将它们分解,并试图分别对每一项进行界定。其四,许多关于

---

[1] Connie Schroeder, "Countering SoTL Marginalization: A Model for Integrating SoTL with Institutional Initiatives", *International Journal for the Scholarship of Teaching and Learning*, Vol.1, No.1, 2007, pp.1-14.

[2] Roger Boshier, "Why is the Scholarship of Teaching and Learning Such a Hard Sell?", *Higher Education Research & Development*, Vol.28, No.1, 2009, pp.1-15.

教学学术的论述具有反智性,受制于狭隘的新自由主义。其五,人们习惯于不加批判地依赖同行评议作为发现学术成果的机制。

在对教学学术的认知中,比较常见的偏颇认识是把教学与传统的学术概念平行看待。例如,加拿大不列颠哥伦比亚大学的丹·普拉特教授非常重视教学,他把个人学术重心放在教学上,而不是科研方面。[①] 在丹·普拉特准备升职期间,需要同行评审,一位资深同行评审员旁听了他的课堂教学,在课堂上普拉特采用小组讨论与总结问题的教学方式。但这位同行评审员认为讲课是教学常态,教师应该"教书",小组讨论并不是教学。课后,他向普拉特说道:"你认为学生的学费交得值吗?"丹·普拉特非常愤怒,这促使他在此后的 20 年间致力于制定一个基础广泛的教学学术模型。多年以后,当时的同行评审员已经退休,普拉特已经成为一名终身教授,并且赢得了令人尊敬的教学奖,在教学学术领域取得了不菲的成就,但他对当前的教学现状仍然感到不满。

除此之外,在教学学术共同体的实际运行中,由于部分共同体成员在认知与实践上的脱节,也引发出一系列问题。例如:不少成员早期的参与积极性较高,而后激情逐渐淡化,致使多数成员处于"潜水"状态,彼此之间缺乏基本的交流与互动。这种教学学术共同体浮于表面的现象,使得成员间难以展开卓有成效的合作,无法有效促进教师专业的发展,甚至导致成员间的陌生感和不信任感加剧,偏离了构建教学学术共同体的初衷和目标。

(二)参与主体的身份

参与教学学术共同体的成员身份大多是不同学科的学者,对教学学术共同体而言,开展跨学科协同教学更需要学习更多关于协同教学的经验和技巧,了解各种协同教学模式的优缺点以及不同的管理与评估方法,学会相互间的有效合作。[②] 但由于跨学科协同比传统的单一教师/

[①] Daniel D. Pratt, *Five Perspectives on Teaching in Adult and Higher Education*, Malabar: Krieger Publishing Company, 1998, p.45.

[②] 刘海燕:《跨学科协同教学——密歇根大学本科教学改革的新动向》,《高等工程教育研究》2007 年第 5 期。

单一学科教学形式更复杂，在具体操作中，仍面临很多挑战。

加拿大麦克马斯特大学于 2013 年成立了创新与卓越教学研究所，扩大了教学中心的任务，校园咨询委员会将该机构定义为"以研究为中心，以学生为中心"。为发展教学学术，麦克马斯特大学的校园咨询委员会设计了一个新研究，通过创新与卓越教学研究所来实施这个教学学术的项目。[①]

这项研究首先需要查阅当年国际教育组织（Quacquarelli Symonds, QS）世界大学排名。QS 世界大学排名是目前全球最具影响力的大学排名之一，被广泛用于比较不同大学之间的质量和声誉。然后找到排名前 700 位的大学，它们的学术程度被标记为"高"或"非常高"，学科类型被标记为"综合"或"完全综合"。最后，在这些大学网站上搜索高等教育研究所或高等教育教学中心，共遴选出全球 91 所大学中的 105 个相关单位，并获得这些单位的成员、理事、顾问委员会代表的邮箱地址。经过麦克马斯特大学研究伦理委员会的批准，邀请其中的 2330 人完成一项匿名在线调查。调查核心主要是要求参加者总结他们所在的教学学术中心的特点和成果，以及其所带来的成效和挑战。

调查结果显示，相当一部分被调查者指责教学学术共同体缺乏成员之间的有效合作，更没有充分的跨学科研究。一位成员将他（她）的教学学术共同体描述为"名义上的跨学科，但实际上并不是"，而一位教学学术共同体的负责人写道，共同体的主要挑战是"成员没有参与跨学科研究的动力"。在大多数情况下，受访者承认他们的教学学术中心是活跃的多学科中心，但多样性本身就具有挑战性。一名成员在问卷中写道，"由于涉及许多不同的学科和许多不同的重点，有时很难让每个人都沿着同一个方向前进。"虽然跨学科合作的潜在优势是有益于共同体的发展，但少数参与者描述了跨学科研究面临的挑战，从而显示这种跨学科工作既不是主动展开的，也不是促使共同体顺畅运行的主要原因。

---

① Elizabeth Marquis, "Developing SoTL Through Organized Scholarship Institutes", *Teaching and Learning Inquiry*, Vol. 3, No. 2, 2015, pp. 19-36.

（三）参与主体人员的构成

传统教学模式的缺陷是作为认知主体的学生在教学过程中处于被动接受知识的地位，学生学习的主动性被忽视甚至被压抑。学生参与教学的主要途径就是给教师评教，而评教结果仅仅是教师评定职称的一个指标。几乎没有人关注教学存在的问题是什么、教学是否需要改进以及如何改进。师生双方课堂话语权失衡，教师成为教学唯一的主体。教学研究的公开成果也基本上是教师如何改进"教"，根本不涉及学生学到了什么以及如何学。

博耶在《关于美国教育改革的演讲》一书中曾说："为了确保学术之火不断燃烧，学术必须持续不断地交流，不仅要在学者的同辈之间进行交流，而且要与教室里的未来学者进行交流。"[①] 雪城大学文森特·丁托教授的一项调查显示，大多数学生在大学里仍然是孤立的学习者，他们的学习与教师的教学相脱节，也与其他人的学习脱节。"他们继续在一个主要是表演和演示的学习环境中进行个人表演和演示。"[②] 对大多数学生来说，高等教育中的学习经历在很大程度上仍然是一项"旁观者的运动"，在这项运动中，教师的讲授占主导地位，很少有学生积极参与。因此，教学学术共同体的发展，不仅需要教师这个主体之间的交流，还需要学生与教师之间的交流，通过教师与学生之间的交流，可以使教师及时了解学生对教学的反馈，使教师和学生成为共同认识现有知识和探究新知识的合作者，从而实现教师、学生和知识三者的共同发展。

二 教学学术共同体活动方面

教学学术活动是共同体成员通过合理利用资源，在共同实践中形成成果并对其进行共享和优化的过程。因此，教学学术共同体的活动要素

[①] ［美］欧内斯特·L. 博耶：《关于美国教育改革的演讲》，涂艳国、方彤译，教育科学出版社2002年版，第87—88页。

[②] Vincent Tinto, "Learning Better Together: The Impact of Learning Communities on Student Success", http://www.researchgate.net/publication/237333638_Learning_Better_Together_The_Impact_of_Learning_Communities_on_Student_Success. （2023-07-12）

包括活动资源、活动实践和活动成果。在教学学术共同体活动中,面临着共同体活动资源不足,成员普遍缺乏时间参与活动,以及共同体活动成果边缘化等挑战。

(一)共同体的活动资源

与传统教学模式(单一教师/单一学科)相比,教学学术共同体需要更多的资源条件予以保障。无论是师资的组织、教学硬件的匹配,还是新课程内容的开发、行政上的支援等,都需要更多的时间和经费投入。所以,持续提供教学学术共同体的活动资源对于共同体而言也是一个挑战。

例如,美国俄亥俄州立大学教学促进中心为教师提供了几个参与以质量教学为中心的学术社区的机会。教学和学习中心鼓励跨学科的教学学术项目。教学促进中心支持的教学学术项目通常是在教务长办公室的支持下建立的独立运行实体,其预算来自学生费用或机构的管理费用。[1] 最大的挑战是这些资金能否使这些项目稳定和持续地运作,并雇用在专业发展原则和与教与学有关的学术活动方面的专家工作人员?其次这些项目可能会成为一个争论中心,争论关于大学教育质量和教学学术的相关内容。

相当一部分大学的教师发展中心(教师卓越中心)负责人提到了资源有限的问题。他们认为,困扰教学学术共同体的核心问题是"缺乏人——权力和其他资源"。他们几乎没有专门的资源:时间、金钱和人员。除了普遍存在资源不足的事实外,调查还显示,一些共同体成员认为他们的机构能够提供的资源也不充足。在充满挑战的时代,有组织的教学学术共同体可能越来越难以有效地提供这些资源。

(二)共同体的活动实践

在麦克马斯特大学创新与卓越教学研究所对全球91所大学中的105

---

[1] Joseph F. Donnermeyer, Alan Kalish and Teresa Johnson, "Many are Called, But Few Show up: Building Scholarly Communities of Teachers", *Transformative Dialogues: Teaching and Learning Journal*, Vol. 3, No. 1, 2009, pp. 1–11.

个相关单位进行的调研中,共同体成员参与教学学术组织的活动时,普遍缺乏时间参加活动是教学学术共同体经常面临的另一个挑战。

相关问卷调查结果显示,9%和23%的人在面对参与教学学术时遇到的困难是"由于其他责任而没有时间进行研究项目"①,这与教师时间需求日益复杂的观点相呼应。这些人在问卷中提到,这一困难由于没有完全认识到参加教学学术共同体是他们工作职责的一部分而加剧,使他们在单位活动和家庭成员的要求之间左右为难。正如共同体中一个成员所指出的:"我目前的正式工作角色与参加教学学术的经历不一致,因为共同体对我的贡献方式设置了令人沮丧的限制。这让我觉得参与是我工作的重中之重。"正如这个成员所表明的那样,共同体的教学学术活动与有关部门的行政责任存在紧张关系,可能严重威胁到有组织的学术单位的积极参与,特别是考虑到行政事务可能会使教学学术生活变得更加繁忙。② 这表明教学学术工作与生活间边界模糊,工作压力充斥到共同体成员的生活时间中,也表现出行政力量对教学学术共同体开展活动提出的挑战。

(三) 共同体的活动成果

教学学术共同体的成果通常不会融入任何特定学科的文化中,它也不会像科研成果一样申请专利,同时,因为教学学术共同体的成果可能只针对某一特定的学生群体,因此成果也很难以文章的形式发表出来。

美国霍华德·巴罗斯教授于1969年首创了基于问题的学习模式。美国的密歇根州立大学经济学院,在组织微观经济与公共政策、中级宏观经济学、环境经济学、计量经济学等课程时,其教学学术共同体(学习与教学研究中心)采用了基于问题的学习模式。这一教学模式适用于培养学生高层次思维能力的教学中,适用于解决真实学术问题的高级学习过程中,适用于不受教材和时空限制的教学中。

---

① Elizabeth Marquis, "Developing SoTL Through Organized Scholarship Institutes", *Teaching and Learning Inquiry*, Vol. 3, No. 2, 2015, pp. 19-36.
② 李琳琳:《时不我待:中国大学教师学术工作的时间观研究》,《北京大学教育评论》2017年第1期。

从侧面看，虽然基于问题的学习模式作为培养创新人才的教学模式在美国研究型大学中广为提倡，但其也并不是适用于所有课程、达到所有目标的万能模式。在美国研究型大学中，虽然几乎所有的大学都在实施某种形式的基于问题的学习模式，乍看起来好像已经非常普及，但是，有关基于问题学习模式的推广主要还是在院系层面，而不是全校性的措施。[①] 即使是在院系层面推行，参与该模式的教师和学生也很有限。

三 共同体参与机制方面

教学学术共同体的参与机制是以共同体成员对教学学术的兴趣和对教学学术规范与规则标准的自觉认同为基础，通过对教学学术活动的参与实现教学质量提升的发展过程和方式。在共同体参与机制上有必要建立相应的激励机制、结构机制和评价机制来保障其正常运行。在参与机制方面，面临着激励机制偏向科研、结构模式单一，以及在同行评价方面忽视对教学模块评价等挑战。

(一) 共同体的激励机制

激励机制凸显着教学学术的地位，从研究型大学的经验来看，这个体系更偏向科研，科研占据更高的地位。研究型大学中教学被忽视的现象在世界各国都很普遍。美国研究型大学教学奖是一种非常独特而有效的教学激励制度，通过设立教学奖，肯定了教学工作的价值，激发了一线教师的教学热情，为重建教学的基础地位和改进教学质量提供了制度保障，从芝加哥大学设立第一个教学奖开始，经过长期发展，目前美国研究型大学教学奖已经比较完善，但是这些教学奖目前还不能与科研奖相提并论。

除教学学术激励机制逊于科研激励机制之外，美国的研究型大学教学学术共同体的激励机制本身也存在一些挑战。比如，从激励的方式来看，颁布教学奖是最主要和常见的激励方式，但是教学奖的来源主要依

---

① 刘宝存：《美国研究型大学本科生科研的组织与管理》，《江苏高教》2004 年第 6 期。

靠社会资源,包括基金会、社会团体、校友、贤达人士等。这就表明教学奖的颁布、奖励缺乏稳定性。当然大学层面和院系层面也设有一些教学奖,如校长杰出教学奖、教务长优秀教学奖、院长优秀教学奖等,但是奖项数量相对较少。直到2011年美国全国性的教学奖只有一项,即总统数学和科学优秀教学奖,它主要面向中学教师。[①] 再从激励的对象来看,每一所大学规定的评选要求各有不同。从美国研究型大学各类教学奖的奖励对象来看,一部分教学奖明确规定只有任职一定期限的终身教职人员和正式教师才有资格获得提名,如北卡罗来纳大学(教堂山)的理事会优秀教学奖,规定必须是终身教职才能参评。终身教职制度,被认为是美国大学选拔和激励教师最有效的制度,其最基本要求是科研、教学、服务三方面都要达标。对于美国的研究型大学来说,最主要的决定因素还是科研。因此,教师要想获得教学激励还是需要先成为正式教师或者获得终身教职,而在世界一流大学中,成为正式教师或者获得终身教职主要还是看教师的科研能力。

(二) 共同体的结构机制

高校教学学术共同体的结构机制上面临的挑战离不开高等教育内部院系各自为政、学科关系断层、教师缺少跨学科交流等深层次原因。大学内部的教师发展中心、教与学研究中心、卓越教学中心以及教务处开展的教学学术活动或多或少具有"行政色彩",使得教学学术活动的开展较为制度化,同时存在活动主题宏观化和同质化现象。此外,由于各学科教师之间交流少,校际合作不足,以及教育行政部门与教育研究机构间缺乏有效沟通,使得高校教学学术共同体构建缺少组织层面的多元参与,阻碍了教学学术共同体结构的完善发展,也致使其组织单一和趋同。

密歇根大学的学习与教学研究中心注重对跨学科协同教学的探索,其跨学科协同教学课程的主要形式有合作课程、整合讲授课程、集合式课程、教阶式课程、链接课程。这几种模式就其本质而言都是

---

① 陈超:《美国研究型大学教学奖研究》,《清华大学教育研究》2011年第5期。

把课程分为几个模块,由不同的老师分别授课,这虽然有利于学生拓宽对一个课程的多方面理解与学习,但是不同教师分别讲授课程的某一部分,也造成了课程的割裂,对学生的听课感受而言,课程的完整度将大打折扣。

组织跨学科协同教学学术在行政管理上比较复杂,需要协调好各部门的需求,也需要课程的组织者(负责人)协调好不同学科教师的需求。对教学学术共同体的成员而言,尤其是跨学科协同教学时,需要管理部门的基础性支持,如安排上课时间、选择地点、确定学分数等具体问题,但是因为共同体的成员之间往往跨学科、跨院系甚至跨校区,协调起来很困难,难以得到有效的实行。对院系而言,也面临着如跨学科课程究竟由哪个部门负最终责任,如何在不同的参与部门间分配学分等问题。

(三) 共同体的评价机制

教学学术共同体的评价机制可以参考教学学术的评价机制。采用什么方式评价教学学术共同体及共同体产出的成果,是教学学术共同体面临的又一个难题。教学能否称得上学术,最主要的标志之一就是能不能经得起同行的审查。同理,教学学术共同体是否名副其实,也要看它能不能经得起对共同体的教学学术上的审查。

同行评价即专家学者对本专业领域其他学者的学术成果的评价,包括著述的发表出版、评论、评奖、评职称、论文引用、论文鉴定等。事实上,教学学术共同体实施的教学学术活动实践性很强,同一个共同体所产出的成果是纷繁多样的,既可以是正式出版的期刊文献和学术著作,也可以是教材、方案或大纲、评价报告、教学档案等,因此也就难以按照同行评价要求提交正式的出版成果。

同时,评价同行往往带有很深的学科情结,他们更加重视教学学术对学科知识的贡献,而忽视对教学的贡献。随着 20 世纪 90 年代教学学术运动的展开,运动领导人呼吁教师以学术的方式对待教学。如在数学这一学科中,成立了本科数学教育研究这个教学学术团体。这个团体建立了自己的语言和文学,是美国数学协会正式承认的第一个"特殊兴趣小组"（教学学术共同体）。胡博和谢尔温·莫雷尔曾指出，"这可能会使问题复杂化……强大的教学专家共同体，他们可能会接受教学和学习的学术研究，他们的专业知识可以帮助但也会阻碍主流教师"①。

美国洛约拉马利蒙特大学数学系教授和卡内基学者深入地研究了数学领域的教学学术情况，② 阐述了他们在学科数学教学学术共同体中观察到的教学学术的特殊复杂性，并提出了改善数学内部状况的建议。其他学科的实践者，即参与教学学术的实践者可能会发现他们的观察结果不一定适用于其他的学科领域。这也体现出评价同行时，重视其对学科知识的贡献，而忽视对教学的贡献。

第三节　教学学术共同体的构建

教学学术共同体的存在有什么必要性？构建教学学术共同体不仅需要各个层面不同主体的广泛参与，而且需要相应的组织保障、制度保障、物质保障等外部保障，除此之外，还需要建立顺畅的运行机制及参与路径。本节以世界一流大学为例来说明教学学术共同体构建的途径。

一　教学学术共同体形成的必要性

许多学院和大学很少关注教与学的学术，这在很大程度上是因为大学的主要任务要么集中在教学上，要么集中在学科研究上，很少两者兼顾，而且很少集中在关于教与学的研究上。学术的生命在于交流，在于学术主体间的思维碰撞。没有交流，学术很难获得广泛的认可和持续的发展力。教学成为学术，需要交流、反思，需要教师将自己对教学问题

---

① Mary Taylor Huber and Sherwyn Morreale, *Disciplinary Styles in the Scholarship of Teaching and Learning: Exploring Common Ground*, Washington D. C.: American Association for Higher Education and The Carnegie Foundation for the Advancement of Teaching, 2002, p. 241.

② Jacqueline Dewar and Curtis Bennett, "Situating SoTL Within the Disciplines: Mathematics in the United States as a Case Study", *International Journal for the Scholarship of Teaching and Learning*, Vol. 4, No. 1, 2010, pp. 1-8.

的研究成果公开,接受同行的评价和批评。① 对整个高等教育来说,蓬勃发展的教与学学术是至关重要的。因此,需要建立一个平等参与的教学交流、反思、公开的学术平台——教学学术共同体。

(一) 教学学术共同体的目的

教学学术共同体的目的是更好地实施教学学术,所以教学学术共同体的目的也是教学学术提出的目的。教与学的学术研究始于这样一种观念,即教学是一项严肃的学术工作,而不是学者们从学术研究中分离出来的工作。② 显然,并不是所有的教师都必须从事教与学的学术研究。当前学者们对教学的讨论不够多,高等教育中教学被边缘化。教师没有时间从事所有领域的学术工作——有些人可能(相当合理地)选择专注于发现、整合和应用方面的学术工作。③ 然而,在制度层面上,对高等教育来说,一派繁荣景象的教与学的学术变得至关重要。

赫钦斯和舒尔曼曾言:"教学的学术性是优秀教学的一个条件——尽管这个条件在很大程度上是缺失的。教学的学术性同时是一种机制,通过这种机制,教学本身得到了进步,通过这种机制,教学可以不再是一种凭经验的操作,也不是我们每个人一边走一边编造。因此,教学学术有潜力为所有教师和学生服务。"④

除此之外,还要补充的是,倡导教学学术还有让人不能忽视的目的——教与学的学术研究在学科中有着重要的地位。正如胡博和莫雷尔所提醒的那样:"虽然好的教学在不同的领域有共同的元素,但不同学科的教与学也有显著的不同。"⑤ 因此,教学学术工作不仅具有促进教

---

① 陈时见、韦俊:《论大学教学学术的双重属性》,《西南大学学报》(社会科学版) 2020 年第 6 期。

② Charles E. Glassick, Mary Taylor Huber and Gene I. Maeroff, *Scholarship Assessed: Evaluation of the Professoriate*, San Francisco: Jossey-Bass, 1997, p. 87.

③ Ernest L. Boyer, Drew Moser and Todd C. Ream, et al., *Scholarship Reconsidered: Priorities of the Professoriate*, San Francisco: Jossey-Bass, 2015, p. 132.

④ Pat Hutching and Lee Shulman, "The Scholarship of Teaching: New Elaborations, New Developments", *Change: The Magazine of Higher Learning*, Vol. 31, No. 5, 1999, pp. 10-15.

⑤ Regan A. R. Gurung, Nancy L. Chick and Aeron Haynie, et al., *Exploring Signature Pedagogies: Approaches to Teaching Disciplinary Habits of Mind*, New York: Routledge, 2008, p. 56.

学和学习的潜力，而且还可以将这些进步集中在一个人的学科中；从事教学学术并不意味着放弃科研工作。① 理想情况下，教学学术工作可以提高学者对他（她）的学科的贡献，尽管是以非传统的方式。

在对良好教学认识的基础上，围绕教学构建学术。舒尔曼对教学学术的愿景是"教学学术将需要对教学的部分或全部完整行为——愿景、设计、制定、结果和分析——以一种容易受到教师的专业同行的批判性审查的方式进行公开描述，并适应同一共同体成员在未来工作中的生产性就业"②。不难看出，在这个愿景中，教授和学习的学者可以以我们对良好实践的知识为基础，以循证的方式，产生一系列学术工作。

（二）教学学术共同体的意义

教学学术共同体在提升教学质量、促进学术研究、推动教师发展以及推动教育创新和改革等方面都具有重要的意义。因此，高等学校应该积极构建和发展教学学术共同体，为教育的繁荣和发展贡献力量。

1. 对建设一流高校的意义

世界一流高校多是研究型大学，在科研方面极其突出。一流高校提倡教学、建立教学学术共同体的举措有利于保证世界一流高校的教学质量，一方面直接迎合优秀高中毕业生择校时注重大学教学过程的需要，另一方面间接维护其科研领先的良好声誉。

澳大利亚悉尼大学拥有很强的科研实力和优秀的科研成果。它比澳大利亚其他高校能吸引更多的科研经费，这也导致悉尼大学以往对教学不够重视。1999 年，悉尼大学开始意识到教学的重要性，并倡导实施旨在提高教学质量的教学学术改革。为了合并此前悉尼大学中有关教学问题的各种活动，统一管理有关教学发展问题，悉尼大学成立了"教学中心"。该中心的核心使命是促进教学质量的提升：在建设过程中明确

---

① Sarah M. Ginsberg and Jeffrey L. Bernstein, "Growing the Scholarship of Teaching and Learning Through Institutional Culture Change", *Journal of the Scholarship of Teaching and Learning*, Vol. 11, No. 1, 2011, pp. 1-12.

② Lee S. Shulman and Pat Hutchings, *The Course Portfolio: How Faculty can Examine Their Teaching to Advance Practice and Improve Student Learning*, Washington D. C.: American Association for Higher Education, 1998, pp. 5-12.

其服务、研究、交流、监督与评估的角色定位，积累了宝贵的经验；在明晰的工作目标指引下，扎实服务于教学，加强教学研究与师资队伍建设；通过开放式交流平台，构建人人有责的教学氛围。

2010年，在上海交通大学高教所公布的世界高校学术排名中，悉尼大学排在第92位，澳大利亚只有两所学校进入了世界名校百强。可见，悉尼大学教学中心的设立和良好运作，促进了教师专业发展，确保了悉尼大学在澳大利亚领先的教学质量，为悉尼大学创造一流学术业绩的努力以有力的保障。

2. 对教师专业发展的意义

首先，教学学术共同体有利于促使大学教师回归教学本位。大学具有教学、科研和社会服务这三项基本职能。其中，科研职能从19世纪初洪堡创建柏林大学开始确立，美国的"康奈尔计划"和"威斯康星理念"为大学增加了社会服务的职能。而教学是最古老，也是最重要的职能，在中世纪大学的时候就存在，是大学合法性存在的基础。由于教学和科研自身的特征，科研越来越受到重视，而教学则被忽视。教学学术共同体通过文化、制度等方面的建设，在校园内形成一股力量，增强了教学在整个大学的地位和影响力，从而使教师专业的发展不单纯地以专业技术发展为目的，而是回归大学本真目的。

其次，教学学术共同体有利于促进教师间的跨学科交流与合作。当今时代，很多发展问题需要借助跨学科的力量解决，与此同时，各个学科的划分却越来越细，学科的狭窄视野和小圈子不能整合跨学科的知识和力量，学科的细化不能更好地解决新出现的问题，阻碍了社会的发展和进步。学科群体之间、教师同行之间、师生之间、大学与学院之间以及大学与社会之间缺少正常的交流、对话和理解。教学学术共同体的建立，将不同学科和背景的教师与学者联合起来，使其利用学科优势和学科背景更好地认识教学问题，培养高质量的人才。这必将促进各学科间的知识渗透、交叉、融合，促使学科之间的相互理解和沟通，推动社会进步。

最后，教学学术共同体为大学教师提供心灵家园，这也照应了共同体的属性——共同体能够给予成员一种归属感、一种共鸣、一种真正的精神支持。教学学术共同体并不仅仅是将教师聚在一起研究和解决教学问题,而是教师精神、生命、生活之间的相互作用,通过这种相互作用,获得教学改进、经验提升、社会支持和个体发展。精神交往是教育的本质,教学学术共同体要求一定范围的知识共享、经验共享、资源共享,为教师的共享和合作提供有利条件,让教师在共同体中感受到温情和相互支持。

3. 对学生高效学习的意义

学生的学习和成长是教学学术共同体的目标和归宿。① 教学学术共同体因教学学术而存在,教学学术是为稳固教学地位、提升教学品质而生的,而对教学地位的重视,其实质是对学生学习需求的重视。② 教学学术共同体主张所有成员都应以促进学生学习为目标,对自己的教学活动展开学术研究。通过研究达到改进教学并最终提高教学质量的目的。

进入 21 世纪,英国的高等教育发生了许多变化。随着教育机会的扩大,在高等教育领域培养专业教师的呼声越来越强,大学也逐渐认识到学习和教学在这一领域的作用,尤其是提高学生对教学的参与度。格拉斯哥大学在 2006 年成立了学习和教学中心,该中心其中一项重要的使命是识别、评估和传播有助于提高学生学习体验的新发展和良好做法。③ 学习与教学中心在进行教与学研究和开发课程的时候,让学生主体也参与创新教研和参与开发具有挑战性的课程,这大幅提升了促进学生有效学习的能力。

教学学术过程中的最直接参与者其中一个主体是学生。传统体制下,学生是被管理者,是被"教"者,这种单一的学生角色容易造成教与学的对立,从而导致教学质量下降。在教学学术共同体中引入学生

---

① 赵菊珊:《以教学学术化支撑一流本科教育》,《中国高等教育》2021 年第 6 期。
② 陈时见、韦俊:《论大学教学学术的双重属性》,《西南大学学报》(社会科学版) 2020 年第 6 期。
③ Jane MacKenzie and Sarah Mann, "Changing Academic Practice at a UK Research-intensive University Through Supporting the Scholarship of Teaching and Learning (SoTL)", *Transformative Dialogues: Teaching & Learning Journal*, Vol. 3, No. 1, 2009, pp. 1–14.

这一主体,学生有权利对共同体的教学做出评价,教学过程就有了动态的监督;学生还可以根据自己的看法对共同体研发并开设的课程提出建议,教学质量的提高就又多了一层有力保障。

(三) 教学学术共同体的价值

教学学术共同体的价值在于促进教师之间的交流与合作、推动教育创新和改革、提升教师的学术素养和研究能力,以及培养学生的创新能力和综合素质。

1. 理论价值

教学学术共同体的理论构建是秉承博耶"探究学习"和舒尔曼"共同体学习"内涵要旨,汲取胡博和赫钦斯"教学学术之四环节"理论精华,突破四环节理论中教学学术线性发展模式,重新探索教学学术可行性实践框架。胡博批判当今学术等同于科研的普遍现象,她认为教学应当富有探究精神,并归属于学术这个范畴重新定义学术概念。之后,舒尔曼着重强调教学在学术领域里的开放性,认为教学研究所产生的知识和其他学术知识一样,都是学术共同体内共享交流的财富。为了使教学从私人财产转变到公共财产,他提出了三个策略:重新将教学与学科联系起来;教学要成为公共财产,需要变成一种人工制品,即一种产品,可以共享、讨论、批评、交换;认为教学是有价值的,并且有义务判断,即同行评议。三个策略描绘了舒尔曼"共同体学习"理念,促进了学术内涵的深化。在秉持前两者的理念前提下,胡博和赫钦斯定义了教学学术的四个特征,即提出教学问题,收集和探索证据,在课堂上尝试和提炼新的见解,以及以他人可以借鉴的方式将所学内容公之于众。[1] 教学学术的四个特征的第四点明确指出教师必须共同学习、共同探讨、公开审视。教学学术共同体的理论构建为教学学术共同体实施学术活动提供了理论依据,这是实现教学学术的关键之举。

2. 实践价值

在当代,现实情况是,教学是最孤立、最私密的行为,尤其是高校

---

[1] Mary Taylor Huber and Pat Hutchings, *The Advancement of Learning: Building the Teaching Commons*, San Francisco: Jossey-Bass, 2005, p. 42.

课堂。教师很少在公共场合讨论教学，也不习惯对自己的教学进行反思和写作，更不习惯互相听课评课。教学本应该是最具共同体学习精神的活动，但舒尔曼曾在其著作中说："随着时间的流逝，我开始意识到我对成为一个教学学术共同体的一员的期望是多么天真。"[①] 舒尔曼的期待有两方面，一方面学者独自在图书馆、实验室或某个地方安静地甚至是默默无闻地工作——在辉煌的孤独中追求学问的人；另一方面孤独的学者进入社会秩序，成为共同体的一员，在教室和其他地方，以老师的身份与他人互动。教学学术共同体为打破教师个体学习的局面提供了契机。

教学学术共同体成员不断探寻教学问题，对教学多渠道地深入探究，持续反思教学改变，并积极发展批判反思、互助合作的学习关系。教学学术共同体的构建将帮助教师在主流的科研指标量化、教学质量狠抓的大学管理模式下另辟蹊径，变压力为动力；在高校教师专业化发展的进程中摆脱职业倦怠，将教学作为学术活动的重要组成部分，为教师切实提高教学能力提供有效途径；并引领教学活动真正进入学术殿堂，使教师成为真正意义上的学者型教师。

二 教学学术共同体的外部支持

教学学术共同体的外部支持是指除了构成教学学术共同体的成员、领域、活动、空间及机制等五要素之外，用以保障教学学术共同体存在、发展的其他支持，一般包括制度保障、组织保障和物质保障等，这些对于任何共同体的发展和持续来说都是非常重要的，对目前发展时间还不长的教学学术共同体来说就显得愈发重要，如果没有制度、组织、物质的保障，要践行和推动教学学术共同体发展只能是一句空话。这些虽然不是教学学术共同体存在的必要条件，但是有了这几方面外部的加持，教学学术共同体能够发展得更加顺利，发挥更大更深远的影响。

---

① Lee S. Shulman, *Teaching as Community Property: Essays on Higher Education*, San Francisco: Jossey-Bass, 2004, p. 141.

(一) 制度保障

制度保障指为实现某一特定目的而在组织范围内执行的规章制度体系。随着越来越多的国家关注和开展教学学术，基于北美实践的教学学术理论和制度化做法显然无法适应其他国家和地区的需求。建立基于本国和区域语境的制度语言和制度举措将成为未来一段时间内教学学术制度化的主要内容。基于不同的制度背景建立适合本国或本地区的教学学术制度框架既需要借鉴欧美的成功经验，又需要借助理论研究和实践探索。

加拿大的研究型大学在制定教学学术制度上就具有本国特色。在加拿大，高等教育是各省的责任，而不是由国家管辖。例如，虽然加拿大有国家学科研究资助，但在高等教育层面获得类似的教学学术研究支持几乎是不可能的，推动教育质量是各省的重点任务。[①] 针对此现状，没有国家数据库能够为教学学术工作提供显著的样本量。国家高等教育的性质及其背景在全国范围内差异很大，这使得将加拿大高等教育视为一个同质部门或具有明显的民族特征来讨论过于简化。因此，加拿大的大学推进教学学术共同体的制度经验与其他情况有所不同。

加拿大麦克马斯特大学学习领导力中心对教学学术制度做了进一步的完善。这个中心（共同体）设立教与学学术制度的总体目标是培养一批具有教育学术的教师，来增强麦克马斯特的竞争力。具体目标是，通过支持教师在教学中进行探索，对教与学实践的学术性研究、实施、评价、推广和跨学科社团的项目支持，以达到提高学生学习质量的目的。在这项教学学术制度模型中，教师将会参与到共同体的活动中，进行为期一年的教学学术实践。[②] 初期参与教学学术共同体的活动，是由克里斯托弗·纳普尔和赛尔吉奥·皮钦尼领导的入门5天集中项目，这个入门级别的共同体活动具有实用性和互动性，为进入这里的成员提供了在小组中工作的多样研究机会。接下来，是为期两个月的训练和指

---

① Nicola Simmons and Gary Poole, "The History of SoTL in Canada: Answering Calls for Action", *New Directions for Teaching and Learning*, Vol. 2016, No. 146, 2016, pp. 13-22.

② 王玉衡：《美国大学教学学术运动》，北京师范大学出版社2012年版，第153页。

导，在活动期间会让老成员和新成员一起就进行教学学术研究的多种方式进行讨论，同时还会为新成员提供相关讲座和研讨会。共同体还为成员的研究提案提供支持，在完成最后的提案后，成员还会获得共同体或大或小的资助。在经历共同体学习之后，成员要提交给共同体一份关于教学学术项目的研究报告，而共同体会通过召开讨论会或者研讨会的形式帮助研究者将研究成果推广出去。

加拿大的麦克马斯特大学教学学术共同体——学习领导力中心，通过把制定教学学术制度目标和共同体的活动相连接，为共同体开展的活动提供了制度依据，也为制度的实施找到了新途径。

（二）组织保障

组织是一个管理学的术语，是指由若干个人或群体所组成的、有共同目标和一定边界的社会实体。组织保障是指为某一特定目的服务的组织机构、相关人员的组成及其运行所采取的保障体系。为教学学术共同体提供组织保障是推进教学学术深化发展的主要渠道之一。共同体，简单来说，是人们在共同体的条件、目标下所结成的组织团体。这样来看，共同体是一种组织类型，组织保障为共同体存在和接续发展提供了外部载体。

在近些年的教学学术文献中，人们比较频繁地讨论了将教学学术共同体更进一步融入大学文化的必要性。虽然已有研究已经提出了一些有用的战略来协助这项任务，但一个最具价值的建议是发展有组织的、得到机构认可的教学学术共同体。从 20 世纪 90 年代至今，依托外部组织的推进和高校自身的组织建设，教学学术对教师发展的影响日益凸显，尤其是围绕教学学术所开展的各种培训、研讨、项目、开发标准等方面实施了一系列的有组织行动。[①]

许多教学学术共同体成员认为，当组织使命与个体成员相一致时，教与学探究会更有效，或者建立学科优先级。同样，还有一些支持者讨

---

① 朱炎军：《教学学术视角下的高校教师发展：来自美国的经验》，《外国教育研究》2017 年第 3 期。

论了动员教学学术的改革推动者或倡导者的重要性,他们往往是学校的高级管理人员和领导者,赞同开展教学学术,可以推动将建立教学学术共同体作为学校的官方优先选项。此外,一些学者认为,将教学学术整合到组织文化中的核心步骤是在校园任期和晋升过程中正式承认此类工作。[①] 这种观点认为,通过将教学学术明确纳入这些组织中,大学鼓励教职员工将宝贵的时间和精力投入这些工作中,并进一步证明教学和学习探究是一种有效的学术努力。

除此之外,近些年取得进展的另一个战略是建立专门从事教与学探究的正式单位,通常称为教学学术研究所。许多国家的高等教育机构设立了这类中心或单位,研究这些现有的机构组织,可以为建立有效的教学学术共同体提供建议。与其他领域的研究中心一样,教学学术研究所(在本研究中使用的术语意义上)是公认的组织机构,通常存在于单一的学术部门之外,专注于与特定主题相关的知识创造——在这里是高等教育中的教学。

根据对教学学术不同的需求和各个组织开办的背景情况,可能包括的组织机构有以下几类,如由跨学科成员组成的独立研究单位,设在学院或部门内的机构,与校内外其他机构合作、积极开展教学学术工作的教育发展中心。加拿大的教学发展中心的成员就是很明显地由不同背景的跨学科学者组成的独立研究单位;哈佛大学文理学院自然科学系施行的同行帮扶其实就是设在学院或部门内的组织机构;澳大利亚堪培拉大学成立的教学与学习中心是独立于各个院系和管理部门的服务性机构,但是需要与校内外的其他机构合作才能发挥其职能;卡内基教学促进基金会是积极开展教学学术工作的教育发展中心,实际上就是宏观层面上的教学研究和政策研究中心,是以解决公立学校、学院和大学在教学中面临的最困难的问题为使命的组织机构。

根据不同的需要,建立获得制度性认可的组织定位,可以为加强教

---

① Philip T. Dunwoody, Kathryn Westcott and David Drews, et al., "Case Study of a Shoe String SoTL Center", *International Journal for the Scholarship of Teaching and Learning*, Vol. 6, No. 1, 2012, pp. 1-11.

与学探究的关键手段提供有用的框架。的确,正如上面的例子所表明的那样,对于什么是教学学术共同体,目前还没有广泛接受的定义性理解,并且可能属于这个标签下的组织种类是多种多样的。另外,因为许多现有的研究组织机构相对年轻,而且研究中心总体上是异质的,通常不是主动设计的,[1] 为了最大限度地发挥教学学术的潜在功效,它们的发展必须建立在强有力的组织基础之上。

(三) 物质保障

教学学术共同体要真正地为教学学术做贡献,就不能孤立地工作,必须为其工作的运行提供物质保障,比如推出教与学发展基金、设立教学卓越奖、为学习与教学年会如期召开提供保障、启动在线的教学学术资源等。

格拉斯哥大学的研究水平在英国排名前十,是由20所主要研究型大学组成的罗素集团的成员之一,由9个学院(学术部门的组织团体)组成,负责管理研究活动及本科生和研究生教学。它每年招收超过15000名本科生、4900名研究生和约5000名成人学习者。

该大学在参与教学学术、扩大教学学术影响方面也有良好的记录,为了应对高层次教育的变化,它成立了一些组织并且引入了一些举措。早在2000年的1月,格拉斯哥大学每年向"教与学发展基金"招标,旨在资助推行符合教与学主题创新的项目。资助期限通常为一年,但有些项目会更长或延长到一年之后。据统计,当时的小型项目可获得高达8000英镑的资金,而整个部门的大型项目可申请高达3万英镑的资金。[2] 每年收到的提案都超过了资助范围,但并不是所有的项目都得到了资助,每个提案都要经过大学学习和教学委员会至少四名成员的审查,并根据五分制进行排名。所有成功的投标都必须包括详细的评估计

---

[1] P. Craig Boardman and Elizabeth A. Corley, "University Research Centers and the Composition of Research Collaborations", *Research Policy*, Vol. 37, No. 5, 2008, pp. 900-913.

[2] Jane MacKenzie and Sarah Mann, "Changing Academic Practice at a UK Research-intensive University Through Supporting the Scholarship of Teaching and Learning (SoTL)", *Transformative Dialogues: Teaching & Learning Journal*, Vol. 3, No. 1, 2009, pp. 1-14.

划，因此，一些成功的投标被用于开发新的教学资源，另一些则是对学习和教学实践的学术调查。充足的项目资金为当时英国格拉斯哥大学教与学学术发展提供了保障。

教学奖是伴随着研究型大学教学和研究地位的博弈而逐步出现的。格拉斯哥大学还于 2005 年推出卓越教学奖，旨在向在该校教学中做出卓越贡献的同事或者教学团队提供公众认可。获奖的同事或者团队将获得 2000 英镑的奖金，在相关的学位典礼上正式颁发该奖项，并被邀请在校长宿舍参加庆祝晚宴。该奖项每年都会有一轮评选，通常一轮评选颁发四到五个奖项。从提名到详细的申请，再经过七个标准的考核，最后以考核的综合成绩取排名靠前的四到五位教师授奖，其流程严格，认可度较高。在详细申请阶段必须根据七个标准（增强学生的学习体验、持续创新、增强研究生属性、培养学生参与度、学生成就、教学学术和教育领导力）证明自己的优秀，其中之一就是教学学术。

除了资金支持外，学习与教学中心还为其创办的网站提供了一系列实践资源的链接，作为教学学术以及高等教育中的学习、教学和评估相关的活动、奖项和资源信息的"枢纽"。网站还包括了高等教育学院及其相关学科中心的链接，共同体的任何成员都可以使用。

三 教学学术共同体的运行机制

与研究性学术一样，教学学术的发展也需要学者之间交流自己的教学学术成果，教学学术共同体提供了平等共享的交流平台，使学者之间、学者与未来学者之间的交流能够超越课堂教学的局限性，进行形式多样的知识交流与传播，在项目牵引、校院联动、多主体交流等各种形式的互动中，实现了教师教学学术能力和学生学习能力的双重提高，达成了提高高校教学质量的教学学术初衷。

（一）建立项目牵引交流机制

项目与共同体之间相辅相成，有些教学学术共同体通过项目牵引组建而成，有些教学学术共同体通过项目促进教学学术可持续发展。通过发展教学学术项目，提升成员的教学发展已经成为教学学术共同体扩展教学学术的主要途径。这里的项目主要是指涉及教学学术的培训或研究项目，旨在塑造教学学术的知识结构和能力水平。

以宏观层面的教学学术共同体——卡内基教与学学术学会为例，[①]通过在高等教育中设立一些项目来支持教学学术的发展，卡内基教与学学术学会由卡内基校园项目、学者项目、学术性和专业学会项目以及2006年增加的领导项目四部分组成。卡内基教与学学术学会的校园项目是与公开表示支持教与学学术的院校进行合作，致力于探索使教学学术成为院校制度生活的一部分。卡内基教与学学术学会的学者项目的目标是建设以提高大学教师教学专业化，并使学生自主学习更加深入的多样化学者共同体。卡内基教与学学术学会的学术性和专业学会项目的目标是为支持教与学学术的学术性和专业团体相互合作提供网络信息方面的帮助。最新成立的卡内基教与学学术学会的领导项目致力于促进院校间的合作，除了培养成员的探究和领导能力以提高学生学习质量，还鼓励本科生和硕士研究生参与课堂研究，并且助教和兼职教师也要参加教学学术的工作项目。

有些教学学术共同体最开始是由一个项目的启动而推动成立的。这种教学学术共同体一般多是微观层面上的学科教学学术共同体，推动其成立的项目多是高等院校内部由某一学科或专业发起的项目。佛罗里达州安柏瑞德大学教育系的助理教授艾米丽·福尔可娜在获得终身教职后，从系主任到教务长，各级行政部门都全力支持她开展教学学术研究。

福尔可娜以项目为牵引，为教学学术研究感兴趣的人组建教学学术共同体提供了一些建议。[②]通过项目构建教学学术共同体，首先确定需要哪方面领域的成员，同时寻找到有相同兴趣、为了同一个目标可以共同努力的成员。达成共识的一种方法是从一个共同感兴趣的地方开始，一个所有参与者都感到舒适和熟悉的地方，然后在这个项目带来的优势

[①] 王玉衡：《美国大学教学学术运动》，北京师范大学出版社2012年版，第129页。

[②] Emily Faulconer, "Getting Started in SoTL Research: Working as a Team", *Journal of College Science Teaching*, Vol. 50, No. 6, 2021, pp. 3-5.

的基础上进行建设。在为项目组建教学学术共同体时，共同体不能只有同一学科的成员，还要考虑共同体的跨学科性质。以福尔可娜组建的一个学科方面的教学学术共同体为例，她以启动实验化学的项目研究为起点，在其主要由化学、数学、统计和计算机科学人员组成的共同体中加入了工程和人文学科的成员，因为在一个教学学术共同体中，独特的观点是无价的。

其次，要集中注意力，寻找兴趣点。与共同体一起，考虑学生表现、课程设计、教学策略和学生经历的各个方面，这些都可能成为共同体广泛感兴趣的项目的基础。如果仍然不确定从哪里或如何开始，可以考虑已经可以访问或易于收集的数据，还可以阅读教学学术文献和基于学科的教育研究出版物来激发灵感。

再次，及时调整共同体步伐。当一个新的共同体刚刚组建时，很容易把所有的精力集中在一个单一的项目上，但这并不是一个完善的研究策略。在确定研究团队早期的工作重点时，可以用头脑风暴的方法来限制项目的规模和范围，这样可以在不同的阶段同时管理几个小的研究项目。这将确保所有共同体成员都能高效工作，并且减少延迟时间。与此同时，团队成员不能承担太多的项目，这会减少共同体研究的时间，从而阻碍研究的进展。

最后，坚持项目既定的计划。当管理多个研究项目时，跟上所有的活动可能是具有挑战性的。福尔可娜使用的方法是用甘特图把团队的研究项目分成几个阶段。在初级阶段，需要简要地回顾文献，确定共同体中特定项目的角色，集思广益，并确定一个潜在的传播场所。传播可以确保工作与场地的目标和范围保持一致。初步阶段还包括在甘特图中为项目建立时间表，并确定预算需求。在计划阶段，重点是文献综述，包括概述论文；进行新颖性检查；起草一份重要声明；形成理论或概念框架；评估文献综述的内容、重点、结构和叙述。接下来，确定设计措施和方法，探索数据验证措施，确保安全和伦理批准，准备数据管理计划，并进行启动项目所需的采购。性能阶段包括数据的收集和分析。数据是根据方法和经批准的院校审查委员会建议收集的。根据数据管理计划对数据进行验证和存储。通过图形和图表分析及可视化数据，讲述数据故事。在这个阶段，必须承认和讨论数据的局限性。最后一个阶段是传播，这将包括不同的任务，无论地点是会议室还是研究期刊。在既定计划中考虑提交后的情况，共同体希望监督提交后的成果，并对任何信件作出回应，其中可能包括修订。一旦成果被接受，共同体希望实施研究可见性计划并庆祝成功。

福尔可娜通过申请项目、完成项目的方式组建实验化学教学学术共同体，这体现了任何研究的开始都有一个学习曲线，一路上会有挫折和失败，不要因此而气馁。将其经验总结为一条建议就是，教学学术共同体的合作会促使教师或学者在教学学术研究中取得成功。教学学术共同体——无论是在共同体内部还是外部——对科学学习者的支持都是投入的、充满活力的和充满激情的。

（二）建立三级结构运行机制

在世界一流高等院校中，除了由项目牵引保证的教学学术共同体运行机制之外，校园里常见的还有不同级别的教学学术共同体结构运行机制，一般情况下有三个级别，由上到下依次是校级的教学学术组织、院系层面组织的教学学术共同体以及由几个教师或学者针对具体的一门课程建立的教学学术共同体。

校级的教学学术组织一般是高校成立的教与学研究中心或者教学发展中心，运行的方式是将教师和其他对教育体验负有共同责任的人聚集在一起，确定有关学生学习的问题，设计研究方案来探索这些问题，在一年或更长时间的定期会议或者活动上分享他们的发现，并在发现的基础上推动实施教学学术的行动。这种学校级别的结构运行机制在上文也介绍了很多，如密歇根大学的学习与教学研究中心、剑桥大学的教学与学习中心、堪培拉大学的教学发展中心等。

院系层面组织的教学学术共同体，比较典型的一个例子当属密歇根大学的数学系存在类似教学学术研究的共同体——数学教学研讨会。[1]

---

[1] Mary Taylor Huber and Pat Hutchings, *The Advancement of Learning: Building the Teaching Commons*, San Francisco: Jossey-Bass, 2005, p.106.

密歇根大学数学系成立的"数学教学研讨会"由数学系前系主任、美国数学学会前主席和数学教育学教授领导，由数学系和教育界的教师和研究生共同参与。这个数学教学研讨会首先会反思："我们希望我们的学生在一年的数学课程结束后学习到了什么，并在数学上成为什么样的人？"成员们针对这个问题都提出了崇高图景。下一个反思问题是："我们如何才能知道数学在这些学生眼里到底是什么样的？"在这里，教育工作者加入了这个共同体中并提供了帮助；集体设计了一个结构化的访谈，以探索学生对概念和衍生工具的理解。访谈从这样的问题开始，"请问，'导数是什么？'你会怎么回答？"后来，这个问题会以更正式的方式发问，"在 x=a 时，f（x）的导数的定义是什么？"几个小时的采访被录下来后，研讨会会对其进行研究。院系层面组织的教学学术共同体与校级教学学术共同体的区别是，其主要针对一个学科或者院系。其运行方式是将教师和教学人员组织在一起，明确教学过程中学生所面临的主要问题，设计方案研究解决问题的方式，然后召开定期或者不定期会议分享观察结果，最后实施教学学术行动。

第三个级别是教师或学者针对某一门具体课程建立的教学学术共同体。下文列举的教学和学习学术例子，是由加利福尼亚州立大学蒙特利湾分校的历史系教师杰拉尔德·申克和人文环境学科教师大卫·塔卡克斯提出的。[①] 这两位教师致力于培养具有社会责任和社区建设能力的人，所以他们开始更多地深入了解合作课程"加州社会和环境史"如何促使学生有意义地参与社区问题。这门课程的考核方式是一个作业，称为"历史情境中的政治学"。这个课程的作业对学生来说是一项艰巨的任务，这项任务考查了"学生在完成课程作业后，是否对政治有了更深刻的理解？他们是否对政策问题有更牢固的把握？他们是否表达了在社区中发挥作用的能力？他们是否表现出继续工作的决心？他们对价值观和政治之间的联系有深刻的理解吗？"因为这门课程符合加州州立大

---

① Mary Taylor Huber and Pat Hutchings, *The Advancement of Learning*: Building the Teaching Commons, San Francisco: Jossey-Bass, 2005, p.68.

学系统对加州历史的要求，塔卡克斯和申克也想知道学生们对历史有什么了解，所以他们把教学和学习的学术看作是一种邀请，然后更仔细地观察学生的工作，以确定是否以及为什么会这样。申克和塔卡克斯两个人组成了关于这门课程的小规模教学学术共同体，并关注学生做了什么，而不是关注学生没有做什么——确切地说，他们是如何在他们的政治项目中使用历史的。这将有助于教师设计策略，以帮助学生在掌握当代社会问题的历史基础方面变得更加成熟。塔卡克斯和申克首先阅读了学生们的考核作业，发现一些学生确定的研究是定义他们项目的历史主题，一些人分析了与该项目有关的历史文件或文物。两位老师根据学生们的行为进行归纳，他们将分类法作为一种工具，最终列出了十种使用历史的方法在学生从历史理解转向政治行动的过程中，更仔细地识别和分析学生学习的要素。这门课程最重要的成果可以说是分类法本身，因为它是其他教师可以在教学和学习研究中借鉴和使用的东西。此外，该课程的教学研究还为学生如何将自己的价值观与历史理解联系起来提供了新的见解。塔卡克斯认为，只有当学生们把个人生活与他们项目中更重要的历史和政治主题深刻地联系起来时，作品的质量才会提高，当他们围绕自己关心的问题主动思考学习时，他们更有可能投入有助于该问题定位的学术工作中，历史和政治主题不仅仅是一篇枯燥的学期结课论文，更是值得学生深刻理解的知识。作为教学和学习合作的最后一部分，申克和塔卡克斯还与其他同事分享了该课程的研究结果，并通过美国历史协会的出版物《透视》与其他历史学家分享了研究成果。[①] 此外，他们还利用所学到的知识推动下一阶段的教与学的学术探究，并与其他学院和大学的教师建立联系，这些教师也在系统性地努力加强学生的政治理解和参与。一个更高级别、更大范围的教学学术共同体也许正在形成。

教学学术共同体在世界一流高校内的存在形式一般来说有三级结构

[①] Gerald Shenk and David Takacs, "Using History to Inform Political Participation in a California History Course", *Radical History Review*, Vol. 84, No. 1, 2002, pp. 138-148.

运行机制：校级的教与学研究中心/教学发展中心；院系层面的教学学术共同体；由几个教师或学者针对具体的一门课程建立的教学学术共同体。三级结构运行机制可以保障将希望提高教学质量的教师、学者和其他人聚在一起，丰富和发展教学学术思想和研究成果，并分享教学学术成果，促进教学学术可持续发展。

(三) 建立多途径交流运行机制

在教学学术共同体的内部存在多种途径的交流机制维持着共同体的运行，多途径研究是教学学术共同体探寻与再探寻的有力保障，促进了教学学术的高效沟通。教学学术共同体的构建除了项目牵引机制和高效三级结构运行机制外，也着重探讨成员如何在共同体学习的良性环境里进行探究学习。

在教学学术共同体里，这些交流途径总体可以归纳为三类：文献阅读、口头探讨、写作交流。文献阅读是学术的基本功，在教学学术共同体中尤为重要。在教学学术共同体里，难能可贵的是教师可以推荐、分享好的文献并共同探讨，可以把对教学的认识推向更深层次——教学学术实践，通过阅读教学学术相关文献寻找教学问题，与有相同兴趣或目标的人合作去解决教学存在的问题，促进教学质量的提升。例如，在上文介绍的佛罗里达州安柏瑞德大学教育系助理教授艾米丽·福尔可娜通过项目组建教学学术共同体的案例。在担任项目负责人之前，她是负责教授化学的教师，为了促进教学质量，重新设计了化学课程——允许学生有两次尝试化学测验的机会，并自动生成错误答案的纠正反馈，将反馈转化为前馈——这是她对教学最初的反思实验，最初这么做看起来是个好主意。当再次反思这种做法，并在文献中寻找依据时，令人惊讶的是，她没有发现将多次尝试和自动反馈结合起来的可靠研究。这引发了她对这种做法的初步调查，随后，她组建了研究这个教学问题的教学学术共同体，在两年后发表了研究成果。她建议，如果对教学学术研究不确定从哪里或如何开始，可以考虑访问易于收集的文献资料，还可以阅读教学学术文献和基于学科的教育研究出版物来激发灵感。通过阅读文献寻找教学问题，寻找兴趣点，并与志同道合的共同体成员交流、探索、研究。除此之外，高校教师是一个特殊的教师群体，一直肩负着科研工作，从文献阅读中汲取知识养分和智慧火花同时是他们工作的本能。

宾夕法尼亚大学的考克然·史密斯认为，口头探讨是一种学习状态，通过交流教学的细节，深厚的话语内容将帮助共同体成员探讨教学现象背后的问题。① 密歇根大学数学系成立的"数学教学研讨会"正好体现了口头探讨这一途径的交流方式。数学学术研讨会是将教师和其他对教育体验负有共同责任的人聚集在一起，确定有关学生学习的问题，设计研究方案来探索这些问题，在定期的会议或者活动上分享各自的发现。正如美国雪城大学玛格丽特·亨姆利所勾画的，教师口头探讨的过程就是打开一片智能天地，教师们在话语交互的强大力量下，会对教学有更深刻的理解。② 目前借助互联网技术，口头探讨可以向更广更宽更深的交流上发展。尤其是经历三年疫情，依托互联网的网络面对面和在线教学学习的口头探讨方式为教学学术共同体有效沟通提供了坚实的通道。

写作交流是教学学术共同体最鲜明的特色。通过学术交流会、研讨会、期刊、报纸、出书或者发博客、微博、微信等平台交流他们的写作内容，形成一个共同体学习环境。格拉斯哥大学所有成功申请教学学术项目的申请者，都必须在项目结束时提交一份书面报告，该报告要通过大学的学习和教学会议、学习和教学中心的研讨会和讲习班系列的交流探讨，同时通过网络传播其研究成果。③ 还有就是佛罗里达州安柏瑞德大学教育系的助理教授福尔可娜，因为她组建的团队在团队之外也进行其他合作，所以截至2021年福尔可娜有六项教学学术的研究在审查中，

---

① Marilyn Cochran Smith and Susan L. Lytle, "Relationships of Knowledge and Practice: Teacher Learning in Communities", *Review of Research in Education*, Vol. 24, No. 1, 1999, pp. 249–305.

② Margaret Himley, *Shared Territory: Understanding Children's Writing as Works*, Oxford: Oxford University Press, 1991, p. 103.

③ Jane MacKenzie and Sarah Mann, "Changing Academic Practice at a UK Research-intensive University Through Supporting the Scholarship of Teaching and Learning (SoTL)", *Transformative Dialogues: Teaching & Learning Journal*, Vol. 3, No. 1, 2009, pp. 1–14.

七个正在做的教学学术研究项目,除此之外,还有两个项目计划将要启动。她带领的教学学术团队每年都会发表两到四篇研究论文。福尔可娜认为,"写作并交流一个研究项目时往往会引发许多新的研究思路。很快,你就会有很多思路"①。

文献阅读、口头探讨、写作交流这三种途径的交流运行机制在教学学术共同体中最常见。文献阅读常常发生在教学学术共同体实践教学学术之前或过程中,作为搜集资料、厘清问题的重要方法。口头交流探讨的作用是成员间交流、分享问题与想法,因此它贯穿教学学术共同体的全过程,要想有好的研究成果,就要保证成员间的沟通顺畅,口头探讨是一种高效的交流方式。写作交流一般发生在教学学术共同体产出研究成果之后,与其他共同体交流成果,促进教学学术研究更加深入。

四 教学学术共同体形成的路径

构建教学学术共同体需要突出"教学学术"这一核心词,还要兼顾教学学术实施的主体、参与的客体以及参与的模式,这三大核心要素都是教学学术共同体形成路径的助力。教师专业发展的路径伴随着教师教学学术的成长路径,两条路径相辅相成;教学学术既包括教的学术,又包括学的学术,唯有结合在一起,教师才成其为教师,学生才成其为学生,才能够教学相长、师生共长;教学学术论坛为对教学感兴趣的学者们提供了一个交流和合作的平台,推动了学术研究的进步和发展,进一步促进了教学学术共同体的形成。

(一) 教师专业发展的路径

建设世界一流大学的教学学术共同体,其教学学术实施的主体是高校内各个专业的教师,这样,教师的专业发展之路就与教师教学学术之路有了交集。教师的专业发展之路,除了对所教授的学科或专业的知识进行深入研究外,还要把领域内的知识成果成功地传递下去,这也就是

---

① Emily Faulconer, "Getting Started in SoTL Research: Working as a Team", *Journal of College Science Teaching*, Vol. 50, No. 6, 2021, pp. 3–5.

所说的教学。目前,世界一流大学中重科研、轻教学已经成为一个比较普遍的国际现象,许多学者表明他们正处在"不发表即解聘"的境况。

把教师的专业发展之路当成一个整体,一个教师成功的专业发展道路上,既要有他对本专业领域研究的贡献,也要有他把知识传递下去——教学的贡献,两者缺一不可,组成了教师的专业发展道路。当今的高等教育现状就是前者的路宽,而后者的路变窄,大学的职能不平衡,向科研发生倾斜,这势必会造成教育上不可逆转的后果。博耶扩大了学术的范围,把教学纳入学术之中,把教授学生学习的过程看作一个研究的对象,为解决重科研、轻教学提供了一个新思路,促进了教师专业发展两方面的平衡。

类似"不发表即解聘"的现象也在加拿大的高等教育中出现。在2005年之前,加拿大教师对教学学术的认识和参与有限,2002年的一项调查显示,有46%的人认为从事教学学术对个人的发展有负面影响,48%的人表示影响是中立的。但经过十年的努力后,加拿大高等教育教学协会在2014年开展了一次全面的调查,结果显示教师在教学学术的投入上取得了显著性的成果。研究显示,有超过3/4的教师在各种会议上讨论过教学学术,一半以上在学科会议上提交过教学学术项目,57%出版了教学学术(包括著作和论文),70%回答正在从事教学学术,77%指出所在部门教师支持教学学术,93%认为教学学术有助于提高教学热情,52%支持所在学校的晋升和发展政策中鼓励教学学术。在2018年,高等教育协会再次组织了一次全国范围内的调查,对教师的教学学术行为有了进一步的认识,研究显示,有93%的人正在从事或从事过教学学术,60%从事过跨学科的教学学术项目,88%对课堂教学的问题进行了探究。①

从2002—2014年对加拿大教学学术现状调查显示的巨大变化来看,教师的专业发展道路需要教学学术,教学学术也需要与教师专业发展整

---

① 朱炎军:《多层级协同:加拿大高等教育系统的教学学术运动》,《清华大学教育研究》2022年第4期。

合才能获得突破。因为教学的实践主体是教师和学生，教学学术能够获得支持和使用，关键在于教师的教学认知和行为。因此，教学学术需要与教师的发展紧密结合，让教师感受到开展教学学术是一种内在需要和专业发展需求。与此同时，教学学术的发展也需要教师与教师的紧密结合，即教学学术共同体。这就需要做到教学学术共同体与教师专业发展制度的整合，主要表现在两个方面：其一是在学科领域方面，在教师的职业发展上为共同体成员提供新的学术路径和身份表征，包括在职称晋升、奖励和研究中增加教学学术的内容，让教学学术扩展共同体成员的职业成长空间；其二是在教育领域方面，教学学术共同体为成员的专业发展提供支撑，通过扩展学术性教学知识与能力促进教学成长。

(二) 学生参与治理的路径

在世界一流高校中，学生在学校发展规划中的参与以及在院系层面的参与总体表现较好，学校更加重视倾听学生的意见。在教学学术共同体中，学生是不可缺少的成员，学生有权利讨论教学学术之中关于学习的一部分。在最好的情况下，教学学术应该为学生这部分成员提供一个谈论其学习经历的场所，但这是不够的。学生们需要参与到教学学术共同体，并与共同体中的其他成员一起思考和谈论教学与学习，并与学院内外的其他人进行交流。当学生参加更广泛的教学学术共同体时，他们也会获得关于学习的新见解。让学生参与严肃的教学学术共同体，并在共同体中讨论教学学术，促进教与学学术更好地发展。

针对教学问题，德国高校的学生联合会可给出一些参考路径。首先，教学学术共同体的学生与教师可以一起调查有关学习和教学的问题，学生对教学的参与有利于教学的改进。这种合作的形式一般是围绕教学奖学金项目组织的本科生研究经历；或者一些教学学术共同体的教师让他们的学生作为共同调查者。例如，学生的参与也是哈佛评估研讨会的一个标志，本科生组织焦点小组，进行调查，并为数据分析作出贡献。这段经历会为学生带来新的视角来审视自己的学习，并在此过程中磨炼委员会提意见，直接批评大学教师只讲授浅显易懂的书本知识，提出应讲授教师在研究过程中有心得的东西。① 学生参与教学学术不但激发了学生学习的主动性和热情，而且也可以有针对性地提高教师的教学责任感和教学质量。

其次，教学学术共同体可以研发开设一门或几门课程，让学生有机会研究自己的学习以及如何提高自己的学习水平。这类机会虽然并不常见，但学生往往兴趣很高。西华盛顿大学研究发现，学生们渴望参加其在卡内基教与学学术学会项目中创建的研讨会；该课程旨在让学生更有自我意识，更积极地参与自己的学习，并更多地反思如何在学校创造一种学习文化。如果这样的课程的目标和主题在更广泛的课程中得到强化和注入，从第一年的经验，到中期的里程碑，再到高年级的顶点或最终项目，这样的课程可能会更加强大。

最后，学生可以通过担任某一学科的精通者、导师和其他学生的老师来学会学习。这样的安排越来越明显——例如，在密歇根大学的荣誉化学课程中，已经上过这门课的学生，加入了教学学术共同体，通过研究与学习，最后作为小导师回来指导那些正在上这门课的学生。②

学生参与教学学术共同体推动了教学学术更加关注学生体验，并从学生视角为解决教学问题提供了不同方式。学生充满活力和积极地参与提升学习和教学质量的活动。

(三) 教学学术论坛的路径

教学学术共同体存在与发展的关键还是要有一个平台让教学学术得以交流，这个平台的规模和成员的积极性是相关的：平台越大越正式，成员积极性越大、荣誉感越强。③ 因此，除了教学学术与教师专业发展结合、学生参与教学学术外，举办教学学术论坛或行业论坛可能作用更大。

---

① 宋丽慧：《德国大学生参与高校管理给予的启示——从学生参与学校管理谈我国高校教学质量的提高》，《中国大学教学》2007 年第 4 期。
② Mary Taylor Huber and Pat Hutchings, *The Advancement of Learning*: *Building the Teaching Commons*, San Francisco: Jossey-Bass, 2005, p. 147.
③ 蔡基刚：《基于项目研究的学术论坛教学法在研究生英语教学中的作用》，《学位与研究生教育》2017 年第 2 期。

教学学术论坛是一种学术交流活动，旨在促进教育教学领域的研究和实践。在这个论坛上，教育工作者可以分享他们的研究成果和教育实践经验，探讨教育教学的理论和实践问题，并与其他教育工作者建立联系。教学学术论坛通常包括主题演讲、论文发表、小组讨论和案例研究等环节。参与者可以分享他们的研究成果和教育实践经验，讨论如何提高教学质量和学生学习效果。这些论坛还可以提供培训和资源，以帮助教育工作者将最新的研究成果和教育实践应用于他们的教学实践中。教学学术论坛可以是地区性的、全国性的或国际性的，可以在大学校园或其他教育机构中举行。这些论坛通常由教育机构、学术团体或专业协会组织。通过参加这些论坛，教育工作者可以获取最新的教育信息，了解最新的教育趋势和研究，并与其他同行建立联系，从而促进教学学术的发展和改进。

教学学术论坛的形成途径主要包括在线论坛、学术会议、研究项目、教育机构及专业协会和学术团体等五种方式。在线论坛，即通过互联网平台，许多教育机构、学术团体或专业协会组织在线论坛，以促进教育工作者之间的交流和合作。这些在线论坛可以采用多种形式，如博客、社交媒体、在线会议等。例如，美国督导与课程开发协会是一个非营利组织，致力于教育领导、教师专业发展和教育资源共享。它们的网站上有很多文章、博客、视频和在线研讨会等资源。

学术会议往往也是教学学术论坛的重要形成途径。在这些会议上，教育工作者可以分享他们的研究成果和教育实践经验，与其他学者进行交流和合作。例如，美国计算机协会，它是一个国际性的计算机科学组织，它们每年举办大型会议，并提供许多学术论文和相关资源。

通过一些研究项目来组织教学学术论坛，以促进项目成员之间的交流和合作，并吸引更多的教育工作者参与。例如，《商业与技术传播杂志》是专门研究商业和技术沟通的学术期刊项目，它们提供许多相关的学术文章和研究报告。

教育机构也会组织教学学术论坛，以促进教师之间的交流和合作，并与其他教育机构教师进行合作和交流。例如，美国文理学院联盟成立于 1915 年，是美国最具影响力的文理学院协会之一，是面向本科教育的全国性学术组织，旨在致力于提高本科教育质量和推动教育创新，推动高等教育改革，提高教育质量，促进全球化时代的学生获得成功。美国文理学院联盟目前有 1300 多个会员，包括公立和私立学校，从大型研究型大学到小型文理学院均有覆盖。它们每年举办名为"方向"的教学学术论坛，讨论本科教育中的最新趋势和挑战。

许多专业协会和学术团体都提供学术论坛和资源，以支持其成员的学术研究和教育实践，促进其成员之间的交流和合作，并与其他学术团体进行合作和交流。这些途径都可以促进教育工作者之间的交流和合作，从而形成教学学术论坛。例如，《大学写作与交流会议》是一个面向写作和交际的国际性学术团体，它们每年都会举办大型会议，平时不举办会议时也有相关期刊刊登有关写作与交际、教授写作与交际相关的文章或资料。

然而，教学学术论坛在开办的实践中也需要注意一些事项。首先，教学学术论坛需要保证论坛成员的学术水平和研究质量，以避免学术不端和低质量的研究成果影响学术论坛的声誉。其次，教学学术论坛需要提供一个平等和开放的交流环境，鼓励所有成员参与交流和讨论，避免出现歧视和不公平现象。

综上，教学学术论坛的目的和意义非常重要，它为学者们提供了一个交流和合作的平台，推动了学术研究的进步和发展。因此，我们需要认真对待教学学术论坛，确保其能够真正发挥应有的作用。

第四章 教学学术能力的发展

教学学术能力的发展是一个持续且深入的过程，它涉及教师个人、学校以及更广泛的教育环境等多个层面；教学学术能力的发展又是一个系统工程，需要学校、教育部门和社会各界的共同努力和支持。通过不断学习和实践，教师可以推动教学学术能力的持续提升，为培养更多优秀人才和自身专业发展作出贡献。发展教师教学学术能力不仅能促进教师发展，也能提升高校在世界上的核心竞争力。世界一流大学在研究教师教学学术能力发展方面起步较早，有着较完善且成熟的理论和实践成果，为世界上其他大学发展教师教学学术能力提供了借鉴经验。

第一节 教学学术能力的内涵

理解教学学术能力的内涵是发展教师教学学术能力的前提。厘清教学学术能力的内涵有助于深化对教学学术能力的认识，了解教学学术能力的本质，进而明确发展教学学术能力的方向。基于此，本节重点探讨了教学学术能力的内涵。

一　教学学术能力的界定

目前研究者们尚未就教学学术能力的内涵有明确统一的观点，但对发展教师教学学术能力的重要性已经形成了一些共通的认识。发展高校教师教学学术能力有助于提高教学效率，促进学生学习，进而提高高校人才培养的质量。

(一) 何谓教学学术能力

国内外学者主要从三个角度对教学学术能力的概念进行界定。首先,从教学的角度,有研究者认为,教学学术能力主要是指大学教师在科教融合理念的指导下,把大学的教学过程作为研究的对象,通过课程开发和教学设计,实现课程知识有效传播的能力。博耶认为,教学学术能力是指教师能够深入理解教学内容,架起教师和学生学习之间的桥梁,认真规划并检测教学程序,激发学生主动学习,对知识进行改造和扩展,而不局限于知识传播。[①] 博耶对教师的教学学术能力作了描述性概括,强调教学过程和师生间的相互交流与促进。其次,从学术的角度,有学者将教学学术能力看作是一种学术能力,指的是在教学中,教师在具备学科专业知识、教学技能、教育学知识的前提下,以学生为中心,对教师的教和学生的学进行学术研究的学术能力。阿曼达·奥乔亚提出教学学术能力既是大学教师在教育以外的领域发表教学著作的能力,又是提出有关教与学的问题并运用与学科相适应的方法加以研究的能力。[②] 最后,从融合的角度,有教育工作者认为,教学学术能力是指教师在学科专业知识和教学理论知识的指导下,聚焦教学活动、关注学生成长、发现教学问题、进行教学反思,运用学术研究方式对教学实践活动进行研究并将研究成果指导教学实践,应用于交流、反思、同行评价过程的能力,是实现教学发展和促进学生有效学习的一种寓教于研、教研相长的创造性能力。从融合的视角分析教学学术能力,是对教学学术能力更为全面且恰当地界定。进而言之,教学能力和学术能力两者相互促进。教学工作在大多数时候是科研工作的促动因素,而科研工作又能帮助教师有效地把知识传播给学生,因此,只有那些亲身从事科研工作的教师才能够真正地传授知识。[③]

---

① Michael Theall and John A. Centra, "Assessing the Scholarship of Teaching: Valid Decisions from Valid Evidence", *New Directions for Teaching & Learning*, Vol. 2001, No. 86, 2002, pp. 31-43.
② Amanda Ochoa, "The Scholarship of Teaching: Yesterday, Today, & Tomorrow", *The Journal of the Professoriate*, Vol. 6, No. 1, 2011, pp. 100-116.
③ [德] 卡尔·雅斯贝尔斯:《大学之理念》,邱立波译,上海人民出版社2006年版,第74页。

在前人研究的基础上，本书将教学学术能力的概念界定为：在教学学术理念的指导下，高校教师基于教育教学理论知识，以课堂为研究阵地，利用学术研究的方式对教学过程进行创新性研究，关注学生学习，并将在实践反思基础上产生的教学研究成果一方面用于指导课堂实践，另一方面用于与学术共同体进行交流、共享、反思、同行评价，进而促进教师发展与学生主动学习的能力。教学学术能力并不是教学能力和学术能力的简单组合，而是在以学生为中心的基础上实现教学能力和学术能力的创新性融合，实现教学知识的有效传播。

(二) 教学学术能力与"教学能力"和"学术能力"

教学学术能力并不等同于教学能力和传统的学术能力。教学能力是大学教师在课堂教学过程中，为了完成教学任务、实现教学目标所需要的能力，包括教学设计能力、知识组织能力、知识传授能力、教学反思能力、教学监控和改进能力等。教学能力水平的高低直接影响教学效果的好坏，最终影响到学生对知识的掌握程度以及理解能力。整体来看，教师的教学能力是高校教学活动的关键和核心，是大学教师在有效传播课程知识中表现出来的一种特殊能力。教学能力直接关系着教师教学效果和教学质量，体现了教师的教学智慧和职业素养，是教师必备的基本能力。学术能力指的是从事学术研究具备的相关能力和素质。具体而言，学术能力是学者在自己的专业领域中开展学术研究、产出原创性研究成果的能力，是教师的学术感悟力、学术思维力与学术创造力等的总和。[①] 大学教师的学术能力是高校产生高深学问与创新性研究成果的保障。总的来说，教学能力往往强调教师能力的技能层面而容易忽视教育思想和研究反思层面，往往偏重已有知识的传播而缺乏变革性、创造性要素的纳入。学术能力强调发现和创造新知识，而教学学术能力着重强调教师既要掌握基本的教学课堂技能，也要按照学术的规范去研究教学，把在课堂实践中产生的新知识，有效地传播、分享出去。

---

① 栗洪武：《高校教师学术能力提升的活力要素与激励机制运行模式》，《陕西师范大学学报》（哲学社会科学版）2012 年第 6 期。

(三) 教学学术能力的主要特征

教学学术的发展需要教师在持续的教学实践过程中,促进教师知识、能力和身份的耦合,进而促进教师发展,实现教学质量的提高。基于此,在教学学术发展过程中形成的教学学术能力具有实践性、耦合性和发展性的特征。

首先,教学学术能力具有实践性。教学学术研究不同于其他学术研究,教学学术研究的目的不是产生高深的理论知识,而是为了解决教师个人课堂中出现的实际问题。彼得·费尔腾在其广为流传的文章《SOTL 的最佳实践原则》中提到,在美国,教学学术往往以课堂为导向,而不是受理论或假说驱动。① 教师从"教学问题"开始,这是一个基于学科的问题。缘此,教师教学学术能力具有明显的实践性,其实践性具体表现在以下几个方面。对教学学术的研究场所和研究对象而言,教师以自己的课堂为研究场所,以课堂实践中的学生实际问题为研究对象。教师需要在独特、复杂多变的课堂实践中,依据学生的特点和教学问题进行个性化的教学设计。就研究目的而言,教学学术的目的侧重指导和改进实践。教师需要对学生的实际问题进行深入研究,解决教学问题,以改善学生的学习体验,提高学习效率。概言之,大学教师教学学术能力蕴含着丰富的实践性思想,其生成和发展都无法脱离真实的教学实践活动,教学问题的解决依靠并指向"行动中的知识"。②

其次,教学学术能力具有耦合性。教学学术能力的耦合性主要体现为知识的耦合、能力的耦合和身份的耦合。在知识方面,知识是教师开展教学学术活动、进行教学学术研究的基础。舒尔曼提出的学科内容知识是教学学术的知识基础。特里格威尔在舒尔曼的基础上,将教学学术所需要的知识分为学科知识、教和学的知识、教和学的观念知识以及背

---

① Peter Felten, "Principles of Good Practice in SoTL", *Teaching & Learning Inquiry*, Vol. 1, No. 1, 2013, pp. 121-125.
② 刘喆:《什么是大学教师"教学学术能力":内涵与发展路径》,《华东师范大学学报》(教育科学版) 2022 年第 10 期。

景知识。① 因此，教学学术能力融合了多种知识，需要教师根据特定的教学情境，灵活使用这些知识，实现不同知识的耦合。在能力方面，教学学术能力是多种能力的综合，尤其是教学能力和学术能力的综合。教学和科研同属大学的职能，两者相互依存、共同发展。从大学的理念上来讲，最好的科研人员同时也应该是最好的教师，只有那些亲身从事科研工作的人才能够真正地传授知识。② 换言之，教学要以科研成果为基础，没有科研底色的教学难以称为是优秀的教学。但是，受大学管理和学术评价等因素的影响，长期以来，教学和科研的割裂成为大学教师发展难以逾越的鸿沟。在此困境下，发展教师教学学术能力使科教融合成为可能。从广义上来讲，教学学术能力既强调教师的教学能力又强调学术能力，两者不可顾此失彼。从狭义上来讲，教师教学学术能力是课程开发能力、教学设计能力、知识整合能力、教学改革能力、教学研究能力、实践反思能力、合作交流能力的耦合。随着信息技术的发展，为了更好地利用技术提高学生的学习效率，现代教育技术能力也是教师教学学术能力的必备能力之一。在身份方面，受传统教学方式的转变，教师的身份也发生了变化，教师并不仅仅作为知识传授者，而是集学生学习引导者、课程开发者、教学环境设计者、教学改革创新者等多重身份于一体。

最后，教学学术能力具有发展性。教师教学学术能力并不是一旦形成就永久不变的能力，而是贯穿于教师职业生涯的各个阶段。在人类发展与心理学、社会学和组织行为学方面的研究表明，受教师个人愿望、需求、身份、角色、背景及教师所处的特定的社会文化、制度等因素的驱动，教师成长是一个持续发展的过程。③ 教师教学学术能力是教师成

---

① Keith Trigwell and Suzanne Shale, "Student Learning and the Scholarship of University Teaching", *Studies in Higher Education*, Vol. 29, No. 4, 2004, pp. 523-536.
② [德] 卡尔·雅斯贝尔斯：《大学之理念》，邱立波译，上海人民出版社2006年版，第73—74页。
③ Kerryann O'Meara and Aimee LaPointe Terosky, "Engendering Faculty Professional Growth", *Change: The Magazine of Higher Learning*, Vol. 42, No. 6, 2010, pp. 44-51.

长过程中需要发展的一种能力,因此,教学学术能力也是一个不断发展的过程。例如,休伯特·L.德莱弗斯基于教师从新手到高级初学者再到合格的教学者再到熟练的教学者最后成为专家的成长历程建立了教学学术的发展阶段,并描述了教师在每个阶段所需的教学学术能力。[①] 又如,辛西娅·B.韦斯顿和林恩·麦卡平基于所有教师都是本学科专家的假设,分三个阶段总结了教师教学学术能力的发展。[②] 第一阶段是自我教学的成长阶段,本阶段教师注重培养和发展自己的教学知识,认为教学对其研究是非常重要的。第二阶段是与同行交流教与学的阶段,该阶段教师倾向于与同事积极交流教学想法,并主动参与教学研讨活动,对教学和学习的复杂性有了更深的了解。第三阶段是向教学学术转变的阶段,该阶段教师侧重创造知识,分享教学研究成果。教师为成为教学学术学者,以学术的视角开展教学活动,有目的地将教学与发现的学术结合起来。概言之,教师从新手到专家,从自我教学阶段到向教学学术转变阶段,教师的教学学术能力是不断完善和发展的,其解决教学问题的方式也会随着教学学术能力的发展而变得更加高效。

二 教学学术能力的构成

对大学教师教学学术能力构成要素进行深入探索,能够为清晰认识教学学术能力提供一个可视化的剖析条件。厘清教学学术能力的构成要素,有助于认清教学学术能力的本质,促进教师关注学生学习、扎根课堂、重塑教学责任,为大学教学深层变革和育人质量提升提供方向。基于特里格威尔等人在知识、反思、交流和观念四方面构建的教学学术模型,将教师教学学术能力的构成分为知识、教学、学术、反思、交流和观念六个维度。

---

① Ronald Smith, "Expertise and the Scholarship of Teaching", *New Directions for Teaching & Learning*, Vol. 2001, No. 86, 2001, pp. 69-78.
② Cynthia B. Weston and Lynn McAlpine, "Making Explicit the Development Toward the Scholarship of Teaching", *New Directions for Teaching & Learning*, Vol. 2001, No. 86, 2001, pp. 89-97.

(一) 知识维度

教学学术能力的知识维度侧重考查教师对于学科专业知识以及教育教学知识的掌握，包括教师储备、整合、传授、创新学科知识和教学知识的能力。① 知识是大学教师进行教学的前提条件及保障。舒尔曼指出教师教学需要知识基础，这些知识包括内容知识、一般教学法知识、学科内容知识、学习者知识、教育背景知识以及有关教育目的、目标、价值及其哲学和历史基础的知识。② 这些知识来源于课程、文献、书籍及讲座等多种途径。教师教学学术能力的发展不仅需要教师完整地掌握这些理论性的静态知识，还需要教师经由实践、教学研究和反思等方式获得动态性、创新性的知识。一方面，教师要具备对知识进行整合和传播的能力。教学情境的复杂性及学生的多样性都要求教师能够对知识进行整合，把知识以易于学生理解和接受的方式传授给学生。在教学实践中，教师如何实现已有知识与具体教学情境的互动是教师必备的教学学术能力。另一方面，教师需要具备生成新知识的能力。教师的职责不仅要传播知识，也要创造新知识。进而言之，教师要通过反思教学实践活动，寻找新的学科生长点并进行教学研究，生成新的知识，以丰富教育教学知识库。此外，随着互联网和现代信息技术的发展，信息技术与教育教学的深度融合已成为教师提高和发展信息化教学能力的必然选择。然而，教师在将数字技术与教学融合方面往往经验不足或者方法不当。③ 为了给教师提高信息化教学能力提供指导框架，密歇根州立大学教授马修·J.科勒和普尼亚·米什拉在舒尔曼学科内容知识的基础上提出了整合技术的学科教学知识（Technological Pedagogical Content Knowledge, TPACK）。整合技术的学科教学知识包括学科内容知识、技术学科知识（Technological Content Knowledge, TCK）、技术教学知识

---

① 周玉容、李玉梅：《大学教师教学学术能力结构及其评价》，《高教发展与评估》2015年第3期。
② Lee S. Shulman, "Knowledge and Teaching: Foundations of the New Reform", *Harvard Educational Review*, Vol. 57, No. 1, 1987, pp. 1–23.
③ Matthew Koehler and Punya Mishra, "What is Technological Pedagogical Content Knowledge?", *Contemporary Issues in Technology and Teacher Education*, Vol. 9, No. 1, 2009, pp. 60–70.

(Technological Pedagogical Knowledge，TPK)，强调将信息知识整合到教学中，被视为信息时代教师利用技术开展有效教学的基础。总而言之，教师教学学术能力的发展既需要以完整知识为基础，同时又需要在实践活动中进一步整合、更新和创新知识。

(二) 教学维度

教学维度是指教师的教学能力，具体包括课程设计能力、运用现代教学工具的能力、语言表达能力等。完整的课程设计包括五部分，即课程设计、教学法设计、教学环境设计、教学技术设计与教学评估设计。① 大学教学之所以被视为一门科学和一门艺术，是因为大学教学需要教师对课程进行设计。课程设计能力指的是教师基于教学目标、教学内容、学生的认知和发展规律、教学环境等条件，有逻辑地组织和设计教学，设计的教学环节和内容能激发学生的兴趣和求知欲，设计的教学问题有利于培养学生的思维，激发学生思考的能力。现代教学工具是教学过程中的辅助手段，复杂难懂的教学问题借助现代教学工具能够变得通俗易懂。运用现代教学工具的能力是指教师能够使用现代教学工具将所教内容恰当、灵活地呈现给学生的能力。此外，语言是教师传授知识、师生交流的重要工具。语言表达能力是指教师通过语言将知识和思想准确、清晰地传授给学生的能力。苏霍姆林斯基曾强调过教师语言表达能力的重要性，教师的语言修养在很大程度上决定着学生在课堂上的脑力劳动的效率，高度的语言修养是合理利用时间的重要条件。② 简明扼要、条理清晰、形象生动的语言不仅能够有效地传播所讲的教学内容，也能吸引学生的注意力，提高学生的学习效率。简言之，教学能力的发展要始终贯穿以学生为中心的理念，以提高学生学习效率、促进学生心智发展为出发点和归属，以学习效果为教学成效的检验依据。

---

① 赵炬明：《聚焦设计：实践与方法 (上) ——美国 "以学生为中心" 的本科教学改革研究之三》，《高等工程教育研究》2018 年第 2 期。

② [苏] 瓦·阿·苏霍姆林斯基：《给教师的建议》(下)，杜殿坤编译，教育科学出版社 1981 年版，第 289 页。

(三) 学术维度

教学学术能力的学术维度是指教学研究能力。教学研究是教师基于教学活动实践，有针对性地对发生的教育现象进行研究和改革，以期能优化教学活动，提高教学效率的过程。教学研究能力是高校教师成功开展教学研究的必备能力。教学研究能力不同于传统的专业研究能力，它体现为教育教学思想理论的运用和教育教学研究范式的使用，将研究融于不同专业、不同课程的教学活动之中，运用学术研究的范式对教学实践活动进行研究，最终产出创新性知识的能力。舒尔曼强调把教学研究和教学结合起来，是希望通过教学学术把教学当作研究对象、以研究态度做教学的教师，而不仅是个好教师。具体而言，教学研究能力包括更新和编写教材的能力、创新教学模式和教学方法的能力。另外，成功的教学研究也要符合学术研究的通用准则，包括有明确的目标、充分的准备、适当的方法、重要的结果、有效的呈现、接受同行评审、学术共同体贡献度。只有当教师以学术和专业的方式对待教学工作时，大学教学才可能成为学术，教师的教学工作也才能获得学术界的认可。总的来说，教学研究能力不仅有利于推动大学教学研究学术化，促进大学教学变成一个专门职业领域，也有助于提高人才培养质量，增强高校的竞争力。

(四) 反思维度

教学学术能力的反思维度强调教师的教学反思能力。反思是教师对教与学过程的回溯，并重建、再现和重温所发生的教学事件、教学中的情感和所取得的成果。教学反思能力指教师在教学实践中以自我剖析、自我否定、自我批判的精神，总结、评估在教学准备、教学过程以及教学效果等方面存在的问题，并尝试突破原有教学模式，解决教学问题，改善教学实践的能力。教学反思主要包括内容反思、过程反思和前提反思。内容反思侧重对问题的描述，过程反思的重点是解决问题的策略和程序、对教师努力的充分评估，以及教师目前的经历与之前所学之间的差异，前提反思聚焦问题的价值和功能相关性。具体而言，教学反思能力既包括对教学实践的自我监控能力、发现问题的能力和比较分析的能力，也需要反思的技能和批判的精神等。总而言之，教学反思能力不仅能推动教师成为舍恩所说"反思实践者"，"从理论到实践，再从实践回到理论"①，也有助于教师发现问题，总结经验，吸取教训，在反思中提出创新性的教学思想和方法，进而增强教学行为的科学性与合理性，提高教学学术水平，促进教学发展。

(五) 交流维度

教学学术能力的交流维度是指高校教师进行教学学术交流和共享的能力，着重强调大学教师能在公众或者学科领域内与外界交流教学的理论和实践成果，以便通过同行评价实现对教师学术价值的认定。博耶曾提出教学学术既是传播知识的学术，也是一种群体性活动，学者不可能单独地从事研究工作。舒尔曼在博耶思想的基础上提出教学学术的三个特征是可以公开的、能够进行批判和评价的、能够进行交流并被同行应用的。交流与共享是学术性教学发展为教学学术的标志，也是促进教师教学学术能力发展的必备能力。大量研究表明，教师所拥有的大量教学知识属于"默会"知识，这些知识是通过主动学习、教学反思和实践探索形成的。如果他们不能有效地把这些知识表达和发表出来，与同行进行交流和共享，那么他们这种教学探索的过程就很难被认可为教学学术。从交流的主体来看，教学学术的交流主要包括师生交流、同行交流和跨学科交流。教学学术不仅被视为一个旨在为学生创造更好学习体验的过程，而且还涉及让学生参与教学学术活动，让学生成为教学学术的真正参与者，而不仅仅是数据的提供者。② 师生间的交流有助于教师了解学生状况，引导学生真正参与教学学术活动，进而提高教学效率。同行交流是促进教师教学学术能力发展的催化剂。从交流的内容来看，教

---

① Ernest L. Boyer, "The Scholarship of Engagement", *Journal of Public Service and Outreach*, Vol. 1, No. 1, 1996, pp. 11-20.

② Carolin Kreber and Heather Kanuka, "The Scholarship of Teaching and Learning and the On-line Classroom", *Canadian Journal of University Continuing Education*, Vol. 32, No. 2, 2006, pp. 109-131.

学学术交流主要包括教学交流和研究交流。教学交流指师生之间、教师与教师之间关于知识学习及知识传授方法的相互探讨，研究交流侧重于科研活动方面的交流。从交流的范围来看，教学学术交流包括同校之间的微观层面交流，校际、跨地区之间的中观层面交流以及国际范围的宏观层面交流。从交流的形式来看，教学学术交流包括正式交流和非正式交流。正式交流主要通过会议报告、会议发言、书籍撰写及论文发表的方式进行，非正式交流主要是以午餐会的形式进行。概言之，教学学术能力的发展在于交流与共享，在于教师之间、师生之间的思想碰撞。

（六）观念维度

教学学术能力的观念维度是一个动态发展的概念，指的是大学教师将接受的新的教育教学观念与已有的教育教学观念相结合，不断更新教育教学观念的能力。[①] 观念是教师开展教学学术的前提条件，也是激发教师开展教学学术、提高教学学术能力的内在动力。高校教师教学学术能力观念主要反映了教师的学生观、课程观和教学观等三个方面观念。学生观体现为对学生角色、学生学习和学生发展的认识。教学学术视域下的学生观强调学生的主体性和主观能动性。课程观表现为教师对课程价值取向的认知。从教学学术的角度来看，课程观具体可以包括对课程目标、课程资源开发、课程实施及课程评价的认识。教学观侧重强调教学方式的转变。在学习范式的影响下，传统的以教师为中心的教学方式转变为以学生为中心的教学方式。以学生为中心的教学方式要求具备教学学术能力的教师具有能够基于学生个性和需求，制定恰当教学方案的能力。简言之，教师不断更新与发展旧的教育教学观念、接受新的教育教学观念的能力不仅是教学学术能力的体现与存在方式，同时也与教师教学工作中教育目的的价值选择息息相关。

三 教学学术能力发展的意义

教学学术能力是当今大学的核心竞争力，是影响高等教育质量水平

---

① 周玉容、李玉梅：《大学教师教学学术能力结构及其评价》，《高教发展与评估》2015年第3期。

的关键所在。发展教学学术能力对学生、教师以及高校都有重要的意义。对学生而言,引导学生深度学习,增强学生学习体验。对教师而言,提高教学质量,促进教师发展。对高校而言,协调教学与科研不平衡的关系,进而提高本科教育质量。

(一) 增强学生学习体验

教学学术对改善学生学习和提高课堂内外教与学的质量具有真正的潜力。发展教师教学学术能力是实现这种潜力的关键举措。具备教学学术能力的教师关注学生需求,帮助大学生形成高阶思维,促使学生更有效地学习。大学的首要职责是培养人才,促进学生全面发展。如果大学不以人才培养为主要职能,那么高等教育的质量就会受到影响。博耶曾提到:"如果教师用在学生身上的时间得不到最终的认可,谈论提高高等教育质量将是徒劳的。"[1] 发展教师教学学术能力是教师重视教学、担当育人使命及提高高等教育质量的切入点。大学教学不同于中小学教学,大学教学的主要目的是培养学生的问题意识和自主探究能力,培养学生学会发现问题、分析问题和解决问题的能力。在教学过程中,具备良好教学学术能力的教师能够在传授知识的基础上引发学生思考,让学生参与研究、学会研究,通过研究帮助学生形成批判思维并使初步研究人员具备一定的研究素养,最终掌握毕业后生存和继续学习的能力。概言之,教学学术能力在凸显知识生产属性的同时还强调学生的发展属性,帮助学生理解教学,在最大程度上提高学生学习效率,增强学生学习体验。

(二) 促进教师发展

教学学术能力不仅能提高学生的学习效率,也是促进高校教师发展的核心能力。1991 年,美国教育联合会在其发表的《大学教师发展:增强国力》报告中指出,大学教师发展应该包括个人发展、专业发展、组织发展和教学发展四个目标。其中,专业发展指获得或提高专业相关

---

[1] Ernest L. Boyer, *Scholarship Reconsidered: Priorities of the Professoriate*, Princeton: Princeton University Press, 1990, p. xi.

知识和能力；教学发展包括学习资料的准备，课程内容与教学模式的更新等。① 由此观之，教师发展不仅是学科专业能力的发展，更是教学能力和教学素养的发展，发展教师教学学术能力是促进教师发展的必由之路。研究表明，教师在职业生涯后期，其工作效率往往会降低。而教学学术能力可以为教师提高其工作效率开辟一条新的路径。高校教师在教学学术理念的指导下重新审视教学问题，以研究者的身份开展教学研究，探索提高教学效率的新方法，不仅能激发教师教学创新意识，增强教师的教学胜任力，也能提高人才培养的质量。进而言之，教学学术能力作为当前教师专业素养能力的重要体现，培养高校教师教学学术能力是促进教师发展的迫切所需。作为践行教学学术的主体，发展教师教学学术能力可以助力教师从教学实践中，提出问题进行深入研究，并与同行进行交流分享，从而更有针对性地指导自己的教学实践，解决教学中的问题，提高教学质量，促进教师发展。

(三) 协调教学与科研的关系

教学学术能力彰显了大学教师教学和科研相融合的理念，发展大学教师教学学术能力不仅有助于解决大学"重科研、轻教学"的问题，也是高校提高教学地位、形成寓教于研的机制保障，更是高校回归育人为本的内在需求。长期以来，大学对高校排名的重视以及以科研成果为导向的评价，导致教师重视科学研究，而对投入教学工作的积极性不高，严重影响了高校教学质量，偏离了大学培育人才的初衷。发展教师教学学术能力为解决高校困境提供了新的视角。一方面，教学学术能力超越了教学与科研地位孰轻孰重的争论，为有效平衡教学与科研间的关系提供了一个最佳的支点，使教学和科研并重成为可能，两者在大学中享有同等地位。教学与科研是相互促进的关系，科研活动有助于提高大学教师的学术能力，为教学能力的提高奠定了基础。教学活动有利于提高大学教师的教学能力和教学水平，使科研能力得到延续和深化。另一

---

① National Education Association, *Faculty Development in Higher Education: Enhancing a National Resource*, Washington, D.C.: National Education Association, 1991, pp.11-12.

方面，教学学术能力有助于改变单纯依靠科研成果评价教师的评价模式，指引大学回归教学育人的轨道。作为大学教师发展的核心能力，教学学术能力很好地协调了教学和科研的关系，使得教学成为大学对教师评价的重要因素，促使教师加强对教学实践的研究，有助于加大大学教师对教学的重视和扩大教师的科研视角，对实现高等教育高质量发展有重要的意义。

第二节 教学学术能力发展的影响因素

对大学教师教学学术能力发展的影响因素及其具体作用的研究，能够找到培养和提升教师教学学术能力的切入点，从而为大学教师专业发展提供更多的实证研究支持。经研究，多种因素共同激发了大学教师发展教学学术能力的动力。

一 制度因素：塑造教学学术生态系统的关键机制

从宏观方面来讲，制度是影响教师教学学术能力发展的关键因素，因为教师是否重视教学学术活动取决于制度的引导、支持和倾斜。具体而言，影响教师教学学术能力发展的因素主要有奖励制度、培训制度以及评价制度。

（一）奖励制度

教师奖励制度是为了激发教师工作热情和创新精神的制度，能够促使教师以稳定而持久的状态投入教学学术，提高教学质量。但澳大利亚西澳大学的查莫斯·丹尼斯通过对美国、英国、欧洲和澳大利亚实施教学学术的情况进行研究，得出的结论是：卓越的教学在大学中仍然被低估，未得到足够的奖励和认可。[①]

在高校中，针对教师的奖励制度分为物质奖励制度和精神奖励制

---

① Denise Chalmers, "Why Recognising and Rewarding Excellent Teaching in Universities Matters for Students", paper delivered to the 4th International Conference on Higher Education Advances (HEAD' 18), edited by the Universitat Politècnica de València, València, 2018, pp. 295-301.

度。在物质方面，物质奖励制度主要是对在教学方面有突出贡献的教师给予金钱方面的奖励，如设置教学学术教学成果奖。但是，这些奖项也受到了学术界的质疑。首先，教学学术奖的金额有限，低于科研成果的奖励。北美高校虽然设立了很多教学学术奖励项目，以鼓励教师重视本科教学，但是这些项目的奖励额度相对较低，一般控制在5000美元以内，并且奖励的名额较少。如密歇根州立大学2023年规定的各种教学奖励金额为教学学者奖3000美元、唐纳德·科赫本科教学质量奖2500美元、校长教学奖3000美元、威廉·比尔杰出教师奖3000美元、卓越教学荣誉奖1000美元。① 有限的教学学术奖励金额难以激发教师发展教学学术的动力。其次，教学学术奖的价值受到质疑。许多学术人员并不认为这些奖项具有很高的价值。有证据表明，在高校中，有些学者和管理人员认为教授知识是通用且低水平的，因此，他们抵制那些从事教学学术的教师。再次，奖励缺乏明确的标准，这在一定程度上导致了奖项程序和评选结果的严格性和合理性。最后，获得教学学术奖的困难性。想要获得教学学术奖的教师必须付出大量的努力，而且不一定成功。成功与回报之间不成正比例，这在很大程度上挫伤了教师投身教学学术活动，发展其教学学术能力的积极性。

在精神方面，精神奖励制度主要包括晋升制度和终身教职评选制度，这些制度能够影响教师工作的积极性，为教师的职业晋升提供了一个明确的目标，激励教师努力提高自己的教学水平和学术研究。教师晋升的标准本应该平衡教师在教学、科研和服务方面对大学和学生的贡献，但在学术资本的影响下，教师晋升、终身教职和更高的薪酬都指向那些从事学科研究的教师。因为学科研究能够产生更多的学术成果，如论文、专著等，这些学术不仅能够吸引外界的资助，为大学带来更多的经济效益，还能提高整个大学的声誉。相较学科学术，教学学术的资本较低。赫钦斯曾指出，教学学术既不能加深专业知识，也无法为其在学

---

① Michigan State University, "All-University Awards", https://provost.msu.edu/priorities-and-initiatives/honorifics/all-university-awards. (2023-06-01)

科内流动提供充足的学术货币,所以教学学术最大的障碍就是它不能像学科学术一样提升教师的学术资本。由于面临着难以通过教学学术获得一定的物质收入、学术声誉以及职业晋升的困境,教师会担心如果他们选择进行教学学术研究,这可能会危及教师的职业发展以及获得终身教职和晋升的机会。[①] 因此,大学教师往往不会选择付出时间和努力去从事教学学术这一"廉价"的劳动,更不会主动地去发展自身的教学学术能力。

(二) 培训制度

科学完善的大学教师教学培训制度有助于提高大学教师的教育技能和教学研究能力,为教师顺利开展教学学术工作提供有力的支撑。完善的教学培训主要表现为在教师职前和职后提供连续的教学培训,助力教师教学学术能力的可持续发展。但目前教学培训制度存在的一些问题,影响了教师教学学术能力的发展。就职前教师培训而言,大学教师职前培训的重心与教学学术能力相背离。硕士研究生和博士研究生是大学教师的主要来源之一。在很多国家,担任大学教师的基本条件是取得博士学位,在担任教师之前,他们不需要接受任何教学培训。在博士研究生教育培养阶段,相对注重科研能力的训练,而忽视对教学学术知识和教学学术能力的培养。就入职培训而言,大多数学科教师都没有接受过与培养教学学术能力相关的培训,如跨学科研究的能力。[②] 岗前培训是大学教师职前和职后的过渡阶段,应注重教师教学能力的培训和养成,以帮助教师顺利上岗。但很多高校的岗前培训重理论、轻实践,缺乏对教师教学研究意识和能力的培养,教学培训的内容也很有限,难以有效帮助教师开展后期的教学研究。此外,大学教师岗前培训的时间一般较短,忽视了教师对教育理念和教育理论的内化吸收需要一个过程,才能

[①] Helen Flavell, Lynne Roberts and Georgina Fyfe, et al., "Shifting Goal Posts: The Impact of Academic Workforce Reshaping and the Introduction of Teaching Academic Roles on the Scholarship of Teaching and Learning", *The Australian Educational Researcher*, Vol. 45, No. 2, 2017, pp. 179-194.

[②] Andrea S. Webb, "Riding the Fourth Wave: An Introduction to the Scholarship of Teaching and Learning", in Plews, Rachel C., and Michelle L. Amos, eds., *Evidence-based Faculty Development Through the Scholarship of Teaching and Learning (SoTL)*, Hershey: IGI Global, 2020, p. 8.

应用于实践之中。就职后继续培训而言,虽然一些高校为教师提供了职后培训的机会,但这些职后培训主要是针对青年教师的,缺少对中年教师的培训。在信息技术高度发展的时代,中年教师也需要通过相关培训革新自己的教学方式,以满足学生多样化的需求。另外,鼓励大学教师继续攻读博士后及出国访学等方式的教师进修主要是以提高教师学历层次和科研水平为主要目的,相对忽视了教师教学学术能力的提高。总的来说,大学教师职前及职后培训制度的主要目的是提高教师的科研能力和科研水平,并不能满足教师发展教学学术能力的需求。

(三) 评价制度

教学学术评价制度的价值取向是大学教学学术观的反映,也是教师教学学术行为的"风向标",影响着教师教学学术能力的发展。但如今教学学术评价存在的问题,导致学界对教学学术评价的公平性、客观性及合理性产生了质疑,阻碍了教师发展教学学术的信心和动力。究其原因,影响教学学术评价的原因有以下几点。

首先,教学与科研地位的不平等性。如今大学在"重科研、轻教学"思想的影响下,学术评价制度偏重科研成果,轻视教学学术研究,将教学学术地位边缘化。教学、研究和服务都是大学同等重要的职能,但这些职能经常被视为彼此独立的,甚至是相互竞争的活动或思考学术工作的方式。这种划分意味着教学、研究和服务的重要性是不同的,以至于在一个领域的成就可能与在另一个领域的成就无关。这种分离导致了学界对教学、研究和服务的层次化价值或排名。大学对研究的重视最高,对教学和服务的重视程度较低。这种等级制度表现为教师的科研能力及成果与大学奖励及晋升有着密切的关系,教师为了晋升和获得奖励不得不进行科学研究和发表文章。倾斜于科研的学术评价制度导致教学学术被低估或被边缘化,这不仅会影响教师个人的职业生涯,还会削弱教学学术研究结果对高校教学实践的影响。[①] 进而言之,这种学术评价

---

① Jennie Billot, Susan Rowland and Brent Carnell, et al., "How Experienced SoTL Researchers Develop the Credibility of Their Work", *Teaching & Learning Inquiry*, Vol.5, No.1, 2017, pp.1-14.

偏向不利于教师投身于教学学术研究，发展自身的教学学术能力，最终会影响高校教学质量的提高。

其次，教学学术成果不易衡量。一方面，教学学术成果难以量化，与科研成果衡量标准客观、易操作且干扰因素少等优势相比，教学学术成果的评价不易量化，模糊且不易操作，影响教学学术评价的客观性与公平性，这给教学学术的评价造成了一定的难题，在一定程度上消减了教师参与教学学术活动与发展教学学术能力的动力。另一方面，教学学术成果的形式不确定。教学学术的评价标准往往采用与学科研究相关的评价标准。即使是最好、最严格的教学学术项目，其教学学术成果公开发表的形式也是不确定的。[①] 关于到底何种类型的出版物才能交由同行评价未有统一标准，有学者认为必须是论文或著作，教师编辑的课堂教学材料不能算是学术的成果。但是，在美国，有影响力的教学学术成果并没有出现在传统的学术场所，而是通过不太正式的方式来传播，因此也有学者认为教材、电子文献、字典等可以算是同行评价的材料，都可以称之为学术。因此，教学学术不能也不应该完全依赖在顶级期刊上发表来评判学术的质量。

最后，教学学术是基于课堂进行的研究，具有典型的情境性和特殊性，研究成果往往难以广泛推广，这在很大程度上促使评价者对教学学术成果的价值产生质疑。另外，他人往往因难以体会研究者场域的特殊性，导致了对教学学术的评价往往存在片面性。

二 高校因素：支撑教学学术能力发展的强大支柱

影响教师发展教学学术能力的中层因素主要来源于学校和院系。学校和院系提供的外部支持是教师发展教学学术能力必不可少的条件。缺少了外部支持和保障，教师将难以发展教学学术能力。具体而言，影响教师发展教学学术能力的高校因素主要是资源投入、教学学术共同体和

---

① Peter Felten, "Principles of Good Practice in SoTL", *Teaching & Learning Inquiry*, Vol.1, No.1, 2013, pp.121-125.

领导力。

(一) 资源投入

学校和院系对教学学术的资源投入是教师开展教学学术与发展教学学术能力的支撑力量。但是相比较学科研究投入，学校和院系对教学学术投入的资金、软硬件设施和时间等方面的资源相对不足。从资金方面来讲，学校和院系对教学学术研究经费的投入存在不足和不公平的情况。一方面，因学科研究既可以为高校带来经济利益，又可以提高学校的知名度，学校倾向于把有限的资金用于学科研究。另一方面，尽管学校会把一小部分资金用于资助教师进行教学学术研究，但这些资金往往分给了更资深的教师。吉纳维夫·牛顿对加拿大的教学学术进行了研究，研究发现，大多数助理教授是在没有学校或院系经费资助的情况下开展教学学术研究，而大多数副教授和教授则获得了学校教学学术研究的经费。[1] 资金分配的不合理性会在很大程度上减少资历较浅的教师潜心发展教学学术能力的内驱力，增加对教学学术的消极态度。从设施方面来说，学校的软硬件设施更多地投入到了提高学科能力及科研水平的项目之中，对教学的投入相对较少，仅仅满足于应付平常的检查和评估。这种倾斜的科研资源投入势必会影响到教师的教学学术动机及发展教学学术能力的倾向。从时间方面来讲，时间是影响发展教学学术能力的一个重要影响因素。对高校和大学教师而言，时间也是一种资源。具体而言，时间对教师发展教学学术能力的影响主要表现为两个方面。其一，时间不足。对很多教师来说，教学学术是一个新领域，需要教师有足够的时间参与教学学术研究。但是，学校和院系并未给予教师充足的时间参与教学学术活动，发展教学学术能力。大学教师需要担任研究、教学和服务方面的工作，这三方面的工作存在时间冲突，教师必须学会如何利用好时间承担这三方面的工作。由于终身教职和教师晋升的标准倾斜于科研成果，教师，尤其是初级教师，更倾向于把大部分时间用于

---

[1] Genevieve Newton, Janice Miller-Young and Monica Sanago, "Characterizing SoTL Across Canada", *The Canadian Journal for the Scholarship of Teaching and Learning*, Vol. 10, No. 2, 2019, pp. 1–25.

科研活动。对科研活动时间的投入限制了教师专注于教学学术研究、发展教学学术能力的时间和机会。其二,投入的教学时间与工资呈负相关,而出版成果则与工资呈正相关。那些花更多时间在教学方面的教师往往得到最低的工资,①得到较高工资的往往是花更多时间在研究和出版方面的教师。这种导向促使教师将用于教学的时间视为一种损失而非收益,进而驱使教师把用于教学的部分时间转移到研究和发表文章上。

(二) 教学学术共同体

舒尔曼提出教学学术的一个重要特征是公开化,实现同行之间的共享与交流。因为只有公开分享,才能促使教学思考和成果超越个体,成为公共财富,实现知识的创新。教学学术共同体是实现教学学术公开分享的重要渠道,可以为教师讨论教学问题、分享教学知识、交流教学经验、实现教学创新以及发展教师教学学术能力提供一个平台。但现在很多教师将教学视为个体行为,生活在舒尔曼所说的"教学孤岛"中,缺少与同事之间的交流,未能充分发挥教学学术共同体的作用。究其原因,主要是教学学术共同体在数量、结构、共享等方面存在问题。在数量方面,教学学术共同体的数量偏少。长期以来,大学一直鼓励在学术共享空间中公开学术研究的成果,这种开放共享的传统对于知识的进步及研究成果在实践中的应用至关重要。但教学却没有这样的传统,尽管人们可能会认为教学是最需要沟通交流的工作,但对于大多数教师来说,教学是关起门来进行的私人活动,不需要与同事进行沟通交流。②基于这种情况,在大学中常见关于学科研究的学术共同体,而教学学术共同体相对比较少。在结构方面,教学学术共同体的结构僵化。随着教学学术理念的普及与深化,世界各地的高校开始逐渐重视教学学术共同体的作用,着手构建教学学术共同体。但由于高校内部院系各自为政、

---

① Denise Chalmers, "Progress and Challenges to the Recognition and Reward of the Scholarship of Teaching in Higher Education", *Higher Education Research & Development*, Vol. 30, No. 1, 2011, pp. 25–38.

② Mary Taylor Huber and Pat Hutchings, "Building the Teaching Commons", *Change: The Magazine of Higher Learning*, Vol. 38, No. 3, 2010, pp. 24–31.

学科关系断层、教师缺少跨学科合作经验等原因，目前高校教学学术共同体的结构比较僵化。跨学科性是教学学术的一大特征，开展教学学术研究需要多学科教师的合作，目前存在的教学学术共同体多为同一院系的教师组成的共同体，缺少跨系的教学学术共同体，未能充分发挥教学学术共同体有效促进不同学科教师教学合作与交流的作用。在共享方面，教学学术成果共享不足。由于跨国、跨校和跨学科的教学学术共同体较少，致使教学学术的交流只能囿于小范围、单学科的交流。另外，期刊也是教学学术共同体的一种形式，是教师公开和交流教学学术成果的重要阵地。但是教学学术的研究成果却很难在传统学术期刊上发表，因为较高影响因子的期刊通常不会考虑与教学学术研究相关的文章。[①]

简言之，教学学术共同体存在的这些问题使得教学交流仅限于浅层的交流，很少有真正质量高的教学学术成果，不仅无助于大学教师的专业发展，而且会动摇教师参与教学学术共同体的热情和信心，难以较好地助力教师教学学术能力的提高。

（三）领导力

领导力是影响他人朝着一系列共同目标努力的能力。这种能力往往存在于权威职位之中，如院长和系主任，他们在组织结构中的职位正式赋予了他们影响高校教职工以特定方式行事的权力。高校院系的院长和系主任等领导者是学校和教师之间的中介者，其领导力影响着教师发展教学学术能力的积极性和质量。澳大利亚科廷大学的海伦·弗拉威尔通过对澳大利亚一所大学的 10 名学者进行采访，最终发现领导力对教学学术的开展具有重要影响。[②] 院系领导者通过明确教学学术愿景，为教学学术研究提供资源和支持来表明他们对教学的重视，不仅展现了领导者的领导力，也能够对教师发展教学学术能力产生积极影响，更是营造

[①] Sherry Fukuzawa, Dianne Ashbourne and Fiona Rawle, "Overcoming Challenges to Impactful SoTL", in Plews, Rachel C., and Michelle L. Amos, eds., *Evidence-based Faculty Development Through the Scholarship of Teaching and Learning (SoTL)*, Hershey: IGI Global, 2020, p. 375.

[②] Helen Flavell, Lynne Roberts and Georgina Fyfe, et al., "Shifting Goal Posts: The Impact of Academic Workforce Reshaping and the Introduction of Teaching Academic Roles on the Scholarship of Teaching and Learning", *The Australian Educational Researcher*, Vol. 45, No. 2, 2017, pp. 179-194.

了学校重视教学学术的文化氛围。然而，领导者领导力的缺乏也会阻碍教师教学学术能力的发展。

加拿大英属哥伦比亚大学的布莱德·乌埃瑟里克对加拿大高校教学学术现状进行了研究，研究发现，大多数高校教师认为，学校管理者缺乏领导力阻碍了他们参与教学学术的积极性。[①] 进而言之，学校领导缺乏对教学学术的认识，低估教学学术的价值，这可能会让那些选择参与教学学术的教师在周围环境中感到孤立，进而打消教师发展教学学术能力的意愿，影响学校整体教学质量的提高。发展教师教学学术能力是一项艰巨的智力任务，需要院系领导者加大对教学学术的支持，发挥其卓越的领导力，为教师创造良好的教学学术环境。卓越的领导力能为学校设定清晰的教学学术目标，从而为教师提供一个明确的发展方向；决定如何公平地分配学校的资源，包括经费、技术和人力等，这直接影响到教师的教学学术研究条件；推动专业发展项目、工作坊和研讨会等，帮助教师提高其教学学术能力；建立合作机制，促进教师、学者和其他职员之间的交流和合作，共同推动学术研究和教学发展。

总的来说，当院系领导者对教学学术持支持态度时，教学学术才会更有可能发生，教师也会更愿意、更有信心发展教学学术能力。此外，除了院系领导者发挥好其领导力外，教师和教育开发人员也需要发挥好其领导力。教师、教育开发人员和院系领导都是促进教师教学学术能力发展的主要推动者。当这些不同角色的领导力通过沟通、合作为教学学术提供资源、创建共同体及建立教学学术文化时，教师教学学术能力的发展将得到最好的支持。[②] 因此，领导力在创造一个重视教师、支持教学学术的环境中起着至关重要的作用，不仅对大学的整体运行有重要作用，而且对教师个体的教学学术能力发展也有深远的影响。

---

① Brad Wuetherick and Stan Yu, "The Canadian Teaching Commons: The Scholarship of Teaching and Learning in Canadian Higher Education", *New Directions for Teaching & Learning*, Vol. 2016, No. 146, 2016, pp. 23-30.

② Nicola Simmons and K. Lynn Taylor, "Leadership for the Scholarship of Teaching and Learning: Understanding Bridges and Gaps in Practice", *The Canadian Journal for the Scholarship of Teaching and Learning*, Vol. 10, No. 1, 2019, pp. 1-18.

三 教师因素：成就卓越教师的关键动能

除了宏观和中观因素外，教师作为发展教学学术能力的关键主体，其教学学术能力认知、学科视角、学术身份以及教学态度也是影响教师发展教学学术能力的重要因素。

（一）教学学术能力的认知

教学学术定义的不确定性与多样性不利于教师形成对教学学术能力的清晰认识，这在一定程度上影响了教师教学学术能力的发展。自博耶1990年提出教学学术概念以来，学界虽然对教学学术进行了大量的实践探索和理论研究，但一直没有对教学学术进行统一且清晰明确的概念界定。教学学术的概念未能达成共识主要有两方面原因。一方面是源于学者们对教学学术经验和活动的理解不同，另一方面是参与教学学术的教师往往具有不同的预期和目的。[①] 尽管学术界对博耶提出的四种学术给予了大量关注，但发现的学术仍然比其他三种学术形式更受教师的重视。

美国范德堡大学的约翰·M. 布拉克斯顿等人通过对3所综合性大学和文理学院的研究发现，这3所高校的多数教师更倾向于重视发现的学术研究，而不是参与教学学术等其他形式的学术。对许多教师来说，教学学术与他们所熟悉的学科研究相差甚远。教师们担心从事教学学术活动在提高教学地位的同时可能会降低学科研究的地位。[②] 这种担忧使得教师对教学学术能力的认知产生偏差，在很大程度上影响了教师发展教学学术能力的积极性。从教学学术的目的来看，教学学术的目的包括增强学生的学习体验、促进教师发展、提高大学教学质量、丰富高校研究成果等。多样化的教学学术目的使学者们在教学学术基本概念等关键

---

① Keith Trigwell, "Evidence of the Impact of Scholarship of Teaching and Learning Purposes", *Teaching & Learning Inquiry*, Vol. 1, No. 1, 2013, pp. 95–105.

② Denise Chalmers, "Progress and Challenges to the Recognition and Reward of the Scholarship of Teaching in Higher Education", *Higher Education Research & Development*, Vol. 30, No. 1, 2011, pp. 25–38.

问题上产生了分歧,使教学学术合理性受到一定质疑,进而对教师理解教学学术的内涵及发展教学学术能力产生了阻碍作用。有的学者从教学实践的角度理解教学学术能力,有的学者从知识生产的视角理解教学学术能力,有的学者从融合的角度看待教学学术能力,认为教学学术能力是教学能力和学术能力的耦合。对教学学术能力认知的分歧,增加了教师在开展教学学术时的困难,进而阻碍了教学学术能力的发展。

(二)学科视角

不同学科的教师有着不同的学科视角,学科视角的不同导致教师教学学术研究方法的不同。开展教学学术时,教师该采用何种方法,至今仍是一个悬而未决的问题。从已有研究来看,教师开展教学学术时主要采用两种研究方法:其一是采取与传统学科研究一样的研究方法,其二是采用跨学科的研究方法。从前者来看,如果教学学术采取传统的学科研究方法,那么就容易将教学学术研究与传统学术研究混为一谈,引发学者对教学学术合法性的争论,促使学界将学术能力等同于教学学术能力,最终会抹杀教学学术能力的个性,威胁到教学学术能力的正统地位。从后者来看,教学学术的跨学科研究方法虽然得到了一些学者的认可,但是由于社会科学、自然科学的教师在研究方法上的训练存在差异以及大多数教师未接受过跨学科研究方法的训练,在使用跨学科研究方法时会遇到重重困难,甚至导致教师对教学学术的怀疑和焦虑。其中,学科认识论的不同是引起教师焦虑和不适的主要根源。[1] 如 STEM 教师在教学学术中偏于采用经验性和定量的研究方法,对定性和混合的研究方法的不确定性感到不适,因为他们不是使用定性研究方法的专家。与此相对应,被称为归纳思想家的人文社科教师在教学学术中会回避采取经验性和定量的研究方法。此外,对很多教师来说,教师已在自己学科内部接受过特定的方法论和思考方式的培训,无论在集体层面还是教师个人层面,改变教师的学科思维方式和学科信仰都需要一个过程且存在

---

[1] Janice Miller-Young, Michelle Yeo and Karen Manarin, "Challenges to Disciplinary Knowing and Identity: Experiences of Scholars in a SoTL Development Program", *International Journal for the Scholarship of Teaching and Learning*, Vol. 12, No. 1, 2018, pp. 1-6.

困难,通过学科在教学学术之间建立联系也是一项挑战。因此,受学科视角的影响,教学学术的概念和实践与他们已形成的传统的学科研究方式相差甚远,这也在一定程度上促使教学学术不太受重视,也在很大程度上阻碍了教师教学学术能力的发展。

(三) 学术身份

学术身份是大学教师身份的一种类型,对大学教师而言,学术身份具有重要的符号意义和工具价值,其不仅意味着社会对教师个体的期望、规定与认可,而且蕴含着教师参与和利用学术资源、学术资本、学术权力的资格与资本。根据社会认同理论,大学教师持有多种身份,如教师、开发者、学科研究者与教学学术研究者等,并认同在任何特定时间内最突出的身份。学科归属是大学教师重要的群体归属,基于学科学术所塑造的学科身份是大学教师学术身份的重要维度,教师根据学科知识和学科学术界定自我。学术界对教师的学术身份的认同也主要基于学科学术的成果,并且学科专业知识是大学招聘、晋升和任期的晴雨表。

面对学科学术身份对发展教师教学学术能力的影响,加拿大学者尼古拉·西蒙斯及其同事将教学学术视为教师学术身份的核心部分。[①] 然而,教师参与教学学术便意味着其原有的学科学术身份会受到挑战,因为教师需要进行跨学科研究,采纳不同于学科学术的认识论、方法论和概念或用全新的方式来看待教学学术。当教师将教学学术与其所熟悉的学科学术联系起来时,其教学学术身份与学科学术身份便会发生身份斗争。在两种身份的冲突中,教师的教学学术身份很难获得。此外,教学学术是一个相对较新的学术领域,而且该领域往往超出了教师所培训的学科范围。因此,当教师承担超出其能力范围且教学学术项目不一定得到学科同事认可时会面临巨大的挑战,并产生新生教师的感觉,出现多重身份危机和自我怀疑的风险。教师在大学中的地位越低,这种风险就越大。例如,兼职教师等不稳定的教师承担的风险最大,因为他们在参

---

① Nicola Simmons, Earle Abrahamson and Jessica M. Deshler, et al., "Conflicts and Configurations in a Liminal Space: SoTL Scholars' Identity Development", *Teaching & Learning Inquiry*, Vol.1, No.2, 2013, pp.9-21.

与教学学术活动时得到的大学支持最少。① 在更广泛的大学文化里，与学科学术身份相比，教师教学学术的学术身份是被忽视或低估的。进而言之，教学学术身份的边缘化，不仅会影响教师教学学术能力的发展，也会影响教师个人的职业生涯。

(四) 教学态度

在学术职业生涯中，良好的教学学术态度是教学学术能力得以发展的先导条件，是驱动教师提高教学学术能力的情感支撑。这种情感支撑是教师在发展教学学术能力的前进道路中攻坚克难、不断探索、持续创新的动力之源。教学态度对教学学术能力发展的影响主要体现为以下几个方面。

其一，良好的教学态度是大学教师对教学负责的前提条件。责任感有助于教师产生内在意志力和外在执行力。尤其对于教学学术研究而言，富于责任感的教师能对教学和人才培养提出更高的要求。为了更好地提高学生的学习效率，实现对学生"终身负责"的承诺，教师会主动进行教学学术研究，提高其教学学术能力。如果缺乏强烈的责任感，教师很难主动地对教学进行更多的投入，其发展教学学术能力的兴趣也会降低。

其二，教学态度会影响教师学习和积累教育教学知识的主动性。丰富的教育教学知识为教师开展教学学术活动提供了理论指导。大学教师一般具备扎实的专业知识，但相对缺乏教育教学知识。教育教学知识的匮乏，制约了教学学术能力的发展。具备良好教学态度的教师为了更好地进行教学学术研究，提高教学能力，会主动积累教育教学知识。

其三，教学态度是影响教师积极进行教学反思的重要因素。反思是教学学术的基石，也是教育变革的基础。② 具备积极教学态度的教师，

---

① Sherry Fukuzawa, Dianne Ashbourne and Fiona Rawle, "Overcoming Challenges to Impactful SoTL", in Plews Rachel C. and Michelle L. Amos, eds., *Evidence-based Faculty Development Through the Scholarship of Teaching and Learning (SoTL)*, Hershey: IGI Global, 2020, p. 367.

② Lorraine S. Gilpin and Delores Liston, "Transformative Education in the Scholarship of Teaching and Learning: An Analysis of SoTL Literature", *International Journal for the Scholarship of Teaching and Learning*, Vol. 3, No. 2, 2009, pp. 1-8.

践行教学学术时能够主动地对教学目标、教学过程以及教学内容进行批判性的反思，并基于对教学效果的反思，改善教学，提高其教学学术能力。而如果教师仅仅满足于浅层的经验总结，而不对教学实践进行反思，那么其教学水平会受到一定的影响，甚至会制约教学学术能力的发展。

总的来说，教学态度是教师产生教学学术意识、发展教学学术能力的一个起点。积极的教学态度能促进教师对教学研究产生兴趣，激发教师通过学术研究的方法去探究教学实践中的问题和规律的动力。相反，消极的教学态度，不仅不能充分调动教师主动参与教学研究、关注学生发展、寻求解决教学问题方法的积极性，也是教师教学学术能力的形成和发展的阻碍，导致教学学术的发展只能是空中楼阁，不可企及。

第三节 教学学术能力的发展路径

教师教学学术能力的形成和发展需要多方共同努力，既需要加强顶层设计，提供制度保障，也需要依托学校的外部支持，更需要教师自身体会到教学学术的重要性以及教学学术能力对教师发展的重要意义。基于此，世界一流大学主要从制度、学校支持和教师方面发展教师的教学学术能力。

一 加强顶层设计，提供制度保障

教学学术能力的可持续发展离不开教学学术制度的保障。世界一流大学虽然对教学学术能力有不同的理解，但都致力于完善和改革教学学术的奖励制度、晋升制度和评价制度，以促进教师教学学术能力的发展。

（一）完善教学学术奖励制度

教学奖励是世界一流大学为提升教学质量所采取的最为普遍的激励手段。奖励和表彰那些在教学学术上表现出色的教师，可以增强教师继续投身教学学术研究的士气，以及持续发展教学学术能力的动力。教师教学学术能力的发展本身就是一个长期的、反复的过程，需要长时间的积累。对教师而言，这是对教师探索教学学术动力的考验，而对于学校或者学院而言，就要制定好相应的教学激励措施来激发教师教学的活力。基于此，世界一流大学主要在物质及精神方面给予教师奖励，以表示对其优秀教学和卓越的教学学术能力的认可。

就物质奖励而言，专门的教学学术奖和教学奖为教师从事教学研究、提高教学学术能力提供了经济支持。为提高本科教育质量，加州大学伯克利分校重新启动校长奖学金拨款项目，从 2023 年 6 月 19 日开始，该项目将重点支持加州大学伯克利分校的教学学术，计划在两年内每年向两名及两名以上的教师团队提供 4 笔高达 20000 美元的奖金，旨在支持教师团队进行教学学术研究，推进课程创新，[①] 从而促进教师教学学术能力的发展，改善本科生的学习体验。丰厚的奖励资金不仅为教师开展教学学术活动提供了经济支撑，也激发了教师潜心教学的积极性。获得资助的教师团队与该校教学与学习中心的指定导师和其他工作人员密切合作，共同制订教学学术研究计划。在教学学术研究进行期间，教师要完成以下工作：定期与其导师进行沟通；与导师和教学与学习中心的工作人员一起参加签到会议，汇报教学学术研究的进展以及遇到的问题等；定期分享预算支出和预算计划；作为校长奖学金拨款项目的一员，每年至少要参加 2—3 次社区会议；在每年春季主办的教学会议上介绍其项目的主要成果和发现；作为教学学术学者，参加与其研究项目相关的研讨会，以促进教师专业发展。中国大学也逐渐加大对教学奖励的力度，如浙江大学于 2011 年设立"永平奖教金"，用于奖励在教学方面做出突出贡献的教师，以激发一线教师的教学热情。其中杰出教学贡献的奖金为每人 100 万元，教学贡献奖的奖金为每人 10 万元，教

---

① Berkeley Center for Teaching & Learning, "Advancing Undergraduate Education through the Scholarship of Teaching and Learning", https://teaching.berkeley.edu/programs/presidential-chair-fellows-grant-program. （2023-07-12）

学贡献提名奖的奖金为每人5万元。再如武汉大学设置本科优秀教学业绩奖，出资450余万元，用于奖励在本科教学一线工作业绩突出的优秀教师，旨在激励教师投入教学，打造卓越的教学文化。

除了对教师教学给予物质奖励外，世界一流大学还给予教师精神奖励，从多方面、多角度鼓励教师投身教学，发展教学学术能力。密歇根大学设立了瑟瑙教席荣誉称号，该荣誉称号是以密歇根大学校友亚瑟·瑟瑙的名字命名的，旨在表彰和奖励那些对本科教学做出杰出贡献的教师。每年有五位教师可以获得瑟瑙教席荣誉称号。要成为一名瑟瑙教授，教师必须表现出对教学的坚定承诺、教学的卓越和创新，以及与多元化学生群体有效合作的奉献精神。[①] 此外，他们还必须对学生的智力或艺术发展以及他们的生活产生影响，并以超越课堂、工作室或实验室的方式为本科生教育作出贡献。获得瑟瑙教席荣誉称号的教师可以永久保留这一头衔。除了可以获得荣誉称号外，瑟瑙教授还可以获得20000美元的补助金，用于支持他们教学的活动，如旅行、购买书籍和设备、发放研究生助研津贴等。瑟瑙教席荣誉称号不仅有助于为学生提供优秀的教师，改善本科生的教育体验，而且能够激励教师投身于本科教学活动，致力于自身教学学术能力的提高。康奈尔大学也设置了类似于瑟瑙教席的教学荣誉称号，即斯蒂芬·维斯校长奖，该头衔是一个永久性的称号，以表彰在本科教学领域做出卓越贡献的教师。每年最多只有四位老师可以获得该头衔。获奖者还可以连续5年得到7000美元的奖金，教师可以与任何其他指定的教授职称同时拥有该头衔。

（二）优化教师晋升制度

目前，大学教师的晋升标准主要基于教师的科研能力和科研成果，未能充分考虑教师的教学学术能力，这在很大程度上抹杀了教师投身教学的热情。要克服大学教师教学热情的泯灭，就必须提高教学在大学中

---

① Katie Kelton, "Regents Appoint Five 2023 Arthur F. Thurnau Professors", (2023-02-16), https://record.umich.edu/articles/regents-appoint-five-2023-arthur-f-thurnau-professors/. (2023-07-14)

的地位。这意味着不仅要扩展教学奖励制度，还要为教师创造灵活且多样化的职业道路。① 简而言之，要在教师晋升标准中增加教学学术的考虑。教学学术导向的职称晋升制度将教学作为大学教师职称评审的重要条件，不仅可以鼓励教师投入教学、研究教学，提升教学的教学投入，增强教师的教学责任，还可以促进教师关注自身教学学术能力的发展和学生成长，以提高人才培养质量。在教师职称晋升中增加教学的比重逐渐成为当前世界一流大学教学改革的热点与趋势。自 20 世纪 90 年代以来，美国、澳大利亚、加拿大和英国等国家的很多世界一流大学在教师职称晋升中引入教学学术，逐渐扭转偏重科研成果的倾斜现状。将教学学术纳入教师聘任和晋升之中的举措，不仅拓展了学术的内涵，还给予了教师教学工作的多方面认可。世界一流大学主要通过两种方式将教学学术纳入教师晋升制度之中，以鼓励教师发展教学学术能力。

其一，设立教学型教授岗位。教学型教授作为一种新的职称，不仅为大学教师学术职业的多元化和提高大学教学质量提供了支持，也有助于稳定高校教师队伍。多伦多大学是北美首批聘用教学系列教职员工的大学之一，这一创新体现了多伦多大学对卓越教学和优化学生学习体验的承诺。自 2015 年 7 月 1 日起，多伦多大学对教学系列的教师专业职称进行了改革，用教学系列的助理教授、副教授和教授的职称代替之前的讲师和高级讲师的职称。教学系列的助教、副教授和教授的全职任期通常为 1—3 年。教学系列的教职员工为多伦多大学提供了一流的教学技巧、创新的教育领导力和革新教学的精神。多伦多大学的副校长兼教务长谢里尔·雷格尔表示，这是多伦多大学教学系列的教职员工首次拥有教授的职称和头衔。这一新职称反映了教学在大学的核心地位。此外，为了提高教学型教师的稳定性，多伦多大学将现有的五年合同制的教学型教师转为长期聘任的教师。无独有偶，密歇根大学也积极推行教学型教授的政策，规定教师职称晋升时，教学评等要在 B+以上。概言

---

① Ernest L. Boyer, *Scholarship Reconsidered: Priorities of the Professoriate*, Princeton: Princeton University Press, 1990, p.44.

之，教学系列的教职提高了教学型教师的地位，这不仅有助于高校吸引更优秀的教职员工，还能够帮助研究生更好地理解教学型教师工作的重要性，增加研究生将来申请教学系列职位的意愿。

其二，在教师职称评审标准中增加教学学术的要求。斯坦福大学第八任校长唐纳德·肯尼迪曾指出，如果教师的录用和晋升取决于研究成果的话，并且在制定薪金待遇时忽视杰出的教学表现，那么，所有的告诫和批语，对改变教师的行为做法都不会有什么作用。[①] 为提高教师对教学学术的关注，加州大学和哈佛大学等世界一流大学开始优化教师晋升制度。

加州大学重新审查其教师晋升制度，经过为期一年的研究，一个专门研究教师晋升制度的委员会得出结论，减少研究在教师晋升中的比重。[②] 该委员会在报告中指出，教师为晋升职位往往会陷入一个寻求研究资金和发表学术著作的"恶性循环"，尤其是在初级教师中，他们发现自己没有足够的时间和学校支持来充分参与教学学术及公共服务。因此，在教师晋升决策中，应更加重视教学、专业活动和公共服务。加州大学伯克利分校明确规定高质量的教学是教师任命、晋升或提拔的必要条件。任命为终身教职的候选人必须具备卓越的教学学术能力，以有效、创新和恰当的方式为学校的教学做出了巨大的贡献。在评判候选人的教学水平时，委员会应考虑如下几点：候选人对学科的深入掌握情况；在学科领域的不断进步；组织材料并以清晰且逻辑的方式呈现材料的能力；让学生掌握各学科之间的关系的能力；培养学生的独立精神和推理判断的能力；激发低年级学生的好奇心，鼓励他们追求高标准，并激励高年级学生进行创造性工作的能力；个人特质如何影响教学和学生；候选人在指导、辅导和咨询学生方面的参与程度和技巧；在为所有学生创造一个开放且包容的学术环境方面的效果，包括为各种代表性不

---

① [美]唐纳德·肯尼迪：《学术责任》，阎凤桥等译，新华出版社2002年版，第114页。
② Jack McCurdy, "Reduced Research Role Sought in U. of California Promotions", （1991-11-20）, https://www.chronicle.com/article/reduced-research-role-sought-in-u-of-california-promotions/. （2023-07-18）

足的学生群体的教育进步制定有效策略。①

哈佛大学文理学院于2007年颁布了《增强哈佛教学契约》，该报告建议在教师任命和晋升中进行教学考核，并对从研究生助教到初级教师再到终身教授的一流教学给予丰厚的奖励，从而将卓越的教学与薪资调整、教师任命和职业发展更一致、更明确地联系起来。哈佛前校长博克曾指出该报告对教学的重大意义，他说："几十年来，大学一直被批评对教学质量关注太少。这份报告为解决这个问题做出了我所见过的最全面的努力，从而改善了哈佛的学习过程。"② 进而言之，将卓越教学与教师职称晋升联系在一起，有助于提升大学教学的地位，视教学和科研同等重要。除了哈佛大学外，英属哥伦比亚大学也在最新的教学研究型职称晋升标准中要求教师要有教学创新能力、教学学术领导力、教学学术的学科贡献等，以证明教师具有教学学术能力。澳大利亚的新南威尔士大学也修订了教师晋升的指导方针和目标，允许教师在晋升一般职称和最高等级的学术职务时，将教学学术成果及教学学术能力作为主要的考核标准。概述之，对教师来说，晋升和终身教职是一种"持续"的奖励，因为成功晋升或取得终身教职后，教师的薪资也会持续增长，③持续增长的奖励更能驱动教师发展教学学术能力的可持续性。

（三）改革教学学术评价制度

教学评价制度是大学教师管理工作的重要内容，它不仅反映社会大众对高等教育教学活动的现实需求，而且是保障高校教学质量和促进大学教师专业发展的重要手段。传统的偏重科研产出的学术评价制

---

① Berkeley Center for Teaching & Learning, "University of California's Academic Personnel Manual Section Ⅱ. Appointment and Promotion", https：//teaching. berkeley. edu/connect/consultations/documenting-and-improving-teaching-effectiveness/advancement-and-promotion. （2023-07-22）

② Ken Gewertz, "Task Force Proposes 'Compact' for Excellent Teaching", （2007-02-01）, https：//news. harvard. edu/gazette/story/2007/02/task-force-proposes-compact-for-excellent-teaching/. （2023-07-25）

③ Denise Chalmers, "Progress and Challenges to the Recognition and Reward of the Scholarship of Teaching in Higher Education", *Higher Education Research & Development*, Vol. 30, No. 1, 2011, pp. 25-38.

度侧重关注大学教师在学科研究方面所取得的研究成果，并将其论文、著作出版，以及将项目来源地作为主要的评价内容，忽视教师对大学教学的贡献。这种倾斜的评价制度具有很大的片面性，无法通过评价激发广大教师参与教学学术的积极性以及发展教学学术能力的意愿。教学学术的出现为改变"重科研、轻教学"的学术评价制度提供了契机。教学学术评价制度在评价中充分考虑教学和科研两方面的成果，反映了教师学术的真实情况，有利于促进教师教学学术能力可持续发展。很多世界一流大学为回归教学育人的功用，提高大学教学质量，将教学学术作为教学评价的指导思想，建立了与教学学术相匹配的教学学术评价体系。具体而言，世界一流大学主要从以下几个方面改革教学学术评价制度。

首先，丰富教学学术评价的内容。教学在决定教师晋升和奖励方面发挥着重要作用，因此，对教学学术评价的内容做出明确的规定是至关重要的。加州大学伯克利分校从多个方面对教学学术评价的内容进行了规定。①课程设计方面：课程是否有效；课程目标是否合理；课程要求是否明确地说明并清晰地传达给了学生；课程是否持续更新以反映该领域的最新进展。②课程内容展示方面：教师是否表现出对课程内容的热情；教师是否清晰且有逻辑地呈现课程内容；教师是否激发了学生的好奇心；教师是否鼓励了学生开展创新性的工作。③学科掌握方面：教师是否具备了所教课程的渊博知识；为了掌握当前的研究前沿，教师是否进行了相关研究和阅读。④对课程和教学的贡献：教师是否开发了教学材料，如教科书、录像带、幻灯片以及与教学相关的出版物等；教师以何种方式参与院系或校园的课程设计或课程开发工作。⑤指导学生研究：教师在指导研究生和本科生的研究项目方面的积极性。⑥咨询：教师解决学生疑问的时长，如职业规划、学习困难等。⑦指导研究生助教：教师在培训和监督研究生助教方面所做的努力。威斯康星大学也注重教学学术评价内容的全面性，既考虑教师在单个学科领域的成就，也评估教师在跨学科领域的研究成果和教学表现。

其次，利用教学学术的评价工具。评价工具有助于提高教学学术评价过程的公平性和客观性。教学档案袋是世界一流大学常用的一种评价工具。教学档案袋记录了教师一定时期的教学情况，基于时间或者事件，经过长期地、有目的地、有计划地积累而形成的反映教师教学实践的过程性资料和信息资源，被视为是一种结构良好的反思教学实践的工具。[①] 教学档案袋能够提供教师进行教学学术研究与实践的各种证据，也被视为一种全面、真实、有效地对教师教学能力和专业能力进行评价的工具。加州大学伯克利分校将教学档案袋作为教师业绩考核、聘用、职称晋升和终身教授职务评选的重要评价手段。该校规定教学档案袋必须包括以下内容：（1）系里总结候选人教学情况的信件。系主任的信件是教学档案的重要组成部分。系主任的信件将描述系里教学评估的程序、候选人教学的水平，以及评估候选人教学所依据的证据。（2）系特设委员会关于职业中期审查、晋升终身教职和教授的报告。针对这些类型的审查，各系召集一个由两名或两名以上的教师组成的特设委员会来审查数据并评估候选人的教学表现。（3）候选人陈述。提供一份关于教学法的书面陈述，包括特定课程的教学目标和教学策略的选择，以及对自己的教学做出自我评价，并回应系主任和学生对其教学表现的评价。（4）所教授课程的介绍。包括按课程编号和注册人数列出的课程列表，对这些课程进行评价，指出哪些是新课程、哪些是团队教学等。（5）指导学生研究的状况。介绍候选人在指导高级论文、硕士生和博士生研究以及博士后学者方面的成就，以及列出成功完成学位工作的研究生人数，并指出每位学生的入学日期。（6）同行评估。熟悉候选人教学领域的同事对候选人教学表现评价的报告或信件，并列出对候选人教学评价的判断依据，如课堂观察、教案审查等。（7）学生评价。提供审查期间教授的每门课程的某种形式的学生评价数据（如期末学生评分）。数据应包括学生对教学的评价总结和足够的"原始"数据（即有代表性的学生评论），以便评审人员能够从学生的角度评价候选人的教

[①] 李志河：《高校教师教学学术水平评价指标体系建构及其应用研究》，博士学位论文，北京师范大学，2018年，第61页。

学。(8) 校友评价。候选人以前的学生以及研究生助教对候选人教学表现的评价。①

最后，邀请多方参与教学学术评价。每所大学或每个院系都应该有一种独特的教学学术评价文化，旨在支持和鼓励卓越的教学。因此，各学校应努力改进和完善其教学学术评价方法，并设法使其具有公平性、支持性和鼓励性，而不是调查性或惩罚性。加州大学伯克利分校注重教学学术评价主体的多元性，通过同行评价、目前学生的评价、毕业生评价、研究生助教评价及自我评价，以确保对教师教学学术评价的客观性和公平性，进而增加教师发展教学学术能力的信心。(1) 同行评价。与候选人具备相同专业背景的同事最适合对候选人进行评价，他们能有效地评价候选人的课程设计和组织的有效性、教学大纲和讲义等教学材料选择的恰当性，以及作业布置的适切性等。(2) 目前学生的评价。候选人目前的学生能够评论候选人清晰沟通的能力、课程准备的广度和深度、课堂时间利用的有效性、对学生在课堂中可能遇到的困难的敏感度及有效解决课堂问题的能力、课程内容的时效性以及候选人知识的掌握程度。(3) 毕业生评价。已经毕业的学生可以对候选人教学的长远效果发表评论，例如，候选人的课程对毕业生的高级学习或在未来工作准备方面所起的作用。(4) 研究生助教评价。如果候选人与研究生助教一起授课，那么研究生助教可以评价候选人课堂准备的情况以及在课堂上的表现。(5) 自我评价。候选人的自我评价既可以是描述性的，也可以是评估性的，可能涉及诸如教学目标和理念、参与课程项目、提高教学效率的策略等问题。总的来说，这种自上而下、不同层次的评价，有助于从不同方面全面且客观地对教师教学效果作出评价，有效地避免了单一评价的狭隘性和片面性。

概而言之，科学、合理的教学学术评价制度，在评价内容方面，注

---

① Berkeley Center for Teaching & Learning, "Campus and Office of the President Policies on Evaluating Teaching", https://teaching.berkeley.edu/resources/improve/documenting-and-improving-teaching-effectiveness/campus-and-office-president. (2023-07-29)

重教学内容的丰富性；在评价方式上，强调评价的公平性；在评价主体上，注重评价的全面性。诚然，这种教学学术评价制度不仅可以纠正传统评价中的不正之风，实现校风、学风和教风的根本性转变，还可以鼓舞教师投身教学、发展教学学术能力的士气。

二 提供外部支持，营造教学学术环境

学校在教师发展教学学术能力方面起着非常重要的作用，学校为教师教学学术能力发展提供的外部支持影响着教师教学学术能力发展的水平。学校领导者要对教师的需求保持敏感，并在必要时根据教师需求做出改变，以支持和促进教师教学学术能力的发展。[1]

（一）建立教学学术项目

建立教学学术项目是促进教师发展教学学术能力的关键举措。通过教学学术项目，对教师职前和职后进行培训，有助于确保研究生助理、新教师及经验丰富的教师都得到发展教学学术能力的支持。

1. 教师职前教学学术项目

英属哥伦比亚大学致力于创造一个重视教学的环境，在职前和职后为教师设立了不同的教学学术项目，以期发展教师不同阶段的教学学术能力。在职前阶段，英属哥伦比亚大学的教学、学习和技术中心通过两个主要的研究生教学学术项目来发展职前教师的教学学术能力：学校内部的研究生项目和院系的助教培训项目。学校内部的研究生项目直接向教学、学习和技术中心的研究生提供关于教学和相关主题的工作坊、研讨会、证书项目和一对一教学指导，主要包括教学技能工作坊和高级教学与学习认证项目。其中，为期三天的教学技能工作坊是为对发展和增强教学技能感兴趣的研究生提供的 24 小时的专业发展课程。该项目既适用于教学新手，也适用于希望更新和加强自己技能的教师。高级教学与学习证书项目于 2015 年 9 月启动，是一个为期一年的教学发展项目，

---

[1] Katarina Mårtensson, Torgny Roxå and Thomas Olsson, "Developing a Quality Culture Through the Scholarship of Teaching and Learning", *Higher Education Research & Development*, Vol. 30, No. 1, 2011, pp. 51-62.

旨在为希望从事高等教育职业的研究生做准备，支持研究生教学专业能力发展，在更广泛的范围内培养一批适合担任未来教育领导角色的研究生。[①] 该项目由四部分组成，具体包括：①混合小组学习。每月进行两次 2 个小时的小组讨论，并且每月还要完成 2 个小时的在线学习。②实习。每学期至少开展 2—3 次实习，在实习学校教授 2—3 次至少 1 个小时的课程。为了满足实习要求，学生必须是所教课程的主要或唯一的课程设计者，并且单独完成所教课程。③指导。学生与选定的一位导师合作，导师允许学生每学期观察导师授课的 1—2 堂课。学生将其进行的课堂观察作为他们对教学实践反思的基础，这些反思将被学生纳入在线和面对面的小组讨论中。另外，导师会针对每个学生的情况及时为学生提供教学反馈。④教学学术研究。基于学生在实习中所做的工作，参与一个小规模的教学学术试点项目。

英属哥伦比亚大学还成立了助教培训项目。教学、学习和技术中心的助教培训项目与各个学院合作，协助开发培训计划和资源，以解决各个学科中出现的特殊教学问题。[②] 该项目在三个关键领域提供支持：（1）需求评估：根据系内助教的教学需求，制订系和学院的助教培训计划。该项目的负责人与各院系合作，咨询教职员工、研究生和本科生，以确定其院系助教的现实实践情况，评估这些实践的影响，并确定相应的助教培训计划，以针对性地培养和发展助教的教学学术能力。（2）咨询/协助：在助教培训项目的开发、实施和评估的多个阶段，教学、学习和技术中心都会协助各院系，如帮助没有助教培训项目的院系申请资金、帮助院系设计基于教学理论和研究及其助教的特殊需求，制订学科助教培训计划、协助院系重新设计培训课程，并提供有经验的同行专家来协助培训助教。（3）能力建设：教学、学习和技术中心可以

---

① University of British Columbia, "Certificate Program in Advanced Teaching and Learning", https：//ctlt.ubc.ca/programs/all-our-programs/graduate-program-in-advanced-teaching-and-learning/. （2023-08-01）

② University of British Columbia, "TA Training Program", https：//ctlt.ubc.ca/programs/all-our-programs/ta-training-program/. （2023-08-03）

帮助各院系为自己的助教培训构建实践能力。教学、学习和技术中心设有一个助教培训实践社区和导师培训计划，以协助各院系为将担任导师的研究生做好准备。

威斯康星大学麦迪逊分校的研究、学习与教学整合中心也实施了教学学术研究生项目，训练自然科学领域的研究生和博士后使用教师和研究者的技能和方法研究学生的学习。完成该项目的学生会获得一份证书。研究、学习与教学整合中心的领导者、威斯康星大学麦迪逊分校的天体物理学家罗伯特·马蒂厄曾言，该证书非常受欢迎，证书本身的意义并不大，真正重要的是学生在此过程中获得的能力对他们未来职业发展的重要性。[1]

2. 教师职后教学学术项目

为保障教师教学学术能力的可持续发展，英属哥伦比亚大学还开发了专门针对职后教师的教学学术项目，包括新教师教学发展项目、教育领导力等相关的一系列项目。

新教师教学发展项目主要针对所有新入职两年内的教师和教授本科生或研究生课程的博士后开展的教学培训，新入职的教师几乎没有或根本没有教学经验，或接受过相关的教学培训。[2] 该项目的目标是提高教师的教学技能、让教师更全面地了解教学资源与教学研究、培养教师的学校归属感和共同体意识以及使用循证评价、反思性实践、跨学科知识开展学术性教学活动的能力等，进而促使教师尽快度过教师新手期，着眼于其教学学术能力的提高。加入该项目的教师需要参加与创造课堂氛围、全纳教学、专业发展等相关的工作坊、教学技能研讨会、线上讨论等活动。新教师参与工作坊及研讨会的过程，不仅有助于教师增加与其他教师的交流和合作，还有助于教师自身专业能力的提高。

---

[1] Pat Hutchings, Mary Taylor Huber and Anthony Ciccone, *The Scholarship of Teaching and Learning Reconsidered: Institutional Integration and Impact*, San Francisco: Jossey-Bass, 2011, pp. 61-62.

[2] University of British Columbia, "Teaching Development Program for New Faculty", https://ctlt.ubc.ca/programs/faculty-programs/new-to-ubc/teaching-development-program-for-new-faculty/. (2023-08-05)

培养教师教育领导力既有助于教师自觉地发展自身的教学学术能力，也有助于发挥教师在教学学术共同体中的带头作用，带领教师同行共同投入教学学术研究，提高整个教师群体的教学学术能力。与培养教育领导力相关的项目是指在培养教师教学设计、课程开发等能力的基础上，着重培养教师在同辈群体中的教学领导力的项目。英属哥伦比亚大学将教育领导力定义为："在英属哥伦比亚大学及其他地方为推进教学创新所采取的行动，其影响不仅仅局限于教师个人的课堂之中。"[①] 英属哥伦比亚大学的教育领导力项目主要包括：（1）课程更新项目。教学、学习和技术中心采取定制化和灵活性的方法，在证据的基础上，为各院系教师在课程更新方面提供支持，以培养教师的教育领导能力。课程更新项目为教师提供了一个探讨课程和学习活动如何相互促进的机会，并基于实际情况对课程进行更新，以改善学生的学习体验。（2）教学同行评审项目。在英属哥伦比亚大学，同行评审是对教学进行全面评估的既定做法。作为职业发展和成长的一部分，教师通常会参与对教学同行的评审。通过同行评审，教师有机会从同事那里获得有效的教学反馈，并根据反馈结果形成新的教学策略。（3）教学和教育领导力项目。该项目是国际项目的一部分，为教师思考教学的各个方面及如何更好地进行教学提供了一个框架。（4）实践共同体项目。实践共同体由一群对教学充满热情的教师组成。这些教师定期就感兴趣的话题或项目进行批判性的讨论、跨学科的合作，主要涉及教学学术和教学档案等领域的合作。

此外，英属哥伦比亚大学还通过教育领导力确立教师教学职称，以激励教师从事教学学术研究，发展教学学术能力。英属哥伦比亚大学于2010年引入"教学教授"职称，并将教育领导力作为评定"助理教学教授""副教学教授""教学教授"职称的重要标准之一。具体而言，助理教学教授的标准是具备学术能力、教学能力以及具有教

---

① University of British Columbia,"Educational Leadership",https：//ctlt.ubc.ca/programs/all-our-programs/teaching-and-educational-leadership/.（2023-08-05）

育领导力的潜力。如达到上述标准，在任职的第五年，助理教学教授可以被晋升为副教学教授。副教学教授的标准是教学能力卓越，参与过课程开发和创新，并且已具备教育领导力，副教学教授在任职的第五年后可以被晋升为教学教授。教学教授的标准是在教学和教育领导力方面有卓越的成就，在课程开发、教学设计以及其他能提高英属哥伦比亚大学教学的项目中有持续且创新性的贡献。哈佛大学也实施了类似于英属哥伦比亚大学的教师教育领导力项目。该项目是哈佛大学教育学院设立的，它为正在准备提高个人教学能力和发展教师领导力的教师提供技能、知识及专业网络等支持，[①] 以促进教师教学学术能力的发展及提高学校整体的教学质量。总的来说，教师领导力项目在培养教师领导力的基础上，卓有成效地促进了教师教学学术能力的发展。

另外，越来越多的世界一流大学还要求教师在职称晋升时递交教学资格证书，以表明教师的教学能力符合晋升要求。伊利诺伊大学厄巴纳—香槟分校的教学创新中心设立了多种类型的教学证书项目，旨在促进伊利诺伊大学厄巴纳—香槟分校所有教师的教学学术能力的发展，满足其职业发展需求。教学证书项目主要包括教学基础证书，该证书为课堂经验少于两个学期的教师提供教学指导，进而使其更好地为从事教学学术活动做好准备；研究生教师证书通过指导助教记录教学经验及利用学生反馈，帮助他们发展教学技能和提高反思实践的能力；教师学者证书基于学科的角度为教师探索教学法提供了一个结构化的过程，鼓励教师成为学者；技术强化型教学证书鼓励教师探索教育技术，并实践和评估技术，以提高教学效率。[②]

（二）搭建教学学术共同体

教师教学学术能力的发展不仅仅是教师的个体性活动，更是教学学

---

① Harvard Graduate School of Education，"Master's Program Teaching and Teacher Leadership"，https：//www.gse.harvard.edu/degrees/masters/program/ttl.（2023-08-05）

② University of Illinois Urbana-Champaign，"27th Annual Celebration of College Teaching Awards"，https：//citl.illinois.edu/citl-101/teaching-learning/teaching-certificates/2023-celebration-of-college-teaching.（2023-08-07）

术共同体的努力。教学学术共同体是以教学学术为基本的建构追求，以教学问题为基点，以创新教学、提升教学学术能力与培养创新拔尖人才为目标，在教学学术探究交流活动中构建起来的兼具实践与研究特性的群体。胡博和赫钦斯提出，教学学术共同体可以为交流教学问题、分享教学成果提供场所和渠道，从而为教学创新提供契机。教学学术能力的发展需要依托共同体的建设，从而促使教师在合作交流的共同体环境中实现教学与科研的良性互动，打造高水平的教师队伍。从世界一流大学的教学学术共同体建设来看，举办教学学术会议、建立专业的学术期刊、设立专门的教学学术组织、构建网络教学学术平台等成为主要方式。

首先，教学学术会议是大学教师交流经验、分享教学知识的主要平台。英属哥伦比亚大学的教学学术年会每年举办一次，校内教师在教学学术年会上围绕自己的教学学术成果进行主题汇报与讨论，形成教学学术成果交流和共享机制。2019—2023年，上海交通大学每年举办一次中国高校教学学术年会。年会的主题反映了不同时代对教学学术的要求。2019年第一届中国高校教学学术年会以"教学学术视野下的教学故事"为主题。在教育部"六卓越一拔尖"计划启动的大背景下举办全国首届教学学术大会，对于推动教学学术的发展、引领教与学的变革、推动高校人才培养质量的提高，具有重要的意义。第二届中国高校教学学术年会主题为"教学学术助力教学质量提升"，反映了新时代中国高等教育高质量的需求。第三届教学学术年会围绕"反思与展望：教学新常态下的教学学术"的主题展开深度对话，着重探讨了后疫情时代教学学术发展的新方向与新路径。第四届教学学术年会的主题为"教学学术：从学习成效到学生成才"，聚焦于创新驱动战略对人才的培养需求，重点关注学生的学习效果和全面发展，从学生的视角出发，深度探讨符合学生成长成才规律和满足其个性化需求的教学活动与策略。第五届教学学术年会以"教学学术：融合教育与创新型人才培养"为主题，聚焦于人工智能对人才的需求和因疫情而催生的混合式教学生态，探究基于循证的面向世界、面向未来、面向需求的科技创新人才培养规律。

此外，北京理工大学成功举办了 2020 年和 2022 年由北京理工大学主办、国际教与学学术学会等协办的"2020 中国教与学学术国际会议"和"2022 中国教与学学术国际会议"。会议的主题分别为"教与学学术：国际视野与本土实践""教学学术：跨越边界"。概言之，教学学术会议为国内外高校一线教师和教学发展研究员搭建了教学学术交流平台，促进了教学学术交流、分享、展示和协同创新，有利于推动教学学术的发展，提升教与学的变革，提高高校人才培养质量。除了教学学术会议外，世界一流大学还成立了工作坊或习明纳进行教学学术研究和交流。

其次，教学学术期刊是大学教师公开分享教学学术成果的主阵地。成果的公开化是教学学术的特征之一。教学学术期刊为大学教师提供了公开发表教学学术成果的平台，保障了教学学术成果的交流与共享。印第安纳大学出版了《教学学术杂志》和《教学技术杂志》，佐治亚南方大学主办了《教学学术国际期刊》。相较于国际上教学学术的研究和探索，中国的教学学术发展尚处于探索阶段，还有很大的研究空间。基于此，上海交通大学教学发展中心于 2021 年特创办《教学学术》期刊，以期通过定期出版教学学术成果，为广大一线教师和教学发展研究人员搭建交流与分享的平台，推动和促进高校教学学术的共同发展。

再次，专门的教学学术组织。教学学术组织能够更有针对性地为教师发展教学学术能力提供支持。英属哥伦比亚大学成立了教学学术的专门组织——教学学术研究所。该机构成立于 2004 年 5 月，主要目标是为致力于发展教学学术能力的教师提供培训和专业发展的机会，支持教师从事反思性实践和教学研究，以促进教师专业发展。① 教学学术中心为发展教师教学学术能力提供的支持主要有五个方面：①资金：设置教学学术种子项目和教学学术传播基金，为开展和传播教学学术工作的教师提供资金资助。②活动和专业发展：全年开展一系列教学学术活动，

---

① The University of British Columbia, "Institute for Scholarship of Teaching and Learning (ISOTL)", https://isotl.ctlt.ubc.ca/about/isotl/#. (2023-08-12)

以促进对教学学术感兴趣的教师之间的学术互动。活动的形式主要是圆桌会议、讨论、演讲和互动式工作坊等,形式多样的活动为教师分享教学学术成果、建立教学学术网络及同行评审提供了机会。③组织教学学术共同体开展集会:这是一个全天举行的活动,邀请教学学术学者、新教师和学生围绕教学进行对话,以推进教学学术工作。④教学学术中心时事通讯:向英属哥伦比亚大学的教学学术共同体通报学校内外即将举行的教学学术活动,共享教学学术资源,并呈现学校教师的教学学术工作情况。⑤咨询与合作:教学学术中心团队可以提供包括教学学术成果出版等方面的咨询,也可以与校内教师开展学术合作。此外,教学学术中心于2020年成立了跨学科咨询委员会,旨在为教学学术中心的教学学术活动和规划提供咨询、战略建议以及反馈,如指明可以开展的教学学术活动方向,就如何调整教学学术中心的规划与学校战略计划保持一致提供建议等。

除了正式的教学学术组织,明尼苏达大学药学院成立了教学学术期刊俱乐部,这是一个非正式的教学学术爱好者小组,由沃林药学教育创新与学术研究中心赞助。对教学学术感兴趣的明尼苏达大学药学院的研究生、住院医师和药学教职员工都可以参加该俱乐部。教学学术期刊俱乐部旨在为教学学术爱好者建立一个平台,定期阅读和讨论目前药学领域的研究方向,激发未来教学学术研究的思路,并在交流讨论中,从他人那里学习最佳的教学学术实践。① 每周周五9—10点教学学术期刊俱乐部举行固定聚会,有兴趣的参与者根据自己的时间灵活参加每周的聚会,不必每周都必须参加。每周阅读内容不是预先确定的,而是根据小组的兴趣和新发布的文章决定阅读的内容。阅读不仅能帮助小组成员了解药学教育中的创新成果,了解新的教学学术方法,还能有助于小组成员成为更好的作家、评论者和学者。阅读完文章后,该俱乐部的小组成员会根据阅读内容进行讨论。迄今为止,讨论的主题领域有教学话题、

---

① University of Minnesota, "SOTL Journal Club", https://www.pharmacy.umn.edu/wulling-center-innovation-scholarship-pharmacy-education/our-work/sotl-journal-club. (2023-08-08)

药学教育中的问题和技巧、教学学术和教育研究的资源和策略等。除了阅读，教学学术期刊俱乐部大约每月邀请一次作者参加，并讨论他们的作品。英属哥伦比亚大学的教学与技术中心于2013年也成立了教学学术期刊俱乐部。教学与技术中心会提前在活动网站上发布预选文章的链接、相关资源列表以及阅读每篇文章时需要思考的一些问题。然后，俱乐部成员根据阅读的文章在俱乐部举行活动时进行分组讨论。概言之，教学学术期刊俱乐部为教学学术爱好者提供了让同行讨论和评审有关教学学术文章的平台，不仅能让教学学术爱好者进一步修改和完善自己的文章，也能够驱动教师教学学术能力的提高。

威斯康星大学也有专门的教学学术共同体。教师学院是受美国学院和大学协会、高等教育委员会和全国高校系统负责人协会的启发而设计的学院，是开展威斯康星大学教学研究院和学者项目活动的教学学术实践共同体。威斯康星大学系统的13所大学都有机会受邀参加教师学院为期一年的教学学术活动。活动的安排为上午进行全体研讨会，下午进行小组讨论，晚餐后会有篝火晚会等活动。[①] 这些活动为参与教学学术活动的教师提供了建立联系和交流的机会。在交流过程中，教师可以就某一具体教学问题展开平等交流，分享经验，在这一交流过程中有可能催生合编书籍及创建跨学校的教学小组等创新性的合作项目。

最后，除了实体的教学学术共同体外，世界一流大学还致力于利用信息技术搭建在线教学学术共同体，旨在扩大教学学术的影响力。麻省理工学院于2001年开展了开放式课件项目，该项目是一个大规模的基于网络的电子出版项目，免费为数百万学习者和教育工作者分享麻省理工学院所有学科的教学材料，如课程大纲、教学计划、课堂笔记、阅读清单及模拟试题等。开放式课件项目不是一个静态的项目，随着技术的进步和学术领域的发展，麻省理工学院持续更新开放式课件项目中的内容，以确保其内容始终都是最新的。用户不用注册，可以随时随地按照

---

① University of Wisconsin System, "43rd Annual Faculty College 2023", https://www.wisconsin.edu/opid/faculty-college-2023/. （2023-08-14）

自己的节奏浏览和使用开放式课件项目中的学习内容。开放式课件项目不仅受到了来自全球教育工作者和学生的欢迎,还受到世界各地人民的关注,尤其是在那些资源有限、渴望高质量教育资源的地区。此外,该项目还驱动麻省理工学院的教师反思自己的教学,分享最佳的教学学术实践,并从同事和全球教育工作者身上汲取优秀的教学学术经验,进而提高自身的教学学术能力。总的来说,开放式课件项目是开放教育的里程碑,其领导了一场免费获取知识的全球革命。[①] 它不仅为本校教师发展教学学术能力提供在线平台,也为全球提供高质量的学术资源,树立了一个全球教学学术共同体的榜样。

威斯康星大学为了通过教学学术研究提高教师教学实践,并构建一个多院校的学术合作机制,建立了教学学术指导网站。该网站为威斯康星大学系统内所有分校的教学学术研究者发布教学学术信息、公布教学学术工作状况及发表教学学术文章提供了一个平台,并且通过该网站可以链接到威斯康星大学系统各个分校的教学网站。教学学术指导网站的任务和使命是在大学系统的所有分校中增进对教学进行学术性探究的实践知识,推动教学学术实践,支持各分校在教学学术工作方面的相互合作,以及选出在课堂探究实践和原则方面的专家教师组成核心小组来推进教与学学术实践。[②]

(三) 开发数字教学工具

人工智能等信息技术的快速发展驱动了大学教学的变革,越来越多的数字教学工具被广泛应用于大学教学中。这些工具的使用,不仅改变了传统的教学模式和方法,也为教师发展教学学术能力提供了便利,使得教学更加高效、灵活和有趣。世界一流大学为在数字化背景下提高教师教学学术能力,致力于借助信息技术开发数字教学工具。

密歇根大学大力鼓励教师和学生开发数字教学工具。密歇根大学信息与教育学院拜瑞·费舍曼教授和博士生于2012年共同开发了Grade-

---

① Massachusetts Institute of Technology,"MIT Open Course Ware",https://ocw.mit.edu/about/.(2023-08-07)

② 王玉衡:《美国大学教学学术运动》,北京师范大学出版社2012年版,第111页。

Craft 软件，获得了密歇根大学学习分析特别工作组的资助以及该大学第三世纪倡议的 188 万美元拨款的支持。GradeCraft 是一款游戏化的学习管理系统，在 2017 年通过 Canvas 课程管理系统向密歇根大学所有教职工开放。它将游戏化的原则和实践融入学习环境中，旨在提高学生的参与度、动机以及学习成果。对教师而言，GradeCraft 是一个有价值的数字教学工具，为教师提供了一个包含丰富数据和反馈工具的教学管理平台。教师可以根据自己的教学需求和目标来定制 GradeCraft，使其符合他们的课程要求。通过 GradeCraft 的数据分析和跟踪功能，教师可以更快、更准确地了解学生的学习情况，及时发现学生的学习困难和问题，从而调整和改进教学方法。另外，GradeCraft 具有讨论区和社交媒体整合功能，教师可以更方便地与学生和家长进行沟通和交流，提高学生的学习参与度和满意度。

但对教师来说，使用 GradeCraft 教学具有一定的挑战性。对于不熟悉游戏式教学或新技术的教师来说，学习如何有效地使用 GradeCraft 可能需要投入大量的时间和努力。另外，并不是每个教师都能合理地设置课程中的每个任务，教师需要恰当地确定好学生必须完成的任务以及学生可以自主完成的任务，并且教师要根据学生的实际学习状况，动态地调整个别学生的学习目标。鉴于这些挑战，密歇根大学设置了专门的游戏学习实践群和游戏学习实验室。游戏学习实验室主任雷切尔·尼默表示，游戏学习实验室致力于帮助密歇根大学及其他学校的教师改进教学，以改善学生学习的体验。[1] 2017 年，密歇根大学安娜堡分校将 GradeCraft 投入市场，以惠及更多教师和学生。总体而论，GradeCraft 为教师发展教学学术能力提供了一款功能强大的数字教学工具，可以帮助教师精准地了解学生的学习情况，便于教师及时地调整教学策略，在很大程度上提高了教学效率和质量。

---

[1] Laurel Thomas,"U-M's Successful Gameful Learning Technology Available to Other Institutions",（2017-06-20），https：//news.umich.edu/u-m-s-successful-gameful-learning-technology-available-to-other-institutions/.（2023-08-12）

三 激发教师教学学术动力，促进教师发展

作为大学的重要主力军，教师是实施教学学术、发展教学学术能力的关键主体。除了外界的支持外，教师自己也需要寻求自身发展，夯实教育教学知识基础，秉承"以学生为中心"的教学理念，积极开展教学研究，并在此基础上，将研究成果分享给学生或同行，与他们进行分享和交流。

（一）夯实知识基础

知识不仅是大学教师的立身之本，也是发展教师教学学术能力的基石。除了具备扎实的学科专业知识外，教师还要了解其他学科的知识，以及精通丰富的教育教学理论知识。专业知识有助于维护教师的专业性和权威性；教育教学理论知识有利于教师理解大学教学的特点与规律，熟知大学教学的手段与方法；其他学科的知识能够助力教师开展跨学科合作。由此观之，知识对于发展教师教学学术能力的重要性是不言而喻的，教师需要不断学习和丰富自己的知识储备，提高自己的教学学术能力，以便更好地为学生提供优质的教学服务。

上海交通大学 C 老师在教学方面不断取得卓越成绩，多次获得教学奖，如第十届卓越教学奖、唐立新教学名师奖及优秀教师一等奖等。尽管 C 老师已经在教师方面取得了傲人的成绩，但她仍然始终坚持终身学习的理念，不断学习和丰富自己。C 老师认为，每位老师在读书时所学的知识并不足以支撑大学所有的教学工作，且教学理念、教学方法、教学模式等并非老师与生俱来的。[①] 因此，老师必须不断学习，提升认知水平和教学技能，这样才能更好地发展教师的教学学术能力，进而更加有效地开展教学工作。C 老师多次参加学校教学中心组织的活动，积极学习教学相关的理论知识，这对 C 老师的教学工作有很大的帮助。例如，C 老师在学习"脑科学"知识时了解到：单纯的理论教学效果仅有

---

① 张兴旭：《让高数课堂"燃"起来——从教学体系走向学习体系》，https：//ctld.sjtu.edu.cn/news/detail/915，2023 年 2 月 27 日。

28%,只讲例子的情况下教学效果不足 20%,若是讲一个理论加两个例子,教学有效率可达 62%。这一研究结论给了 C 老师重要的启示。为了促使学生更轻松地学习高数,提高学习高数的积极性,在后续的教学中,C 老师在此理论的指导下,优化了自己的教学过程。无独有偶,上海交通大学的 T 老师也坚持加强对教育教学理论的学习,旨在切实提高自身的教育教学水平和教学学术能力。T 老师积极学习了建构主义理论、情境学习理论、"做中学"等经典的教育理论,并结合这些教育理论初步形成了项目教学法等多种教学模式。此外,T 老师在教学过程中也适当地给学生分享这些理论,起到了事半功倍的教育教学效果。

(二) 坚持以学生为中心的理念

随着数字化时代的发展,教学作为一种智力活动也发生了质的改变,从关注教师的教转向学生的学。基于学习方式的转变,舒尔曼强调教学学术不仅涉及教师的教,也要关注学生的学。对学生学习的关注意味着教师要坚持以学生为中心的教学理念,该理念是教师开展教学学术研究的第一原则,[①] 也是教师发展教学学术能力的关键之举。

康奈尔大学的阿基拉·赫尔南德兹教授等人坚持以学生为中心的理念,将团队学习的教学策略应用到"生命科学课程导论"的在线课堂之中,旨在激发学生学习的主动性、参与性,提高学生的责任感和归属感,增强学生的合作能力和创新能力。与传统的将教师置于课堂中心的"生命科学课程导论"相比,利用小组合作学习教学策略的课堂坚持以学生为中心,充分考虑学生的需求。虽然小组合作学习使用了与翻转课堂相关的技术,但它们在教学上是不同的。与翻转课堂不同,小组合作学习使用协作学习理论,并通过个人和团队评估建立问责制。[②] 以下是阿基拉教授在讲解达尔文提出的"性选择"课程时,应用小组合作学

[①] Peter Felten, "Principles of Good Practice in SoTL", *Teaching & Learning Inquiry*, Vol. 1, No. 1, 2013, pp. 121–125.

[②] Keisuke Nishigawa, Katsuhiro Omoto and Rika Hayama, et al., "Comparison Between Flipped Classroom and Team-based Learning in Fixed Prosthodontic Education", *Journal of Prosthodontic Research*, Vol. 61, No. 2, 2017, pp. 217–222.

习的案例。

（1）组建小组：按照学科、性别及国籍等多样化的原则，阿基拉教授预先将四个学生分成一组。

（2）课前预习：通过阅读书籍或观看视频等方式，提前学习"性选择"的内容，掌握基本概念。

（3）个人测验：学生独立完成关于预先准备的 5 个多项选择题，只有一次作答机会，不会得到测试结果的及时反馈。另外，学生还需要了解本节课的课程目标。

（4）讲座：提供关于性别进化的概念和进化过程的信息，利用视频和案例研究来提供背景内容。学生通过课程管理系统 Canvas 在课件制作软件 Articulate Storyline 360 上跟着老师学习。

（5）团队测验：小组成员集体完成与个人测验一样的 5 道多选题，完成测试后他们可以互相讨论，达成共识。

（6）应用与分析：在这个环节，探讨"性选择"在织雀长尾巴的形成过程中的作用，并回答相关问题，解决与课程内容相关的实际问题。

完成第 5 周的课后，阿基拉教授要求学生完成同行评估，在 TEAM-MATES 网站上为小组成员提供匿名的反馈。学生还可以为每个小组成员写一两句话，比如这个人对你的团队做出的最有价值的贡献是什么？这个人改变哪些行为后，可以更有效地帮助你的小组取得成功？再把这些反馈发给学生，阿基拉教授会查看这些反馈。同行评估的结果对学生有重要的影响，因为学生会根据评估结果去调整自己的行为。阿基拉教授发现，一些之前不参与同行评估的学生在参与同行评估后变得更负责、更积极了。[①] 同伴评估是一个持续的过程，鼓励学生对小组成员的参与情况和贡献给予反馈。这有助于确保小组中的每个成员都积极参

---

① Lina M. Arcila Hernández, Kelly R. Zamudio and Abby G. Drake, et al., "Implementing Team-based Learning in the Life Sciences: A Case Study in an Online Introductory Level Evolution and Biodiversity Course", *Academic Practice Ecology and Evolution*, Vol. 11, No. 8, 2021, pp. 3527-3536.

与，并为他们的学习和小组承担责任。

教育家叶圣陶曾言："教师之为教，不在全盘授予，而在相机诱导。"教师教学不仅是简单地把知识传授给学生，而是在于启发学生思维，让学生学会学习。总的来说，以学生为中心的小组合作学习对学生而言，不仅仅是帮助学生理解和应用知识，更重要的是，培养学生的批判性思维、问题解决能力、沟通技巧和团队合作能力。对于教师而言，小组合作学习的教学策略既提供了一个与学生进行深入交流的机会，使教学过程更具吸引力和互动性，也提高了教师的教学学术能力。

(三) 开展教学研究

教学研究是教师运用科学的理论和方法，有目的、有计划、有组织地对教学中的问题进行研究，旨在解决教学问题、揭示教学规律，为提高教学质量提供理论依据和实践指导。从教师教学学术能力来看，研究教学是教师通过发现教学问题，用学术的方式探究、整合、拓展、创新和应用教学知识，提高教学效率，发展教学学术能力的重要手段。教师开展教学研究主要通过开发教学学术项目和实施教学学术研究两种方式。

1. 开发教学学术项目

教师自己开发教学学术项目，能够帮助更多教师参与教学学术研究，提高教师队伍整体的教学学术能力。威斯康星大学拉克罗斯分校的比尔·塞尔宾教授等人开发了课程研究项目，旨在通过相关培训支持教师利用课程研究的成果来改善自己课堂的教学，以提高教学质量，改善学生的课堂体验。课程研究是指教师共同开发、讲授、观察、分析和修改课程内容的教学改进活动，是教学学术的一种形式。课程研究项目始于2003年，得到了威斯康星大学拉克罗斯分校和威斯康星大学系统"专业与教学发展办公室"的支持。2003年，16名生物学、经济学、英语学和心理学讲师在他们的课堂上进行了课程研究演示。课程研究团队的主要任务是构建学生如何在其学科中学习知识，制作出可供他人使用的课程，并创建可能用于出版、演示和纳入教学档案的教学手稿。教师可以通过以下步骤开展课程研究项目：

(1) 组建团队：由3—6名教师组成一个课程研究团队；(2) 制定学生学习目标：团队成员明确希望学生通过一节课能够了解并能够做到的内容；(3) 设计课程：团队成员一起设计一个学生能够达到学习目标的课程；(4) 研究计划：团队成员决定观察和收集学生学习的证据的方法和步骤；(5) 讲授和观察课程：团队成员分工协作，一名团队成员讲授课程，其他成员观察并收集学生学习的证据；(6) 分析证据并修订课程：团队讨论结果并评估学生在实现学习目标方面的进展；(7) 记录和传播他们的工作。团队记录课程研究过程，并与同事分享他们的工作。在课程研究过程中，教师全面探究学生的学习、思维以及行为是如何因课堂而改变的。随着教师对学生如何学习和思考以及教学如何影响学生思维有了更多的了解，教师的教学不断得到改进。

课程研究的独特之处在于，课程研究涉及逆向设计，从明确学习过程的目标开始，然后设计导向该目标的教学过程。在课程设计阶段，教师会讨论学生如何对课程的每个环节做出反应。教师试图预测学生将如何理解课程内容，学生可能会遇到什么样的困难，以及什么样的措施可能会帮助到他们的学习。在整个课程研究中，对学生学习的普遍关注将其与其他类型的教学改进活动区分开来。进而言之，教师会基于他们对学生学习方式的想法设计课程；上课时观察学生的学习情况；在课后分析学生的学习情况，以及利用有关学生学习的信息来修订课程。

在高等教育中，课程研究值得花费时间和精力，主要有四个方面的原因。其一，教学改进：课程研究是一个理想的改进教学的方法。与讨论一般教学策略的研讨会和工作坊不同，课程研究直接着眼于教师一个人的课堂。教师专注于学生如何学习，以及什么样的教学活动能够支持学生的学习和思考。通过专注于一节课，教师可以在不进行大量课程修订的情况下，了解学生学习、教学方法、教学目标以及教学内容。其二，教学材料：通过课程研究会得到经过实践验证的课程材料，可供其他教师使用和改编。这种系统化、基于证据的方法使教师能够基于彼此的研究成果进行改进。在课程研究结束时，课程研究团队会对学生如何学习有更深入的了解。其三，教学共同体：课程研究过程有助于围绕教学建立实践共同体。参与课程研究的教师曾言，与同行合作是一种特别有益的体验。课程研究增强了教师对教学目标、教学实践和学生学习的理解。其四，学术探究：课程研究是教学学术的一种形式，集教学与研究、理论与实践于一体，其最终成果适合出版以及与同行分享。

自 2003 年以来，威斯康星大学系统内已有 100 多个课程研究小组、400 多名教师参与了课程研究。[①] 威斯康星绿湾分校和斯托特分校等分校也都有校园范围的课程研究项目，并且在威斯康星系统的许多其他校园中，也有活跃的课程研究团队。此外，比尔·塞尔宾还协助创建了课程研究网站，该网站提供课程研究的信息，让教师能够了解更多关于课程研究的信息，并且支持所有学科、领域和各阶段的大学教师参与课程研究，提高他们所在领域的教学知识。

2. 实施教学学术研究

在自己课堂上进行教学研究是教师发展教学学术能力的关键举措。在教学研究的过程中，教师可以逐渐提高自己的研究能力、实践反思能力以及交流分享能力等。

上海交通大学是国内开展教学学术研究的领先者，其学校教师也紧跟学校步伐，专注于教学学术能力的发展。生命科学技术学院 L 教授对教学学术有深入的理解和研究，其相关研究与实践取得了一定的成绩。上海交通大学教学发展中心把 L 教授的课程研究实践作为教师发展教学学术能力的案例进行了专门介绍和推广。

（1）研究缘起

突如其来的新冠疫情迫使教师从传统的线下教学转为线上教学。L 教授所教的"生态与演化"课程需要通过现场互动、场馆参观以及实物展示等方式来帮助学生更好地理解教学内容。线上授课无法通过这些方式提高教学效果。为了使教学内容不缩水、教学质量不下降及学生学

---

① University of Wisconsin-La Crosse, "Lesson Study Project: Learning How Students Learn, One Lesson at a Time", https://lessonstudyproject.com/overview/. (2023-08-23)

习的主动性不降低，L教授开始对自己的课程进行研究，思考如何重新设计教学内容与教学方法。

(2) 研究设计

a. 研究对象。L教授将自己的"生态与演化"课程的网络教学过程作为研究对象。b. 研究工具。课前与课后测试相结合，利用微信问卷小程序分别在课前、课后给学生测试相同的题目，通过两次测试的正确率差值推断学生对课程内容的掌握情况；课堂表现记录表，助教记录学生在课堂上回答问题及主动提问等方面的情况，以便综合分析学生课堂上的表现；师生互动和生生互动的记录材料，Zoom平台聊天室里的聊天记录、保存在Canvas系统课程中的发言数据、课下微信群中的讨论内容以及通过Email沟通的内容，都可以用来判断学生对已学内容掌握的深度。

(3) 实施研究

首先，课前安排。在教学开始时，L教授利用微信问卷小程序对本节课将要讲的内容进行课前测试。基于Canvas的快速统计能力，测试采用选择题的形式，以便L教授及时了解学生对即将学习内容的掌握程度，并根据测试结果灵活调整教学重点。另外，L教授会告诉学生本节课的教学目标、内容以及教学方式等，以便让学生事先了解本节课的教学安排。

其次，内容讲授。L教授一般采用课堂讲授和问题讨论的授课方式。课堂讲授和问题讨论的时间比例为3∶1。L教授先讲授基本概念、原理方法及应用，然后让学生结合课堂内容进行讨论。课堂讨论可以提高学生的课堂参与度，激发学生学习的兴趣，更有助于学生消化和理解所学的内容。在讨论过程中，L教授经常鼓励学生善于提问、敢于说出自己的想法，并且不轻易否定学生的见解。考虑到课堂讨论时间的有限性，L教授建议学生在Zoom聊天室里先打出自己的问题。在整个教学过程中，助教负责记录学生上课的表现情况、统计回答问题的数量和正确率以及整理网上学生提问的问题和讨论的内容等信息。通过分析助教记录的课堂情况，L教授可以更精准地推断课堂效果。

最后，课后安排。课后 L 教授会对学生进行课后测试、课外小组讨论及问卷调查等。课后测试：45 分钟的课程结束后，L 教授会使用课前的测试题对学生再进行一次测试，但系统重新随机更改答案顺序，避免学生因记住答案而作答。通过对比课前、课后测试分数的差值，L 教授能有效地了解学生对本节课程内容的掌握程度。课外小组讨论：小组讨论的形式采用两人一组在微信群里讨论。L 教授安排小组每个成员收集 3 篇以上高质量文章发到微信群里，其他同学投票选出自己最感兴趣的文章作为该小组需要给大家讲解介绍的文章。学生需要以 PPT 的形式，用通俗易懂的语言给大家做 15 分钟的汇报。汇报结束后，L 教授和学生一起讨论文章中的问题或者 PPT 制作过程中的问题。问卷调查：L 教授会在完成一个教学环节后对学生进行小规模的问卷调查，旨在帮助他对后续课程进行调整。问卷里的内容有五个问题，包括四个选择题和一个填空题，如对该课程的了解程度、喜欢哪部分内容、有什么建议等问题。

（4）研究结果

首先，学生的成绩有所提高。整个课程结束后，相较于上一学年的成绩，学生的期末成绩有了提高，这表明 L 教授教学改革的有效性，能够提高学生对知识的掌握程度。其次，课堂气氛更加活跃。通过分析助教的课堂记录以及课后学生的聊天记录，L 教授发现学生的互动次数远远超过线下。

（5）分享研究成果

L 教授在微信平台上推出了"生态与演化"课程公众号，将自己课程的主要教学环节以及学生的课程汇报内容以通俗易懂、幽默风趣的方式放在微信公众号上，可以让更多的学生和老师了解更多关于"生态与演化"课程的信息，并接受广大师生提出的建议。此外，L 教授还把自己的研究成果出版发表，以供同行交流和学习。

（6）研究反思

在课程研究的过程中，L 教授根据课堂的实际情况进行了反思。虽然在线教学取得了不错的效果，但在教学中还存在很多潜在风险，如缺少与学生的眼神交流和现场互动,教师难以把握学生的上课状态,某些学生可能仅仅坐在电脑前而没有认真听课。意识到这些风险的存在,L教授将教学设计的重点放在了教学互动模式的设计,以及课程内容的精彩呈现上,以期将学生吸引到屏幕前,激发学生的学习兴趣。

第五章　教学学术的模式

教学学术理论研究与实践的深入开展，与实施模式的建构与发展密切相关。自从博耶正式提出"教学学术"的概念之后，研究者对于教学学术的实施模式开展了深入研究。概言之，目前教学学术的实施模式主要有两种。第一种是根据经验推导出来的教学学术开展模式，简称"经验模式"，如博耶、舒尔曼、特里格威尔等学者的教学学术研究都属于这种模式；第二种是根据其他已有理论推导出来的教学学术开展模式，简称"理论模式"，如克莱博和克兰顿等学者的教学学术研究都属于这种模式。

第一节　教学学术模式的理论基础

教学学术的理论模式，是根据其他已有理论推导出来的。克莱博等学者提出的"教学学术理论模式"建立在两种理论的基础上，一个是美国成人教育学者杰克·麦基罗的转化学习观，另一个是哈贝马斯的知识类型观。这两种理论，为克莱博的"教学学术理论模式"奠定了坚实的理论基础，提供了清晰的论证思路。

一　麦基罗转化学习观

麦基罗转化学习观理论的建构主要受托马斯·库恩的范式转换理论、保罗·弗莱雷的意识觉醒理论及哈贝马斯的沟通行为理论及建构主义的影响，一些诸如观点转化、批判性反思、意义观点等重要概念，均蕴含了这些理论的思想。历经四十多年的深化与拓展，转化学习理论已具备丰厚的理论基础，如哲学（人本主义、建构主义）、心理学（认知心理学、深度心理学、精神治疗）、社会学（批判社会理论）、教育学（成人教育学）等多学科、多理论的支撑，不断地实践应用与探究，使转化学习理论在成人教育领域中取得了举足轻重的地位，并引起了普通高等教育等领域的关注。

（一）基本论点

麦基罗转化学习观理论的提出，是基于1978年对"成年妇女重新进入社区学院学习"现象进行的一个全国性研究。该研究发现，重新回到学校学习，使得许多妇女开始对自身原有的观念进行批判性思考。许多妇女开始质疑自己作为传统家庭妇女的角色，进而对自我和社会角色提出了新的认识。在麦基罗看来，这是一个"观点转化"的过程，即"成人通过一系列的学习、反思和实践过程，实现自身角色的重大转变。这种转变不是指一般知识的积累和技能的增加，而是指一个学习者在思想意识、角色、气质等多方面表现出来的显著变化。其本人和身边的人都能感受到这类学习所带来的改变"。[①]

麦基罗把成人的学习活动视为成人与环境相互作用的结果。在一定的环境（包括社会与文化环境）中，个体的观点逐渐形成和发展起来。作为一种社会认知系统的观点，个体的观点具有相对稳定性。但随着个体的社会生活不断发展和变化，即随着环境的改变，其个体经验也不断发展，致使原有观点再也无法合理解释新经验。这时，观点系统不再保持稳定，个体将会进行反思，反思的结果是对原有观点进行系统修改，使之重新适应新经验。在这个过程中发生了"转化学习"。因此，麦基罗非常强调"反思"在转化学习过程中的重要性，这是转化学习的关键因素之一。在其理论提出后的几十年里，麦基罗不断拓展转化学习理论的内涵。20世纪80年代，麦基罗在转化学习理论中，更新了"学

---

① Jack Mezirow, *Transformative Dimensions of Adult Learning*, San Francisco: Jossey-Bass, 1991, p.56.

习"的内涵，将学习划分为三种类型。20 世纪 90 年代，麦基罗更新了批判性反思的内涵，并进一步划分出反思的类型。

总之，"转化学习"发生于有意义的观点已经不再适应反常的新的情境之时；转化学习包括三种类型的学习；批判性反思是转化学习的关键因素之一，这是麦基罗提出的转化理论的基本论点。

（二）学习的类型

20 世纪 80 年代，麦基罗对转化学习理论的定义进行修订与补充，丰富了"学习"的内涵。在原有理论的基础上，把哈贝马斯关于知识与兴趣的研究融入转化学习理论之中，将学习划分为三种类型。

麦基罗将学习划分为"工具性学习""沟通性学习"和"解放性学习"。这种关于学习的分类方式借鉴了哈贝马斯的观点。哈贝马斯认为，兴趣可以分为"技术的兴趣""实践的兴趣"和"解放的兴趣"，与兴趣相对应的知识类型可以分为"工具的知识""实践的知识"和"解放的知识"。在此基础上，麦基罗认为，工具性学习是一种通过收集和认识周围的环境信息，解释事物之间的因果关系，帮助个体提高解决问题的能力的学习；沟通性学习旨在通过实践与交流，帮助个体理解他人的观点以及人类自身的社会和文化规范；解放性学习则是通过批判性反思，逐渐使个体从旧思想认识的限制与压迫中解放出来，并得到提高。

这三种不同的学习并非各自独立，三者之间存在交集。也就是说，工具性学习、沟通性学习和解放性学习可以交叉使用。工具性学习是一种机械性质的学习，侧重方法、策略和技术，例如"如何做某事"或"如何执行给定任务的学习"就属于工具性学习；沟通性学习强调通过与他人交流的方式进行学习，重点是与他人联系；解放性学习，又称自我反思学习，强调通过批判性地培养自我意识进行学习，这类学习的目标是实现个人信念体系或意识形态上的观点转变。三种学习在同一个体身上可以同时进行。在这三种学习类型中，麦基罗更侧重对沟通性学习和解放性学习的研究。他认为，通过沟通或对话，可以发现个体与他人存在的差异；通过反思，个体能够改变自己原有的、存在缺陷的学习模式，优化学习的效果，最终能够提高、更新自我意识，是一种更高层次、更深入的学习。

(三) 批判性反思

麦基罗将"批判性反思"定义为"对于我们所努力阐释的及赋予意义的某一经验的内容、过程或是前提予以批判性评估的过程"。表现形式为"一个触发事件引发个体的自我反思，个体摒弃旧的意义观点，接受新的意义结构并内化的过程"。批判性反思可以进一步划分为三种类型，分别是"内容的反思""过程的反思"和"前提的反思"。

"内容的反思"属于最基本层面的反思类型，它强调"在观察、思考、感受和行动中反思"，是指通过向自己提出"感受到了什么、思考了什么或做了什么"等疑问来对问题的内容、内涵进行反思；"过程的反思"强调"在怎样执行等方面进行反思"，是通过向自己提出"怎样感觉、怎样思考或如何做出决策"等疑问，对过程及其策略进行反思；"前提的反思"是批判性反思中，相对而言最不常见、最核心、最复杂的，它强调"感觉、思考的本源和原因"，通过向自己提出"我为什么会以这样的方式进行感觉、思考或行动，以及它们是从哪里来的"等质疑来对问题本质进行反思，是对自己的假设和问题存在的基础进行的反思和质疑。只有综合进行这三种类型的反思，个体才能彻底地实现批判性反思。麦基罗认为，内容和过程的反思在日常生活中较为常见，而"前提的反思"则不常见，且只有经过"前提的反思"，转化学习才能够发生，个体才能真正实现观点的转化。

同时，麦基罗等学者还将"批判性反思"与"意义观点"结合起来，帮助诠释转化学习的过程。意义观点理论认为，意义观点是一种世界观，也是一种认知方式，影响着个体的行为以及对事物的认识和理解。意义体系是意义观点的具体表现形式，如特定的知识、价值观、情感、假设、判断及信念等。当个体以往的经验不能解释当前遇到的新情境时，学习形态就会发生改变，意义体系就逐渐发生转化，当意义体系积累到一定量的程度，就组成了意义观点，意义观点将触发转化学习。在意义观点的形成与转化过程中，批判性反思起到了极大的促进作用。"内容的反思"和"过程的反思"通常会改变个体的想法，进而导致意义观点的转化；"前提的反思"则促使个体形成更完整的意义观点。

总之，在批判性反思的类型中，"内容的反思"是对某一问题的内容进行的反思，"过程的反思"是对所采用的解决问题的策略进行反思，这两种类型的反思较为基础。而"前提的反思"，强调对问题本身的反思和质疑，更有利于促使个体的意义观点发生转化，形成更完整的意义观点，是更高级、更复杂的反思类型。

二 哈贝马斯知识类型观

哈贝马斯按照三种认识兴趣，对应地提出了三种知识类型：经验—分析的科学、历史—解释学的科学以及批判性的社会科学。简而言之，就是自然科学知识、人文科学知识和社会批判理论。这三种知识类型是相辅相成、缺一不可的。

（一）基本论点

哈贝马斯是德国法兰克福学派第二代的代表人物，在其代表作《认识与兴趣》一书中，他运用批判和反思的方法，创造性地整合了康德、黑格尔、皮尔士、狄尔泰和弗洛伊德等人的思想，将认识与兴趣统一起来。哈贝马斯认为："人们对待掌握技术的态度，对待理解生活实践的态度以及对待摆脱自然束缚的态度确定了人们的某些特殊观点。"而决定这些态度的就是人的"认识的兴趣"[①]。因此，哈贝马斯提出了系统的兴趣框架，把认识的兴趣分为三种：技术的认识兴趣、实践的认识兴趣和解放的认识兴趣。

并且，哈贝马斯认为，"人的认识兴趣决定了人的科学活动，而每一种科学活动又有它自己特殊的认识兴趣"[②]。兴趣先于认识，是认识

[①] ［德］尤尔根·哈贝马斯：《作为"意识形态"的技术与科学》，李黎、郭官义译，学林出版社1999年版，第130页。

[②] 张雯雯：《从"认识兴趣"到"交往理性"——哈贝马斯对历史唯物主义规范基础的重建》，《东北大学学报》（社会科学版）2010年第6期。

的基本导向;认识是实现兴趣的行动,受到兴趣的支配。在兴趣的引导下所获得的认识成果就是各种知识类型,因此,兴趣框架与知识类型具有对应关系。基于此,哈贝马斯提出了三种知识类型,即经验—分析的科学、历史—解释学的科学以及批判性的社会科学,这三种知识类型分别能够解决人类的物质需求、符号互动与交往行动的实践需求以及以反思和批判为纽带的解放需求。

在阐述知识类型与兴趣框架之间的联系时,哈贝马斯把它们与社会理论目标结合起来。他认为,整个社会生活领域可以划分为"劳动"与"相互作用"这两大部分,劳动是指物质生产活动,而相互作用指的是人际交往活动。技术的认识兴趣和经验—分析的科学体现于"劳动"的领域,而实践的认识兴趣和历史—解释学的科学、解放的认识兴趣和批判性的社会科学则体现于"相互作用"的领域。

哈贝马斯认为,对兴趣框架及知识类型的严格界定,是"重新创造自己的社会文化生活方式"的起跑线。将兴趣框架、知识类型和社会理论目标有机结合,就构成了哈贝马斯认识论的理论核心,这也是哈贝马斯知识类型观的基本论点。

(二) 兴趣框架

哈贝马斯回顾探讨了康德的"兴趣"概念。康德认为,自律的道德主体之所以会遵循道德法则、服从绝对命令,是因为存在某种深层内驱力,这种深层内驱力能够催发并实现意志自由。康德将其称为"纯粹的兴趣"。哈贝马斯进一步把康德的"兴趣"概念提升到认识论范畴,他认为,兴趣既不是个人的特殊嗜好,也不是群体的利益动机,而是人类先天的普遍的认识取向或知识构成的心理意向;兴趣是认识得以进行、知识得以获得的主体要素;人类主体的认识活动就是在兴趣的引导下展开和实现的。具体来讲,兴趣可以划分为三个层次,即技术的认识兴趣、实践的认识兴趣和解放的认识兴趣。

第一个层次是技术的认识兴趣,主要关注如何对现实进行掌控,"使可有效地加以控制的活动有可能从信息上得到维护和扩大,并以这种兴趣来揭示现实"①。在一些学者的研究中，或多或少涉及了相关的问题。例如，在论述科学的进步之动因时，皮尔士谈到了所谓的"神秘的本能"，即"好奇心"这个论题，但他没有能够进一步阐述更深层次的兴趣要素。在皮尔士思想的基础上，哈贝马斯指出，技术的认识兴趣旨在不断揭示自然界的奥秘，扩大人类在自然界的活动领域，并且利用和改造自然。它体现了人类生存和发展过程中最基本的物质需求。在技术的认识兴趣的引导下形成了经验—分析的科学。人类为了获得物质资料，将经验—分析的科学应用于物质生产和再生产，即劳动过程之中，从而满足自身的物质需求。

第二个层次是实践的认识兴趣，即"维护和扩大可能的、指明行为方向的谅解的主体性，并以这种兴趣来揭示现实"。② 哈贝马斯认为，狄尔泰企图使精神科学成为严格的"科学"，这压制了对"实践生活的兴趣"的探讨。在哈贝马斯看来，实践的认识兴趣旨在理解"文本"的内涵、体悟历史文化的精神，它体现了人类生存和发展中的交往需求。哈贝马斯指出，在实践的认识兴趣的引导下形成了历史—解释学的科学，人类为了彼此间达成可能的观点一致、相互理解，将历史—解释学的科学应用于人与人之间的符号互动和语言沟通，实现自己的交往需求。

第三个层次是解放的认识兴趣，旨在实现反思本身，在人与人之间建立一种没有统治的交往关系和取得一种普遍的、没有压制的共识。"自我反思能把主体从依附于对象化的力量中解放出来。自我反思是由解放的认识兴趣决定的。"③ 也就是说，解放的认识兴趣着眼于批判现实社会生活中的扭曲现象，它表达了人类潜藏着的对现实社会的不满以及追求更美好的生活这一理想境界的超越需求。

---

① ［德］尤尔根·哈贝马斯：《作为"意识形态"的技术与科学》，李黎、郭官义译，学林出版社1999年版，第127页。
② ［德］尤尔根·哈贝马斯：《作为"意识形态"的技术与科学》，李黎、郭官义译，学林出版社1999年版，第128页。
③ ［德］尤尔根·哈贝马斯：《作为"意识形态"的技术与科学》，李黎、郭官义译，学林出版社1999年版，第129页。

总之，哈贝马斯认为，兴趣是更深层次的社会文化需求，是一种更深层次的内驱力。他强调，"认识的兴趣可以追溯到一个具体的潜在欲望的生物遗传上……产生于同劳动和语言相联系的社会文化生活方式的需求中"①。因此，哈贝马斯提出的兴趣框架是人类理性结构在社会文化需求维度上的内驱力。这种内驱力运行于由"劳动"与"相互作用"这两大部分所构成的社会生活之中。技术的认识兴趣以工具理性的形式与"劳动"相对应，实践的认识兴趣、解放的认识兴趣则以交往理性的形式与"相互作用"相对应。

(三) 知识的类型

哈贝马斯认为，三种知识类型在功能上既相互区别，又相辅相成，缺一不可。

第一种知识类型是经验—分析的科学，即自然科学。哈贝马斯认为，自然科学在技术上是否具有可使用性是衡量自然科学是否成功的尺度。这个尺度体现了"技术上掌握对象化过程的认识兴趣"即"技术的认识兴趣"。因此，自然科学的本质从陈述系统的逻辑构造上看，旨在"把理论运用于现实"。

第二种知识类型是历史—解释学的科学，即人文科学。这种知识类型正是在"实践的兴趣"引导下形成的。历史—解释学的科学是指对文本的解释和对内涵的理解，从这一角度分析，"理论不是用演绎建立起来的，经验也不是靠操作的成果组织起来的。对内涵的理解代替了观察，开辟了通向事实的道路"。哈贝马斯认为，在对文本的解释过程中，"解释学的知识总是以解释者已有的认知为媒介。传统意义上的世界只有随着解释者自身的世界逐渐清晰可见时，才向解释者敞开。理解者在两个世界之间建立一种联系。当他把传统运用于自身的状况时，他就抓住了流传下来的东西的真实内涵"②。

---

① ［德］尤尔根·哈贝马斯：《理论与实践》，郭官义、李黎译，社会科学文献出版社2010年版，第9页。

② ［德］尤尔根·哈贝马斯：《作为"意识形态"的技术与科学》，李黎、郭官义译，学林出版社1999年版，第128页。

第三种知识类型是批判性的社会科学，即社会批判理论。"方法论的框架确定着批判性陈述这种范畴的有效内容，并且以自我反思的概念为标准来衡量自己。"① 在这里，"方法论的框架"是指批判和反思的方法。哈贝马斯认为，批判性的社会科学不同于"系统论的行为科学"。系统论的行为科学（如经济学、政治学和社会学等）同自然科学一样，都是要创造研究事物规律的知识。批判性的社会科学则关注"掌握意识形态上僵硬的，但原则上却是可变的依附关系"。也就是说，社会批判理论通过批判和反思方法，把主体解放出来，使人类社会摆脱宰制和扭曲。这种知识类型体现了"解放的认识兴趣"。

总之，哈贝马斯的知识类型观为克莱博等人提出的教学学术的理论模式提供了理论依据，尤其是有关兴趣框架和其对应的知识类型的论述，给克莱博等学者带来很大启发。在他们提出的教学学术的理论模式中，一些理论和观点正是建立在哈贝马斯兴趣框架、知识类型等观点基础上提出的。此外，值得一提的是，哈贝马斯知识类型观也与麦基罗转化学习理论相辅相成。麦基罗关于学习的划分依据，就借鉴了哈贝马斯兴趣框架；麦基罗在20世纪90年代更新了批判性反思的内涵，一定程度上受到了哈贝马斯关于"解放的兴趣""批判性的社会科学"等观点的影响。因此，哈贝马斯知识类型观作为根本的理论基础，为麦基罗转化学习理论提供启示，促使转化学习理论不断丰富和更新内涵。麦基罗的转化学习理论，又为克莱博等学者的教学学术理论模式提供了更为清晰、直接的理论依据。可以说，克莱博等学者是将哈贝马斯和麦基罗的理论综合起来，吸收了二者理论中与教学学术相关的、具有适切性的部分，从而提出了教学学术的理论模式。

第二节　教学学术的理论模式

在克莱博等学者看来，教学学术的发展是一个对基于教学的经验性

---

① ［德］尤尔根·哈贝马斯：《认识与兴趣》，郭官义、李黎译，学林出版社1999年版，第129页。

知识和研究性知识进行反思的过程。为了更好地解释教师是如何开展教学学术的,克莱博等人提出了教学学术的理论模式。首先,运用麦基罗转化学习观中的批判性反思理论,把"内容反思""过程反思"和"前提反思"作为框架,得出"教学知识""教育知识"和"课程知识"三种基本知识领域。其次,克莱博等学者将麦基罗批判性反思理论与哈贝马斯知识类型观中的兴趣框架结合起来。他们指出,在教育、教学和课程领域中开展教学学术,可以通过"技术的学习""实践的学习"和"解放的学习"进行。最后,克莱博等学者为教学学术提出了评价指标,并研究了教学学术理论模式与学术表现标准的关系。

一 教学学术的反思层次维度

克莱博等学者通过对麦基罗转化学习理论的研究,认为知识是通过对内容、过程和前提三个层次进行反思之后构建的概念,教学知识源于对教学的反思。因此,在教学学术理论模式中,克莱博特别强调"反思"的重要性。确定教学知识体系的第一步是确定教学知识的具体方面,因此,在教学学术的反思层次维度中,克莱博等学者通过参考相关文献,并结合自身的教学经验,把"内容反思""过程反思"和"前提反思"作为框架,提出了"教学知识""教育知识"和"课程知识"三种基本知识领域。其中,"教学知识"与教学策略有关,"教育知识"与理解学生学习有关,"课程知识"与教师使用某种教学方法的原因有关。

(一) 内容反思—教学知识

内容反思侧重于对问题的描述。当教师对教学学术进行内容反思时,经常试图描述教学。例如,教学涉及哪些方面?对这个问题的回答通常包括:规划课程、使用教学策略和评估学生。这个答案主要涉及课程设计、教学方法和教学评价的相关性知识。克莱博等学者认为,这种关于教学的知识,是通过内容反思获得的,称之为"教学知识"。这种"教学知识"包括:能够明确教学目标;知道如何运用各种教学方法,比如组织学生开展讨论;知道如何准备一个讲座;知道如何开展学生评价等。

克莱博等学者认为，教师通过内容反思，能够获得"教学知识"，这是开展教学学术研究的首要环节。明确教学目标是教师掌握"教学知识"的重要表现。一位教师如何通过内容反思明确教学目标呢？麦基罗认为，教师明确教学目标的重要一步就是把广泛的、宏观层面的教育目标和课程目标，分解为更加具体的、微观层面的教学目标。在把"大目标"划分为"小目标"时，内容反思就在悄然进行。因为分解目标是一个复杂的过程，需要教师分析与把握宏观目标与微观目标之间的联系，根据学科特性、学生特点等因素制定合理的教学目标。美国医药学学院协会的教学学术标准指出，"以课程、教学大纲、实验等目标和案例学习为依据，制定有效的教学目标，并在教学中使用该目标"是"清晰的目标"这一维度的核心。[1] 总之，这种对教学目标的分析和理解，就是教师进行内容反思的过程，有利于帮助教师掌握"教学知识"。

再如，教学方法就属于"教学知识"的范畴。众所周知，教学方法是教授方法与学习方法的统一。从"教"的角度出发，教师常用的教学方法包括讲授法、讨论法、演示法、练习法和读书指导法等。一位教师如何通过内容反思掌握教学方法呢？其内部机制如下。根据麦基罗的批判性反思理论，内容反思强调"在观察、思考、感受和行动中反思"。因此，如果教师期望通过内容反思来掌握并运用某种教学方法，必须观察和思考在这一教学方法指导下，学生的学习效果和反应，从而采用适当的教学方法。即从学生的反应方面来检验教学方法的有效性。[2] 美国医药学学院协会的教学学术标准指出，"通过测验、结果描述等，描述学生与课程的匹配度，阐明与教学内容最佳的教学方法"是

---

[1] Melissa S. Medina, Alicia S. Bouldin. and Michael Gonyeau, et al., "Report of the 2011-2012 Academic Affairs Standing Committee: The Evolving Role of Scholarly Teaching in Teaching Excellence for Current and Future Faculty", *American Journal of Pharmaceutical Education*, Vol. 76, No. 6, 2012, pp. 1-16.

[2] Robert M. Bernard and Philip C. Abrami and Yiping Lou, et al., "How Does Distance Education Compare With Classroom Instruction? A Meta-Analysis of the Empirical Literature", *Review of Educational Research*, Vol. 74, No. 3, 2004, pp. 379-439.

"充分的准备"和"适当的方法"两个维度的核心。总之,通过对学生的学习效果、接受和理解的程度进行观察、感受与分析,教师实际上就在进行"内容反思",从而对自身使用的教学方法有新的认识与理解。

克莱博等学者提出的,通过内容反思来掌握"教学知识",进而促进教学学术研究的观点,在一些大学的教学学术实践中也有所体现。这些大学要求,在"教学"方面,教师要展示教学的有效性,而这种"有效性的教学"正是建立在各种教学知识和教学实践基础上的。例如,美国宾夕法尼亚州立大学哈里斯堡分校要求教师"能够在开展学科教学以及培养学生方面进行教学法创新"①,美国北卡罗来纳大学要求教师在教学法研究或者教和学评价方法上有所创新。因此,对教学知识的掌握是开展教学学术研究的重要环节。获取教学知识,可以通过内容反思来进行,这对于教师个人教学学术能力的提升也有极大帮助。

(二) 过程反思—教育知识

过程反思侧重于解决问题的策略和程序。当教师对教学学术进行过程反思时,经常通过反思教学策略或程序,来质疑"教育知识"的充分性。"教育知识"是关于人们如何学习,以及如何促进这种学习的知识。具体而言,"教育知识"包括如何教授学科内容、如何帮助学生理解和完成学科内与概念相关的学习任务,以及如何促进学生的批判性思维和自主学习等。教师开展过程反思的目的是更好地把握"教育知识",并理解"教育知识"是如何被创造出来的。开展教学学术过程反思,获得"教育知识",教师需要注意以下几个方面。

首先,在对教学策略或程序进行过程反思时,要充分认识其蕴含的理论依据。克莱博等学者指出,任何形式的教学设计或教学策略都基于"外显的"或"内隐的"学习理论。例如,罗伯特·加涅的任务分析理论就属于"外显的"学习理论。所谓任务分析,就是针对"靶目标"和"使能目标"这两种教学目标进行分析,揭示其成分和类型,为制

---

① Penn State Harrisburg, "Promotion and Tenure Criteria for Penn State Harrisburg", (2005-03-15), http://harrisburg.psu.edu/policy/promotion-tenure-capital-college#the_Scholarship_of_Teaching_and_Learning. (2023-06-02)

订教学计划、使用教学策略提供信息和数据。① 在开展教学学术研究时，教师如果能深入把握这些教学策略与程序的理论基础，就会对教学策略与程序的本质有更深刻的了解，有利于进行教学学术的过程反思。

其次，在对教学策略或程序进行过程反思时，要结合学生的表现开展综合研究。例如，教师通过课堂观察，可以了解学生对不同教学策略的反应。学生的积极性、学习动力等表现，都能反映出教学策略或程序的有效性和适切性。不仅如此，通过观察学生对不同教学策略的反应，教师对于如何教授学科内容、帮助学生完成学习任务等会有新的认识和理解。这就在潜移默化的过程中，帮助教师获得了"教育知识"。

克莱博等学者提出的"教育知识"，实际上融合借鉴了其他学者的相关观点。例如，舒尔曼认为，学科教学知识是一种特殊形式的内容知识，它使得内容知识具有可教性。② 因此，学科教学知识强调教师根据具体教学情境，能把学科知识、学生知识、课程知识、教学情境知识等组织起来帮助学生有效学习，是教师教学理念和方法的汇总。此外，学科教学知识的独特之处在于，它是教师所具备的而学科专家所不具备的知识，这凸显了教师在知识的可教性中所扮演的重要角色。③ 在克莱博这里，学科教学知识的很多特质与"教育知识"具有内在联系。首先，两类知识都强调"可教性"，无论教师掌握"教育知识"，还是掌握学科教学知识，其目的都在于把学科知识传授给学生，帮助学生有效学习、完成学习任务。其次，在获取知识的途径方面，两位学者也有相似的观点。舒尔曼指出，可以通过案例法，如案例研究与案例教学，获得学科教学知识。他认为，所有专业领域都是以特定专业实践为研究对象，以解决特定实践问题为目标，并要对实践结果负责。这决定了它们必须高度关注实践的具体性和不确定性。而案例法可以提供具体问题情

---

① 肖仲辉：《关于加涅的任务分析观点与方法简介》，《外国教育研究》1987 年第 1 期。
② 高筱卉、赵炬明：《舒尔曼大学教学学术思想初探》，《高等工程教育研究》2022 年第 2 期。
③ Lee S. Shulman, "Those Who Understand: Knowledge Growth in Teaching", *Educational Researcher*, Vol. 15, No. 2, 1986, pp. 4-14.

境和不确定性挑战，为专业实践提供帮助。既然教学也是一种专业实践，那也应该通过大量的案例研究来积累和发展教学的专业知识和经验。这与克莱博等学者指出的，通过课堂观察等教学实践获得"教育知识"的观点有异曲同工之处。

克莱博等学者列举了一些从过程反思中获得的教育知识的例子，如：知道如何激励具有不同学习风格的学生、能够帮助学生克服学习困难、能够鼓励学生批判性思考等。掌握"教育知识"，开展好教学学术，在许多世界一流大学的教学实践中有所体现。例如，美国斯坦福大学评价、学习和公平中心所构建的指向教师专业发展的职前教师表现性评价标准体系（edTPA）系统，在全美教师教育领域掀起了表现性评价的热潮。该系统非常关注教师在促进学生学习中的教学表现，因为这在一定程度上体现了教师对"教育知识"的掌握与运用程度。2017年，美国斯坦福大学评价、学习和公平中心主任在全美 edTPA 年度会议上，将舒尔曼的教学内容知识理念融入教师表现性评价的核心目标中，关注教学对学生学习表现所产生的影响。对"教育知识"的理解和掌握程度，直接关系到教师教学对学生学习的影响，而这正是衡量教师教学学术水平的重要指标之一。

此外，对教师"教育知识"的重视还体现在一些大学的教学学术奖励制度的标准中。如加拿大卡尔顿大学的"教务长教学奖"要求候选人提供两个方面的证明材料，即个人教学的材料与教学影响力的材料。个人教学的材料包括阐述个人教学理念、教学经历、卓越教学的证据，教学影响力的材料包括对课程与学生发展的贡献，促进学校教学卓越的证据等。只有具备运用"教育知识"的能力，在实践教学和促进学生发展方面做出突出贡献的教师，才有资格获得教学学术奖学金。再如，加拿大女王大学的"查尔斯·拜利校长教学奖"要求教师提交卓越的课堂教学和教育教学两个方面的证据，前者指向个人课堂教学的有效性，后者指向创新教学法、教学改革经验、教学研究成果以及教学交流与合作产生的影响力和领导力。这同样强调了教师对课堂教学和学生发展的影响。总之，"教育知识"是一种能把学科知识转变为可教可学知识的知识。通过对教学策略和程序开展过程反思，教师能够获得"教育知识"，促进教学学术研究，这已经逐渐成为世界一流大学的共识。

(三) 前提反思—课程知识

前提反思关注问题的功能相关性和价值。当教师对教学学术进行前提反思时，经常通过反思"我为什么会使用这种教学方式？"等类似的问题，质疑教学的价值和功能相关性，对自身的教学实践和教学学术研究进行批判性的反思。克莱博等学者认为，对教学学术进行前提反思，能够获得"课程知识"。所谓"课程知识"，就是与课程目标、课程的基本原理相关的知识。对"课程知识"的理解和掌握是教师使用某种教学方式的内在原因。因此，教师进行教学学术前提反思的重要目的，就是试图理解课程的本质和要求。只有深刻认识并理解课程的本质和要求，教师才能真正获得"课程知识"，认识到自身使用某种教学方式的内在原因，更好地反思自身教学实践和教学学术研究。通过前提反思获得"课程知识"后，教师的教学学术能力应包括：能够判断课程目标的质量；了解一门课程对学生现有知识的影响；能够阐明一门课程在影响学生的学习技能方面是如何发挥作用等。

克莱博等学者提出的"课程知识"与舒尔曼的"课程知识"既有相似之处，又有不同的地方。首先，两位学者在"课程知识"的定义上有相似之处。舒尔曼认为，课程知识是指教师对教学媒介、所教教材以及所教课程的教学计划的熟练掌握。事实上，课程知识是教师对教学材料独特而深刻的理解，具体包含教师所教课程的理论、教材、教师用书和手册以及必要的实验指导等相关的知识。合格的教师还至少具备如下两方面的"课程知识"。第一种是纵向水平的"课程知识"，掌握这类"课程知识"要求教师必须对自己所讲授的学科内容，包括学生之前学过的、之后将要学到的内容及相关的课程资料达到十分熟悉的程度。第二种是横向水平的"课程知识"，掌握这类"课程知识"要求教师必须熟悉学生学习的其他学科的课程资料，具备把自身所教学科和特定主题的教学，与学生学习的其他学科内容相联系的能力。可见，两位学者对于"课程知识"的定义都强调对课程本身,如课程目标、内容、基本原理、相关课程资料等的熟悉。其次,两位学者对教师掌握"课程知识"的目的有不同的认识。克莱博等学者认为,获得"课程知识",是为了更好地帮助自身质疑教学的价值和功能相关性,回答好"我为什么会使用这种教学方式?"等类似的问题,更强调反思与质疑。而舒尔曼认为,掌握"课程知识"是为了深入理解课程,更好地提高教育教学水平,更强调教学能力的提升。

重视"课程知识"的理解掌握与实践应用,在越来越多的学术组织、世界一流大学的教学学术实践中体现出来。例如,美国医药学学院协会的教学学术标准中,将"根据课程大纲和课程资料,描述学生、内容与课程的匹配度"作为评价教学学术是否进行充足准备的标准之一。[1] 2004年,南洋理工大学新加坡国立教育学院提出"价值、技能、知识"教师教育模式。该模式从师范生的培养目标来界定初任教师的必备能力,强调师范生通过反思教学的价值来发展教学技能和知识。[2] 知识包括了六个方面,其中课程知识占有十分重要的地位。可知,该模式将克莱博等学者主张的"通过教学学术前提反思,获得课程知识,从而达到对教学价值和功能相关性进行质疑的目的"的观点应用在实践中。

克莱博等学者在麦基罗"批判性反思"理论的基础上,把教学学术与"批判性反思"相结合,构建了教学学术的反思层次维度。每一类反思都对应着一种类型的知识:内容反思对应"教学知识",强调对教学策略的掌握;过程反思对应"教育知识",强调理解学生学习;前提反思对应"课程知识",强调质疑教学的价值和功能相关性。在克莱博等学者构建的教学学术反思层次及其对应的知识中,"前提反思—课程知识"是最复杂的。这是一个良性循环,教师通过前提反思,掌握

---

[1] 朱炎军:《教学学术视角下的高校教师发展:来自美国的经验》,《外国教育研究》2017年第3期。

[2] Sylvia Chong and Horn Mun Cheah, "A Values, Skills and Knowledge Framework for Initial Teacher Preparation Programmes", *Australian Journal of Teacher Education*, Vol. 34, No. 3, 2009, p. 12.

"课程知识";又通过对"课程知识"的深刻理解和应用,对教学学术进行再反思。

二 教学学术的学习方式维度

克莱博等学者将哈贝马斯的知识类型观与麦基罗的转化学习理论相结合,指出存在三种学习方式,即"技术性学习""实践性学习"和"解放性学习",能够帮助教师开展教学学术研究。这三种学习方式在教学学术研究中起着重要的作用。

(一)技术性学习

在哈贝马斯知识类型观中,关于兴趣框架的理论指出,人类的第一个兴趣是"技术的认识兴趣",主要关注如何对现实进行掌控,或者控制和操纵环境。在麦基罗看来,"技术的认识兴趣"使人能够通过确定因果关系、任务导向等方式来解决问题,并从中吸取经验、开展学习。[①]"技术的认识兴趣"引发的学习就是"技术性学习"。这种学习是通过对环境信息的收集和认识,来解释事物之间的因果关系,从而提高个体解决问题的能力。

根据哈贝马斯和麦基罗的观点,克莱博等学者指出,当教师开展教学学术研究时,他们会遇到一些难以解决的问题与挑战。当教师根据专业培训、调查研究、自身的实践经验等多种途径,从教学活动中吸取教训,掌握新的教学学术经验和理论时,他们就是在进行"技术性学习"。"技术性学习"侧重方法、策略和技术。一般来说,解决任务导向型问题的过程,就属于"技术性学习"范畴。例如,"如何做某事"或"如何执行给定任务的学习"等。

昆士兰大学教师发展中心为教师提供开展"技术性学习"的平台。教师发展中心主要开展教学与评估、学生评教,协调其他部门对教师进行教学技术的培训及对新教师、兼职教师和辅导教师的教学能力培养,

---

① Jack Mezirow, *Transformative Dimensions of Adult Learning*, San Francisco: Jossey Bass, 1991, p. 73.

以及教学大纲的设计、教学学术能力研究、优秀教学奖励与资助等工作。① 例如，教学与评估项目旨在帮助教师评估教学内容和学生需求，其中一个内容是通过提供网站相关资源及实践指导，帮助教师设计国际化的教学大纲，培养毕业生的国际化能力。通过参与教师发展中心组织开展的培训，教师能够掌握教学学术方法、技术与经验，这就是在进行"技术性学习"。

(二) 实践性学习

哈贝马斯认为，人类的第二个兴趣是"实践的认识兴趣"，是理解他人、社会和文化规范。这种认识兴趣的目的是交流，即"学习理解别人的意思，让我们试图通过言语、书面文字来分享想法"②，并与他人互动，它体现了人类生存和发展中的交往需求。麦基罗认为，与"实践的认识兴趣"对应的学习是"沟通性学习"或"实践性学习"，这种学习方式强调通过与他人交流的方式进行学习，重点是与他人联系。根据哈贝马斯和麦基罗的观点，克莱博等学者指出，开展教学学术研究，涉及对他人、规范等的批判性理解与分析。因此，教师必须通过"实践性学习"，理解学习者，学习如何与学习者互动，如何通过与他人交流来提高教学学术水平。

澳大利亚大学教学基础项目自1994年在一些大学就成为新教师必须参加的教师发展项目。很多大学在大学教学基础项目的教学内容上比较相似，主要侧重于以学生为中心的教学方式如参与式、交互式教学技能的培训，通过参加微型教学的方式，与同行教师进行讨论和学习，并形成教学档案包。这种方式更注重教师之间的交流互动。另外，在培训内容上也强调反思式教学，如通过相互听课的方式形成教学档案。通过这样的项目，参加同一项目的教师，以及来自其他部门的教师之间能够形成一个相互交流的人际网络，共同探讨教学学术问题。通过与他人交

---

① The University of Queensland，"The University of Queeensland About TEDI"，(2014-09-06)，https：//www.up.education. (2023-05-07)

② Jack Mezirow，*Transformative Dimensions of Adult Learning*，San Francisco：Jossey Bass，1991，p.75.

流的方式来提高教学学术水平,就属于一种"实践性学习"。

(三) 解放性学习

哈贝马斯认为,人类的第三个兴趣,是"解放的认识兴趣",即通过基于批判性反思的理性行动,将自身从自我约束、强制的社会力量和强迫性的制度中解放出来。通过对知识和意识形态的批判,"解放的认识兴趣"能够产生"解放性知识"。这种知识能够使人们感受到自我认识的局限性,帮助人们揭示思想与行动方面的意识形态灌输。麦基罗认为,"解放的认识兴趣"引发的学习是"解放性学习",这种学习方式强调通过批判性反思,逐渐使个体从旧思想认识的限制与压迫中解放出来,并得到提高。总之,"解放的认识兴趣"引发"解放性学习",通过这种学习,研究者能够获得"解放性知识"。"这种知识是通过批判性的自我反思获得的,而不是规定的或有设计的。"[1]

根据哈贝马斯和麦基罗的观点,克莱博等学者指出,"解放性学习"是教学学术研究中最为重要的学习方式。由于在教学学术研究中,教师被自身原有的教学知识所束缚,因此他们经常出现思维受到限制、不理解教学学术工作本质等情况。而开展"解放性学习"就是为了帮助教师批判性地质疑他们所做的研究工作,思考他们为什么要做这些工作。通过这样的批判性的自我反思,教师们会得到"解放性的发展",实现个人信念体系或意识形态上的观点转变。

澳大利亚的"同行助教制度"体现了"解放性学习"的要素。同行助教制度是2009年澳大利亚教学委员会与蒙纳士大学共同组织合作的教师发展项目,制度的主旨是教师帮助教师,提升大学的教学质量。不仅如此,在制度实施过程中,教师还参与了"解放性学习",对自身的教学学术研究工作进行批判性反思。在同行助教项目开展过程中,首先需要分析教学存在的问题,确立改善教学的目标和策略,组织课程教学专题研讨会。在交流和讨论中,参与者能够对自身教学工作存在的问

---

[1] Jack Mezirow, *Transformative Dimensions of Adult Learning*, San Francisco: Jossey Bass, 1991, p. 87.

题进行深入剖析和反思，积极寻找解决途径。其次，经过两次专题研讨会后，教师需要收集和调查任教班级内学生的反馈，检验学生的学习效果，然后与结成对子的同行教师相互听课。最后，在学期结束时教师需要对照定下的目标，对课程、教学和期末学生评估进行反思，总结在教学各方面所取得的进步并写入教学绩效档案中，形成个人专业发展的记录。整个过程中，教师经历了发现教学问题、收集反馈意见、同行交流、反思总结几个环节。在参与项目的同时，教师也在进行"解放性学习"，即实现个人信念体系或意识形态上的观点转变，对教师之后的教学学术研究有促进作用。

总之，教师在开展教学学术研究的过程中，可以参与对"教学知识""教育知识"和"课程知识"的"内容反思""过程反思"和"前提反思"。这就产生了一个3×3的模型，代表了教学学术研究的九个组成部分。这九个组成部分中的每一个部分，都不同程度地体现了"技术性学习""实践性学习"和"解放性学习"三种学习方式。下面是适用于教学学术理论模式的一些例子。

第一个例子，教师在对"教学知识"进行"内容反思"时，会思考自己应该怎样运用更加具有适切性的教学方法。他可能会采用这样的方式：如在尝试新的教学方法时，将学生反馈、个人心得等记录下来；或者与专家、同行、学生讨论可行的教学方法；或者阅读关于教学方法的研究论文。这些方式体现了"技术性学习"和"实践性学习"的特点。当教师记录个人心得和学生反馈（基于经验的反思），并阅读相关论文（基于研究的反思）时，就是在进行"技术性学习"；当教师与同行、学生讨论时，就是在进行"实践性学习"。

第二个例子，教师在对"教学知识"进行"过程反思"时，会思考自己在教学过程中，是怎样使用教学方法的？他可能会采用这样的方式：如收集学生对教学方法的看法的有关数据；或者请求同行帮助指导；或者将对特定教学方法的研究结果与在他自己的课堂上获得的结果进行比较。这些方式同样体现了"技术性学习"和"实践性学习"的特点。教师收集学生对教学方法的看法，就是对环境信息进行收集和认识，即开展"技术性学习"；教师寻求同行指导，就是通过与他人的互动来构建知识，即"实践性学习"。

第三个例子，教师在对"教学知识"进行"前提反思"时，会反思自身使用的教学方法为什么很有价值或很重要？他可能会采用这样的方式：如写一篇关于教学方法的研究论文，尝试理解或质疑传统的教学方法规范与价值观。教师撰写研究论文（基于研究的反思），是在进行"技术性学习"；教师致力于理解教学方法的社会规范，是"实践性学习"的一个方面；教师通过批判性的质疑，为教学方法发展提供更开放的视角，体现了"解放性学习"的属性。

综上所述，教师对三类知识进行三种教学学术反思，构成一个3×3模型，把教学学术研究划分为九个部分，且九个部分在不同程度上体现了三种教学学术的学习方式。

克莱博等学者提出，教学学术的理论模型以"教学"为核心展开。首先，为了构建"教学知识"，教师需要开展三种教学学术反思。在内容反思方面，教师需要思考"在课程设计、教学器材和教学方法的选择方面我应该怎么做？"在过程反思方面，教师需要思考"我怎么做？我的教学方法、教学器材、课程设计有效吗？"在前提反思方面，教师需要思考"为什么我采取的教学方法、教学器材、课程设计是重要的？"其次，为了构建"教育知识"，教师也需要开展三种教学学术反思。在内容反思方面，教师需要思考"关于学生如何学习，我知道多少？我应如何更好地促进学生学习？"在过程反思方面，教师需要思考"我怎么做？我成功促进学生学习了吗？"在前提反思方面，教师需要思考"为什么我考虑学生如何学习显得重要？"最后，为了构建"课程知识"，教师需要开展三种教学学术反思。在内容反思方面，教师需要思考"关于课程目标或教学目标的基本原则，我理解多少？"在过程反思方面，教师需要思考"我该如何达到课程计划或教学计划的目标，并符合基本原则？"在前提反思方面，教师需要思考"为什么课程目标或教学目标及其基本原则很重要？"

关于上述模型中，三种教学学术学习方式在各个部分的体现，克莱博等学者指出,技术性学习、实践性学习和解放性学习相互结合,在教师构建"教学知识"和"教育知识"的过程中均有体现。然而,对于涉及课程与教学的目标和基本原理的"课程知识",教师的教学学术研究则主要体现了实践性学习和解放性学习的特点。

三 教学学术的指标与标准维度

克莱博等学者认为,上述模型能够很好地描述教学学术研究的各个部分。但是,在教学学术的效度检验方面还有进步的空间。正如麦基罗强调的,"当我们确定一个特定陈述的真实性时,我们就能理解陈述的意义,效度检验对确立意义至关重要"①。由此可见,效度的检验是开展好教学学术研究的关键。如何理解教学学术研究的效度呢?例如,当教师知道阅读什么类型的学术论文对开展教学学术是有效的,知道什么样的教学实践能够有效促进学生的学习,知道课程和教学目标及其基本原则为什么重要时,他们就能够构建有效的"教学知识""教育知识"和"课程知识"。并且,教师检验知识有效性的方式因开展教学学术的学习方式不同而有所差异。当教师开展"技术性学习"时,他们可能会通过实证检验的方式,来检验他们的假设,以得出有效的结论。当教师开展"实践性学习"或"解放性学习"时,他们可能会通过与学生、同行或研究人员对话的方式,来检验他们的假设。为了帮助研究者更好地开展教学学术研究的效度检验,克莱博等学者提供了教学学术的指标与标准。

(一)教学学术的指标

克莱博等学者认为,已有的教学学术评价指标要么滞后,不能用于评价教学学术;要么没有区分教师胜任力和学术性教学。他们在"3×3"教学学术理论模型中提出了三种教学学术的指标,并认为教师开展教学学术研究时可以按照这些指标进行。

---

① Jack Mezirow, *Transformative Dimensions of Adult Learning*, San Francisco: Jossey Bass, 1991, p.97.

首先，根据教学学术理论模式的"3×3"模型，"教学知识"维度对应了三种反思类型。在内容反思层面，教学学术的指标表现为：与学生或同事讨论教学方法，阅读关于如何教的文章，保存教学日志。在过程反思层面，教学学术的指标表现为：收集学生对教学方法的意见与建议，开展同行评审，比较教学研究结论与课堂实践教学的效果。在前提反思层面，教学学术的指标表现为：尝试使用新的教学方法，评述与教学方法相关的论文或著作，挑战传统的关于教学方法的规范或价值观。

其次，"教育知识"维度对应的三种反思类型中，同样包含了三种教学学术的指标。在内容反思层面，教学学术的指标表现为：了解并优化学生的学习风格，帮助学生阅读有关学习理论、批判性思维、自主学习的论文或著作，促进学生在本学科中的学习，撰写学术论文。在过程反思层面，教学学术的指标表现为：收集学生对本学科学习的反馈，开展关于学生学习的行动研究项目，将课堂实践经验与关于学生学习的学术研究结果进行比较。在前提反思层面，教学学术的指标表现为：撰写评价学生在本学科中学习效果的学术论文，查找涉及学习风格、自主学习的参考文献，参与关于学生学习问题的讨论或与同事展开交流。

最后，"课程知识"维度对应三种反思类型。在内容反思层面，教学学术的指标表现为：回顾章节、教学、课程目标，阅读有关高等教育目标的论文和著作，设计具有合理性的教学大纲。在过程反思层面，教学学术的指标表现为：将课程目标与当前教学实践效果进行比较，回顾设计并确立课程目标的过程，阅读有关高等教育目标的著作，并与当前设置的课程目标进行比较。在前提反思层面，教学学术的指标表现为：对用人单位、企业等机构进行回访和调查，验证他们对招聘毕业生的期望与目标是否与当前教育目标一致；撰写论文，设想缺失课程目标的高等教育会如何发展；参与类似课程目标审查委员会的组织，对课程目标进行评估。

克莱博等学者指出的九种教学学术的指标，既是评价标准，又是行为准则。一方面，教学学术的指标是评价标准。这九种指标具有形成性评价的特征，因为其通过教师自我评价或同行评价、学生评价等方式，帮助提高教师的教学学术水平。同时，这九种指标也具有终结性评价的特征，因为它为评估机构与组织提供了教学学术的评价标准。另一方面，教学学术的指标是行为准则，是教师将自身实践经验与理论知识结合，尝试提高教学学术能力时可能采取的行动。因此，克莱博等学者建议，教师开展教学学术时，可以参考这些指标进行。

（二）学术表现的标准

在提出教学学术的九种指标之后，克莱博等学者又指出，如果将教学视作一种学术（包括关于教学的整个过程和由此产生的知识等），那教学必须符合其他类型的学术工作的标准。根据罗伯特·默顿的科学规范理论，克莱博等学者选择使用以下这些标准，作为教学学术表现的标准，试图证明教学学术是一种符合学术工作标准的、具有价值性的学术工作。

第一个标准：这项学术工作是否需要高水平的、与学科相关的专业知识。在教学学术理论模型中，与学科相关的专业知识对"教学知识"的发展至关重要。为了帮助学生学习一个与特定概念相关的学习任务，教师需要高水平的学科相关的专业知识。这种专业知识既可以理解为"教学知识"，也可以理解为"教育知识"和"课程知识"，这些需要通过内容反思、过程反思和前提反思来构建。

第二个标准：这项学术工作是否具有创新性。当教师使用一种新的教学方法或策略时，教学通常被认为是具有创新性的。在教学学术理论模式中，一个正在构建教学知识的教师也是在进行创新。为了构建教学知识，教师可以开展行动研究，收集学生意见与反馈，或者查阅教学学术的相关文献。克莱博等学者认为，创新是教师教学学术的一部分。

第三个标准：这项学术工作所产生的知识是否可以被复制、被阐述、被广泛应用，具有可信度。根据教学学术理论模式，当教师进行前提反思时，他们往往运用批判性思维，来反思他们以往的教学主张，并产生新的教学知识。并且，教师通过阅读文献、教学研究等方式，对他们的教学实践进行反思，也可以构建相应的教学知识、教育知识和课程知识。此时，教学学术工作产生的知识就具备了一定的可信度。

第四个标准：这项学术工作的成果是否可以被记录下来。克莱博等学者指出，教学学术的成果具有可记录性。这在教学学术九种指标中有所体现。例如，评述与教学方法相关的论文或著作；撰写论文，设想缺失课程目标的高等教育会如何发展等。再如，教学集和反思文章等也属于可记录的教学学术的成果。

第五个标准：这项学术工作是否可以进行同行评审。教学学术的同行评审的表现形式有很多，例如，在期刊上发表一篇关于本学科教学的研究论文等。此外，类似课程目标审查委员会的组织，会对课程目标进行评估，这也是同行评审的重要方式。

第六个标准：这项学术工作是否具有重要性或一定的影响力。教师开展教学学术研究与实践，对学生有直接影响。学生反馈、同行评审、教学评估和学生成绩记录等都可以反映出教学学术工作对学生的影响。从对学生学习的影响角度出发，可以将教学学术定义为具有价值性的、重要的学术工作。

克莱博等学者的研究表明，教学学术能够符合这六项学术表现的标准。因此，教学学术是一种符合学术工作标准的、具有价值性的学术工作。

第三节　教学学术的经验模式

教学学术的经验模式，以特里格维尔等学者的研究为例，是对前人的研究和文献进行回顾、反思、总结后产生的教学学术的模式。因此，教学学术经验模式多个维度中包含的观点，都与前人的研究有千丝万缕的联系。例如，舒尔曼强调，学科内部的教学和学习之间，必须进行交流与沟通，教学成果和学习成果也要进行公开讨论和审查。舍恩在其著作中指出，教学实际上是一种教育行动研究，新的知识和理论与教学实践应结合起来。① 博耶认为，教师不仅应该具有良好的知识储备，还要对所教学科以及学生有深入的研究与思考。这些观点和理论，在教学学术经验模式的方法维度、参与维度中均有所体现。总之，教学学术的经验模式分为三个维度，即研究维度、方法维度和评价维度，每个维度中划分了不同的层次。特里格威尔等学者试图通过经验模式的建构，为教学学术的实施过程提供更加详尽的解释。

一 教学学术的研究维度

特里格威尔等学者在教学学术的经验模式中，将教学学术研究具体划分为知识、反思、交流和观念四个维度。在每一个维度内部，以教学学术研究的程度为依据，由浅入深，划分了几个层次。

（一）知识维度

当前的时代是一个知识大爆炸的时代。科技的飞速发展给人类社会带来了前所未有的变化，从某种角度讲，这些变化对于所有人而言都带来了挑战，而教育研究者面临的挑战或许更加巨大。任何为了让学生能够在这个新世界生活而做准备的人，都必须关注如何帮助学生学习的问题，帮助他们适应周围不断变化着的世界。知识爆炸的时代对教育研究者提出了新要求，教师应具有良好的知识储备。美国马里兰大学的克里·奥米拉和圣约瑟夫大学的艾梅·特罗斯基等学者指出，大学教师提升教学学术能力，不仅要掌握基本的教学知识和能力，还要学会整合和运用教和学的知识，解决教学问题，最终要具备探究教和学的知识、发展学术的能力[②]。加拿大最高教学荣誉"3M 国家教学奖励"的评选标准中，特别强调教师要在课程教学中展示出学术性教学知识，对学校、国家或国际范围内的教育教学问题展示出足够的影响力[③]。可见，对教

---

① Donald A. Schön, "Knowing-In-Action: The New Scholarship Requires a New Epistemology", Change: The Magazine of Higher Learning, Vol. 27, No. 6, 2012, pp. 27-34.

② Kerry Ann O'Meara and Aimee LaPointe Terosky, "Engendering Faculty Professional Growth", Change: The Magazine of Higher Learning, Vol. 42, No. 6, 2010, pp. 44-51.

③ 朱炎军:《多层级协同：加拿大高等教育系统的教学学术运动》,《清华大学教育研究》2022 年第 4 期。

与学知识的掌握和运用是开展有效性教学的重要基础之一。

特里格威尔等学者在构建教学学术经验模式的知识维度时,特别强调教师对教与学知识的研究和运用。他们认为,在教学学术研究中,教师对于教与学知识的研究和掌握程度,会深刻影响到其教学学术研究的深度和成果。教学学术经验模式的知识维度划分了四个层次。第一层次的教学学术知识研究表现为:使用非正式的教与学理论。这一层次表明,教师对教学学术的研究较浅,对教与学理论的认识处于朦胧阶段,在教学实践中使用的教与学理论往往是非正式的、不成系统的。第二层次的教学学术知识研究表现为:掌握一般的教与学理论。这一层次表明,教师在教学研究和实践中,通过学习并结合自身经验,逐渐对教与学理论有更加深入的认识。能够掌握一般的教与学理论,并将其运用到教学学术研究中。第三层次的教学学术知识研究表现为:阅读文献,尤其是学科教学理论。这一层次表明,教师能够主动通过阅读文献等学习方式,加强对教与学知识的研究。第四层次的教学学术知识研究表现为:开展行动研究,具备学科教学知识和概括能力。这一层次表明,教师对教与学知识的研究和运用达到了最成熟的阶段。

(二)反思维度

美国学者史蒂芬·布鲁克菲尔德认为,教学学术与反思性实践密切相关。在关于教学学术的众多理论解释中,以及一些美国大学在教学学术的实践中,"反思"都占据了重要的位置。美国加州多明尼克大学教学学术研究强调"系统地反思、分析学习过程,然后通过与学院交流学术成果来进一步理解学习过程"。伊利诺伊州立大学将教学学术研究定义为"公开对教学和学习进行的系统反思和研究"[1]。一些国际性的学科协会也强调教学学术研究中"反思"的重要性。例如,"国际地理教和学网络",该组织于1999年成立,其工作目标特别强调"提升地理教

---

[1] Kathleen McKinney, *Enhancing Learning Through the Scholarship of Teaching and Learning: The Challenges and Joys of Juggling*, Bolton: Anker Publishing Company, 2007, p. 8.

学的创新和合作，进行批判性反思；促进地理教学的理念、经验等方式的国际性交流和对话；创造一个提升地理教学地位的国际性平台"①。美国学者罗伯特·赫钦斯也指出，通过反思和行动，有助于教师教学水平持续不断地改进。可见，"反思"在教学学术研究与实践中，发挥着重要作用。

特里格威尔等学者在构建教学学术经验模式的反思维度时，特别强调教师的自我反思能力。他们认为，教师的自我反思能力以及反思的关注点、程度，对其教学学术研究有重要影响。教学学术经验模式的反思维度划分了三个层次。第一层次的教学学术反思研究表现为：无效或无意识地反思。这一层次表明，教师有可能对教学学术反思缺乏主动性，无意愿进行反思；或者教师能够主动进行教学学术反思，但由于经验欠缺或能力不足，导致反思程度不深入、关注点偏移，整体表现为无效反思。第二层次的教学学术反思研究表现为：在行动中反思。这一层次表明，教师的实践反思能力提高，能够把理论与实践联系起来，通过在行动中反思的方式，提高教学学术水平。第三层次的教学学术反思研究表现为：聚焦教学学术中的重点进行反思。这一层次表明，教师的教学学术反思有所侧重，反思的范围由"面"到"点"，更有针对性。教师会围绕某一主题，思考相关问题并采取行动。如围绕学生课堂听讲注意力不集中的问题，反思"课堂教学内容的难易程度、学生的接受能力"等相关因素，并寻找解决这一问题的策略。

一些高校教学学术实践中，就关注到了"反思"的重要作用。例如，澳大利亚悉尼科技大学新教师发展项目，把多媒体信息技术与面对面交流结合起来，在新教师培训方面体现教学反思、合作和分享的理念，帮助教师在学生学习方面形成批评和反思的评价。参与者的反馈表明，这样的方式对于教师的教学学术实践也有所帮助。另外，项目也帮

---

① International Network for Learning and Teaching in Geography, "International Network for Learning and Teaching Geography in Higher Education", (2010-10-01), http://www.ucd.ie/inlt/. (2023-07-06)

助新教师形成以学生为中心的教学实践,并能通过在合作的环境中交流教学技能的方式,培养同事合作精神。而在线多媒体的使用也会让教师把这些新技术应用到课堂里。这一教师发展项目充分体现了"在行动中反思"的特点,帮助教师学会反思,将教学学术反思与实践教学、学术合作交流结合起来,不断提高教学学术水平。

(三) 交流维度

学术交流被认为是从事教学学术研究的重要环节。通过教学工作公开化、教学学术交流等途径,有助于营造教和学的文化氛围,提升教学合作与学术水平。有学者在对博耶提出的四种学术形式进行研究分析后,指出了四种学术形式的共性,其中就包括"学术交流"。这种学术交流属于一种"有效的演示"。在学术交流过程中,研究者需要运用合适的风格,有效地组织并展示其研究工作;通过论坛、讲座、学术报告等形式向其目标受众传达信息,交流观点。众多国际教师发展组织的工作宗旨中充分体现了学术交流的主张,在发展大学教学学术的过程中起到了积极的作用。如高等教育专业与组织发展网络在其工作宗旨中指出,寻求提升大学教师的教学学术以及大学组织的发展,推进教师合作和同行交流。国际教育发展联盟的组织目标突出分享优秀教学经验、讨论问题与对策,为高等教育的教学研究、教学交流创造一个国际性的交流平台。[1] 美国的教学学术组织中,包括各种基金会和专门的教学学术研究机构,都大力支持教学学术交流。例如,莉莉基金会组织全美境内召开的"学院和大学教学"会议,已经成为全美境内教师交流教学学术的重要平台。[2]

特里格威尔等学者在构建教学学术经验模式的交流维度时,特别强调教师的学术交流能力。他们认为,在教学学术研究中,教师开展学术

---

[1] 宋文红等:《高校教师专业化发展及其组织模式:国际经验与本土实践》,山东人民出版社2013年版,第105—106页。

[2] 朱炎军:《教学学术视角下的高校教师发展:来自美国的经验》,《外国教育研究》2017年第3期。

交流的程度,是影响其教学学术研究的重要因素。教学学术经验模式的交流维度划分了四个层次,交流程度逐层深入。第一层次的教学学术交流研究表现为:无交流。这一层次表明,教师在教学学术交流方面还未有进展。第二层次的教学学术交流研究表现为:与学校、院系同事交流。这一层次表明,教学学术交流的范围主要在学校以内。教师能够通过院系研讨会等正式场合,或者"喝茶时间"等非正式场合与同事进行学术交流。第三层次的教学学术交流研究表现为:参加地方性或全国性的学术会议。这一层次表明,教师教学学术交流的范围扩大到学校以外,能够在大型学术会议上做汇报,与更多学者和专家交流经验,提升自身教学学术水平。第四层次的教学学术交流研究表现为:在国际学术刊物上发表论文。这一层次表明,教师通过发表论文和产出研究成果的方式,在国际范围进行学术交流。不同国家的研究者通过阅读论文,可以了解到作者的理论观点和实践经验,并从中获取经验,运用到自身研究和教学实践中。这些研究者取得的学术成果也可以资源共享,形成学术交流的良性循环。

在实践中,一些专业协会为教师提供多种交流合作的机会。例如,澳大利亚大学教师发展中心主任协会在2014—2016年战略规划中提出的发展目标包括:为各大学教师发展提供高质量的专业发展和相互交流的机会;与其他专业教师发展协会如澳大利亚教学办公室、远程教学协会、澳大利亚高级教育发展与研究协会等形成相互交流与合作的关系,共同促进教师发展和大学教学质量的提高;促进和支持澳大利亚各大学的教学学术研究等。这一举措体现了"交流维度"第三层次的要求,即通过提供地方性专业协会之间的合作机会,搭建教学学术交流平台,帮助教师提高教学学术水平。

(四) 观念维度

"教学学术"作为一个内涵丰富的概念,自问世以来就引发社会各界的广泛研究和讨论。如何理解"教学学术"的概念,对此持有怎样的观念,对教师的教学学术研究起到重要的作用。教学学术的创始人博耶将"教学学术"指向"教"的学术,认为教学必须详细计划、不断检验并与所教学科内容相关①。教师具备教学学术能力就意味着能够深入理解教学内容，认真规划并检测教学程序，架起教师理解和学生学习之间的桥梁。随后，舒尔曼将"教学学术"拓展为"教"与"学"的学术，并将教学学术落实到教学实践层面。他认为，教学不仅仅是教师的行为；它还是在特定的场景下，考虑到学生、目标、内容等方面问题的思想与行动。教师要系统地调查与学生学习有关的问题，例如学习发生的条件等。也就是说，教师一方面要掌握教学内容和教学方法，另一方面还要了解学生学习的特点和深度，知晓学生如何学习以及如何更有效地学习。

特里格威尔等学者在构建教学学术经验模式的观念维度时，特别注意区分教师在教学学术研究中，更侧重教师的"教"还是学生的"学"，这体现了教师对于"教学学术"概念的理解和个人观念。教学学术经验模式的观念维度划分了两个层次。第一层次的教学学术观念研究表现为：以教师为中心的教学。这一层次表明，教师在教学实践中侧重根据教学大纲设计教案、课堂授课、引导学生讨论并给予回馈，具备一定的教学专业技能；在教学学术研究方面则关注收集和分析数据。第二层次的教学学术观念研究表现为：以学生为中心的教学。这一层次表明，教师在教学实践中，与之前相比，更加关注学生的"学"，侧重问题本位的教学，能够使用个案方法，具备批判反思的能力；在教学学术研究方面关注量化研究、叙事探究和行动研究②。教师不仅对学生及其学习表现出好奇心，能够识别与学生学习相关的问题，并通过文献学习择取合适的干预办法，以系统的方式计划和实施教学进程；而且不断地在行动中反思并分享自己的想法、策略和成效③。总之，在"教学学术"的观念从"以教为中心"到"以学为中心"的转变历程中，存在

---

① Ernest L. Boyer, *Scholarship Reconsidered: Priorities of the Professoriate*, Princeton: Princeton University Press, 1990, p. 24.

② Mary M. Kennedy, "Inexact Sciences: Professional Education and the Development of Expertise", *Review of Research in Education*, Vol. 14, No. 6, 1987, pp. 133-167.

③ 刘喆：《什么是大学教师"教学学术能力"：内涵与发展路径》，《华东师范大学学报》（教育科学版）2022年第10期。

两种趋向。一种趋向是把教学学术的出发点和落脚点视为"基于教学"和"为了教学",体现教师对课程与教学的关注,强调教师的实践能力;另一种趋向是关注学生的学习,体现以学为本的思想。

一些高校在教学学术实践中,强调教师的教学学术观念塑造与转变。例如,澳大利亚昆士兰大学最早在20世纪80年代中期开始设立高等教育研究生证书制度,为新教师和准备加入大学教师队伍的博士生提供关于高等教育教学理念和教学方法培训的机会。随后在90年代,随着联邦政府对高等教育质量的重视,各个大学都设立了高等教育研究生证书制度。目前,在澳大利亚85%的大学都提供高等教育研究生证书课程。[①] 高等教育研究生证书制度的四点原则主要是:了解高等教育理论,促进教学学术,形成实践共同体,倡导终身和自我导向的专业学习。同时,实施高等教育研究生证书制度的重要目的之一就是促进教师对大学教学学术理论的理解,以及关于学生学习的理论与实践。这一制度的实施有利于帮助教师正确理解"教学学术",形成自己的"教学学术"观念,从而指导教学学术实践的有效开展。

二 教学学术的方法维度

特里格威尔等学者在教学学术的经验模式中,将教学学术研究的方法具体划分为阅读文献、研究教与学、融合教学学术理论与专业教学知识和共享研究成果四个维度。

(一)阅读文献

特里格威尔等学者认为,开展教学学术研究的第一种方法是:通过收集和阅读相关文献来认识并理解"教学学术"理论内涵,从而为进一步提高实践教学水平提供理论支撑。

教师阅读文献有两个目的。第一个目的是理解"教学学术"的理论内涵,认识"教学学术"。在刚开始进行教学学术研究时,教师通过

---

① 徐晓红:《澳大利亚大学教师发展研究——基于学术职业的视角》,博士学位论文,上海师范大学,2015年,第194页。

阅读文献，不仅可以了解到教学学术的起源、发展历程、相关概念、实践应用，并建构起自身对"教学学术"的理解；还可以了解到其他学者关于教学学术研究的进展情况。关于学习借鉴他人研究经验，一些学者在教学学术研究中都提到了"阅读文献"这一重要的途径。例如，根据美国学者玛丽·肯尼迪教学学术成长的序谱，对文献的收集、阅读和总结贯穿了教师教学学术成长的全部阶段。[①] 她指出，教师在教学学术成长的第一阶段，更加关注自身在教学方面的成长。他们往往通过阅读有关教学学术的文献，来帮助理解并描述教学和学习决策背后的原则，以提高自身教学学术研究水平。在第二、第三阶段，通过文献阅读和经验积累，教师对教学学术的理解逐步加深，甚至能够总结有关教学学术的文献与研究成果，为自身所在学科和专业领域提供有价值的研究线索。因此，阅读文献是提高教师教学学术理论素养的重要方式。

阅读文献的第二个目的是提高教师实践教学水平。一些研究者认为，教学的学术性很难与教学本身区分开来，教学的学术性是教学中的一个元素。可见，教学学术研究与实践教学有密切联系。特里格威尔等学者在论述教学学术经验模式的研究—知识维度时指出，该维度的第三层次就表现为：阅读文献，尤其是学科教学理论。[②] 他们认为，通过阅读文献，教师可以提高自身实践教学水平，即能够将学科内容知识与学科教学理论融合在一起开展教学。对此，克莱博在进行教学学术实践的研究时，运用印第安纳大学地球与大气科学专业副教授丹尼斯的个案研究进行了说明。丹尼斯教授经常从出版物那里吸收关于教学的知识，并有效地将这些知识和他自己的学科知识结合起来，建构一种教学法，将自己的教学放在新的情境中。通过这样做，他证实了自己探究知识的有效性。通过这一案例可知，阅读文献能够帮助教师将教学知识与学科知识结合，从而提高教学学术水平。因此，阅读文献，掌握学科专业知

[①] Mary M. Kennedy, "Inexact Sciences: Professional Education and the Development of Expertise", *Review of Research in Education*, Vol. 14, No. 2, 1987, pp. 133-167.

[②] Keith Trigwell, Elaine Martin and Joan Benjamin, et al., "Scholarship of Teaching: A Model", *Higher Education Research & Development*, Vol. 19, No. 2, 2000, pp. 155-168.

识，并把教学学术理论应用于实践教学，就成为教师进行教学学术研究的重要目标之一。

一些高校在教学学术实践中，特别是在新教师培养方面，很注重通过文献阅读等方式提高其教学学术能力。悉尼科技大学的新教师发展项目由大学教师发展中心——多媒体与学习中心主办。多媒体与学习中心通过网络、手册以及面对面交流的方式对新教师进行指导和帮助。具体来说，在教学培训方面，通过观看录像，讨论相关的教学主题；讨论教学中的经验与方法；在线论坛交流；对每一个教学主题进行反思几个方面开展。值得注意的是，多媒体与学习中心提供的每一教学学术专题的录像都包含了在线阅读材料，帮助教师更加深刻地理解相关主题，并熟悉当前最新的关于教学学术的文献资料。通过这种方式，不仅能够使教师理解"教学学术"的理论内涵，认识"教学学术"，而且有利于帮助教师将学习到的最新理论与实践教学结合，进一步提高教师教学学术水平。

（二）研究教与学

特里格威尔等学者认为，开展教学学术研究的第二种方法是：研究教与学，即对自己的教学和学生的学习进行调查，进一步提高学生学习水平。

首先，"研究教与学"强调研究教师自身的教学。如果从"研究教师的教学"的角度来理解教学学术，可以这样认为：教学学术并不是从外部强加给大学的东西，而是一种能够让教师和院校履行自己作为教育者，要不断提高学生学习质量的职责的内部动力和重要途径。由于教育教学的对象是学生，因此，研究教师自身的教学，其最终目的是提高学生的学习水平。教师需要审视与反思，在自身的教学中，哪些因素或方法对学生学习有所帮助。对此，兰迪·巴斯的教学学术个案研究充分体现了教师对自身教学的反思，对提高学生学习质量、开展教学学术研究有重要作用。兰迪·巴斯通过教学学术的实践扭转了自身对教学的观点。之前，兰迪·巴斯教授将"教学"视为一个问题，对教学中出现的危机有所回避。现在，他将"教学"视为一系列值得持续探索的焦点问题。他通过对自身教学中产生的一场危机进行研究，意识到自己对学生学习并不真正了解，以后需要加强对课程的设计和教学，使自己更加了解学生的学习，对学生应该达到的学习目标有更清晰的认识。

其次，"研究教与学"需要研究学生的学习。既然"研究教与学"的最终目的是提高学生的学习质量，那么最直接的方式就是对学生的学习进行研究。舒尔曼提出"教与学的学术"时强调，要用更加系统和学术性的方法来研究在使学习发生改变方面"什么有用"，并将这视为教学工作领域的目标。美国印第安纳大学伯明顿分校在开展教学学术项目方面取得显著成就。在其开展的教学学术重要活动中，"学生学习"是重要的关注对象。例如，开展基于学生学习的视角的员工讲习会；开设教学学术资助项目；对在美国的中美大学生学习行为差异性的理解等。教师对学生学习的真心的关注，是美国大学教学学术运动形成的重要原因之一。在一些学者看来，学生的学习"是一些你真正关心的事情，一些你真的感兴趣想要知道的事情"，正是教师对学生学习的不断关注使教学学术的发展有了良好的环境。

总之，"研究教与学"既包含了教师对自身教学的研究，又包含了对学生学习的研究。教学与学习是开展教学学术研究时不可忽视的两个方面，在特里格威尔等学者的观点中，无论是研究教师教学，还是研究学生学习，其目的都是提高学生的学习质量。一切教学学术的研究都围绕这一点展开。

（三）融合教学学术理论与专业教学知识

特里格威尔等学者认为，开展教学学术研究的第三种方法是：融合教学学术理论与专业教学知识，即把教学学术的相关理论、知识、观点等，与教师所教学科内的专业教学知识联系起来，开展研究和实践，从而提高学生的学习水平。这一方法与前文所述的教学学术研究的第二种方法，有相同的意图，即提高学生的学习水平，不同的是，第二种方法主张研究教与学，强调的是实践方面的研究；而第三种方法强调的是理论方面的研究，即教学学术普遍理论与专业内特殊的教学知识的结合。

事实上，教学学术理论与专业教学知识二者之间往往相辅相成，很难将二者的关系割裂开来。从知识角度来看，大学中的学科以知识为基础，学科是体系化的知识在大学中的存在形式。19世纪以后，大学发展进入"学科时代"，学科作为一种系统化、体系化的知识存在形态，塑造了知识的边界、对象、方法和概念体系等。舒尔曼认为，教学学术的知识基础是学科教学知识。[1] 这一观点，为了解教学学术知识与专业教学知识之间的关系奠定了理论基础。

在开展教学学术研究时，首先需要明确这两类知识是如何界定的，包含的内容有哪些。一些高校在实践中对两类知识有所定义。北卡罗来纳大学要求教师通过掌握教学知识和教学实践增强教学的有效性。其中指出，教学知识一般包括：教学评价知识、教学内容和方法知识、学科教学知识、学习者的知识等。[2] 由此可见，在北卡罗来纳大学，教学学术知识包含了学科教学知识，两类知识之间是包含与被包含的关系。

其次，建立学术部落，为两类知识的综合应用提供有利条件。虽然这一研究方法更强调对理论的研究，但由于其最终目的是提升学生的学习水平，因此，将理论研究落实到实践中是必然的举措。所谓"学术部落"，是英国学者托尼·比彻描绘学者群体的一种比喻手法。大学中任何与知识相关的活动都需要在学术部落中方能获得合法性。[3] 为了提升教学学术的地位，建立教学学术的学术部落成为当下乃至未来教学学术发展的重点。从某种意义上讲，教学学术部落的建立，将解决教学学术的价值认可、群体分化、资源障碍等问题，并主导教学学术的发展走向。西方国家的学者与组织在这一领域做出了极大贡献。例如，以卡内基教学促进基金会为首的社会组织大力倡导学科教学知识、反思性知识的学习，注重在学科交叉和教学实践性智慧中建构教学学术的知识基

---

[1] Lee S. Shulman, "Taking Learning Seriously", *Change: The Magazine of Higher Learning*, Vol. 31, No. 4, 1999, pp. 10-17.

[2] The University of North Carolina System, "School of Health and Human Sciences Promotion, Tenure and Reappointment Evaluation Policies, Guidelines and Procedures", (2013-08-01), https://hhs.uncg.edu/wp-content/uploads/2023/12/hhs-promotion-and-tenure-policies-guidelines-2015-1.pdf. (2023-04-19)

[3] 朱炎军：《学术界的"灰姑娘"：国际教学学术的发展困境和变革图景》，《高等教育研究》2022年第5期。

础。因此，学术部落能为教学学术理论与专业教学知识的结合和综合运用提供平台和有利条件。

总之，把教学学术理论与专业教学知识相结合，是教师在开展教学学术研究时必须重视的方法。在众多学者的观点和高校的实践中，二者是包含与被包含的关系，相辅相成，不可分割。因此，教师在实践中，对两类知识应给予同样的重视，不能厚此薄彼，有所偏颇。而且，在学术部落等教学学术共同体中，两类知识的整合与应用能够得到更加充分的保障。

（四）共享研究成果

特里格威尔等学者认为，开展教学学术研究的第四种方法是：共享研究成果，即收集、交流、共享教师在学科内进行教学学术研究的成果。这一方法的目的仍是提高学生的学习水平。并且，与"阅读文献"和"研究教与学"的教学学术研究方法不同，"共享研究成果"能够将教师自身的教学学术工作成果传递给更多受众，从这个意义上讲，这种方法在研究的影响力方面，超越了文献收集、调查教师教学、学生学习等方法。"共享研究成果"与其他方法相比，最大的特点就是受众更多、应用更广。这一方法面向的、能够帮助到的是所有学生，而非某个教师的学生。也就是说，通过研究成果的收集、交流与共享，教学学术的理论研究能够落实到实践教学中，从而普遍提高学生的学习水平。

一些高校的教学学术实践中，为研究者和学者搭建了广阔平台，提供学术交流与成果共享的机会。美国威斯康星大学系统的威斯康星教学研究员和学者项目就是一个典型案例。该项目是一个为期一年的教学学术研究者学习社区，以开展教学学术为指导思想，旨在为学校教师提供时间和空间上的支持，为参与者提供多方面的动态讨论机会和职业提升体验，以便教学工作者能够在一个开放的社区中，与威斯康星大学系统的同行进行沟通交流和系统性反思，使"学术性教学"能够转向"教学学术"。管理方面，威斯康星教学研究员和学者项目由专业和教学发展办公室主管，各专业教师参与指导。

威斯康星教学研究员和学者项目的招募对象面向整个威斯康星大学

系统，包括各分校机构在内的所有教职员工和教学学术人员，寻求在教学和学习中表现卓越的参与者。参与者需要具备的特质包括：求知欲、开放性视野以及与一个由不同同行组成的跨学科团体接触的高度配合性。有意向参与该项目的教学工作者，可以向教务长办公室提交这一年度的项目申请。由于参与者来自不同学科和专业，这种多元性使威斯康星教学研究员和学者项目成为一个跨学科的学习社区。在项目参与过程中，参与者开展的研究形式多样，可以是定量研究，或定性研究，或解释性研究等。为了鼓励更多教学工作者参与到项目中来，威斯康星大学系统为项目参与者提供了优厚的待遇和条件。2023—2024年项目的招募公告提到，参与项目的人员除了能获得所在分校提供的4000美元的夏季津贴（包括旅行、住宿、膳食和杂费）外，还能够获得威斯康星大学系统的专业和教学发展办公室额外提供的500美元，以支持其在教学学术研究领域的工作。

自威斯康星教学研究员和学者项目开展以来，许多参与者发现，这段学习经历对他们的工作是一种激励与启示，从不同角度与不同专业的同行交流合作，甚至在一定程度上更新了他们的教学理念，改变了他们的教学方法。每一期项目结束后，优秀的参与者都会结合自身专业和在项目学习过程中的体会，选择一个研究问题进行研究，并将研究成果发布在威斯康星大学系统官方网站上，供同行学习借鉴。这种方式能够促进教学学术研究者和学者，通过这一项目，把自身的研究成果呈现出来，与同行、专家进行交流、共享。一方面，这有利于学术思维的碰撞，产生新的学术火花，提高研究者的教学学术水平；另一方面，这扩大了研究成果的受众面，有利于普遍提高学生的学习水平。

三 教学学术的评价维度

特里格威尔等学者在教学学术的经验模式中，提出了几种标准，用来评价研究者参与教学学术的程度。分别是：对"教学学术"的理解程度、对教学和学习的关注度、对他人学术的参与度以及成果交流的质量。可以发现，在经验模式中，教学学术的"评价维度"和前文所述的"方法维度"存在对应关系。首先，研究者阅读文献的第一个目的就是理解"教学学术"的理论内涵，认识"教学学术"。因此，对"教学学术"的理解程度成为检验研究者教学学术参与程度的第一个标准。其次，"研究教与学"这一方法的效果，可以用"对教学和学习的关注度"这一指标来衡量。最后，"与同行共享研究成果"的效果，可以用"对他人学术的参与度""成果交流的质量"两种指标来检验。

（一）对"教学学术"的理解程度

特里格威尔等学者认为，教师对"教学学术"的理解程度，是评价其教学学术参与度的第一个指标。教学学术，关注教师的"教"，还是关注学生的"学"，或者二者兼顾？对"教学学术"概念与重点的理解，不仅是学术界争论的焦点，也能够衡量教师与研究者的教学学术水平。教师如何界定"教学学术"？他们在教学实践中，重点关注的仅仅是自身教学，还是兼顾学生学习和教师教学？教学学术经验模式的研究维度中，在"观念"层面，将"以教师为中心的教学"作为教学学术观念的第一水平（较低水平），将"以学生为中心的教学"作为教学学术观念的第二水平（较高水平）。可见，在特里格威尔等学者看来，从"以教师为中心"到"以学生为中心"体现了教师教学学术观念水平的提升。也就是说，认识到"教学学术"必须兼顾学生学习与教师教学，则对"教学学术"的理解达到了较高的水平。开展教学学术研究的重要目的是帮助学生提高学业水平。因此，当教师通过阅读文献、实践探索、经验交流等多种途径和方法，不断提高教学学术认识与研究水平，并把"教学学术"界定为"兼顾学习与教学"时，就是更加深刻地认识到了教学学术研究的重要目的，并将其融入自身对教学学术的理解当中。在"教学学术"概念理解方面能够达到这种水平，就可以被认为是成熟的教师和研究者。

（二）对教学和学习的关注度

当一位教师或研究者将"教学学术"界定为"兼顾学习与教学"时，那么他对教学和学习的关注度会相应提升。特里格威尔等学者认为，教师对教学和学习的关注度，是评价其教学学术参与度的第二个指标。在教学学术实践中，他们的重点应放在自己的教学实践和学生在该学科背景下的学习上。并且，这种对教学和学习的关注度经常与教学学术的反思密切联系。通过关注教师教学和学生学习，发现实践中的问题与不足，进一步开展教学学术反思，并进行方法与实践上的调整，最终实现提高自身教学学术水平与提高学生学习水平的双重目标。在"反思"层面，教师从"无效或无意识反思"（较低水平），到能够"在行动中反思"（中等水平），最后达到"对教学和学习中的关注点进行反思"（较高水平），正体现了教师教学学术反思能力的提高，对教学和学习的关注度和把握程度也不断提高。当教师或研究者对自身教学和学生学习的关注度与反思程度不断提升时，其教学学术参与度也在相应提升。

（三）对他人学术的参与度

特里格威尔等学者认为，教师对他人学术的参与度，是评价其教学学术参与度的第三个指标。对他人学术的参与度的范围非常广泛，包括一般性质的教学，这就意味着教师或研究者可以通过参与他人学术的方式进行跨专业交流，不断丰富自身的经验。当然，特里格威尔等学者认为，参与本专业的学术研究，对教师的教学学术能力提升可能更加重要。

一些高校通过开展教学学术项目、构建探究性共同体的方式鼓励教师参与他人学术。例如，美国印第安纳大学伯明顿分校的创新教与学中心是现代大学新型教与学研究组织的典型代表。中心通过整合多领域的专长为教学发展提供全面而具体的支持途径，包括设立项目（服务性学习、教学学术项目和写作项目）、开展咨询（个人教学咨询、院系工作坊咨询、学生学习评估咨询等）、共享教学资源（新教师链接、教学手册、同行教学评议、创新教与学中心图书馆等）。其中，教学学术项目的首要目的在于培养教师之间的合作努力，帮助教师的教学能突破"孤独的"和相当"隐私"活动的局限。其隐含的思想观念是：在探究性研究项目上的合作既是对教学的挑战，也是教师发展的机遇。大学的探究性共同体成为项目的主要支柱，共同体成员参与学术性的教学和以学生为中心的教学，鼓励教学上创新和共同承受相应风险，使教师能实施致力于学科间与跨学科交流与对话的合作性项目，形成对教学学术的多元视野，并且为项目结果的有效表达提供合适的机会和场合。总之，对他人学术的参与度能够在一定程度上反映教师教学学术的参与度，也是衡量教师教学学术水平的重要指标。

（四）成果交流的质量

特里格威尔等学者认为，教学学术成果交流的质量，是评价教师或研究者教学学术参与度的第四个指标。在教学学术研究方法中，"共享研究成果"是一个极其有价值的研究途径。而成果交流的质量，正是衡量这一方法的重要指标。成果交流的质量包括教学实践和理论思想的交流传播质量。要提高教学学术成果交流的质量，需要满足以下几个条件。一是搭建广阔的交流平台，不仅为本学科内教师和研究者提供交流互鉴的机会，而且让更多其他学科的同行加入研讨，拓展教学学术研究思路。二是提供制度与资金支持，鼓励教学学术成果交流。三是加强出版物建设，增加学术群体之间的交流，建立教学学术发展学术圈。

一些高校和学术性组织，在提高教学学术成果交流质量方面进行实践与探索。在搭建交流平台方面，美国迈阿密大学通过建立教学学术的研讨会制度"构建教学学习团体，增加跨学科教师的合作，激励教师反思教学，提升教学学术水平"[1]。美国伊利诺伊州立大学为学校的53个学科建立了教学学术的学科组织，任何一名教师都可以找到属于自己学科的教学学术团队。在制度与资金支持方面，高等教育专业与组织发展网络设立的POD网络基金项目（POD Net Grant Program）旨在为教师、助教、教学和组织发展实践中贡献教学研究新知识的协会成员提供资金支持。加拿大高等教育教学协会积极寻求各种经费支持加拿大的教学学术研究工作。在2005年的教学学术领导力会议后，协会就说服了加拿

---

[1] Milton D. Cox, "Fostering the Scholarship of Teaching and Learning Through Faculty Learning Communities", *Journal on Excellence in College Teaching*, Vol. 2, No. 14, 2003, pp. 161–198.

大人力资源与技术发展部、社会科学与人文研究委员会共同出资资助国家教学学术协会。在出版物建设方面，据统计，目前国际上大约有30种教学学术方面的期刊，另外有近40种分学科的教学学术期刊。[①] 从已有的期刊来看，绝大多数是美国的大学或者基金会主办，如《教学学术杂志》由美国印第安纳大学主办，《国际教学数字杂志》由美国南方大学主办。

高校和学术性组织通过实践探索，为提高教学学术成果交流质量做出了贡献。这更加凸显了成果交流质量在评价研究者在教学学术参与度方面的重要作用。教学学术成果交流质量越高，代表着教学学术参与度越高，教学学术水平越高。

四 教学学术经验模式个案研究

在根据教学学术经验模式这一理论开展实践的过程中，澳大利亚的做法较有代表性。在政府层面，2004年，澳大利亚政府成立了教学委员会，进一步推动和促进了澳大利亚高等教育机构教学水平的提高。教学委员会的工作重点是向澳大利亚高等教育机构的研究人员和研究团队提供支持，帮助他们提高教学质量，从而平衡教学与科研失衡。此外，教学办公室为教学学术工作提供了极大的资金和政策支持。在高校层面，澳大利亚悉尼大学、昆士兰大学、新南威尔士大学等高校实施的新颖的教学学术改革策略，在世界一流高校中独树一帜。

（一）教学学术的保障

澳大利亚对教学学术研究的支持与保障主要体现在奖励机制、建立教师教学发展中心等方面。需要注意的是，奖励机制既包括国家与政府层面给予高校开展教学学术研究的奖励，也包括高校层面给予教师或研究者的支持。

在奖励机制方面，2004年澳大利亚教学委员会的设立是澳大利亚

---

① 侯定凯：《博耶报告20年：教学学术的制度化进程》，《复旦教育论坛》2010年第6期。

高等教育史上关注教学质量的分水岭，承担着向澳大利亚高等教育机构的研究人员和研究团队提供支持与帮助的职责。该机构每年投资 2700 万元，用于支持和提高澳大利亚大学的教学质量。2011 年，时任总理朱莉娅·吉拉德取消了教学委员会，在澳大利亚政府部门——教育、就业和劳动关系部成立了教学办公室，并计划在接下来的四年中拨款 5000 万澳元资助和奖励澳大利亚大学的优秀教学。

值得注意的是，教学委员会提供的教学奖励指标，不断更新、发展与完善。其中就体现了特里格威尔等学者在教学学术经验模式中"评价维度"的要求。例如，教学委员会规定，卓越教学奖候选人应该具备的条件是，"学术创新能够影响并促进教学，包括能够参与并为教学发展作出贡献的学术活动，促进学生学习课程的领导、协调和组织能力，与学科研究相对应的教学研究成果，以及能够展现出学术职业方面的领导力等"。这些奖励指标既考查了教师或研究者对"教学学术"的理解程度、对教学和学习的关注度，又关注到教师或研究者对他人学术的参与度以及教学学术成果交流的质量。只有充分满足这些指标的教师或研究者，才有机会成为卓越教学奖的候选人。

在高校层面的奖励机制方面，悉尼大学采取了为开展教学学术研究的教师提供资金奖励的办法。但是，这笔钱并不针对个人，而是全部拨给学院或全体教工。一方面，这使得各学院院长或负责人更加关注教工的教学学术成就；另一方面，如果教师个人可以获得资金奖励，那对他们的任职和晋升也大有帮助。并且，在职称晋升方面，悉尼大学要求加大教学所占比重，鼓励以科研为主的教师认真、系统地对待教学。悉尼大学设立的教学改进基金，为提高教学或改进学生学习质量的项目提供资金支持。要求基金申请者必须提供学生学习改进的证据，理由充分方可申请基金支持。悉尼大学设置的教学奖励指数，主要奖励与学生学习有关的教学活动，如在指定刊物上发表大学教学方面的文章、获得其他教学奖励或辅助金等。衡量指标从 1 分到 10 分，包括：获得全国教学奖（10 分）；出版教学出版物（2 分）；在大学论坛等会议上提交有关教学的论文（1 分）等。同样，教学奖励指数的衡量指标也体现了教学学术经验模式中"评价维度"的要素。

昆士兰大学的教学学术基金项目有一定特色。这一基金项目主要是为新聘任的教学型岗位教师设置，目的在于帮助教师尽快提高教学技能，促进教学学术的研究。申请人可以获得最高 12000 澳元的基金资助。申请人一般由院系推荐提交申请后，由相关教学学术专家组成委员会进行评审。评审的标准主要有：申请书是否体现大学教学环境下教学学术的性质，预期的成果是否对该学科领域教学学术的研究有所贡献，对其他学科领域的教学学术研究是否具有应用性等。这些评审标准非常强调教学学术研究成果的质量，与教学学术经验模式"评价维度"的要素相一致。

在其他方面，澳大利亚也有相关举措，如建立教师教学发展中心等。例如，澳大利亚高等教育资助委员会最大单笔项目支持了 74 个教师教学发展中心，用以奖励优秀教学，并且进一步对有利于学生、教师、学校的实践活动提供支持。[①] 这些教师教学发展中心提供多种教师发展项目，其中大多是初级课程项目。一些大学要求所有新聘用的教师完成教学课程文凭后，才能获得胜任终身教职的资格。[②]

澳大利亚教学学术保障工作的开展主体，包括政府和高校。政府在大学教学学术研究工作中起到了重要的支撑作用，使大学能够在政府资助的项目中改善和提升教学学术。同时，大学对教学学术的关注和支持也在很大程度上促进了教学学术研究的开展。这些举措，尤其是在奖励指标等方面，充分体现了教学学术经验模式中"评价维度"的有关要素，是在教学学术保障工作中，实践教学学术经验模式的典型代表。

(二) 教学学术的实践

澳大利亚教学学术项目以特里格威尔等学者提出的教学学术经验模式为基础，为希望提高自身教学学术水平的教师和研究者开发了两个学

[①] 郝永林：《国际教学学术运动的进展与挑战——基于英国、美国、澳大利亚三国的分析》，《现代大学教育》2014 年第 3 期。

[②] Keith Trigwell, Elaine Martin and Joan Benjamin, et al., "Scholarship of Teaching: A Model", *Higher Education Research and Development*, Vol. 19, No. 2, 2000, pp. 155-168.

习模块。其中一个模块侧重于教学学术的实践，而另一个则侧重于教学学术的交流。

在教学学术的实践模块中，教师或研究者需要基于对"教学学术"的理解，关注他们当前教学的各个方面（如教学目标、教学方法、教学评价等），并结合学生学习情况来研究每个方面。通过参与实践模块的培训，参与者在教学学术研究方面应该具备以下能力，包括：认识到学生在教学学术研究中的重要地位；能够利用教学学术相关文献（特别是在自己学科领域内的专业文献）指导实践；有能力与富有经验的同事进行适当交流，分享自身关于教学学术的想法等。可以看出，这些研究者在参与学习和培训后被期望获得的教学学术能力，与教学学术经验模式中"方法维度"非常相似。既包括阅读文献、融合教学学术理论与专业教学知识，又通过研究教与学认识到学生的重要地位，并能够与同行相互交流观点。因此，这一实践模块能够很好地应用教学学术经验模式的理论观点。

在昆士兰大学的教学型教师职称晋升改革中，特别强调教学学术的能力。学校规定，教学型岗位教师职称晋升标准包括教学实践、教学学术和教学领导力三项。教学实践指的是课堂教学及与教学相关的实践活动，如对荣誉学位学生的指导；教学学术包括相关学科领域教学法的创新、教学大纲的创新与设计，以及发表具有影响力的教学研究成果；教学领导力则是指教学方面的组织领导能力。随着职称级别的晋升，对申请人在教学实践能力、教学学术研究水平和教学领导力方面的准则与要求也会相应地有所提高。

新南威尔士大学的职称晋升改革平衡了教师的教学学术能力与科研能力。这一改革始于2006年，新的一任校长上任时，开始关注教学质量的提高。为了加强对优秀教师的认可，新南威尔士大学鼓励教学与科研双重角色的平衡与回归，在职称制度上设置教学型岗位，并设置灵活的学术权重，为优秀教师提供晋升机会。"新南威尔士大学设有教学型岗位，但作为一个研究型大学，这样的岗位晋升也必须完成一定的科研成果，并且在科研成果中认可教学学术的研究。因此，如何证明教师的教学学术水平是一个很好的问题。主要的评价标准可以参考：教师获得的教学学术奖励，学生的评价，是否经常参加教学研究会议，同行的评价，是否有新教师聘其为导师等。"①

昆士兰大学的教师职称晋升指标和新南威尔士大学的职称晋升改革，与教学学术经验模式"评价维度"的基本要素相对应，比较关注教师的教学水平、对学生的指导水平，以及教学学术研究成果质量等。并且，通过学生和同行的评议侧面反映教师的教学学术水平。这些大学的改革措施都是教学学术经验模式在实践中的典型代表。

（三）教学学术的交流

澳大利亚教学学术项目开发的第二个模块，即交流模块，以教学学术交流为核心，认为交流是进行教学学术讨论、借鉴与评价的媒介。并且，这一模块的开发理念认为，开展教学学术研究以提高学生的学习水平，必须重视协作和练习。因此，模块中包含了大量的练习和活动。这些活动旨在为教师提供相互交流的机会，通过交流，使参与者学会沟通与协作，相互学习有益经验，从而改进和反思他们的教学学术实践。交流模块包含以下的5个单元，每个单元都是一个与教学学术研究相关的主题。在不同的单元中，开发者设计了不同的活动，帮助参与者开展教学学术交流。

第一个单元的主题是"学术话语"，即建立一种教学学术话语体系。这一单元主要为定期召开的院系或教职员会议提供指导，为期1—2个学期。关注专业学科中，教师教学和学生学习方面的细节性问题。就这些问题在参与者中开展讨论，促进问题解决，帮助教师提高教学学术水平。在解决问题过程中形成的经验，能够建立一种教学学术话语体系，促进教学学术研究。

第二个单元的主题是"教学学术同行评审"。这一单元提供了一系列的策略和指导方针，使同事们（同一小组或同部门）能够相互检查、

---

① 徐晓红：《澳大利亚大学教师发展研究——基于学术职业的视角》，博士学位论文，上海师范大学，2015年，第143页。

问询和评价,以系统化的方式评估同行的教学和学生的学习。包括课堂访问、采访彼此的学生、检查教学材料等活动。这些活动和随后的讨论,能够促进参与者提出更多在教学学术实践方面的改进措施,提出新见解和新思路。

第三个单元的主题是"交流",旨在通过讨论交流,为教学学术研究获取新的经验。交流与讨论的步骤可以是:第一确定主题,可以围绕参与者们在教学学术研究中发现的某个问题展开;第二提出假设,即各个参与者提出自己的观点和意见;第三制定战略,即制定计划,在教学实践中验证自己的假设;第四收集结果,需要关注在实践中获得了怎样的研究结果;第五总结经验,通过以上的步骤,把最终得到的经验进行归纳总结,作为讨论交流的成果。

第四个单元的主题是"为教学学术研究做贡献"。这一单元为发展个人教学学术成果提供指导和建议。这些指导与建议包括:首先,积极参与讨论或公开分享观点,如向部门同事做演讲;其次,将观点转化为论文形式;最后,撰写出版材料,准备提交给意向期刊的有关材料。这一单元旨在帮助参与者提高个人研究成果的影响力,为教学学术研究做出更大贡献。

第五个单元的主题是"提高教学学术能力"。这个单元包括了一系列的活动,例如:学习积累教学学术知识;通过同事交流、同行评议等方式积累经验;形成自己的论点;以论文、报告等形式,提出论据来支持论点;共享成果。这个单元通过学习和实践、交流协作和成果共享,帮助提高参与者的教学学术能力,尤其强调讨论交流、分享经验成果等在教学学术研究中的价值。

第六章 教学学术评价

通过将教学视为与研究同等严肃的学术工作,博耶及其继承者们的"教学学术"思想对高等教育重新定义和评估教师工作的方式产生了深远的影响。在整个20世纪90年代和21世纪,各大学在致力于改进终身教职和晋升制度、重新定义和扩展大学工作的定义以更充分地认可多种形式的学术研究,特别是教学学术研究方面发生了重大转变。[①] 一场针对传统学术评价方式的革新行动正在世界各地深入展开,有关教学学术评价的实践与讨论也此起彼伏。

第一节 教学学术评价的基本理论

有教学学术活动存在,则必然会伴随着与之相应的价值判断活动,即评价。什么是教学学术评价?它的具体内涵是什么?它与其他形式的评价有什么区别?它的理论依据是什么?它在实践中应该遵循哪些基本原则?它有哪些分类标准?它的价值旨归何在?对于诸如此类的理论问题进行回答,不仅有助于教学学术评价思想在实践中有效落实,还有助于推动教学学术评价的研究与发展。

一 教学学术评价的概念界定

教学学术评价是本章研究中所涉及的最基本概念,对它的准确把握

[①] Denise Chalmers, "Progress and Challenges to The Recognition and Reward of The Scholarship of Teaching in Higher Education", *Higher Education Research & Development*, Vol. 30, No. 1, 2011, pp. 25-38.

是本章研究的关键,也是研究深入展开的前提条件。如何界定教学学术评价的概念呢?本节首先辨明了学术评价、教学评价这两个与之最邻近的概念,在比较中揭示了教学学术评价的具体内涵;其次从第四代评价理论、动机期望理论和人本理论三方面着眼,分析了其存在的理论依据,也即其存在的合理性;最后适当地提出了其在实践当中应当遵循的基本原则:民主性原则、多元性原则和发展性原则。

(一) 教学学术评价的具体内涵

概念有内涵和外延,给概念下定义就是阐明概念的内涵。如何阐明教学学术评价的内涵?这里我们采用较为经典的"属加种差法"这一逻辑学思路来描述其内涵,使它同相邻的概念区别开来,即在阐明学术评价以及教学评价这两个与之邻近的相关概念基础上,最后为教学学术评价下一个相对合理的定义。

1. 学术评价

何为"学术"?1990年博耶呼吁学院和大学接受更广泛的学术观点,主张承认四种类型的学术研究:发现、应用、整合和教学。舒尔曼进一步指出要被认为是学术,它必须是公开的,可以由相应的社区成员进行批判性的审查,并可以由其他人在此基础上推动该领域的发展。美国学者尤金·赖斯持相似的观点:"它不仅是公开的,而且也是可移植的。成就得到认可,得到同行的奖励,记录在案,并可供他人评估。"[①]雪城大学的罗伯特·戴蒙德提出了关于学术产品的六项特征:需要高水平的学科专业知识、具有创新性、可以被复制、可以被记录、可以接受同行评议、具有重大意义或影响。布拉克斯顿认为:"学术是一个过程,也是一个产品。学术活动涉及学科知识和技能在执行中的应用。"[②] 有学者在考察了国内学者的观点后,认为学术是一个内涵丰富的词语,有广义和狭义之分。广义的学术,泛指一切学术活动,不仅指科学教育和

---

① Rice R. Eugene, *Making a Place for the New American Scholar*, Washington, D. C.: American Association for the Advancement of Science, 1996, p. 13.

② John M. Braxton, William Luckey and Patricia Helland, *Institutionalizing a Broader View of Scholarship through Boyer's Four Domains*, San Francisco: Jossey-Bass, 2002, p. 25.

研究活动，而且包括学术研究成果。狭义的学术主要指学术成果，学术评价也就是学术成果评价。还有学者从评价标准的视角定义学术评价，即学术评价是以学术标准为尺度对学术活动效果作出价值判断的过程。① 为避免简单地就评价论评价，又有学者从评价对象的视角将学术评价分为三个层次：宏观层次是指对学术机构的评价；中观层次是指对学者的评价；微观层次是指对单项研究成果的评价。可见，学术活动或学术成果通常被看作是学术评价的对象，"学术评价"可以有广义和狭义的理解。本书赞同扩大学术的定义，认为学术评价是由评价者依据一定的学术评价标准，采用相应的学术评价方法和评价程序，对学术活动及其学术成果的价值进行分析和判断，以此来衡量学者或机构的学术贡献、学术水平和学术影响。

2. 教学评价

对教学评价内涵的把握有赖于对"教学"一词含义的准确把握。教育学家凯洛夫在《教育学》中对教学的定义是"教学即教学过程，一方面包括教师的活动（教），同时也包括学生的活动（学），教和学是同一过程的两个方面，彼此不可分割地联系着"②。后来，中国现代教育学及教学论大都沿用这种解释。在理解"教学"一词内涵的基础上，学者们对教学评价的解释始终离不开教师的教与学生的学。中国学者王道俊和郭文安在《教育学》一书中指出，教学评价是对教学工作质量所作的测量、分析和评定。它以参与教学活动的教师、学生、教学目标、教学内容、教学方法、教学设备、教学场地和时间等因素的优化组合的过程和效果为评价对象，是对教学活动的整体功能的评价。李秉德认为，教学评价既是对教师的教的态度、能力和效果做出价值判断，也是对学生的学习态度、学习能力和学习成就上的变化做出价值判断，简而言之，教学评价是对教学过程、教学结果所进行的价值判断。美国教育学家、现代课程理论的重要奠基者拉尔夫·W.

---

① 张保生：《学术评价的性质和作用》，《学术研究》2006年第2期。
② ［苏］凯洛夫主编：《教育学》，陈侠等译，人民教育出版社1957年版，第130页。

泰勒认为，评价过程实质上是一个确定课程与教学计划达到教育目标的程度的过程。① 他特别强调课程与教学评价要以目标为中心，注重结果与目标的对比。美国学者李·J. 克龙巴赫则认为，用于改进课程与教学工作的形成性评价的作用远比总结性评价重要。他指出，评价是为做出关于教育方案的决策，搜集和使用信息的过程。② 西密歇根大学的丹尼尔·L. 斯塔弗尔比姆继承了克龙巴赫的观点，也明确指出评价最重要的意图不是为了证明而是为了改进。尽管学者们有关"教学评价"的概念界定意见不一，但他们都强调课程与教学评价的决策和改进功能，注重评价的过程。

3. 教学学术评价

对教学学术评价内涵的理解有赖于对"教学学术"一词的把握。何为"教学学术"？1990 年博耶将"教学学术"这一表述引入了高等教育的词汇表，但博耶只是描述了教学学术的一般特征，并没有明确界定教学学术的概念。此后，学者从各自立场和不同学科对教学学术进行了阐释和解读。舒尔曼受学生中心新范式的影响，提出"教与学的学术"，并获得了广泛的认可。在舒尔曼看来，教学学术是对教与学问题的系统研究，应该同时包括"教的学术"和"学的学术"，二者是密不可分的两部分。克莱博和克兰顿通过综合各种文献中学者们的观点，归纳出关于教学学术的三种典型观点：一种认为教学学术等同于传统的发现研究，教师从事教学研究，并以期刊论文、会议演讲稿、教科书等方式呈现自己的成果。另一种认为教学学术等同于"教学卓越"，教学学术的水平体现在教学获奖、教学评价中的杰出表现、学生评价和同行评议的结果。还有一种认为教学学术意味着教师将教育理论和研究应用于自己的教学实践。③ 有学者认为，教学学术是教学与学术的统一，身兼

---

① ［美］拉尔夫·泰勒：《课程与教学的基本原理》，施良方译，人民教育出版社 1994 年版，第 85 页。
② 瞿葆奎主编：《教育学文集·教育评价》，人民教育出版社 1989 年版，第 160 页。
③ Carolin Kreber and Patricia A. Cranton, "Exploring the Scholarship of Teaching", *The Journal of Higher Education*, Vol. 71, No. 4, 2000, pp. 476-495.

学术和教学双重身份，体现为教师的教学行为和教学成就；① 大学教师教学学术是大学教师关于教学的系统而专门的学识和知识，具体表现为对教学的深入认识、全面知识、高超能力和卓越成果；教学学术是指教师以本学科的认识论为基础，对在教学实践中存在的问题进行系统研究，并将研究结果公开与同行进行交流、接受同行评价并让同行在此基础上进行建构的学术。尽管学者们对于教学学术的概念阐释存在差异，但对其基本特征的描述还是达成了广泛认同，如：持续性的反思性实践、接受公开的评价、学科层面的交流等。在理解教学学术概念的基础上，我们认识到，教学学术评价不同于学术评价，它赋予学术工作更广泛的内涵和意义，扩大了学术评价的范围。教学学术评价也不同于教学评价，它赋予教学工作更高的学术性和创新性要求，是更高水平的教学评价。因此，本书将教学学术评价定义为：评价主体根据一定的评价标准，采用相应的评价方法，在对教师的教学学术活动及其教学学术成果进行系统调查与分析的基础上做出价值判断的过程，其根本目的在于促进教师的专业发展和学生学习质量的提高。

（二）教学学术评价的理论依据

教学学术评价的理论依据具有多样性和综合性，旨在通过科学、全面的评价方式来提升教学质量和效果。它们相互补充、相互促进，共同构成了教学学术评价的理论基础。

1. 第四代评价理论

美国学者埃贡·G. 古巴和伊冯娜·S. 林肯基于后现代主义的立场，对以科学为基础的项目评估发起了挑战。他们认为"没有正确的方法来定义评价"，相反，他们把它描述为一种建构，在不同的历史背景下有不同的意义。他们将第四代评价方法（Fourth Generation Evaluation, FGE）描述为基于一种不同的范式，即"建构主义、自然主义、解释学或解释性范式"②。这种范式重视放在结构上的主观意义，并认

---

① 李志河：《高校教师教学学术水平评价模型建构研究》，《国家教育行政学院学报》2019年第11期。

② Egon G. Guba and Yvonna S. Lincoln, *Fourth Generation Evaluation*, Newbury Park: SAGE, 1989, p. 83.

为"真理是知情和成熟的结构者之间的共识,而不是与客观现实的对应"①。FGE,通常被称为建构主义评价,古巴和林肯认为"利益相关者的要求、关注和问题是组织的焦点",他们是那些因评价而面临某种风险的人,他们的要求、关注和问题被其他利益相关者表达和质疑的过程就是"诠释学的辩证谈判"。古巴和林肯将其定义为"诠释学是因为它在性质上是解释性的,而辩证法是因为它代表了不同观点的比较和对比,目的是达到更高层次的综合"②。尽管他们认识到有不同的方法来实现这个过程,但是他们更倾向于使用"诠释学的辩证循环"。在这个过程中,利益相关者被要求参与谈判,并以非结构化的方式接受采访,以引出他们对被评估项目的主张、关注和问题,从而提供他们自己的构造。每个参与者都会被要求对前面的利益相关者的结构、评估者自己的结构以及其他来源的结构(如相关文件和学术文献)进行批评。通过"将每个群体与其他群体产生的结构、主张、关注和问题交叉融合,从而使这些项目必须面对和处理"③,来提高结构的复杂性,诠释学的辩证可能表明需要新的评价信息来帮助达成共识。这些信息由评估小组获得,然后由相关的利益相关者代表协商。与传统的实证主义评估方法相比,FGE 带来了许多好处,并使更多的利益相关者受益。

2. 动机期望理论

耶鲁大学教授维克多·H. 弗鲁姆的动机期望理论认为,员工对工作场所结果的看法决定了他们工作时的动机水平。弗鲁姆将动机定义为推动一个人执行特定行动的力量,由两方面的相互作用决定:(1)该人对该行为将产生特定结果的预期;(2)该结果的价值。第一层次的结果是行为的直接结果(例如,在某一水平上的表现或进入某一工作角

---

① Michael Quinn Patton, *Qualitative Research and Evaluation Methods* (3rd edition), Thousand Oaks: Sage Publication, 2002, p. 44.
② Egon G. Guba and Yvonna S. Lincoln, *Fourth Generation Evaluation*, Newbury Park: SAGE, 1989, p. 149.
③ Egon G. Guba and Yvonna S. Lincoln, *Fourth Generation Evaluation*, Newbury Park: SAGE, 1989, p. 72.

色），人们通过确保第二层次的结果（例如，工资、晋升或认可）的工具性来实现其价值，该结果本身可能有价值，也可能因为它导致其他结果而有价值。该理论基于三个组成部分：第一个组成部分是期望值。期望值被描述为相信更多或更大的努力会产生更好的表现。提高期望值的条件包括拥有正确的资源，拥有工作所需的技能组合，以及拥有正确完成工作所需的支持。第二个组成部分是工具性。工具性是指，如果一个人表现良好，那么他就会得到一个有价值的结果。影响工具性的一些事情是：对绩效和结果之间的关系有一个清晰的认识，对决定结果的人有信任和尊重，以及在决定结果的过程中看到透明度。在教育领域，工具性往往与学校管理者和绩效评估有关。第三个组成部分是效价，即"价值"，是指结果的可取性。在教育领域，价值往往与报酬和认可有关。利用动机期望理论的组成部分，可以考察这些因素对教师动机的影响。动机期望理论提出，当员工觉得他们有信心能够实现，当他们重视他们努力的结果，以及当他们相信奖励是组织所承诺的，就会被激励起来。通过利用期望理论框架，可以帮助我们更好地了解认可和补偿对教师积极性的影响。领导者应该努力提高员工对自己有能力成功完成工作的信念，提高对良好的表现会带来有价值的奖励的信念，并提高期望的表现带来的奖励的预期价值。[①]

3. 人本理论

人本理论主要是指以人为本的组织管理理论，它不仅倡导要通过人取得成果，而且更重视的是要面向人本身，关心他们的发展和福祉。作为一种全新的管理理念，人本理论反对简化主义观点，例如新古典经济理论中的经济人或泰勒科学管理中的机械人。管理学理念中的人本理论主要是来源于哲学中的人文主义思想。人文主义是从人本身出发来研究人的本质，以及人与自然、人与人、人与社会之间的关系的理论。它肯定人的价值，尊重人的个性，强调人的感受。法兰克福批判理论学派的

[①] Fred C. Lunenburg, "Expectancy Theory of Motivation: Motivating by Altering Expectations", *International Journal of Management, Business, and Administration*, Vol. 15, No. 1, 2011, pp. 1-6.

埃里希·弗洛姆认为，人文主义是一个以人、人的完整性、人的发展、人的尊严、人的自由为中心的体系。其原则是，人不是达到这一或那一目的的手段，人本身就是其目的的承担者。① 这不仅基于人的个人行动能力，也基于人的历史参与能力，还基于每个人的内心都承载着整个人类这一事实。从这个意义上讲，当管理蕴含着人文主义的指导思想和价值观时，人的发展和组织的发展将达到高度契合。人本理论所提倡的管理中的人文主义精神成为建立新型人际关系的基础，这对我们有重要的启示。真正能促进教师专业发展并使教师感到精神愉悦的不是高度激烈的竞争环境，而是基于教师不同的天赋、兴趣和能力而给予教师充分的尊重和关心的环境，如归属感、感情、同情心和承诺。学校生活只有围绕关心来组织才可能彻底改变控制的取向，创造宽松、自由、和睦、关爱的氛围，使教师在忙碌的职业生涯中找到精神家园，免除教师的职业倦怠。教学学术评价作为教师发展的重要手段，并不是为了鉴别教师教学水平的高低优劣，而是为了培养全面发展的完整的人，为不同的教师提供多样化的对话机会和持续成长的空间。

（三）教学学术评价的指导原则

教学学术评价的指导原则是在教学学术评价过程中应当遵循的基本要求，它体现了教学学术活动的价值取向。在高等教育中，教学学术评价应该以促进高校教学质量发展为根本方向，同时遵循民主性、多元性和发展性原则。

1. 民主性原则

民主性原则是教育管理民主化的具体体现，它不仅要求破除评价过程的神秘化，增加评价过程的透明度，把评价的目标、标准、方法、程序、要求等公布出来，以便调动广大教师的参与意识，激发教师的积极性。在教学学术评价过程中，教师并非被动地等待被评价的一方，评价者要充分尊重受评教师的主体地位，将整套评价过程告知教师，同时也

---

① Domenec Melé, "Understanding Humanistic Management", *Humanistic Management Journal*, Vol. 1, August 2016, pp. 33-55.

应该考虑邀请教师参与到评价政策的制定过程当中，增强教师的积极性和主动性。此外，评价者还应允许受评教师及其他利益相关方充分表达自己的意见和看法。只有这样，才能充分协调好各方的立场，为改善自身教学质量提供多方证据来源，通过持续循证和协商达成高度一致的评价意见，以此促进教师自身教学工作的改善和学生质量的提高，真正实现通过教学学术评价达到提高教育质量的目标。如印第安纳大学伯明顿分校在进行教学学术评价时，为充分调动教师的主动性和积极性，将记录自己的教学表现作为教师自身职业发展的一个重要部分，特别是当教师申请一个学术职位或收集晋升或终身职位的档案时，教师本人收集的教学业绩证据将在评价中发挥极大的作用。①

2. 多元性原则

教学学术评价是一个复杂的过程，要做到评价的科学性和民主性，必须坚持多元性原则。多元性评价原则要求在评价过程中要坚持评估主体、评估内容、评估方法的多元化，从多维度综合评价教学学术活动，不同的院校、学科或不同背景的教师采用不同的评价标准、方法和内容，真正发挥评价的"指挥棒"作用。在评估主体方面，可以是学校或院系领导，也可以是同行或学生，更为重要的是，要重视教师的自我评估；在评价内容方面，既要重视教学内容、过程，也要重视教师教学的态度、方法，还要重视教师课外的准备、与学生的接触等；在评估方法方面，既要注重定量方法，也要注重定性方法。教学学术评估只有坚持多元性原则，才能对教师的教学进行全面、客观公正的评估。此外，教学学术评估可以有不同目的，包括为改进教学收集反馈意见，或收集数据作为人事决定的一部分，但根本目的是实现教学质量的提升。如密歇根大学利用多种数据来源对教师的教学学术质量进行全面评估，推崇从同事、学生或是教员自己那里收集证据，以确保学生评分不是用来评

---

① Center for Innovative Teaching and Learning at Indiana University Bloomington, "Documenting Teaching", https://citl.indiana.edu/teaching-resources/documenting-teaching/index.html. (2023-05-23)

估教学效果的唯一证据来源，这种方法与研究相一致。①

3. 发展性原则

教学学术评价虽然不排除在人事决策中的作用，但更应重视评价的发展功能，坚持发展性教学学术评价。发展性评价的目的非常明确，也就是以评价促发展，既要通过评价促进教师专业发展，还应关注学生的全面发展。其中，教师的发展是提升教学质量的关键。开展评价关注的不是评估对象过去的表现，之所以对过去进行评价是为了了解过去、现状，以便纠正问题，明确发展方向和制定发展计划。教学学术评价是通过评价让教师发现自身的差距，提出改进措施，以促进教学过程的优化和教学质量的改善。如印第安纳大学伯明顿分校认为，改善教学和学习经验的方法之一是在学期中间获得学生的反馈。分校的中期评价大致包括四个阶段：准备实施调查，实施调查，分析反馈意见，采取行动。②在准备实施调查阶段教师要通过提出最有用的问题为自己的教学获得形成性反馈，据此来改进自身的教学和学生的学习。收集数据的方式是多样的，包括纸质表格、在线调查。对学生来说，学期中评估是一个反思他们的学习和练习给予深思熟虑的、建设性的反馈的机会。对教员来说，实施学期中评估表明教师重视学生的反馈，它使教师能够就新的教学策略或首次教授的课程获得有针对性的反馈。

二 教学学术评价的分类标准

高校教学学术评价涉及的内容多、范围广，根据不同的标准可以进行不同的分类。较为常见的分类标准大致有三：根据评价的主体分类、根据评价的时间分类和根据评价的方法分类，本节将对这三种分类标准逐一进行介绍。

---

① Center for Research on Learning and Teaching at University of Michigan, "Evaluation of Teaching", https：//crlt. umich. edu/resources/evaluation-teaching. (2023-06-09)

② Center for Innovative Teaching and Learning at Indiana University Bloomington, "Mid-Semester Evaluations", https：//citl. indiana. edu/teaching-resources/documenting-teaching/mid-semester-eval/index. html. (2023-06-13)

(一) 根据评价的主体分类

1. 自我评价

自我评价是指评价者根据一定的标准对自己进行评价,作为一种重要的反馈来源,它在高校评价教师教学表现时得到了广泛的应用。卡内基教学促进基金会发现,82%的四年制学院和大学报告使用自我评价来衡量教学表现。美国大学教授协会得出结论,自我评估将改善教师评审过程。[①] 尽管自我评价存在自我服务偏差或客观性方面的问题,但如果自我评价的目的服务于教师自身专业发展,它对于促进高校教学质量的提高则具有重要的作用,特别是将自我评价与他人评价等多种方式结合起来时,其作用非常明显。自我评价的优点体现在它不但能够大大减轻评价组织者的工作量,还有利于全面收集评价信息,形成准确的判断。此外,也有利于评价活动真正促使被评价者更好地工作。总的来说,教师的自我评价表明了他对教学的了解和对课堂教学效果的感知。[②] 这些信息应该严格审查,并与人事决策的其他证据来源进行比较,其诊断概况应用于指导教学改进。

2. 他人评价

他人评价是指由被评价者之外的人进行的评价,也叫外部评价,常见的他人评价主要有学生评价和同行评议。他人评价的特点是评价者对被评价者要求比较严格,客观性也比较强。这样的评价是必要的,虽然教师的自我评价在促使其思考自己的教学并做出小的改变方面是很有帮助的,但如果仅仅依靠自己的感觉,就很难确定教学相关目标的优先次序,也很难做出有影响力的教学改变。在美国,学生评级已经成为教师评估的同义词,大约88%的文理学院在总结性决策中使用学生评分[③]。

---

① Ronald A. Berk, "Survey of 12 Strategies to Measure Teaching Effectiveness", *International Journal of Teaching and Learning in Higher Education*, Vol. 17, No. 1, 2005, pp. 48–62.

② Patricia Cranton, "Interpretive and Critical Evaluation", *New Directions for Teaching and Learning*, No. 88, December 2001, pp. 11–18.

③ Peter Seldin and Pat Hutchings, *Changing Practices in Evaluating Teaching: A Practical Guide to Improved Faculty Performance and Promotion/Tenure Decisions*, Bolton: Anker Publishing Company, 1999, p. 17.

学生评教是与教学息息相关的，因为他们是教师整个学期的教学活动的直接接受者，所以他们是了解教师的教学决定和行为如何影响他们学习的最佳来源。对教学表现和教学材料的同行评议是对学生评价最重要的补充性证据来源。教学的同行评议是指"知情的同事判断"，以促进改进或做出人事决定，它的关键组成部分是同行观察和文件分析，它涵盖了学生无法评价的教学方面。学生和同行的评分综合在一起，为教学改进提供了一个非常全面的教学效果图。

（二）根据评价的时间分类

1. 形成性评价

在教学学术评价的范围内，形成性评价一词描述的是为教师提供信息的活动，他们可以利用这些信息来改善他们的教学。它是非正式的、持续的和广泛的，可以在整个教学过程中的任何时候进行，以监测教学实践的价值和影响，或对教学的优势和挑战提供反馈，使教员能够根据教学活动的有效性、影响和价值在中途进行修改，是整个职业生涯中有效教学发展的基础。教学学术的形成性评价可以从信息的来源（自己、学生、同行和专家），以及用来收集信息的方法（问卷调查、观察、意见交流）和涉及的时间、精力和形式的程度来描述。[①] 要使形成性评价行之有效，就必须有明确的目标导向，提供反馈意见，进行可操作的修改，并及时实施，以便在教学周期内进行主动修改。因为形成性评价是为了指导教学过程，而不是作为结果指标，它们通常是个性化的评价，由教员控制，针对具体的教学问题或关切。与更普遍的总结性评价不同，形成性评价可以包括任何有针对性的尝试，以获得反馈，从而在教学过程中加强教学。[②]

2. 总结性评价

教学学术的总结性评价与形成性评价相反，是在特定的时间间隔内

---

① Ronald A. Smith, "Formative Evaluation and the Scholarship of Teaching and Learning", *New Directions for Teaching and Learning*, No. 88, Winter 2001, pp. 51-62.

② Office of Teaching and Learning at The Ohio State University, "Formative Versus Summative Evaluation", https://otl.vet.ohio-state.edu/faculty/tools-refining-your-teaching/peer-review-instruction/formative-versus-summative-evaluation. （2023-08-03）

进行的，如年度或晋升和任期的审查，侧重于做出人事决定所需的信息，它包括在一个项目或课程结束时对其功效做出判断。由于它的目的不是为改进教学提供丰富和详细的数据，它往往比形成性评价的数据更具有一般性和比较性。通常情况下，定量信息，如评级或排名活动的结果等，构成了总结性评价的基础。这些信息也应该提供比较信息，使评价者能够根据其他同行的表现来确定教学表现的质量。因此，总结性评价提供了一种问责的手段，来衡量一个教师在多大程度上达到了机构对教学的期望。这类评价目的是在持续的教学阶段后衡量教师的表现，重点是确定教学的有效性。总结性评价不但可以提供将教员的表现与参考群体和外部绩效标准进行比较的基础，而且能够提供确定就业决定的比较数据（续聘、终身制、晋升等）等内容。由于总结性评价通常在课程结束时部署，教员可以利用这些评估的数据来确定在未来的课程中，在哪里以及如何转变他们的教学策略。

(三) 根据评价的方法分类

1. 定性评价

用于教学学术评价的定性证据是叙述性的、非数字性的数据。定性方法涉及收集非数字形式的信息，它是对事件、人、情况和观察行为的描述性数据。定性数据收集方法包括录像、深度访谈、观察方法、文件审查或焦点小组等。它通常是参加培训项目的个人或受项目影响的人的意见、信念和态度。这些数据可以提供背景信息，通过解释问题背后的"为什么"和"如何"来澄清潜在的问题。如果有目的地进行分析，可以提供对特定环境、背景或文化的更加丰富和深入的理解。定性数据在评估中的局限性可能包括缺乏普遍性，数据收集的耗时和成本。另外，用于收集定性数据的问题和方法往往是开放式的，结构化程度较低，数据分析和解释具有相当大的难度和复杂性。尽管定性方法在获得广泛接受为严格和重要的研究方面遇到了困难，但潮流正在转变，特别是在教育领域，教育界已经看到了定性调查在研究课堂教学方面的好处，因为它允许研究者更深入地对背景和生活经验进行批判。① 目前定性研究越来越受欢迎，特别是在课堂研究中。

2. 定量评价

定量方法涉及使用数字数据来分析和解释信息，获得的信息产生的数据可以被计算、分类、测量或排序。这些信息可以使用统计分析进行评估，这为深入挖掘数据并寻找其背后的意义提供了机会。通常，评级表或封闭式问题被用来产生定量数据，因为这些问题产生的是数字数据或可以归入类别的数据（例如，"是"或"否"的问题）。定量数据可以通过调查或问卷、前测和后测、查阅现有文件和数据库来收集。在收集之后，这些数据就可以用统计分析来评估，并很容易放入图表。因此，其结果很容易总结、比较和归纳。然而，定量评价的局限性可能包括调查的回复率低，难以获得文件，以及难以进行有效的测量。此外，定量数据不能提供对项目背景的理解，可能不足以解释复杂的问题或相互作用。通常情况下，这两种方法很少单独使用，评估人员一般会采用三角测量或交叉分析等方式将这两种方法结合起来，或是利用每种数据收集方法的优势，在评估过程的不同阶段使用不同的数据来源和方法，从而为教学学术评价提供最佳概况。

三 教学学术评价的价值旨归

教学学术评价事关高校教师专业发展和高等教育教学质量提升。其价值旨归落向三个方面：对于教师而言，他们获得了新的专业发展途径；对于高校而言，本科教学质量获得了改善机会；对于传统学术评价模式而言，则有了革新的方式。

（一）推进大学教师专业发展

有学者指出，早在"学术反思"之前，教师发展就已经开始将自己确立为一个专业领域了。事实上，到 1990 年，它已经经历了三个不

---

① Kimberly M. Williams, *Doing Research to Improve Teaching and Learning: A Guide for College and University Faculty*, New York: Routledge, 2015, p.26.

同的"时代",即"学者时代""教师时代"和"发展者时代",并且像大多数高等教育一样,正在进入"学习者时代"[①]。也就是说,教师发展的目标已经从帮助学者"保持他们的学科的时效性和提高他们的内容专业性",到强调"提高教师的教学水平",再到提供更广泛的项目,以应对职业跨度和学术生活的变化需求。因此,从 20 世纪 80 年代开始,一些旨在培养研究生担任教师角色的项目获得快速发展。而后,不仅有针对研究生的项目,也有针对处于不同职业阶段的教师的项目。为了支持这些项目,越来越多的校园建立了教学中心,它们很快就成为教学学术研究中越来越重要的角色。这些机构有各种标签,如教与学中心、卓越教学中心等,为校园内的教学研究提供了重要的领导力、创造力和资源优势。这一过程中,由"学术反思"发起的运动倡导一个更大的愿景:鼓励和认可教学中的智力工作。用舒尔曼的话说,使其成为"良好教学的一个重要方面,并纳入学术实践的预期范围"[②]。如果高校能够共同努力,开发新的模式和衡量标准来认可教学中的智力工作,并辨别成绩记录中的优势和劣势,就有可能在学术评估上取得更大的进展;这将是对作为教师的学术界人士表示尊重的重要方式。可见,教学学术评价是推进大学教师发展的一种强有力的形式。更好的学术评估方式将鼓励教师们更深思熟虑地、更经常性地对有关教学的文献和讨论作出贡献,增加教学知识并将其用于对学生的教学。这个过程帮助教师发展他们作为观察者、思考者和创新者的能力,同时使工作公开化,为他们的校园和领域的教学知识作出贡献。[③]

(二)提升高校本科教学质量

当教师将教学学术作为其研究和创造性活动的一个组成部分时,他

[①] Robert B. Barr and John Tagg, "From Teaching to Learning—A New Paradigm in Undergraduate Education", *Change: The Magazine of Higher Learning*, Vol. 27, No. 6, 1995, pp. 12-26.

[②] Lee S. Shulman, "Inventing the Future", in Pat Hutchings ed., *Opening Lines: Approaches to the Scholarship of Teaching and Learning*, California: The Carnegie Foundation for the Advancement of Teaching, 2000, p. 105.

[③] Pat Hutchings, Mary Taylor Huber and Anthony Ciccone, *The Scholarship of Teaching and Learning Reconsidered: Institutional Integration and Impact*, San Francisco: Jossey-Bass, 2011, p. 12.

们必须准备接受特别的审查。教学学术评价强调把焦点放在学生的学习上,并把更系统的、基于证据的方法带到教育质量的问题上。其中,课程作为评估教学材料、教学法和与更广泛课程体系联系的一个有意义的单元,特别有望成为一种认可和奖励通过教学学术而改善教学的方式。当今由同行对教学进行正式评价的一些最具创新性的发展也在朝着类似的方向前进;在广泛考查教师的全部教学内容的同时,他们也旨在通过关注较小的课程样本(包括学生的作业)来获得更丰富的记录。在一些机构,如堪萨斯大学,这些想法为年度教学奖的新提名和审查程序提供了参考:"一个奖项委员会要求提名者遵循 SoTL 教学大纲的要求进行提名。评审的重点是知识内容、课程设计、学生成绩的深度和广度,以及通过对学生学习情况的考量证明教学的进步。"[1] 为了提高教学评估质量以获得终身教职和晋升,教师们也在对课程设计、教学法和学生学习进行深入研究。例如,在圣母大学,教师们现在正在实施这样一个计划。这些决定中的教学部分主要是基于学生的课程评分,该机构现在要求在三年内对选定的课程进行深入的记录,由同行组成的部门委员会对课程设计、实施、学生作业的评估以及学生的看法进行审查。随着各高校教学学术评价实践活动的开展,促使教师密切关注并批判性地看待学生的学习,以改善他们自己的课程和项目,并与其他教育工作者分享见解,让他们对自己所做的努力进行评估和借鉴。实践表明,教学学术评价可以提高院校对学生表现的认识水平,丰富校园里的教学论述,并在实践中产生反响,奖励那些由文献和证据告知的课堂创新,从而有益于高校本科教学质量的提高。

(三) 促进传统学术评价改革

评估教师学术水平的传统模式依赖于出版物的数量、出版物的形式以及出版物渠道的声望。有学者通过分析科学引文索引和社会科学引文索引中的期刊引文报告数据指出,对期刊影响力的分析说明了传统的衡

---

[1] Jennifer Meta Robinson, Paul Savory and Gary Poole, et al., *Peer Review of Teaching Project-CASTL: Expanding the SoTL Commons Cluster Final Report*, Lincoln: Digital Commons@ University of Nebraska-Lincoln, 2010, p.6.

量学术工作质量的模式并不能适应所有的学术形式。将传统的学术评价模式应用于这些形式的出版物引发了两个重要问题：一方面，是否有许多期刊或大学和商业出版社出版与各种学科教学相关的学术论文；另一方面，主要问题是教学期刊中文章的引用率。因为这样的文章最有可能对实践作出贡献，引用这样的文章可能是如此之少，以至于引用率不能作为质量的指标。[①] 此外，很少发表论文的教师的公开学术活动应该在任期和晋升过程中得到一定的重视。然而，期刊文章、书籍章节、单幅图和书籍形式的出版物获得了最大的回报，并且最受学术职业的重视。因此，传统的评估方法应该重新审视，以开发新的模式，适应综合、应用和教学领域的学术工作。博耶扩大学术定义的呼吁为高等教育的使命和传统学术评价模式的重新调整带来了新希望。它引发了大多数学院和大学探索最符合他们使命的学术形式，使得新的学术评价模式不但能够反映常常发表论文的教授成员的学术活动，也能够更好地反映那些很少或从不发表论文的教授成员的学术活动。例如，除了可以以定量评估或直接计算候选人在学术活动中的学术，如书籍、专著和期刊文章之外，也包括在本地广播电台或非学术专业协会上进行的多学科主题的演讲，开发范例、材料、课堂练习或作业，帮助学生批判性地思考课程概念的方法，以及对学生学习课程内容进行不分级评估的方法，这些形式的学术活动及其成果也都可以纳入教学学术评价的范围。

第二节　教学学术评价的实施策略

大学是教学学术评价实施的主要阵地。经过30余年的发展，一系列旨在支持和鼓励教师开展教学学术研究的评价策略活跃涌现。其间，教学学者对教学学术评价标准的制定、评价内容的确定、评价主体的选择进行了精彩纷呈的思考与探索，这为高校教学学术评价的实施做足了

---

① John M. Braxton and Marietta Del Favero, "Evaluating Scholarship Performance: Traditional and Emergent Assessment Templates", *New Directions for Institutional Research*, No. 114, June 2002, pp. 19-32.

基本准备。此外，用于表彰和奖励教学学术的优秀教学奖、项目资助与专业发展以及修订晋升和终身教职标准这三项措施也已变得日臻完善，并逐渐融入大学政策和实践当中。教学学术评价的最终结果也在辅助教师的自我监控、支持机构的人事决策和改进学生的培养计划这三方面得到全方位彰显。本节分别从教学学术评价的基本准备、激励措施和结果运用这三个方面来呈现世界一流大学的教学学术评价实施策略。

一 教学学术评价的基本准备

在博耶工作的基础上，卡内基教学学术学会的一批学者们率先制定出了一套能够评估所有形式的学术活动的定义、例子和标准。一石激起千层浪，围绕着教学学术评价标准、评价内容和证据来源等核心问题，陆续涌现出一批学者，分别从不同角度展开了教学学术评价的辩论，这种辩论一直持续到今天。

（一）制定评价标准

1. 格拉塞克为代表的六项评价标准

在《学术反思——教授工作的重点领域》出版后不久，学者们清楚地认识到，促进更广泛的学术定义的一个重要部分是缺失的。因为博耶虽然指出了一些评价标准，但是这些标准和解释只起到了活跃讨论的作用，它们并没有提供足够的清晰度，在评估教学学术方面并无实际作用。[①] 除非各机构有明确的标准来评估这种更广泛的学术工作，否则扩大学术意义的努力就不可能成功。这促使卡内基基金会的高级工作人员开展一个新项目，他们收集并研究了数百份文件（任期和晋升准则、联邦拨款和私人基金会资助标准、学术期刊提交指南等），试图提炼出一套共同的标准。在博耶的指导下，由基金会学者查尔斯·E. 格拉塞克等人主笔的《学术评价：教授工作的评估》一书成为另一个基础性的教学学术出版物，它探讨了当今高校学术研究性质的变化，并提出了新

---

① Michael Theall and John A. Centra, "Assessing the Scholarship of Teaching: Valid Decisions from Valid Evidence", *New Directions for Teaching and Learning*, No. 86, Summer 2001, pp. 31-43.

的标准,特别强调了评估和记录的方法。根据格拉塞克等人的说法,这套指南最显著的特点是它们有共同的元素。他们对这些材料的综合,为如何评判教学学术的问题提供了明确的回应:教学学术,或任何其他非传统形式的学术研究,都要用与传统的发现学术一样的标准来评判。他们的著作划定了评估任何学术工作的六个标准,并提供问题来充实每个标准的具体含义,即明确的目标、充分的准备、适当的方法、重要的结果、有效的陈述和反思性评论。这项被广泛引用的成果在理论上回答了如何评价教学学术工作的问题,[1] 为有关教学学术评价标准的讨论提供了信息基础和焦点。

2. 塞尔为代表的三领域评价标准

尽管格拉塞克等人确定了学术工作的六个标准,并通过一系列简短的一般性问题进一步解释了每个标准,但这些标准和随之而来的问题是否足以对教学学术进行有效且可靠的评估?伊利诺伊大学的迈克尔·塞尔等人对此提出了质疑,塞尔等人认为,如果要对教学学术进行可靠和有效的测量,就必须对一般标准进行仔细审查,并制定更具体的标准,才能将"重新考虑学术"和"评估学术"的原则应用于现实世界和虚拟课堂。[2] 通过对专家小组认为重要的项目进行分组,他们确定了教学学术可能存在的三个领域:对教学的共享公开说明、对学习成果和相关教学实践的强调以及学科和教学知识与创新。为了评估这三个领域的教学学术,他们也以问题的形式确定标准,每一套标准都与个人、部门或机构层面的学术精神有关。之后,他们确定了这些标准的信息来源或评估方法。在教师个人层面,自我报告或教学组合可以提供课堂评估项目、教学方法和个人教学反思的证据。课程大纲应该在一定程度上反映出教师在学科和教学法方面的知识,以及教学方面的创新。对作业和考

---

[1] Jacqueline M. Dewar, Curtis D. Bennett and Matthew A. Fisher, *The Scholarship of Teaching and Learning: A Guide for Scientists, Engineers, and Mathematicians*, Oxford: Oxford University Press, 2018, p. 17.

[2] Michael Theall and John A. Centra, "Assessing the Scholarship of Teaching: Valid Decisions from Valid Evidence", *New Directions for Teaching and Learning*, Vol. 2001, No. 86, 2001, pp. 31-43.

试的分析可以作为确定学习质量和数量的一个来源。学生和同行的评价提供了另一个关于教学实践和学生对学习看法的信息来源。在部门层面，部门的年度审查（如出版物和补助金）可以帮助评估一个部门在多大程度上表现出教学的学术性。在机构层面，有几份文件涉及所列标准：教员手册、目录和其他描述机构政策和做法的出版物是重要的信息来源。

3. 克莱博为代表的三领域评价标准

克莱博和克兰顿为了开发一个解释教师如何在教学中发展学术的模型，他们使用麦基罗的内容、过程和前提反思的概念作为框架来推导关于教学的三个基本知识领域——教学的、教育学的和课程的。从变革性学习理论中他们了解到，学习可以被视为工具性的、交流性的或解放性的。获得教学、教学法和课程知识的教师正在进行其中一种或多种类型的学习。[1] 他们将内容、过程和前提反思与哈贝马斯在教学、教育学和课程领域中的工具性、交流性和解放性知识结合起来，提出"3×3 矩阵式教学学术的九成分模型"。克莱博等人认为，如果模型中描述的学习教学的过程和由此产生的知识算作学术，那么它必须符合对其他类型的学术工作的相同标准。他们指出，格拉塞克等人的六项标准无法区分有能力的教学和学术教学。许多有能力的教师可能还不是教学学者，教学学术涉及高水平的基于经验和研究的教学知识。为此，他们选择使用默顿标准作为教学学术的标准。第一个标准是工作需要高水平的学科相关专业知识。第二个标准是作品是否具有创新性。第三个标准，即知识可以被复制或阐述，当知识本质上主要是交流性的时，就很难满足。第四个标准要求工作可以被记录。第五个标准，教学学术是否可以同行评议的问题。第六个标准是作品的意义或影响。[2] 他们同时提出，教学学术评价应包括形成性目的和总结性目的。因此，他们所设计的评价指标具

---

[1] Carolin Kreber and Patricia A. Cranton, "Exploring the Scholarship of Teaching", *The Journal of Higher Education*, Vol. 71, No. 4, 2000, pp. 476-495.

[2] Carolin Kreber and Patricia A. Cranton, "Exploring the Scholarship of Teaching", *The Journal of Higher Education*, Vol. 71, No. 4, 2000, pp. 476-495.

有形成性目的，因为它们有助于通过自我评价或与教师开发人员的互动来评估教师的教学学习情况。同时，评价指标也具有总结性的目的，因为它们允许评估委员会评估教师所获得的教学学术成果。

4. 乌佐卡为代表的 AHP 多层评价标准

传统上，评估学术活动"如何"和"多少"的方法是通过使用文献计量学来衡量传播情况，但这种方法日渐受到了强烈批评。加拿大学者费思·迈克尔·乌佐卡等人认为有必要为教师的职责制定一个全面的评估矩阵，该矩阵应建立在合理的方法论程序基础上，既能充分反映学术人员的不同职责，又能涵盖博耶所建议的学术研究的扩展定义，将纳入博耶教学学术模型作为学术评价的主要标准之一。他们在对加拿大五所教学密集型大学的教师进行调查的基础上，采用经典的层次分析方法（Analytic Hierarchy Process，AHP），通过分析教职员工对一项多标准评估调查的反馈，建立了一个基于博耶模型扩展概念的多标准学术评估模型（见图6-1），并探讨了学术成果权重的问题。传统的学术评价标准主要有五个方面，即学术成果的传播途径；学术成果的影响，又可分为影响地点和影响程度；学术成果的类型（根据博耶的分类方法）；成果的评审过程，又可根据评审类型进行评价；以及开展研究的目的。而AHP是一种将结构化和非结构化信息结合起来的经典工具，这种方法增强了对决策变量层次结构的理解，并对这些变量进行成对比较，以确定它们在决策矩阵中的相对重要性。[1] 与其他决策技术相比，层次分析法的一个主要优势是将定性评估转换为数值，并在整个问题范围内进行处理和比较。这使得不同的、通常不可通约的变量能够以合理和一致的方式相互比较。[2] 这种评价模式考虑到了教师工作的不同方面，为评估教师学术成果的定量和定性部分提出了一个相对公平而又全面的方法。

---

[1] Thomas L. Saaty, "Priorities in Systems with a Feedback", *International Journal of Systems, Measurements and Decisions*, No. 1, 1981, pp. 24-38.

[2] Jean Dezert, Mireille Batton-Hubert and Jean-Marc Tacnet, et al., "Multi-criteria Decision Making Based on DSmT-AHP", (2010-04-09), https://hal.science/hal-00559231/document. (2023-10-07)

(二)确定评价内容

1. 布拉克斯顿等人的三方面评价内容

布拉克斯顿等人的研究认为,除了学术活动,也应该将未发表的学术成果和出版物划分为学术研究,教学学术评价应该包含学术活动、未

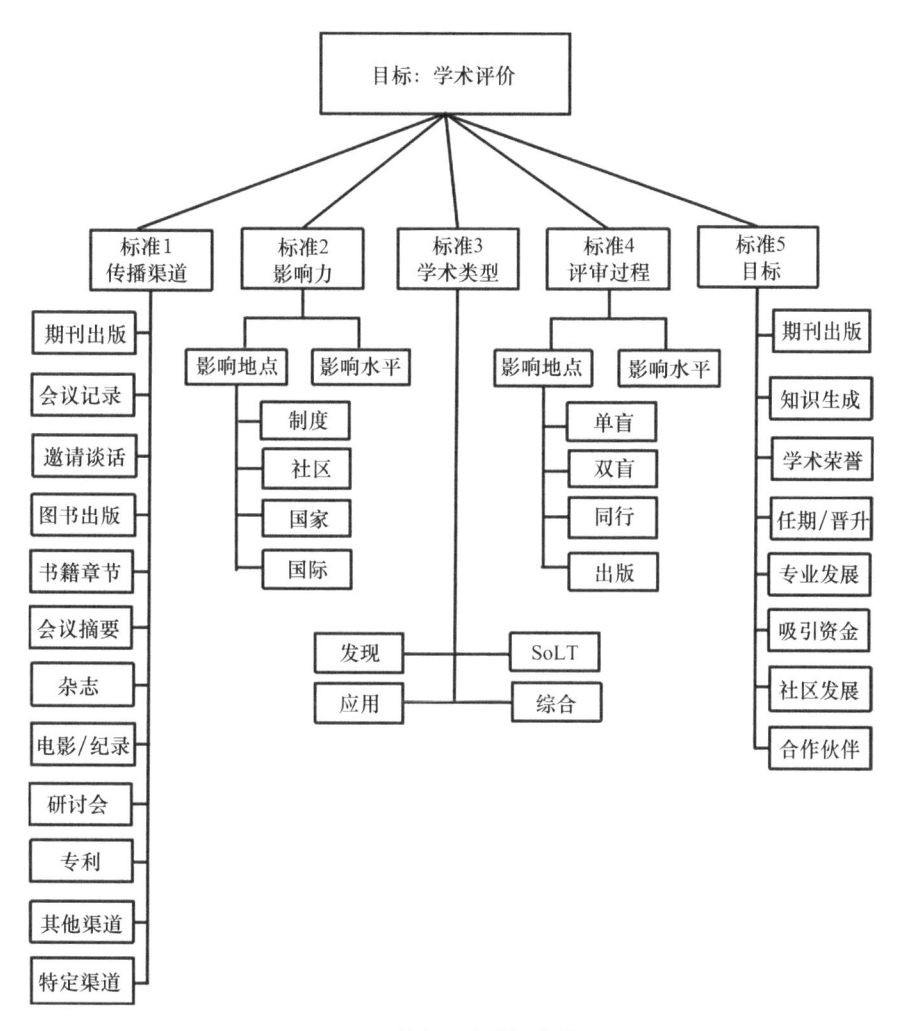

图 6-1 学术评价的概念模型

资料来源:Faith-Michael Uzoka, Alan Fedoruk and Carlton Osakwe, "A Multi-Criteria Framework for Assessing Scholarship Based on Boyer's Scholarship Model", *Information Knowledge Systems Management*, Vol. 12, No. 1, 2013, pp. 22-51。

发表的学术成果和出版物三个方面的内容。① 其中，学术活动包括：指导学生的研究项目、为一门课程编写新的教学大纲、编制需要高阶思维能力的考试题等；未发表的学术成果包括：向同事介绍新的教学技术、开发自己学科领域的资源材料库、构建一个新的考试或测试实践等；出版物包括：关于使用一种新的教学方法的出版物，报告作者开发的一种新的教学方法的出版物，关于帮助学生学习困难课程概念的例子、材料、课堂练习或作业的出版物等。学术活动在其表现中使用了学科知识和技能，而学术则采取未发表的学术成果和出版物的形式。如果未发表的学术成果以可公开观察的形式出现，则完全符合学术的定义。在布拉克斯顿等人看来，通过公开观察，未发表的学术成果符合舒尔曼和赫钦斯划定的学术的三个标准：它必须是公开的，受到批评性的审查，并且其形式允许其他成员使用和交流。未发表的学术论文要想被公众观察到，就必须在学术界引起关注。早期成果需要以论文、录音（音频或视频）演示、书面报告或网站的形式出现。②

2. 费尔德的教学学术档案袋评价内容

北卡罗来纳州立大学理查德·M. 费尔德的研究认为，教学评价至少应该回答三类问题：第一类问题是教学在多大程度上符合学术活动的要求？第二类问题是教学的有效性如何？第三类问题是教育研究和发展的有效性如何？③ 他进一步将可用于回答这些问题的数据分为四类：一是档案数据（开发和教授的课程清单，有代表性的教学材料和学生成果，指导的本科生和研究生的数量，参加的与学科和教育相关的会议和研讨会，订阅的教育期刊，发表的文章和书籍以及课件）；二是学习成果评估数据（测试结果，对书面和口头项目报告以及其他学生成果的评价，学生的自我评估）；三是其他人的主观评价（学生的课程结束评

---

① John M. Braxton, William Luckeys and Patricia Helland, *Institutionalizing a Broader View of Scholarship through Boyer's Four Domains*, San Francisco: Jossey-Bass, 2002, p. 25.

② John M. Braxton, William Luckeys and Patricia Helland, *Institutionalizing a Broader View of Scholarship through Boyer's Four Domains*, San Francisco: Jossey-Bass, 2002, p. 141.

③ Richard M. Felder, "Random Thoughts: The Scholarship of Teaching", *Chemical Engineering Education*, Vol. 34, No. 2, 2000, pp. 144-153.

分，学生和校友的回顾性评分，同行评分，获得的奖项和认可，推荐信）；四是自我评估数据（教学理念和目标的陈述，对实现目标进展的自我评价）。这些项目的一个子集被收集到教学档案袋中，为评估教学学术提供了一个良好的基础。

3. 中国学者的教学学术评价内容

菲尔德和布拉克斯顿等人的观点在中国的教学学术界得到了热烈的回应。在参考了菲尔德的观点后，有中国学者提出，教学学术评价的内容主要包括两个方面，一是对教学工作的评价，如教学目标与设计、教学内容与准备、教学方法与程序、教学效果与评价等等，主要是评价其将教育理论和研究运用于实践中的学术性取向；二是对教学可见成果的评价，如课件、会议论文、发表文章、专著、所在学科的教科书等，主要是评价其研究性、创造性和交流性。虽然他将菲尔德设计的教学学术档案袋评价进行了本土化改良，但在教学学术评价指标维度的划分和评价内容的选择方面，他与菲尔德的观点基本保持一致。另外，又有学者在吸收了菲尔德的观点后也同样持相似的观点，他们更强调教学成果应包括教学学术活动、未发表的教学学术成果、发表的教学学术成果，这与布拉克斯顿等人的观点一脉相承。国内目前还有较多的教学学者在借鉴国外相关研究成果的基础上，从不同的研究视角出发，构建了不尽相同的教学学术评价体系，从中可以看出，中国学者对教学学术评价内容的构建正处在积极的本土化探索阶段。

（三）选择证据来源

1. 同行评审

有效的同行评审涉及几方面人员的合作，包括系主任、被评价者的同事和同行评审员，每个人都可以做出不同的贡献。系主任的职责主要包括创造一个重视同行评审的氛围、承担智力领导、让教学公开化、参与同行评审过程、为同行评审员提供指导等。被评价者的同事可以提供同行评审过程中所需要的重要背景信息。他们可以发起形成性评审的行动，邀请同行对课程材料、课堂表现或教学的其他方面提供反馈。同事在总结性同行评审中的作用是收集现有的最佳教学证据，并根据委员会的要求提供额外证据。同行评审员可以是发言者、信息收集者或法官。评审员在形成性同行评审中的作用是在观察前的会议或其他交流中从同事那里收集适当的信息。在总结性同行评审中,评审员的作用是收集那些评审员最有资格判断的信息。同行评审通常有一个二阶功能,① 形成性同行评审的目的是改善被评审者,重点是建设性的反馈。相比之下,总结性同行评审的目的是作为人事决策的基础,如晋升、任期或绩效工资,重点是做出公平的判断。

2. 自我评估

自我评估是让教师们反思并描述他们的教学目标、挑战和成就,旨在使用可靠的证据和充分的理由说服读者其主张的真实性。对目标、策略、基本原理、评估、未来计划和反思的仔细检查是可以判断的内容,作者必须通过准确描述成功和失败来建立他或她的可信度。它包括以下组成部分:作者的目标和实现这些目标的策略的描述,选择这些目标和策略的理由,作者在实现他或她的目标方面的进展评估,以及一个反思性的陈述,该陈述利用一个知情的自我批评来描述教师对他或她的职业轨迹的看法,并解决他或她已经完成的工作和他或她希望覆盖的领域。教师是最适合提供评估其工作信息的个人:学生的学习目标、专业目标、在机构和项目中的认知定位、教学理念和策略、教学和学术发展的重点领域、获得关于教学和学术效率的反馈的方法,以及对反馈引起的变化的描述。良好的自我评估不仅仅是一份成绩清单,而是作为一份带注释的课程大纲,包括对教师工作的反思,这些反思描绘了教师对其职业生活的最佳思考。②

3. 学生评教

在全球范围内,学生教学评价(Student Evaluation of Teaching, SET)已被用作评估教师绩效和能力的质量保证工具。北美、欧洲和

---

① Nancy Van Note Chism and Christine A. Stanley, *Peer Review of Teaching: A Sourcebook*, Bolton: Anker Publishing Company, 1999, pp. 42-124.

② Larry A. Braskamp and John C. Ory, *Assessing Faculty Work: Enhancing Individual and Institutional Performance*, San Francisco: Jossey-Bass, 1994, p. 111.

亚洲的高等教育机构都将学生的教学评价作为衡量教学效果的有效指标，或作为晋升、终身教职、绩效工资或教师职业发展的决策依据。根据英国的模式，澳大利亚高等教育也采用了课程经验问卷来评估教师质量。香港许多大学依靠 SET 调查为其改进教学提供证据，并决定教师的加薪和终身职位。对于多数教师来说，收到 SET 报告已成为生活的一部分。然而，SET 不应是唯一的评价来源，还必须考虑到其他来源，如各系主任、教研室主任的评估和自我评估。为了确保民主、公平和有效，院校可以考虑将教师对 SET 反馈的观点和回应纳入教学评级，并将学生评价、专家评价和定期教学检查纳入教学评级。在建立更可靠的质量保证议程之前，改革目前的 SET 实践可能会为评估教学质量提供更准确的结果。尽管对 SET 结构的可推广性和衡量标准的有效性存在争议，但这种评估方法仍将继续适用对学生学习的问责和改进的要求。

二 教学学术评价的激励措施

教学学术理念的渗透对大学关注教学的地位以及认可和奖励教学的方式产生了巨大影响，各大学通过利用一些共同的评价措施来实现这一目标。首先，教学奖是大学表彰和奖励教师及教学的最明显措施，目的在于向教师和教学人员表明教学工作受到重视。其次，国家层面或大学层面为教学举措和项目提供资助是另一种措施，这种措施试图建立与研究工作相同的结构和程序，从而使教学工作被视为具有与研究工作相同的学术机会和地位。最后，修订评估和奖励教员的教学标准也是重要举措，许多大学正在重新审视或已经修订了他们的保留、任期和晋升政策，以包括更广泛的学术概念，并奖励更广泛的学术活动。

（一）设立教学表彰计划

1. 教学学术奖评选计划

在伊利诺伊大学，教学学术（SoTL）的定义是对学生的教与学进行有实证依据的系统反思或研究，并将其公之于众。该校设置的教学学术奖，旨在表彰和鼓励伊利诺伊州立大学以及大学以外的学科中高质量和高数量的教学学术工作，这些工作对 SoTL 领域、SoTL 知识体系、教学改进和学生学习的提高都做出了贡献。每年最多评选出一名获奖者，获奖者将获得奖金（3000 美元）和奖牌。在参评资格方面，伊利诺伊大学所有教职员工均有资格获得该奖项。在遴选标准方面，该奖项允许广泛应用以下标准：高质量 SoTL 工作的证据，可包括（但不限于）演讲、出版物、创造性表述、指导 SoTL 同行及学生或在校或学校以外为 SoTL 服务；证明申请人自己的 SoTL 工作影响了申请人或校内外其他人的教学工作的证据。在遴选程序方面，该奖项评选委员会由索罗斯基金讲座教授担任主席并由索罗斯教席和教务长办公室负责管理，委员会根据上述评选标准审查申请材料。申请材料的要素必须包括关于 SoTL 项目、内部或外部资助、演示文稿、出版物、视频、网络展示和相关专业服务的叙述性摘要，以说明申请人的 SoTL 工作的来龙去脉。此外，还应该包括至少两名本校同事或管理人员的内部支持信以及一份个人简历，重点介绍在学校内外对 SoTL 的贡献。①

2. 教学创新奖评选计划

出色的教学是密歇根大学校内许多奖项和奖励的评定标准，该校设置的教学创新奖的目标主要集中在两个方面：一方面表彰开发创新项目的教师，另一方面通过与更多教职员工分享有前途的创新成果，鼓励推广最佳做法。该奖项将为五位教师（或团队）提供 5000 美元用于他们的创新项目，以改善学生的学习。申请和评选过程包括两个步骤：首先遴选委员会将审查一页提名表，并邀请入围者在第二步提交完整申请。接着入围者将提交一份说明和辅助材料，以证明其创新的有效性，例如教学材料范例或者是关于创新理念起源的信息，也可以是对学生学习和态度产生影响的证据，包括在校生或往届生的支持信。评选委员会将向教务长推荐获奖者，并由教务长做出最终决定。在遴选标准方面，要求所有创新应具备原创性（新的教学方法与手段或对现有教学方法与手段

---

① Illinois State University,"The Dr. John Chizmar & Dr. Anthony Ostrosky Scholarship of Teaching and Learning Award", https：//sotl. illinoisstate. edu/grants/award/nomination. php. (2023-03-22)

的创造性应用)、重大影响性(对教学效果、学生学习或保留率产生重大影响)、可复制性(其他教师使用这一创新的可能性)和可扩展性(广泛应用这一创新的潜力)。该奖项将在每年5月举行的全校教学和教学技术年度会议"丰富学术"上公布,获奖者将被要求在更广泛的学术界与更广泛的密歇根大学社区分享他们的创新成果。

3. 卓越教学奖评选计划

在佐治亚大学,SoTL 的定义是对教学的系统研究,它包括发现问题、提出问题、收集证据、根据证据得出结论,并将这些结论公之于众,使他人受益。该校设置的卓越教学奖旨在表彰佐治亚大学教学人员的卓越教学成果,它传达了佐治亚大学对其教学使命的承诺,并表彰了主要致力于为学生提供杰出教学、促进教学创新的教师队伍。该奖项每年将选出一至两名担任非终身职位的全职教师,获得7500美元的现金奖励。[①] 在参评资格方面,所有至少有75%的时间从事教学工作的教职员工均有资格获得卓越教学奖提名。在遴选程序方面,由七名任期错开两年的资深教师和两名本科生组成的委员会将对提名进行审查。委员会的建议将送交主管学术事务的高级副校长和教务长最终批准。学院和学校遴选程序结束后,院长将向负责学术事务的高级副校长兼教务长办公室下属的学术事务办公室提交一份每位被提名者的档案材料。档案材料必须包括学生课堂评价摘要、同事和学生的证明信,以及其他相关证据,如候选人发表的教学理念与声明、课程开发信息、任何相关的"教学学术"或其他与教学相关的工作,以及专业发展活动。还可包括同行评价,以及候选者制作的重点介绍其教学经验的作品集。

(二)依托机构项目资助

1. 教学研究所(ITL)的项目资助

俄亥俄州立大学于2016年成立迈克尔·V. 德雷克教学研究所(Institute for Teaching and Learning, ITL),致力于整合和加强俄亥俄州

---

① University of Georgia, "The University of Georgia Award for Excellence in Teaching", https://provost.uga.edu/resources/faculty-resources/faculty-honors-and-awards/teaching-awards-and-professorships/excellence-in-teaching/. (2023-03-16)

立大学的教学工作，并将这些工作提升到机构层面。① 德雷克教学研究所每年都会向从事学术教学、教学学术或学科教育研究（Disciplinary-Based Educational Research，DBER）的教师提供资金和专业知识，以推动俄亥俄州课程中的循证教学，并为 SoTL 或 DBER 作出贡献。所有的教职员工均有资格申请研究与实施资助项目，申请人的提案可分为两类：一类是实施情况，此类提案必须对本科生实施和评估基于研究的教学方法和材料，必须明确引用以研究为基础的资料来源。另一类是研究工作，此类提案将采用定量或定性研究方法，对学生学习或教学最佳实践进行调查。该项目的资助水平分为两级，第 1 级最高资助 2500 美元，第 2 级最高资助 7500 美元。② 每级有不同的资格准入，分别设立不同的评审标准和成果审核要求。所有获奖者都必须获得机构审查委员会（Institutional Review Board，IRB）批准并接受项目培训，研究所将协助获奖者完成 IRB 申请程序，受助人在提交申请之前与研究所的代表会面，可以获得专业人员的指导，同时也可以从其所在系获得部分或全部配套资金支持。

2. 教学学术研究院的项目资助

英属哥伦比亚大学教务委员会于 2004 年 5 月成立了教学学术研究院（Institute for the Scholarship of Teaching and Learning，ISoTL），以支持教学研究、探索和反思。自成立以来，研究院的活动不断发展。目前，ISoTL 为支持本校的 SoTL 活动提供 SoTL 种子计划、SoTL 传播基金、教学评估咨询以及全年的研讨会和活动等各种服务。其中，SoTL 种子计划专为那些有兴趣探索教学选择影响的人提供研究生教育专家、同事合作和有限的资金。③ 该计划欢迎所有教职员工申请，项目周期一

---

① Michael V. Drake Institute for Teaching and Learning, "About", https://drakeinstitute.osu.edu/about. (2023-04-25)

② Michael V. Drake Institute for Teaching and Learning, "R & I Grant Request for Proposals", https://drakeinstitute.osu.edu/research-support/research-and-implementation-grant-program/ri-grant-request-proposals. (2023-05-13)

③ University of British Columbia, "Sotl Seed Program", https://isotl.ctlt.ubc.ca/services/sotl-seed-program/. (2023-05-27)

般为一至两年。申请人在撰写"种子计划"提案时，须明确计划研究的内容、希望从探究过程中学到的知识，以及这项工作如何与自身的教学实践相联系。影响性、新颖性和实用性是评估提案的基本标准。该项目提供两种支持模式供申请人选择：全面支持计划和有限支持计划。全面支持计划适用于尚未启动或处于早期实施阶段的项目，这些项目需要研究设计方面的帮助或数据收集与分析方面的广泛支持，用于支持研究的费用最高达 200 加元、用于支持项目成果传播的费用最高达 500 加元。有限支持计划适用于需要特定支持的项目，如项目设计、制定伦理申请表、制定调查问卷、开展访谈和焦点小组活动或利用已有数据进行分析，支持内容有限且仅提供有限的可支配资金。

3. 教学创新中心（CITL）的项目资助

印第安纳大学伯明顿分校的教学创新中心（Center for Innovative Teaching and Learning，CITL）为卓越教学提供全面的支持服务。依托该中心，该校于 1998 年成立 SoTL 项目，目的是鼓励教师系统地分析学生学习的证据，将他们的工作置于现有文献中，与学科内或跨学科的其他教师合作，并通过适当的，或是创新的方式传播他们的研究成果，为教学知识体系作出贡献。为保障 SoTL 项目的顺利开展，CITL 每学期都会为从事 SoTL 研究的个人和团队提供四个级别的竞争性资助，金额分别为 1000 美元、2000 美元、5000 美元和 1.2 万美元，具体金额取决于各阶段资助标准中概述的研究目的、范围和性质。[1] 申请者自行选择他们认为最符合其提案的资助级别，并根据各阶段的标准确定获得资助的资格。在资助期结束时，资助人必须向 SoTL 项目主任提交最终完成提案。提案将由一个教师委员会进行同行评审，评审内容包括方法的合理性、将提供的学术产品、成果的潜在影响、创造性、独特性以及学者作为 SoTL 社区其他资源的潜力。虽然学术必须以研究为基础，但其定义

---

[1] Indiana University, "Scholarship of Teaching and Learning Grants", https://citl.indiana.edu/grants/sotl.html. (2023-06-11)

可以很宽泛,包括课堂研究、关于现有教育模式和方法的应用及影响的研究,以及关于印第安纳大学教与学的其他创新方法的研究。所有获得资助的人员要向其他教师正式传播他们的项目成果。

(三) 纳入职称晋升制度

对教学型学者的认可使得"教学学术"在学术界,特别是在学术晋升制度中的地位更加突出。因为强调出版和发现学术的现行学术奖励制度,未能符合大多数学院和大学的任务。如果学校的使命是强调教学的学术性,那么任期和晋升制度必须授予从事这一领域的学术研究的教师任期和晋升。鉴于晋升和终身教职制度的重要性,修订晋升、终身教职和其他评估文件,纳入更广泛的学术定义,是高校最常用的策略之一。

1. 科罗拉多大学医学院晋升制度

科罗拉多大学医学院对其晋升和终身教职政策进行了改革,建立了单一的终身教职制度。医学院临床教师的晋升评估采用了博耶对学术的扩展定义,将发现、整合、教学和知识应用等学术纳入其中。新修订的《医学院规则》规定:"所有教职员工都必须参与广义的学术研究。所有学术成果都必须以可评估的形式出现,通常是指书面形式……学校将承认根据博耶提出的概念改编和修改的四种学术类型"[①]。《规则》强调了学术研究的广义定义,但要求所有学术研究必须反映出创造性、解释性或创新性工作,而且必须能够被他人分享、阅读、理解和评论,这样的学术研究才有意义。对于终身教职的授予,修订后的《规则》也采用了宽泛(但仍然严格)的学术定义。《规则》毫不含糊地强调,卓越的学术和教学都是机构的首要目标。例如,每个学科和每个职级的教师都必须至少在学术和教学方面取得优异成绩,才能考虑晋升。虽然"不同候选人在学术和教学成就之间的平衡可能会有很大不同,但在授予终

---

① Thomas R. Viggiano, Clarence Shub and Robert W. Giere,"The Mayo Clinic's Clin-Ician-Educator Award: A Program to Encour Age Educational Innovation and Scholarship", *Academic Medicine*, Vol. 75, No. 9, September 2000, pp. 940-943.

身教职之前，必须同时具备学术和教学两方面的卓越成就"①。事实上，根据修订后的《规则》，终身教职是为那些"被公认为杰出和有影响力的教师"而保留的。

2. 印第安纳大学伯明顿分校晋升制度

2019年印第安纳大学伯明顿教员委员会批准和修订了一套《终身教职和晋升的原则与政策》②，校园政策为候选人提供了四种申请终身教职和晋升或晋升为正教授的途径。无论申请依据如何，终身教职的决定都是前瞻性的：候选人应提供证据，证明他们正在成为所选领域的知识领袖。晋升为正教授的候选人则需要提供证据，证明他们实际上已经在某一领域取得了知识领军地位。授予终身教职或晋升是对该教职员工在未来几年内将继续完成真正重要的专业工作具有原创性、创新性、影响力和后果性的认可。在考虑终身教职的情况下，如果候选人在课堂教学方面表现出色，其教育影响超出校园范围，则其教学工作达到优秀标准。卓越和影响的指标可包括：学生学习成绩优异的直接证据；指导学生和被指导者取得高质量成绩的指导和建议；编写的教学与课程材料被候选人所在领域的教师使用或参考；教学出版物和演讲；参加与教学相关的国内或国际会议；定期参加创新教学实践研讨会；以及学生或同行对优秀教学实践和影响的认可。虽然评定为"优秀"并不要求候选人通过上述清单中的每一项来证明其卓越性，但整体证据必须证明其出色的课堂教学，以及在校园之外的领导力、创新和成就。

3. 昆士兰大学晋升制度

澳大利亚昆士兰大学承认教学是一种有效的职业发展途径，将教职员工分为三类。该校的《学术标准政策》规定了大学对不同类别的学术人员和不同角色的期望，对于注重教学的学术人员（主要为教学和教

---

① Thomas R. Viggiano, Clarence Shub and Robert W. Giere, "The Mayo Clinic's Clin-Ician-Educator Award: A Program to Encour Age Educational Innovation and Scholarship", *Academic Medicine*, Vol. 75, No. 9, September 2000, pp. 940-943.

② Indiana University, "Understanding the Tenure and Promotion Process", https://vpfaa.indiana.edu/faculty-resources/tenure-promotion/tenure-track/index.html. (2023-05-15)

学学术作出贡献）将其分为五级，在教学学术研究方面，A 级学者应掌握有效的学科教学实践知识，并合作开发高质量的项目，以探索、测试、实践和交流改进后的教学法。B 级学者将在教学学术研究方面有所建树。该领域的活动将汇集高水平的学科专业知识和教学内容知识，具有创新性、可复制性、可阐释性、有据可查并接受同行评审。C 级学者将在其学科领域发挥不断发展的领导作用，其成就得到国家认可。有证据表明，他们具有知识独立性，并在合作中做出了贡献，从而获得了新的见解和机会。有证据表明，他们的成就将超越其自身的教学实践。D 级学者将在全国享有盛誉，将在国际层面发表演讲和开展合作，并将发起和领导外部教学补助金的成功申请。E 级学者还必须在教学和教学学术研究方面具有卓越的领导能力，在国际上享有盛誉，并且是本学科公认的权威。随着学术人员晋升到更高的级别，预期的产出也会增加。从晋升中可以清楚地看出，教学学术的深度和广度。

三　教学学术评价的结果运用

教学学术评价涉及多个维度，它可以是形成性的（自我完善），也可以是总结性的（他人的评估或奖励），或两者兼而有之。教学学术评价的结果主要用于教师自我监控和改进（形成性）、人事决策（招聘、任期、晋升、任期后审查）和计划改进（"未来教师培养计划"、教员发展）。它可以由个人在自己的教学中进行，也可以由学生、同行、管理人员或委员会进行。

（一）辅助教师自我监控

形成性教学学术评价为教师提供了诊断性反馈，通过对照一些标准来监测教师当前的表现，并对当前实践的有效性和如何改进做出决定，进而帮助教师实现改善自身教学的目的。反馈信息可以来自学生、同事、管理者，甚至通过教师自己的自我反思或系统的数据收集。由于这些信息是供教师个人使用的，而不是供公众检查的，因此是私人的和保密的。此外，它们提供了丰富的细节，以便教师能够清楚地了解自己的教学优势和劣势的性质。[①] 比如在俄亥俄州立大学，可以使用早期课程反馈、小组教学诊断、快速课程诊断和期中评价四种方法获得形成性评价信息，选择哪种方法取决于教师希望实现的目标。早期课程反馈是一种形成性评估工具，通常在学期的第3周和第5周之间进行。它实质上是一种问卷调查，可以让教师与学生互动，解决相关问题或疑虑，并根据他们的反馈做出自身认为有价值的改变。小组教学诊断是在第4、5或6周为形成性目的而进行的，它利用学生之间的小组讨论向教师提供反馈。快速课程诊断是小组教学诊断的一个更高效的版本，通过快速课程诊断，教学与学习办公室的工作人员会与教师会面，讨论课程目标以及最近可能对课程设计进行的任何修改。期中评价通常在第4周和第8周之间进行，它的结构往往更为正式。教学与学习办公室有一个问题库，可帮助教师创建期中评价，针对具体领域进行调整或修改。无论采用哪种程序，课程组组长和成员都要分析信息并制定改革战略。

（二）支持机构人事决策

教学学术的总结性评价则侧重于做出人事决策所需的信息：雇用、晋升、任期、绩效工资等。这些信息是供公众检查的，它通常被认为能提供更客观、更准确的信息，因为这些数据是用标准化方法收集的，可以复制，能用复杂的统计技术进行分析。这些数据还可以提供比较信息，使评价者能够根据其他同行的表现来确定教学学术表现的质量，它往往比形成性评价的数据更具有一般性和比较性。[②] 由于总结性教学学术评价的结果为学术奖励的合理分配提供了依据，因此将教学成就作为一个评审类别被赋予足够的权重成为许多高校的做法。比如在科罗拉多大学博尔德分校和英属哥伦比亚大学，那些主要学术兴趣在于本领域的教学的教师可以获得终身职位。在印第安纳大学伯明顿分校艺术和科学学院，教师可以选择晋升的主要渠道是科学研究、其他创造性工作、教

[①] Nancy Van Note Chism and Christine A. Stanley, *Peer Review of Teaching. A Sourcebook*, Bolton: Anker Publishing Company, 1999, p.3.

[②] Nancy Van Note Chism and Christine A. Stanley, *Peer Review of Teaching. A Sourcebook*, Bolton: Anker Publishing Company, 1999, p.3.

学、服务，或者可以提出一个平衡的方案。如果选择以教学为主要依据，晋升全职教授的候选人则"必须在激发学生（各级）对学习和创造性工作的真正愿望方面表现出卓越的能力和兴趣。他们还应该提供证据，证明在印第安纳大学内外对其特定学科产生了重大的教育影响"。[1]在华盛顿大学，晋升教学教授的理由不仅要证明教师在其所在单位的教学工作中持续表现出色，还要证明其在学院、大学或领域层面的教学工作中持续表现出色。由于这类人事决策需要识别不同类型和水平的教学特色，所以其评价结果会促使教师明白如何做才能在该领域脱颖而出。

（三）改进学生培养计划

1993年，美国研究生院理事会和美国大学理事会合作发起了"未来教师准备计划"（Preparing Future Faculty，PFF），得到了美国国家科学基金会、皮尤慈善信托基金会和大西洋慈善基金会的支持。[2] PFF是一项全国性运动，旨在促进准备从事学术事业的博士生的职业发展。它包含了博士学位对研究的传统强调，并将其范围扩大到博耶所提倡的学术研究的广泛定义，包括发现、应用、整合和教学。在1993—2003年的十年资助活动中，美国有超过45所博士学位授予机构和近300所"伙伴"机构实施了PFF计划。它为高校教师的培养提出了新的愿景，这一新愿景将教学、研究和服务确定为大多数高等院校对教师的三大期望，并主张计划加入教师队伍的博士生应在获得学位之前就开始学习学术职业的每一个要素。PFF计划一开始就与促进多种形式的学术研究的倡议交织在一起，每项PFF计划都强调教学与学习的学术性，无论其名称是否如此。[3] 这项要求将促使高校拓宽教师培训的范围和提高教师培训的质量，使其更加重视教学、更广泛的学术定义以及专业服

---

[1] Pat Hutchings, Mary Taylor Huber and Anthony Ciccone, *The Scholarship of Teaching and Learning Reconsidered: Institutional Integration and Impact*, San Francisco: Jossey-Bass, 2011, p. 103.

[2] Website for the Preparing Future Faculty Program, "The Preparing Future Faculty Program", https://preparing-faculty.org/. (2023-06-15)

[3] KerryAnn O'Meara and R. Eugene Rice, *Faculty Priorities Reconsidered: Rewarding Multiple Forms of Scholarship*, San Francisco: Jossey-Bass, 2005, p. 66.

务。同时，对于教学和学习学术性的要求也将有利于改进新一代教师的培养计划，通过将其纳入未来教师的博士课程当中，能促使博士生更好地为学术生涯做好准备，包括了解大学的使命、教师的角色和回报以及学术文化。对于那些追求学术职业的学生来说，评价的结果将有助于他们为在适合自己目标和才能的院校就职做好准备。此外，还为他们提供了竞争优势，使他们能够获得相关的职位，并迅速适应新的职业生涯。

第三节　教学学术评价的国别研究

各地大学为了鼓励更广泛的学术定义而改变其使命宣言和教学评价标准、制定机构教学战略、提供奖励性补助金和制定灵活的工作量的程度已被详细记录在案。这是一个普遍现象，世界各国高校都逐渐进入了学术评价模式的革新时代，教学学术评价也因地缘、政治、文化等因素在不同的机构表现出不同的模式与特征。本节主要介绍欧美和亚太地区六所世界一流大学的教学学术评价实践模式，作为案例代表，它们不仅界定了在不同地缘中每个机构处理和发展教学学术评价的具体方式，而且它们的行动还可能会从根本上影响其他国家走向教学学术评价的具体方法，并决定了我们自身背景下的实践。以这些国家的一流大学为参照，我们可以总结出教学学术评价当前所表现出的基本特征，进一步预测其未来的国际趋势与走向，同时反思其对中国开展教学学术评价的借鉴意义。

一　欧美国家教学学术评价

SoTL 是在全球北方、在享有特权的大学环境中形成的概念，尤其是北美和欧洲，它们作为教学学术运动的核心或主流地带，会集了全球一批优势大学和学者资源，已经开展了多年的 SoTL 运动，如美国的哥伦比亚大学、加拿大的多伦多大学和英国的爱丁堡大学。这些机构在教学学术评价方面也积累了丰富的经验，无论它们以何种方式定义 SoTL 这一概念，奖励优秀教学、提供资助机会、重视同行评审、修改晋升标准等都成为这些机构实施教学学术评价的主要策略。

（一）美国哥伦比亚大学教学学术评价

在哥伦比亚大学，教学学术是一项以证据为基础、面向学术界的事业，教师和同事们用学术的眼光来审视高等教育中的学习是如何发生的。SoTL 的总体目标是通过教学法和课程的创新来改进自己的教学实践，并为学科内和学科间的其他人树立榜样。在实施教学学术评价方面，哥伦比亚大学采取了一系列做法，提供了丰富的可借鉴的经验。

1. 重视第三方顾问的评价意见

哥伦比亚大学教学中心（Center for Teaching and Learning，CTL）提供第三方教学观察支持，对所有促进哥伦比亚大学社区学习的教师、博士后和员工开放，每学期可申请一次。它以实证为基础，由训练有素的顾问帮助教师思考课程目标、教学观察经验和未来教学，旨在为教师的教学实践提供支持。哥伦比亚大学的教学观察遵循有效学习、教学和全纳参与的循证原则，提供个性化的教学反馈。通过教学观察，教师可以确定课程和课程目标，并就这些目标的实现程度获得反馈。这一过程主要由目标设定对话、课堂观察和观摩后咨询三个环节组成。[①] 在目标设定对话环节，教师与 CTL 顾问讨论学生学习和教学目标，以帮助确定教学观察、解释和反馈的重点。在课堂观察环节，CTL 顾问将对课堂进行观察（亲自观察、远程观察或通过教师共享的录制链接观察），观察时间约为 1 小时，即使课堂时间更长。在观摩后咨询环节，教师与 CTL 顾问会面，汇报教学观摩经验，讨论观察到的有效教学证据、需要进一步发展的领域以及下一步措施。观摩过程结束后，教师将收到一份简短的经验总结和教师确定的下一步措施。最后，教师将被要求完成一份反

---

① Columbia University, "Teaching Observations for Faculty, Staff, and Postdocs", https：// ctl. columbia. edu/faculty/offerings/teaching-observations-for-faculty/. （2023-07-09）

馈调查，以便 CTL 工作人员继续改进教学观察过程。

2. 提供教学学术评价资金支持

哥伦比亚大学教务长学习科学研究（Science of Learning Research, SOLER）种子基金计划旨在为教职员工提供资金（最高 5000 美元）和实物支持，使他们有能力参与教学研究，即领导正式的研究工作，以更好地了解和改进哥伦比亚大学课程的教学。[①] 这项计划一般以衡量新颖教学策略的影响为中心，优秀的提案应以既定理论为基础，以实验设计为特色，并提出衡量学生成果的定量方法。SOLER 种子基金只对全职教师开放，由 SOLER 教师委员会成员和 SOLER 工作人员组成的小组将在截止日期后对提案进行审查，对所提交提案的审查将基于以下方面：项目对学生经历的潜在影响；所提议的学术研究的合理性、创造性和独特性及其对促进 SoTL 研究领域发展的潜在贡献；预算和项目范围的适当性，包括教师的时间投入；以及项目的可持续性和长期影响，包括学者作为社区其他资源的潜力。SOLER 人员将通过持续、深入的合作为获奖者提供协助，核心服务包括：协助制定研究目标，并将研究设计与具体目标相匹配；制定或改进评估或评价方法；设计数据分析和可视化方法；准备材料并通过 IRB 批准程序；撰写外部资助申请、出版手稿、会议摘要和海报以及演示文稿。

3. 贯穿职称晋升评审的全过程

哥伦比亚大学医学中心（Columbia University Medical Center, CUMC）教师职称的任命是基于三个重点学术领域中的一个或多个领域的学术活动。其中，教育学术领域是指通过有效应用教学科学、教学设计和教育评价来促进学习。从事这一工作的人员应深入参与教育的三个领域：直接参与促进学习的过程（如讲课、辅导等）、支持学习所需的基础设施（如领导课程、担任项目主任等），或者开发他人在学习中使用的产品（如教科书、幻灯片、视频等）。在职级晋升时，要求助理教

[①] Columbia University in the City of New York, "Faculty", https://soler.columbia.edu/faculty. (2023-06-19)

授级别的教师应在教育方法、教学内容或新颖的教学材料方面展现出专业知识和发展实力。这些材料可能包括新的课程设置、教育计划、教科书章节、教学大纲等，它们能显著改善教学方法或质量。若要晋升为副教授，教师必须展示出受到外部专家或同行评审重视的渐进式教育活动。这些领域或活动可能包括：通过参加或领导教育学会、应邀讲学、出版与教育有关的出版物以及担任以教育为重点的出版物的编辑委员会成员，在教育专业知识方面获得地区或国家认可。若要晋升为教授，教职员工必须证明自己在关注教育方针或政策与实践的组织中发挥了领导作用，或在媒体上发表了与教育有关的文章。

（二）加拿大多伦多大学教学学术评价

多伦多大学教学支持与创新中心（Centre for Teaching Support and Innovation，CTSI）致力于推动教学学术的发展。该校认为，教学学术包含反思性教学和学术性教学两个方面，依据凯瑟琳·麦金尼的观点，将教学学术描述为"对教学和学习的系统研究，以及通过演讲、表演或出版物对此类工作的公开分享和评论"。[①] 如何实施教学学术评价方面，多伦多大学也积累了丰富的经验。

1. 评选多种教学研究奖助项目

为调动教员投身于教学研究的积极性，多伦多大学广设表彰优秀教学的奖项，由中央协调的教学奖励包括校长教学奖、全球教育家奖、诺斯罗普·弗莱奖和早期职业教学奖等，三个外部教学奖项分别是安大略省大学教师协会联合会教学奖、3M 国家教学奖和艾伦·布利泽奖。[②] 其中，校长教学奖是多伦多大学教学领域的最高荣誉，它旨在表彰通过持续致力于教育领导、卓越教学和教育创新，以及致力于公平性、多样性、包容性和可及性原则而展现出的高质量和创新性学习与教学。获奖者每年可获得 1 万美元的专业发展津贴，为期五年。被提名人必须在教

[①] University of Toronto, "What is SoTL?", https：//archive.teaching.utoronto.ca/sotl/what-is-sotl/. （2023-08-11）

[②] University of Toronto, "Overview of Major Internal and External Awards Processes", https：//archive.teaching.utoronto.ca/awards/uoft-award-overview/. （2023-09-09）

育领导力、卓越教学、教育创新三个同等权重的类别中表现卓越。3M 国家教学奖是加拿大最负盛名的专门表彰中学后教育领导力和教学卓越成就的奖项，3M 国家教学研究员团体体现了卓越教学和学术研究的最高理想。被提名者必须在教育领导力、卓越教学、教育创新三个同等权重的类别中表现出卓越才能，每个部分都应提供独特的证据。[①] 此外，该校还提供了大量支持本科课堂创新的资助基金，如本科课程发展基金、教学技术创新基金和学习与教育促进基金等，它们分别设置不同的资助金额标准与期限要求。

2. 收集多渠道教学形成性反馈

多伦多大学教学支持与创新中心（CTSI）针对教师教学的不同方面为其提供形成性反馈，较为典型的是 Quercus 课程评论与教学观察。CTSI 的 Quercus 课程评论服务旨在为教师提供有关如何使用 Quercus 支持其课程和教学的形成性反馈，通过为学生、教师和管理人员提供支持教学的反馈意见，该评论在促进多伦多大学卓越教学方面发挥着至关重要的作用。CTSI 的教学观察服务旨在为教师在课堂上的教学实践提供形成性反馈，它也是一种有效的评估手段，可以在低风险的情况下收集对个人教学的形成性反馈，并探索加强教学实践和实现学生学习目标的方法。此外，教师还有接收教学形成性反馈的其他选择。如果教师想就课程内容、教材的水平或教材与本系或本专业其他课程之间的关系等方面征求意见，可以请其他系或部门的同行观摩自己的教学或审阅自己的教材。教师也可以通过学生中期课程评价收集形成性反馈意见，它通常是非正式的定性评价。这些评价可能涉及教师和学生的行动、期望或挑战，以及课程本身的结构、工作量和活动。评价结果可用于对课程进行调整或修改，从而影响本学期余下时间的学习或未来课程的修订。

3. 强化教学档案的编制与评估

多伦多大学 CTSI 为教师编制教学档案提供指导服务，该中心 2017

---

① Society for Teaching and Learning in Higher Education, "3M National Teaching Fellowship", https://www.stlhe.ca/awards/3m-national-teaching-fellowship/. (2023-09-17)

年发布的《开发和评估教学档案：教师指南》这一文件强调，在系部、教师或学科对有效教学的期望范围内，档案允许每位教师强调那些已被证明对其有效的方法和策略，并证明其对教学效果和改进的持续承诺。教学档案允许对教学进行系统和严格的评估，同时允许对教学目标和方法进行灵活、创新和因地制宜地调整。[①] 这意味着，在撰写档案材料时，教员必须将自己教学成功的证据纳入整个档案材料中，集中展示自己教学方法的有效性。编制一份详尽的教学档案是获得大学、省级和国家级教学奖项提名的关键第一步。许多著名教学奖项的标准都围绕着教学档案的标准要素，如"教学理念声明"，通过展示教学档案取得的成绩可以为提名获奖提供优势。为此，学校晋升指南为教师提供了一份教学档案的标准要素清单。相关评估指导文件还指出，每位教职员工都应保留一份教学档案袋，或称卷宗，每年更新一次，作为临时审查、试用期审查、终身教职或继续教职审查以及晋升所需的文件的基础。学术管理人员在评估教职员工的年度逐级晋升时，也可将其作为参考。

（三）英国爱丁堡大学教学学术评价

英国爱丁堡大学认为 SoTL 的核心是对教学实践进行思考、讨论、阅读和写作。文献中的描述范围很广，但有一个明确的定义："学术性（在教学中）可能有三种方式：批判性地反思实践；使用文献中的观点；为文献做出贡献"[②]。在开展教学学术评价方面，爱丁堡大学依据格拉塞克等人的六项评价标准，即目标明确、准备充分、方法恰当、有效表达、结果显著和批判反思来指导大学教师的教学学术活动，其评价策略主要表现在以下几个方面。

1. 鼓励多元主体参与评价过程

英国爱丁堡大学教学学术评价鼓励多元主体参与评价过程，包括同

[①] Centre for Teaching Support & Innovation, *Developing and Assessing Teaching Dossiers: A Guide for University of Toronto Faculty, Administrators and Graduate Students*, Toronto: Centre for Teaching Support & Innovation, University of Toronto, 2017, p. 5.

[②] David Baume and Celia Popovic, eds., *Advancing Practice in Academic Development*, New York: Routledge, 2016, p. 6.

行评审、学生评教、教师自评。同行评审主要表现为同行教学观摩，它是一个形成性过程，由两个同行一起工作，互相观摩对方的教学。其重要性在于，它是以正在进行的教学情境为基础的，其目的是通过对教学的批判性反思来提高教学质量、提高教学和学生学习质量以及为观察者和教学者带来益处。其评审结果既可以用来调查教师教学实践的某个具体方面，也可以作为正式的员工发展计划的一部分（如爱丁堡教学奖）。学生评教主要表现为学生中期课程反馈，目的是通过为教职员工提供收集和回应所有学生反馈意见的机会，促进教职员工和学生之间的对话。在实践中，这可以让教职员工解释为什么课程要以某种方式组织，或者为什么要根据前几届学生的意见进行修改，并在可行的情况下根据学生的建议进行调整。教师自评主要表现为自我反思，它通过不断收集自己的笔记，系统地记录自己的教学经验，并将其汇编成教学日志或日记，以寻求对自身教学经验的正式认可。该校为教师提供了充足的资源、练习和指导，以帮助教师反思自己的教学实践。

2. 资助创新性为主的评价提案

爱丁堡大学通过校长教学奖励计划（Principal's Teaching Award Scheme，PTAS）为教学学术活动提供支持，PTAS 鼓励教员通过教学创新和研究更好地了解学生的学习情况，以支持学习和教学的改进。[①] PTAS 自 2007 年起开始运作，每年的总资助额度在 11 万英镑到 16 万英镑之间。小型 PTAS 资助（额度不超过 2500 英镑）通常应在项目完成后一个月内提交项目报告，PTAS 常规资助（额度在 2501 英镑至 18000 英镑之间）项目报告应在项目完成后 4 个月内提交。每年，PTAS 都会举办两场研讨会，为潜在的申请者提供关键信息和指导，包括有关哪些类型的项目可获得资助的建议。所有以学习和教学领域为重点的提案，包括：课程创新、课程审查、课程改进、课程非殖民化；公平性、多样性和包容性；评估与反馈创新等，都是广受欢迎的。该校的教学事务博

---

① University of Edinburgh, "About the Principal's Teaching Award Scheme", https://www.ed.ac.uk/institute-academic-development/learning-teaching/funding/funding/about-ptas. (2023-07-22)

客中介绍了许多 PTAS 项目,其中以评估与反馈为研究主题的提案,如《改进研究生在线学术写作课程的导师反馈》《攀登 ALP(评估素养金字塔):发展评估素养的计划层面方法》《通过同伴反馈促进学习社区——引导教职员工和学生的视角》等这些分别来自不同学科和研究领域的提案都成功受到了研究资助。

3. 融入大学中的学术晋升政策

爱丁堡大学在《学术晋升政策》中强调教育不仅包括教学、学习、学生成绩和学生体验,而且还涉及以研究为导向的学习和教学,以及提供持续的专业发展。教员无论申请准教授头衔,还是申请讲座教授头衔,都对以教育为重点和以研究为重点的申请人单独设置了扩展标准。[①] 在申请准教授头衔或讲座教授头衔时,对于以教育为重点的聘任,其扩展标准均要求申请人应在教育领域做出高质量和不断发展的贡献,可包括但不限于:促进学科教学、卓越的师德、其他形式的教育发展、编写教材,包括有影响力的教科书。对于以研究为重点的聘任,申请准教授头衔的扩展标准要求申请人在获得研究基金和奖项方面有显著的成功记录,通过出版物以外的方法做出的高质量和发展性贡献包括但不限于应用研究咨询、高级专业实践、创造性的工作,而且有大量的研究活动记录,包括但不限于高质量和有影响力的出版物。而申请讲座教授头衔的聘任,扩展标准则要求申请人应通过出版物以外的其他方式做出的持续杰出贡献,可包括但不限于应用研究、咨询、高级专业实践创意作品。

二 亚太地区教学学术评价

亚太地区的 SoTL 成员目前更多的是"太平洋"学者,而非"亚洲"学者。由于地理隔离、意识形态分歧、跨语言障碍等限制因素,亚洲大部分地区(以及非洲国家、南美国家、中东国家等)在 SoTL 版图

---

① University of Edinburgh, "Academic Promotions Policy", https://www.ed.ac.uk/sites/default/files/atoms/files/academic_promotions_policy_golden_copy.pdf. (2023-08-05)

上的存在并不明显，他们常常是被遗忘的"边缘群体"或"局外人"。①尽管他们与盎格鲁语世界既有的 SoTL 网络相距甚远，但他们在开展教学学术评价时敢于突破自身局限，积极与来自成熟的英语 SoTL 中心的主流话语建立联系的努力具有深远意义。这部分提供了亚太地区的三个案例，分别是澳大利墨尔本大学、新加坡国立大学和中国香港大学，他们的教学学术评价模式既有与主流地区相似的特征，又带有自身的独特气质。

（一）澳大利亚墨尔本大学教学学术评价

在墨尔本大学，教学学术计划是墨尔本高等教育研究中心（Centre for the Study of Higher Education, CSHE）针对学术教学人员推出的一项举措，其目的是在全校范围内建立 SoTL 实践社区和学术指导实践社区。参与者将有机会讨论合作开展 SoTL 项目的可能性，并根据自己的特定兴趣加入 SoTL 小组。在教学学术评价方面，该校提供的措施包括推行两级教学同行评审计划、采用渐进式晋升认可学术人员的学术工作以及针对人工智能重新思考评估等。

1. 推行两级教学同行评审计划

墨尔本大学的同行评审形式多种多样，但一般都是教学学者就教学和学生学习的一个或多个方面进行支持性对话。2022 年该校推出教学同行评教计划，旨在通过两级同行评审教学的方法，提高墨尔本大学的教学质量、学生学习质量和学生的教育体验。第一级指的是以教员或院系为基础的同行评教计划，用于持续的合作性专业发展和教学改进。第二级是全校范围的墨尔本同行评教计划，用于对教学进行绩效评估和正式认可。这一级分三个阶段：首先，提交一份教学作品集是证明卓越教学的第一步，因为这需要对自己的教学经验、教与学的方法以及对优秀大学教学的理解进行反思。其次，提交课程设计范例（科目大纲），让

---

① Chng Huang Hoon and Peter Looker, "On the Margins of SoTL Discourse: An Asian Perspective", *Teaching and Learning Inquiry: The ISSOTL Journal*, Vol.1, No.1, March 2013, pp. 131-145.

专家评审员看到课程设计要素。最后，由墨尔本审查员学院的一名审查员对课堂教学进行观察。审查员根据教学档案、课程设计范例和课堂观察对教师教学进行全面审查后生成书面报告，供个人用作教学质量的证明。同行评议的反馈意见可以作为晋升、试用或绩效发展等重要人事程序的证据，它还可以作为教学奖励申请的一部分。墨尔本大学的学术晋升政策已经纳入了同行评审。[1]

2. 设置学术职位分类遴选标准

墨尔本大学的《学术职业基准和指标》（Academic Career Benchmarks and Indicators，ACBI）详细阐述了学术水平的最低标准，[2] 所有申请人都应在教学、研究、领导和服务三个学术领域取得卓越成就，并为晋升提出有理有据的论证。在教学学术领域，ACBI 将其描述为以研究、学术和参与为基础，开展富有启发性的教学，对学生体验的质量、学生学习和学生成果做出重大贡献。就其质量和影响成就衡量指标而言，主要包括：学生对教学的评价，同行评审教学和课程效果，教育成果，关于教学、学习、课程和评估的特邀主题演讲，教学方面的奖项和奖励等。晋升各职级分别设置不同的遴选标准：A 级学术人员必须掌握学术技能，提高学术成就（以基准为导向）。[3] B 级学术人员必须具备较好的学术技能和扎实的学术成绩（接近基准或正在向基准迈进）。C 级学术人员必须具备掌握学术技能并取得出色的学术表现。D 级学术人员必须具有在国际或国内被公认为杰出的表现和成就（达到基准）。E 级学术人员必须具有作为国际知名学者的杰出表现和卓越成就（达到或超过基准）。渐进式的职级晋升意味着随着级别的递增，学术人员的

---

[1] Kelly Farrell, *Collegial Feedback on Teaching: A Guide to Peer Review*, Melbourne: The University of Melbourne, 2011, p. 6.

[2] University of Melbourne, "Academic Appointment, Performance and Promotion Policy (MPF1299)", https://policy.unimelb.edu.au/MPF1299/. （2023-11-27）

[3] University of Melbourne, "Academic Career Benchmarks & Indicators", （2019-01-02）, https://about.unimelb.edu.au/__data/assets/pdf_file/0012/50016/academic-career-benchmarks-indicators.pdf. （2023-12-05）

影响和责任的范围也随之扩大。

3. 回应数字化时代的评估风险

生成式人工智能平台（如 ChatGPT、DALL-E 等）对评估的真实性和可靠性构成了新的重大威胁，如幽灵引用、有偏见的训练数据和学术诚信等。为了应对生成式人工智能评估带来的挑战，CSHE 积极为改进评估设计和真实性提供建议、实用的想法和策略。一方面，CSHE 提供了一份评估指南以及一套高质量的资源（学术著作、媒体文章、网络研讨会和案例研究的精选清单等），以协助评估的重新设计，包括如何设计不易受人工智能影响的评估策略，如《针对人工智能重新思考评估工作》，以及如何利用人工智能来加强评估的范例，如《ChatGPT 和学术诚信：调整第一学期评估的备选方案 2023》。另一方面，CSHE 还提供了墨尔本大学有关人工智能、学术诚信和评估的官方声明与政策（如《关于人工智能工具和技术的学术诚信声明》《墨尔本大学研究诚信与不当行为政策》《评估与结果政策》等），这些政策涉及大学如何看待研究诚信和数字辅助工具的立场和声明、研究者如何在评估报告中对人工智能工具和技术的使用进行声明、如何构建相关参考文献列表或引用格式、如何鉴定和处分使用数字辅助工具伪造或编造评估数据的学术不端行为等一系列重要问题的决议。

（二）新加坡国立大学教学学术评价

新加坡国立大学在亚洲教学学者的推动下，于 2016 年创建了以新加坡为基地的 SoTL-Asia 区域网络社群，目标是发展机构和地区在教学学术方面的能力，并以对其在亚洲和全球化世界中的具体位置有敏感认识的方式来实现这一目标。SoTL-Asia 将 SoTL 理解为：教学作为一种实践，可以利用既定的研究方法进行系统研究，以收集有关学生学习的数据，从而使实践者能够分析特定教学法对学生学习过程和结果的影响。[1] 在开展教学学术评价时，新加坡国立大学采取的主要措施可以归

---

[1] National University of Singapore, "About SoTL-Asia", https://nus.edu.sg/cdtl/professional-development/scholarship-of-teaching-and-learning/about-sotl. (2023-08-31)

纳为以下三个方面。

1. 认可将技术融入教学的成就

为了促进大学的卓越教学，新加坡国立大学的年度优秀教学奖一方面表彰在教学方面取得的成就，包括教学、教学设计、评估和反馈，以及通过领导和支持其他同事在这些领域更广泛地采用良好做法。另一方面，还表彰那些通过周到地将适当的技术与教学相结合，在开发创新型技术强化学习方面取得的成就。在第二类表彰中，"卓越"被理解为实现并长期保持高水平的积极教育影响，是通过新的或现有的教学方法，包括对新技术或现有技术的深思熟虑的整合，促进学生、同事和更广泛的大学社区的学习。申请只能指定一个子类别，具体涉及个人或者团队两类申请者，无论如何他们都应在高质量教学和评估的设计、开发、实施和评价方面做出积极贡献，包括在课程或计划层面以持续和有影响力的方式将新的或现有的数字技术与教学法进行周到的整合。一个成功的提案申请将取决于来自多方面的证据，申请者不一定要满足所有提名标准，但如果能提供一个以上领域的优势证据（学生反馈、同行评审、自我反思），则会更有说服力。获奖者将被授予奖金 2000 美元（个人奖）或 8000 美元（团队奖）。

2. 衡量多方教学评估证据来源

在新加坡国立大学，鼓励教师提供多方良好教学实践的证据来源，编制教学档案袋、收集学生的反馈、整合同行的评审被普遍认为是新加坡国立大学教学评估的三大证据来源。教学档案袋是一种自我评估，使档案袋有效的一种方法是将其视为类似于学术文章，其目的是对个人的教学质量进行论证。这就意味着，需要用各种具体的、有据可查的证据来认真支持和证明自己的主张。学生反馈是一种他人评估，从学生那里收集他们在课堂上的体验信息，是评估教学的一个重要方法。通过了解学生的学习情况和对课堂的感受，教师就能将自己置于能够改进和提高教学效率的位置。新加坡国立大学的学生反馈主要由三部分组成：第一部分是对课程的总体反馈，第二部分是对课程各个方面的反馈，第三部分是对课程教师（讲师、研讨会主持人、辅导员和导师）的反馈。作为改进现有同行评审做法的努力的一部分，该校实施了在线同行评审系统。这一变化旨在提高同行评审的质量，并利用在线平台整合评审过程的各个方面，以促进整个评审过程。该校同行评教的主要功能是为行政部门提供有用的信息，以便对教师进行续聘、晋升、终身教职和教学奖励等方面的评估。

3. 遵循专业出版物的审稿政策

为了支持亚洲教学学术的发展，新加坡国立大学鼓励研究者向《亚洲教学学术期刊》*AJSoTL* 投稿。这是一份国际性、同行评审、开放获取的在线期刊，每年出版两期。作为 SoTL-Asia 的官方刊物，它极其重视其在亚洲的位置，力求在亚洲的课堂内外推广 SoTL，旨在发展亚洲对教学学术的看法，以便在亚洲的不同环境中为提高学生学习成绩而发展实践。对于投稿主题，*AJSoTL* 接受对教学相关的主题进行严谨学术研究的成果，包括与设计有关的学习环境、技术的教育功能、高质量评估和反馈的学术方法、课程设计和其他相关的基于证据研究的投稿。此外，该刊也接收对"SoTL"本身、"SoTL"在亚洲的实践方式以及"Asia（n）"的含义进行批判性思考。为确保评审的公正性和防止评审时出现任何偏见，*AJSoTL* 的所有投稿均采用标准的双盲同行评审程序，在这种同行评审中，评审人不知道作者的身份，反之亦然。对于审稿人员的组成，该刊允许作者可提供最多三位潜在审稿人的姓名、单位和电子邮件地址。编辑有权决定是否邀请作者推荐的审稿人参与审稿过程。作者也可以指明他们认为不应参加审稿的审稿人姓名。同样，编辑对此拥有唯一决定权。[1]

（三）中国香港大学教学学术评价

香港大学的教学学术研究主要由教与学创新中心（Teaching and Learning Innovation Centre，TALIC）负责。作为香港大学的主要单位，它将专业课程、教育技术与学习设计、数据与分析以及提高与研究四大

---

[1] National University of Singapore, "Submit Articles", https://nus.edu.sg/cdtl/docs/nus-cdtllibraries/default-document-library/publications/ajsotl/pdf_instructions-to-authors.pdf?sfvrsn=b4e5f984_2. (2023-09-19)

任务作为自身的使命，致力于建立卓越教学的标准，并通过各种方法，在世界舞台展示香港大学的教与学实践，以及教与学的学术成就。在教学学术评价方面，香港大学通过获取利益相关者的定期反馈，改进卓越教学奖的评估标准，创立明智评估实践分享论坛，以支持大学的教学策略、质量保证和质量提升。

1. 获取利益相关者的定期反馈

为了衡量课程的成效，香港大学通过先进的数据技术和工具，定期收集、分析和解释各种数据源，如学生、毕业生和雇主的意见，以促进循证教学。学生学习经验调查（Student Learning Experience Questionnaire，SLEQ）作为收集主要利益相关者反馈意见的一种手段和持续改进的重要来源，为全校范围的重点审查提供了信息。[1] 每年，所有一二年级和毕业班的本科生都会被邀请完成 SLEQ，这项调查旨在收集学生对实现香港大学教育目标和在香港大学学习体验的看法。在研究生阶段，SLEQ 旨在了解学生对课程和课程学习成果的看法。学生教学反馈（Student Feedback on Teaching and Learning，SFTL）则为大学的课程和教学提供了一个结构化的反馈机制，[2] SFTL 问卷涵盖所有香港大学本科课程、授课型研究生课程和研究型研究生课程，经教学素质委员会认可，用于收集学生对课程和教师的反馈意见。毕业生与雇主也是重要的利益相关者，香港大学每两年进行一次"毕业生学习经验问卷调查"，以了解毕业生在香港大学修读全日制学士学位课程的经验，调查结果会用作香港大学更新课程的参考。此外，香港大学每三年会对毕业生的雇主进行调查，以了解他们对香港大学毕业生的整体印象，以及他们是否达到香港大学的教育目标。

2. 改进卓越教学奖的评估标准

2008 年，香港大学推出卓越教学奖计划（Teaching Excellence A-

---

[1] University of Hong Kong, "Student Learning Experience Surveys（SLEQ）", https://da.talic.hku.hk/sleq/.（2023-10-11）

[2] University of Hong Kong, "Student Feedback on Teaching and Learning", https://da.talic.hku.hk/sftl/.（2023-10-15）

ward Scheme，TEAS）取代了 1996 年推出的教学奖学金计划，以鼓励教授级和非教授级教员在教与学方面有杰出贡献。① TEAS 下设四类奖项，即大学杰出教学奖（UDTA）、杰出教学奖（OTA）、早期职业教学奖（ECTA）和教学创新奖（TIA）。TEAS 对这四类奖项的评估标准进行了改进，以区分不同层次的卓越教学。对于前三类奖项，申请人获奖标准包括：（1）采用以学习者为中心的方法，有能力吸引、启发或影响学生，并在教学中表现出卓越的敏锐性。（2）课程、计划或教学大纲的设计能体现对该领域的掌握。（3）过去与现在在教学方面取得的成就和领导能力，以及对发展有效教学实践的潜在学术贡献和影响。而对于最后一类奖项，申请者必须介绍最近在教学法或课程设计方面的创新，获奖标准包括：（1）采用以学习者为中心的方法，有能力吸引、启发或影响学生，并在教学中表现出卓越的敏锐性。（2）将可持续发展的证据纳入课程，以加强学生的学习。（3）对有效教学实践发展的影响。除此之外，遴选小组还将向教学评估与测量组索取申请者在过去 5 年中所教授课程的评分和教学效果评分。②

3. 建立开放式评估交流共同体

为推动全球在教与学评估与反馈方面的良好实践，香港大学分别推出明智评估论坛和 AR@HKU 评估资源社区，为相关人员提供分享经验、获取资源和专业知识的机会，以支持他们在评估方面的教学发展，从而提高学生的学习成绩。明智评估论坛面向所有对评估和反馈感兴趣的伙伴，它目前以十二个明智评估简报（包括本地和国际案例）的形式提供资源，主要围绕四个主题展开：共同核心课程中的评估、评估体验式学习、理解标准和高效反馈。这些资源是根据全面的文献回顾、对香港大学教师和学生的抽样访谈，以及世界知名评估专家的建议制作而成。目前，已经吸引了超过 160 名来自香港大学、其他本地和海外大学

---

① University of Hong Kong，"Teaching and Learning"，https：//tl.hku.hk/tl/.（2023-10-20）

② University of Hong Kong，"How to Apply"，https：//www.tea.talic.hku.hk/how-to-apply.（2023-11-03）

的参与者，分享和讨论他们的专业实践。由香港大学教学发展补助金资助的 AR@HKU 评估资源社区，致力于确定、收集和传播评估方面的良好做法，建立大学社区之间的联系与合作，为高校教师提供了丰富的评估方面的信息资源，包括各种评估方法的介绍与指导，如指导自我评估、同行评估、小组评估、个人评估以及新近增加的真实评估和利用 GenAI 重新设计评估。①另外，还提供了各种使用链接，如评估出版物、评估会议和评估日志等。

三 教学学术评价的国际趋势与借鉴意义

在对本节所涉及的六国世界一流大学教学学术评价实践的分析中，我们可以看出，各个大学教学学术评价的现状表现出多样化的特征，它们所面临的问题和采取的对策也不尽相同。究其原因，这一方面与各国大学的社会、文化及教育背景等因素有关，另一方面也与教学学术评价自身的理论与实践历史相对短暂、发展还不成熟有关。尽管他们的具体举措乍看大相径庭，但从比较的角度来看，这些一流大学的做法无论是在政策方面还是在实施方面，都呈现出一些规律性特征值得我们总结。在本小节中，我们首先归纳出教学学术评价的主要特点，在此基础上，对今后的发展趋势做一展望，借此为优化我国教学学术评价体系提供参考。

（一）教学学术评价的主要特点

1. 评价主体广泛多元

世界一流大学的教学学术评价注重从多方面获取评价反馈信息，形成了包含学生、教师、同行与管理者等多元化的评价主体以及学生评教、同行评议、教师自评等多种教学学术评价方式。学生评教是监测教学效果反馈的最重要工具之一，尤其是通过学生中期课程评价收集形成反馈意见，受到多国大学的重视。如多伦多大学各分部的课程在学期末

---

① Assessment Resource Centre @ HKU, "Assessment Methods", https://ar.talic.hku.hk/assessment_method.htm. (2023-12-16)

通过中央协调的在线课程评估系统进行。同行评议比学生评教能够提供更专业的反馈，同行观察是比较常见的同行评议形式。教师自评作为一种重要的反馈来源，常见的形式是编制教学档案袋，这一过程的好处在于可以促使教师对自己的教学进行批判性和反思性的探究。如新加坡国立大学积极鼓励教师编制教学档案并提供相应的课程指导。学生、教师、同行等代表着与教学学术相关的不同利益相关者，每一类评价主体在评价中的角色与作用也不相同。通过收集多渠道反馈证据，使得各类评价信息相互补充，有效地保障了证据的多样性和评价结果的公正性。

2. 评价标准分类分级

教学学术是分水平、分层次的活动，这种有差别的活动性质，对于评价教学学术同样提出了差异化的要求。因此，需要考虑到评价的差异化、个性化和灵活性，建立不同类型、不同发展阶段、不同层级的教学学术评价标准。哥伦比亚大学医学中心针对助理教授级别的教师、副教授级别的教师和教授级别的教师分别提出了不同级别的教学学术评价标准要求，职级越高标准越高，责任就越大。爱丁堡大学不但分类设置了教学学术评价，而且对于申请准教授头衔或讲座教授头衔的候选人分级设置了不同级别的教学学术评审标准要求。澳大利亚墨尔本大学针对教学学术的评审，分类设置了不同维度的衡量标准，每一类标准下设更加具体的细化指标。针对晋升各职级分别设置不同职级的遴选标准，从A级到E级，评审标准越来越高。新加坡国立大学和中国香港大学在教学学术评审时，都将卓越技术融入教学表现评审中，香港大学为技术创新奖单独设置了三项评审标准。世界一流大学对教学学术进行分层分类评价的做法提高了评价的针对性和时效性，保障了评价的个性化和差异化，同时形成了各自独特鲜明的评价风格。

3. 评价方法灵活多样

现有的教学学术评价方法多为定量评价和定性评价相结合，评价的性质多为过程性评价和终结性评价相结合，如期中和期末的问卷调查。兼具定性评价和定量评价之长的教学学术档案袋评价，是运用较多的一种教学学术评价方法。在实践当中，世界一流大学纷纷将档案袋评价作为续聘、晋升、终身教职等方面的依据。这种评价方法要求教师用各种具体的、有据可查的证据来认真支持和证明自己的教学质量。量化数据作为不可或缺的材料，比较常见的是教学成果，包括演讲、特邀研讨会和教学研讨会，出版的教科书和课件，发表的论文和专著，写出的研究计划和所获奖励。质性评价既包括他人的主观评价，如学生的课程评价、学生和校友的回顾性评价、同行评审、获得的奖项和认可、推荐信等，也包括自我评估，如教师对自身教学理念和目标的陈述，对实现目标进展的自我评价。通过综合运用定性评价和定量评价，评估者可以多角度、多方面衡量教学学术活动及其成果的价值。

(二) 教学学术评价的国际趋势

1. 提倡教学同行评议程序建设

教学同行评议可以是对教学任何方面的评议，包括课程材料、课程设计或是对反馈做法的分析等。它有助于改善教学，无论其目的是形成性的还是总结性的。就形成性目的而言，同行评议为评估教师的工作提供了详细的信息，重点是建设性的反馈。就总结性目的而言，同行评议丰富了人事决定所依据的证据，如晋升、任期或绩效工资，重点是做出公平的判断。许多机构都鼓励采用形成性和总结性同行评议程序，作为监测教学水平的有效手段。如香港大学要求主要类别的教学人员须参与同行总结性评审，2022年8月在教学创新中心的支持下，形成性同行评议成为香港大学持续学术专业发展的组成部分，并在学院和系一级得到鼓励。由于教师可以邀请同事担任同行评议人，因此形成性同行评议促进了教师的自主性。由指定的评审员进行的终结性同行评议，则提供了一个强有力的、独立的质量保证措施。同行评议作为一项针对大学教师发展的基本活动，提供了一个对教学进行对话和反思的机会，或将成为未来教学学术评估方法的基石。

2. 强化投身于教学研究的激励

为调动教师投身于教学学术研究的积极性，高校会采取相应的激励措施。这些激励有时可以是拨款资助、技术支持或学术晋升等有形的东西，有时也可以是更具象征意义的东西，如认证证书、课程发行、荣誉表彰等。如新加坡国立大学的年度卓越教学奖,授予获奖者的奖金为2000美元(个人奖)和8000美元(团队奖),获奖者将在全校范围的教学颁奖典礼上受到表彰,与新加坡国立大学社区共同庆祝和分享他们的成就。香港大学的年度卓越教学奖计划下设四类奖项,在大学的卓越奖颁奖典礼上,将向每位获奖者颁发奖牌,获奖者还将应邀出席由校长举办的庆祝晚宴。其他如墨尔本大学和爱丁堡大学也有类似举措,这意味着在整个高等教育中,越来越多的机构赋予教学以更大的权重并对卓越教学予以实质性的奖励和资助。这种激励方式在世界一流大学已屡见不鲜,对于教师最明显的鼓励是他们的工作获得了认可和尊重,这将促使他们更有动力为教学创新和探索作出贡献。

3. 提高人工智能评估风险监测

人工智能平台的日益增长威胁着评估的诚信。各个高校就如何减少人工智能相关的学术不端行为的想法,以及如何利用人工智能加强评估等问题提出了相应的措施。鉴于生成式人工智能的局限性以及将其作为信息来源的危险性,爱丁堡大学强调不得将人工智能生成的内容歪曲为自己的作品,这将被视为学术不端行为,并按学术不端行为处理。[①] 同时,要求对引用人工智能的使用做出声明。墨尔本大学一方面着手设计有助于开发和衡量高阶复杂学习成果的评估,并能减少滥用人工智能的漏洞。另一方面,就人工智能的使用提出相应的声明。过度依赖人工智能工具来生成书面内容、软件代码或分析,会减少自身的练习和发展关键技能(如写作、批判性思维、评估、分析或编码技能)的机会。ChatGPT 带来的评估风险只是其中一个例子,还有其他一些例子,如 DALL-E2、CoPilot 和 Google Bard 等。虽然 Turnitin 等著名的教育技术公司已经做出回应,发布了可以帮助教育工作者检测人工智能生成的作品的软件,但还未出现足够可靠的电子手段检测人工智能,提高人工智能评估风险监测仍然是未来的努力方向。

---

① University of Edinburgh, "Generative Artificial Intelligence Guidance For Students", https://www.ed.ac.uk/bayes/ai-guidance-for-staff-and-students/ai-guidance-for-students. (2023-11-28)

(三) 教学学术评价的借鉴意义

伴随着高等教育普及化时代的到来，中国近年来从宏观政策层面对教学及学术评价提出了规划方案和指导建议，着力提升高等教育教学质量。2019年10月，中国发布了《教育部关于加强新时代教育科学研究工作的意见》，提出"努力破除'唯论文、唯职称、唯学历、唯奖项'等顽瘴痼疾"。[①] 2020年10月，又出台了《深化新时代教育评价改革总体方案》，提出把认真履行教育教学职责作为评价教师的基本要求，突出教育教学实绩。由此可见，国家政策导向开始向重视教师教学及其评价倾斜。因此，及时总结世界一流大学的相关经验，对于优化中国大学的教学学术评价模式，具有积极的借鉴意义。

1. 协调多元评价主体，维护评价的客观性

教学学术评价提倡让利益相关者更多地参与协商过程，即在评价中充分听取各方面意见，由决策者不断协调各种价值标准间的分歧、缩短不同意见间的距离，最后形成公认的一致看法。我们应该积极协调包括同行专家、学生群体、教师本人、系主任以及其他利益相关者在内的多方人员的评价意见。同行评议是确保学术成果具有最高质量的主要手段，对于课程内容的准确性、该学科中可接受的教学策略的使用等，同行评议是最合适的信息来源。学生提供了关于课程中采用的教学策略质量的主要判断数据，以及教师对他们个人学习影响的评估，学生也可以证实或补充教师的描述性数据。被评价的教师是描述性数据的主要来源，因为他们是课程资源的创造者，如教学理念声明和关于所教课程的数量和种类的信息，参与课堂教学研究，在系或学科的教学领导作用以及其他相关的描述。系主任可以证实或补充关于教学对系里和专业的贡献、职业道德、论文监督、对研究生教师的指导等方面的描述。这些评价主体分别承担不同的职责，多方协商评价的过程不仅提出了一个更加公平的程序，而且还避免了因某一方独断评价造成的不良后果，使评价

---

① 中华人民共和国教育部：《教育部关于加强新时代教育科学研究工作的意见》，2019年10月24日，http://www.moe.gov.cn/srcsite/A02/s7049/201911/t20191107_407332.html，2023年6月10日。

结果更加合理、客观。

2. 推行分类评价标准，突出评价的灵活性

大学教学学术活动既是一项创造性的活动，又是一项复杂性的活动，很难套用某一套统一的标准去衡量全部的教学学术活动。因此，评价应该关注不同水平、不同学科和不同类型教师的需求，体现个性化和差异化需求。一方面，教学学术评价应该考虑到教师个体之间存在的差异性，虽然教学学术研究有益于提升教师专业发展和高校的教学质量，但并非每位教师都应该以从事教学学术研究为目标，也并非要对从事教学学术研究的教员采取统一的评价标准和要求，这就意味着高校教学学术评价是一种差异化评价。比如在职称晋升中，对研究型教师的教学学术评价标准应区别于教学型教师的教学学术评价标准。另一方面，教学学术评价的终极目的并非鉴别教师教学水平和教学能力的高低，而是为了教师自身的专业发展和学生学习质量的提高，它以改进教学为导向，是教学指导和发展的一部分。教学学术评价标准的制定过程，应该充分吸收教师一方的意见，邀请教师参与评价标准的制定和反馈，不仅能够有助于达成民主共识，而且有利于调动教师的主动性和积极性。此外，不同高校应制定符合自身教育理念的评价标准。这种分层分类的做法，是一种尊重教师个体差异化或者学科特色的体现。

3. 强调动态评价过程，提高评价的科学性

教学学术水平和能力的提升是一个长期且动态的过程，评价的性质多为形成性评价和总结性评价相结合。教学学术档案袋评价是目前多国大学应用比较广泛的一种方法，这种方法是对教师教学成就的事实描述，有相关数据支持，并由教师进行分析，以展示档案背后的思考过程，在整个职业生涯中教员可以定期对其进行修改，是反思、评估和改进自身教学的绝佳工具。它综合了量化评价材料和质性评价材料，包含了来自不同来源的一系列数据，如档案数据、学习成果评估数据、其他人的主观评价数据、自我评价数据等，也包含了形成性评价和总结性评价，能体现出评价的科学性和发展性原则。教师可以利用教学档案反思和完善自己当下的教学技能和理念，也可以为今后提请晋升或终身教职

提供充足的证据。中国高校教学学术评价可以借鉴国外教学档案袋评价，定期追踪大学教师的教学学术过程，动态反馈教师教学过程中取得的阶段性成果，并将其作为促进教师专业发展的一个持续完善过程。教学档案袋编制有多种方法，虽然必须遵守基本结构并与良好教学的标准保持一致，但重要的是，要以最能体现个人成就和成长的方式来设计档案，因为它需要的是一份随着时间推移而不断发展的个性化文件。

第七章　教学学术制度的建构

　　教学学术制度建构是促进教学学术深入发展的必要途径。本章以教学学术制度为核心，详细阐述了教学学术制度建构的内涵、路径、特征等内容。第一节介绍了教学学术制度建构的内涵，主要包括教学学术制度的界定、教学学术制度建构的理论基础以及教学学术制度建构的必要性。第二节详细地阐述了教学学术制度建构的路径。通过将世界一流大学作为个案研究，介绍了教学学术的制度建构。第三节对不同国别、一流大学教学学术制度建构的现状进行比较，归纳出教学学术制度建构的异同与特征。同时，指出教学学术发展在多元化的高等教育中面临的困境、可能的改进方向，并从中归纳出对中国教学学术、高等教育发展有益的借鉴经验。

第一节　教学学术制度建构的内涵

　　教学学术作为多元学术观的一种，教学学术制度的建构不仅是促进教学学术理念发展的直接途径，也是提升高等教育教学质量、建设一流大学的有效措施。教学学术制度建构是在实践哲学、新制度主义、人本主义教育学理论基础上对教学学术管理制度、组织制度与规范制度的建设，并且对教学学术进行制度建构也是其获得合法地位的必要途径。

一　教学学术制度的界定

　　大学教学具备了成为学术的条件，在应然与实然上都应成为学术的一种，具有一定的合理性。教学学术在建构其理论体系的过程中必然经历制度化发展，因此，对教学学术制度进行界定就十分必要。

(一) 何谓教学学术制度

教学学术制度涵盖了双重含义，即教学学术与制度。制度是一系列被制定出来的规则、组织和行为的道德规范等，作为一个理论概念，经历了一系列的演变。美国制度经济学家托斯丹·凡勃伦将制度界定为"制度实质上就是个人或社会对有关某些关系或某些作用的一般思想习惯，即人们普遍共有的、已经相对固定的思维习惯"。① 法国社会学家阿历克西·托克维尔将制度划分为两种，一种是法律，另一种则是与之相关的惯例、习惯以及风俗民德，包括规范、态度意见等。美国社会学家塔尔科特·帕森斯强调制度化是由道德性而非工具性关注驱动的，个体遵守制度性规范的基本动机，在于这种规范对个体所施加的道德权威，而行动者之所以遵守规范，是因为相信某种价值标准而不是出于为自己考虑。制度作为社会科学中一个重要的概念，虽然不同的学者对这一概念有不同的理解与阐释，但其核心内涵都是团体所有成员需共同遵守的规程和行动准则。

基于上述两个核心概念，将教学学术制度定义为高等教育组织为促进教师对教与学进行系统反思，公开交流研究，接受同行评审并促进学生学习而需要遵守的行为准则与伦理道德。

(二) 教学学术组织制度

学术组织制度是现代大学组织系统中最基本的组织单位，更是大学组织产生演进的根基。学术组织经历了漫长的发展演进，在现代呈现多样化的发展态势。然而，现行大学的学术组织，不能完整地承载现代大学教学、科研和服务的职能，不能适应高水平大学的办学需求。因此，对学术组织进行创新成为大学发展的必然选择。

教学学术是教师群体将大学中的教学、研究与社会服务等职能创造

---

① [美] W. 理查德·斯科特：《制度与组织：思想观念、利益偏好与身份认同（第4版）》，姚伟等译，中国人民大学出版社2020年版，第10页。

性地融为一体,并以教学为根本的学术活动。伯顿·R.克拉克在《高等教育系统——学术组织的跨国研究》中曾表述了基层学术组织的三个显著特征:第一,是大学的基本单位;第二,随着知识的专业化更加分化;第三,遵循了学科或知识的逻辑。① 根据克拉克对学术组织的概括,能够归纳出学术组织是学术人以学术为志向组成、承担一定职能的较为稳定的共同体,参与教学学术的教师组成的教学学术共同体符合克拉克提出的学术组织的特征。因此,教学学术组织制度被界定为,教学学术组织中全体成员共同遵守的行为准则,包括教学中心等教学学术组织机构的章程、标准等。

(三) 教学学术管理制度

教学管理除具有基本的"管理"职能外,还有激励、引导、协调控制等职能。完整的教学管理包括对教师教学活动、教学事务的计划、组织、协调、控制等一系列教学事务的综合。教学管理制度作为高校培养人才的一种具体管理制度,将高等教育人才培养的宏大目标通过各种嵌套的规则体系的相互协同与有机结合,把教育管理部门、高校、大学教师和学生所追求的利益及话语融入人才培养的日常活动中,并促进其相互契合,通过制度的链接使得各主体对教学达成既定框架下的某种共识,形成有效的约束与激励机制,从而建构了大学教师教学的"个人选择方式以及对行为的有效塑造"。②

因此,教学学术管理制度作为促进教学学术发展的重要保障,就是将管理理念以制度规范的形式纳入教学学术的管理过程中,其中包括教师管理制度、教学支持制度、教学激励制度等。

(四) 教学学术规范制度

学术规范建设是人文社会科学研究发展的必然结果,③ 有了一定的

---

① [美] 伯顿·R. 克拉克:《高等教育系统——学术组织的跨国研究》,王承绪等译,杭州大学出版社1994年版,第42页。
② 郭丽君:《高校教师教学行为选择的制度逻辑与作用机制——基于教学管理制度类型的分析》,《大学教育科学》2021年第2期。
③ 顾海良:《关于学术规范与学术道德建设的思考》,《武汉大学学报》(人文科学版) 2005年第5期。

学术规范，学术才能得到进一步的健康发展。学术研究与写作、学术评价与管理等是学术实践活动的形式，而学术规范作为对学术实践活动的约束渗透并贯穿了学术活动的全过程。学术规范主要包括法律规范、道德规范和技术规范，道德规范作为学术规范的核心对学术研究与成果发表进行监督与约束。这种内容性的学术规范为不同观点的学术交流提供了适当的学术空间与环境。教学学术同样需要相宜的规范以保障教学学术的交流发展。根据学术规范的内涵，教学学术规范制度就是为保证教学学术活动正常有序地进行而制定的师生应当共同遵守的学术基本原则、道德、方法与规定。

二　教学学术制度建构的理论基础

教学学术开始以学术身份进入高等教育时，便开始逐步走向制度化，并且只有通过制度化，教学学术才能真正得到发展和保障。但教学学术的制度化并非一流大学的盲目实践，而是在一定理论基础上进行的，以便更好地落实其制度的建构。

（一）实践哲学

实践哲学在哲学范畴中具有多种含义，主要是因为"实践"一词具有多种含义，即实践既是一个哲学概念，又是一个常识性词语，在不同的文化学科中具有不同的含义。西方哲学传统中，实践哲学多指伦理学与政治学，国内对于实践哲学也提出了实践唯物主义、实践本体论以及认识论等多种理论。而不论实践哲学有多少种理论，总体上可以划分为"伦理—政治实践论""科学—技术实践论"这两种基本形态，[①] 并都能够追溯到亚里士多德所开创的实践论。

亚里士多德是实践哲学的创始人和领导者，他将实践哲学从形而上学中独立出来，并构建了较为系统的实践哲学理论体系。亚里士多德在《尼各马可伦理学》中指出，实践有别于理论，因为它作用于可改变的对象；实践亦有别于制作，因为制作的目的在制作活动之外，而实践的

[①] 丁立群、李宇：《实践哲学的理论分野》，《求是学刊》2020年第5期。

目的就是活动本身。① 现代实践哲学将人文社会科学纳入了传统的实践哲学领域。德国图宾根大学的奥特弗利德·赫费指出："既从个人层面又从机构层面对人的行为进行研究，不难发现，伦理学、社会学、政治哲学、法哲学和国家哲学均属于实践哲学。从较为广泛的意义上讲，历史哲学、哲学人类学等也属于实践哲学，原因在于，其存在取决于人，取决于人的需求与利益、希望、期盼以及合乎规范的评论。"② 马克思重新界定了实践，使得传统的亚里士多德的实践哲学发生了根本的变化，强调了全部社会生活在本质上是实践的。20 世纪实用主义与实践哲学相互影响，并以杜威为主要代表。杜威的实践哲学强调经验优于理论，教师应该为学生的目的性探究提供广泛的机会。杜威所倡导的这种探究式的学习方法侧重于培养师生的反思思维能力。这与教学学术对教学进行反省思考的内涵相一致。

实践哲学经由了千百年的发展，富含了丰富的教育意义，甚至有学者表示，亚里士多德关于实践哲学的著作就是教育学著作。③ 还有学者同样认为，教育学的始基就是亚里士多德的实践哲学，教育学同样也蕴含了实践哲学的基本意蕴。④ 既然教育学与实践哲学在某些方面上具有同构性，那么作为教育学重要一部分的教学学术则同样含有实践哲学的内涵。

教学作为一种师生互动的方式，更多地被视为一种实践技艺，具有实践导向。因此，大学教学在根本上就是一种实践活动，教学实质上构成了大学教师的存在方式，是教师通过对其所处教学世界的整体把握，对教学中的知识、学生等赋予意义的行为。⑤ 从实践哲学的角度来看，

---

① ［古希腊］亚里士多德：《尼各马可伦理学》，廖申白译，商务印书馆 2003 年版，第 173 页。
② ［德］奥特弗里德·赫费：《实践哲学：亚里士多德模式》，沈国琴、励洁丹译，浙江大学出版社 2011 年版，第 2 页。
③ 李长伟：《实践哲学视野中的教育学演进》，湖北科学技术出版社 2012 年版，第 21 页。
④ 夏剑：《实践哲学视域下的教育实践论研究》，博士学位论文，南京师范大学，2017 年，第 50 页。
⑤ 黄培森、叶波：《教学作为学术何以可能：实践哲学的立场》，《高等教育研究》2017 年第 11 期。

"教学"与"学术"本身就蕴含了知识应用、实践的含义,所以教学学术本身就是一个以实践为目的的理论体系,而教学学术制度的建构更是促进教学理论与教学实践相融合的有效尝试,是教学学术的理论话语与实践话语这两个维度的双向互动、统一的过程。

(二) 新制度主义

长久以来,制度理论一直是政治学的主要研究对象与分析范式。20世纪70年代,美国经济史学家道格拉斯·诺斯将制度因素引入经济史研究领域中,并逐步确立了新制度主义理论。随后,被应用于社会学、政治学和教育学等学术领域。新制度主义作为一种分析范式在发展过程中形成了各种流派,主要包含规范制度主义、社会学制度主义、历史制度主义、理性选择制度主义等。在新制度主义中制度作为一种规则,可以是法律条文、规章制度等正式形式,也可以是伦理道德、价值观念、文化传统等非正式形式。新制度主义的各种流派在"制度"应同时包含正式制度与非正式制度这一问题上达成了一致,但不同流派的侧重点却有所不同,如社会学制度主义相较于其他流派更为强调规范、文化、象征体系、意义等非正式制度。

制度分析一直在教育研究中扮演着重要的角色,通过制度分析能够了解到教育是如何与社会其他关键制度相连接的,然而新制度主义对于教育研究的影响是分散的。新制度主义理论体系具体应用到教育教学领域中就是:从新制度主义理论的角度探讨高等教育教学的问题,明晰高等教育制度变革与创新的内在制度逻辑和制度环境,且对新制度主义的研究有助于确定大学的组织结构以及该结构对外部环境的反映。

教学学术作为提升教学地位的新认知、新理念,其制度化不仅需要正式规章的保障,还要依赖重视教学价值这一非正式制度。教学学术的制度化发展进程不仅意味着高等教育组织的内外部环境的变化,也意味着高等教育组织的制度变迁与制度创新。新制度主义融合了旧制度主义与行为主义,使关于制度的研究可以兼顾制度环境与行为主体的相互作用,在分析制度变迁中有一定的优势。制度变迁不是制度的任何一种变化,而是特指用一种效率更高的制度替代原来的制度。学者杨伟国认为,制度变迁的动力来自行为者偏好的主体因素与政治因素、经济因素、文化因素、科技因素、突发冲击因素等非主体因素的共同影响。在新制度主义理论中制度变迁主要有两种模式:一是自上而下的强制性制度变迁模式,由管理部门强制推行;二是自下而上的诱致性制度变迁模式,受利益的驱使而发生。其中,制度同形是这两种制度变迁模型首要关注的共同的问题。

美国新制度主义学者保罗·J.迪马吉奥和沃尔特·鲍威尔区分了三种重要的制度同形的机制——强制、模仿与规范机制。其中,强制同形性来源于其他组织或社会文化的压力,而当组织目标迷糊、环境具有不确定性时,组织就通过模仿同形塑造制度,规范同形性则源于专业化,通过这些机制,制度的影响将被扩散到整个组织场域。[①] 教学学术若想在高等教育组织中取得合法性并进行制度建构,最佳的途径便是制度同形。例如,加拿大英属哥伦比亚大学通过借助模仿性同形与规范性同形推进了教学学术的制度化。

当下,教学学术是教育教学领域中被热烈讨论的一种新理念,在融入大学组织的过程中会遭遇高等教育正统规则的抵制,[②] 而新制度主义的制度变迁模式则为其融入高等教育组织及制度化提供了发展方向。

(三) 人本主义教育学

人本主义教育学思想是 20 世纪六七十年代盛行于美国的一种教育思潮,既继承了西方人文主义的教育传统,又以现代的人本主义心理学为理论基础的人本主义教育学对美国及世界教育思想与教育实践产生了很大的影响。其中,人本主义教育学的代表人物主要有人本主义心理学家马斯洛、罗杰斯及埃里希·弗洛姆等。

人本主义的核心是人,以人为本的教育在西方有着悠久的历史传统。以人为本的教育理念最早可追溯到古希腊罗马时期,近代文艺复兴

---

① [美] W. 理查德·斯科特:《制度与组织:思想观念、利益偏好与身份认同(第 4 版)》,姚伟等译,中国人民大学出版社 2020 年版,第 37 页。

② Anita Cassard and Brain Sloboda,"Leading the Charge for SoTL—Embracing Collaboration", *Insight A Journal of Scholarly Teaching*, Vol. 9, 2014, pp. 44-54.

运动的兴起，西方产生了更为系统的人本主义思想。现代的人本主义以多种理论为基础，如萨特的存在主义哲学、马斯洛的人本主义心理学等，在与教育学思想结合后，形成了现在的人本主义教育学思想。

人本主义教育学的关键就是要完成人的自我实现，促进人潜能的充分发展。教学学术是一种通过提升教师的教育教学、教学研究能力，改善学生的学习体验与学习成绩而提高教师教学地位的理念，在其制度化的过程中始终将促进教师与学生的发展置于首位，在一定程度上满足了师生自我实现的需要。

对于教师而言，英国学者保罗·阿斯温和特里格威尔对教学学术这种学术性探究提出了三种不同目的，第一个目的就是"充实自我"。[①]教师开展教学学术的过程实质上就是开展学术研究的过程，分析解决教学实践中的问题，并经由同行评审增加教师教学研究的学术性。教学学术使教师个人在与同行公开交流的过程中其教学专业方面得到了充分的发展，并且能够创造支撑"教师文化"。博耶提出的教学学术仅仅指教师的教，后来舒尔曼等人认为学生的学习也应该被包含。美国乔治敦大学的兰迪·巴斯也表示，教学学术最重要的是教师要探讨关于学生学习的最要紧的问题。[②] 对于学生而言，教学学术最直接的目的就是提升教学质量，促进学生的学习与成长。教学学术坚持以学生为中心，对学生的学习方式和学习过程进行研究、改革与创新，从而激发学生的学习兴趣与学习潜能。

人本主义教育学强调学校与课堂应该培育创造一种和谐、自由的氛围以有利于师生的自我实现。只有创造这样的自由气氛时，教育才能成为真正名副其实的教育，而影响学校氛围的首要因素便是师生间的关系。教学学术既面向教师的教，又涵盖学生的学，意味着大学教学不是在教师控制下的一种预设的演绎过程，而是一种师生平等对话、生命唤

[①] David Baume and Peter Kahn, *Enhancing Staff and Educational Development*, London: Routledge, 2004, p. 15.

[②] Randy Bass, "The Scholarship of Teaching: What's the Problem?", *Creative Thinking about Learning and Teaching*, Vol. 1, No. 1, 1999, pp. 47–75.

醒生命的生成过程。①

三 教学学术制度建构的必要性

教学学术在提出不久后便发展为有着一定影响力的教学学术运动，它的发展离不开制度的支持，教学学术制度建构正是这场学术运动蓬勃发展的重要保障。制度建构是某一社会系统的行动者接纳特定的文化要素和文化目的，② 而教学学术的制度建构就是教育行政管理部门以及大学教职工将教学学术引入高等教育领域，接受并践行该理念的过程。尽管教学学术在经过 30 余年的发展已经取得了突出的成果，但在学术界仍然处于较为边缘的地带，③ 原因在于教学学术的合法性尚未确立，以及教学文化被教育专业化、科研至上的理念所遮蔽。为保持高等教育的学术声誉，恢复教学在高等教育中的主要职能，对教学学术进行制度建构十分必要。

（一）确立教学学术的合法地位

自 1990 年博耶提出教学学术这一概念以来，学术界对教学学术的争议一直不绝于耳。关于教学学术的争议围绕着以下几个方面：第一，博耶认为应扩大学术的内涵，但仅仅提出了教学也应该是一种学术研究的形式，并未对教学学术下十分明确的定义，其概念的模糊性使得对教学学术的理解存在一定的偏差。第二，高等教育的学者无不精通某一专业的学科领域，学科是学者学术身份的核心，而教学学术的概念、实践与其理解的学科研究的方式相差甚远。④ 因此，教学学术并不是十分受重视与赞赏。第三，由于教学学术缺乏明确的理论基础，因而在高等教

---

① 周波、刘世民：《教学学术视域下大学教学的品性及其意蕴》，《高等教育研究》2018 年第 6 期。
② Terry Clark, "Institutionalization of Innovations in Higher Education: Four Models", *Administrative Science Quarterly*, Vol. 13, No. 1, 1968, pp. 1-25.
③ 李宝斌：《教学学术发展的阻滞与突破》，《高等教育研究》2015 年第 6 期。
④ Denise Chalmers, "Progress and Challenges to the Recognition and Reward of the Scholarship of Teaching in Higher Education", *Higher Education Research & Development*, Vol. 30, No. 1, 2011, pp. 25-38.

育中不能够充分地解决更大的社会正义与平等的问题。[①] 第四，教学作为一种实践在教学学术中是如何被赋予意义的，并且在实施操作教学学术方面存在一定的困难。不论关于教学学术的争议有多么纷杂，解决这些纷争的关键在于要通过教学学术的制度建构确立其合法性，给予教学学术在学术研究领域的合法地位。

合法性是一个社会科学概念，用于讨论社会的秩序、规范。根据哈贝马斯对于合法性的解释，合法性意味着一种被认可的秩序，是一种符合价值规范基础上的支持与忠诚。[②] 教学学术的合法性则在于，教学作为一种学术研究如何被学术界所认可并支持。

教学作为学术类型不仅是可能的而且是必要的。1997年，卡内基教学促进基金会出版了关于教学学术的第二份报告《学术评价：教授工作的评估》，报告中制定了对学术工作的六个标准：清晰的目标、充足的准备、合适的方法、有意义的结论、有效的呈现和反思性的批评。这些评价标准的核心目的是用学术的评价标准作为教学的评估标准，从评价上赋予教学实践学术的要素。加拿大学者玛吉·麦克米伦在关于皇家山大学的一项研究中发现，对教学评估进行回应能够实现对教学进行研究的愿望，用学生提供的反馈信息激发教师进行有计划的教学研究。这种有计划的教学研究作为一种学术，为教学学术在大学中的合法地位提供佐证。

制度建构通常经由"结构""程序"和"统合"三个环节相互协调完成。"结构""程序"意味着教学学术活动在大学中成为各院系的常态活动，有专门从事教学学术研究的人员，并且具有相关的学术标准。而组建教学中心便是高等教育在推进教学学术制度化进程中的关键一步，这些教学中心作为教学研究的组织平台，为从事教学研究的人员规定了一定的行为标准，强化了教学学术在大学中的合法地位。在教学学

[①] Carolin Kreber, "The Scholarship of Teaching: A Comparison of Conceptions Held by Experts and Regular Academic Staff", *Higher Education*, Vol. 46, No. 1, 2003, pp. 93-121.

[②] 孔明安、黄秋萍：《论合法性的正义基础及其可能性》，《厦门大学学报》（哲学社会科学版）2018年第5期。

术发展的进程中,对教学学术理论的争鸣、研究型大学教学中心的组建、国际教学学术协会和专业期刊的成立以及教学学术研究成果的公开交流共享等活动都促进了教学学术的制度化,教学学术的合法地位也因此得到确立。

(二) 落实教学育人的根本目标

教师的职业化最早出现在轴心时代,在该时期教师教书育人的最大特点是德智并重,道德教育与知识教育相互促进。中世纪大学在教学育人方面更倾向于培养职业人才,但道德教育仍旧占据了重要位置。在近现代,科研、社会服务与教学共同成为大学的三大职能,但现代大学中教学功能逐渐式微,通过教学手段实施的道德教育也受其影响。可见,教学育人从一开始就包含了知识教学与道德教育两个方面。教学学术的直接目的是将教学作为研究的一种形式,采取措施激发教师对教学的兴趣与激情,提升教学质量;而教学作为道德教育的一种有效措施,教学学术在制度化进程中不仅能加强学生对知识的掌握,还能够促进学生的道德教育。

通过教学进行道德教育有悠久的传统,苏格拉底指出"道德可教";裴斯泰洛齐提出了德育、智育、体育并行发展德行;赫尔巴特直接表明了知识教学与德行培养的内在关系,即教学的教育性原则;杜威更是在《教育中的道德原理》一书中强调从学科角度探索道德教育。道德教育方法在发展中涉及了多种理论流派,出现了道德认知发展法、价值澄清法、社会学习法等德育方法,总体上呈现十分繁荣的景象。[①]然而,不论是何种道德教育方法,教学始终是贯穿其中的根本途径。

教学活动的高质量与教学学术的理论、实践的制度化发展分不开。教学需要教师具有专业的业务能力,并不断地提升专业业务能力和教学专业意识,需要对教学保持自觉认同,更要深入系统地探索创造教学知识。教学学术是对教学过程进行系统化、规范化的研究,使教学更符合

---

① 曹辉:《近现代西方德育方法论的发展脉络与研究概况》,《高校教育管理》2009 年第 1 期。

教育教学规律、对教学进行创新的活动，从这一角度上来说，教学学术能够作为改善知识教学与道德教学的一种有效实践。因此，教学学术对于贯彻与维持教学育人的根本目的有基础性意义。

(三) 促进教学文化的持续发展

文化是现代社会的重要话题，高等教育的一大职能就是传承文化，教学文化作为整体文化下的一种"亚文化"，不仅是教育文化的核心内容，还是大学教学、教师发展的根基。"教学文化"一词最早在1932年由美国社会学家威拉德·沃勒在《教学社会学》一书中提到，主要指学校教育中教师群体的教学方式风格与价值观。1986年美国教育研究协会（AERA）出版了第三版《教学研究手册》（Handbook on Research on Teaching），手册中将教学文化列为一章专门阐述。2012年，中国教育部发布了《关于启动国家级教师教学发展示范中心建设工作的通知》，文件中明确提到了应推动营造重视和研究教学的氛围，建设具有本校特色的教学文化。作为教学发展工作的重要目标，如何建设并发展大学教学文化正受到高等教育界和众多学者的关注。

教学文化作为一种复合概念，学术界并未提出一个十分明确的概念，但学者对其的解释却有着共同的内涵，即教学文化代表了教师群体的信仰、价值观，更是大学的教学价值追求与价值导向。[1] 教学文化被广为讨论的这一现象表明了公众对教学质量的关注，对制定相应政策，采取一定措施进行教学研究，从而提升教学质量的希冀。教学文化是大学教师、教学发展的根基与核心，因此改进和完善教师教育教学工作、相关制度，进行教学质量管理是建设发展教学文化的最佳途径。为卓有成效地提升教学质量、促进教学文化的可持续发展，世界一流大学根据实际情况采取了多样的方式方法，而推行教学学术，加强教学学术制度化进程，营造教学学术文化是公认的行之有效的方法。

此外，教学学术为教师提供了一种新型的教学生活，并为教学文化

---

[1] 别敦荣、李家新、韦莉娜：《大学教学文化：概念、模式与创新》，《高等教育研究》2015年第1期。

提供了生长的土壤与空间。教师教学发展中心便是这种生长空间的具象化，尽管教学中心是教学学术制度化发展的一个阶段，但却是恢复发展大学教学文化的第一步。① 从教学中心的实践中产生的教学文化与教学学术形成了相互促进、共生共享的关系。教学学术的实施鲜明地树立了教学文化在大学教学中的核心地位，坚持教学成为教师的核心工作，坚持教学成为大学的本源。而教学文化则是教师开展教学学术实践的前提，不仅能够激活和创造教师间、师生间在分享资源、传递信息、理解知识与创新知识等方面开展行动的热情，更营造了良好的教学环境。

大学教学文化随着时代的发展不断地更迭，在新的大学教学环境中，教学学术理念中又增添了"反思""批判""创新"等符合时代精神的特征。因此，高等教育教学学术的制度化发展不仅提供了教学文化发展的现实路径，帮助确立了现代教学价值观的核心地位，更培育了适合现代大学教学文化生长发展的环境，促进了教学文化的持续健康发展。

第二节 教学学术制度建构的路径

教学学术的理念得到了高等教育界的一致认同，各国高等教育管理部门、高校和教师群体纷纷实践教学学术理念，自此教学学术逐渐走向制度化发展的道路。当前，世界一流大学教学学术制度建构较为完善，已经逐步实现了教学学术的制度化发展。尽管大学教学学术的规制性政策及其生存的结构和环境基础尚未建立，教学学术的制度建构仍旧存在诸多困境，但一些国家、一流大学通过制定相关规章、改革教师管理制度、培育教学学术生态环境等措施在推进教学学术的制度化中仍取得了一定的成效。

一 制定相关规章政策

大学作为组织系统的一种，承担着人才培养、科学研究、社会服务

---

① 邬大光：《教学文化：大学教师发展的根基》，《中国高等教育》2013年第8期。

及文化传承等重要职能。伯顿·R. 克拉克对这一组织系统有着高度的评价:"很少能找到一种机构,既是那么统一,又是那么多样;无论它用什么伪装都可以认出;但是,没有一个地方,它和任何其他机构完全相同。"① 这种既统一又具有多样性的组织得益于来自不同层面的规章政策的保障,而在大学教学学术制度化发展的过程中,这些不同层面的规章政策同样促进了教学学术制度的建构。新制度主义学研究者理查德·斯科特和约翰·迈耶认为,政策存在部门化趋势,也就是一种政策及其制定、规划与实施,都逐渐按照不同部门各自不同的有限功能来进行,不过这些不同的政策在分析上可以分开、在理论上可以进行区别,但是其功能或影响常常是相互重叠的。② 由此可见,对于教学学术来说,国家或地区、高校以及各院系制定的教学学术相关的政策具有各自的部门所属特点,并且具有一定的功能重叠。

(一) 国家、地区提供政策支持

大学作为庞大的组织结构承担了众多职能,而在这些多样化的职能中,教学始终贯穿其中,彼此间的力量也是随着社会发展的需求而此消彼长。大学职能的每一次演进,随之而来的是对各项职能的重新定位和新老职能的相互适应与协调,提高教学地位的教学学术则是解决大学职能演进过程中衍生异化现象的有力手段。

大学职能异化是世界高等教育发展中面临的普遍困境之一,哈佛大学哈佛学院前任院长哈瑞·刘易斯曾指出:"研究型大学已经忘记了教育学生是其首要任务,它们正在追求一种'失去灵魂的卓越'。"③ 因此,为了走出高等教育发展的困境,保持大学在国际竞争中的优势,各国各地区纷纷出台相关政策倡导教学学术以提升教学地位。

---

① [美]伯顿·R. 克拉克:《高等教育系统——学术组织的跨国研究》,王承绪等译,杭州大学出版社1994年版,第4页。
② [美]沃尔特·W. 鲍威尔、保罗·J. 迪马吉奥:《组织分析的新制度主义》,姚伟译,上海人民教育出版社2008年版,第125页。
③ Harry R. Lewis, *Excellence Without a Soul: Does Liberal Education Have a Future?* New York: Public Affairs, 2007, p.7.

1. 英国

英国高等教育历史悠久，最早可追溯至中世纪。19世纪，英国开始逐步建立了近代的新式大学，然而英国近代新式大学的教学内容和教学方法上仍旧深受古希腊罗马的影响，① 教学始终是英国大学的首要任务。进入20世纪后，科学研究尤其是基础研究在两次世界大战、国际竞争中的作用愈加突出，英国大学通过举办以教学研究为方向的研讨会、讲座等活动来探索教学与科研协同育人的方法。② 在这一阶段，英国大学教学与科研整体上呈现一种融合发展的趋势。"二战"后，英国作为战败国出现经济困境，政府不可避免地减少了高等教育的经费，教学与科研的关系开始出现失衡。

为扭转英国高等教育面临的危机，1963年以莱昂内尔·罗宾斯为首的高等教育委员会发表了《罗宾斯报告》，强调教师应担负起教学与科研职能的重要性，并对教师进行教学方法的专业培训，认为"新任命的教师应熟悉讲授课程和进行小组教学的技巧"。③《罗宾斯报告》中虽并没有直接涉及教学学术的相关内容，但报告中要求大学发展教师教学技能，着重关注学生的学习体验，从侧面反映了英国在高等教育教学改革中的教学学术理念。20世纪90年代末，高等教育国际化发展进程加快。英国制定了新的高等教育发展战略，即《迪尔英报告》以应对瞬息万变的新世纪，并检讨与评估了《罗宾斯报告》以来高等教育的发展状况。《迪尔英报告》的主旨在于追求最高水平的教学、学术及研究，将英国建设成为一个学习型社会。此外，报告还表示应通过将研究和教学与学术联系起来，保持大学的独特性与学术活力，并充分利用通信与信息技术的进步，这将从根本上改变全世界学习的形式与方式。④

---

① 王承绪：《英国高等教育发展的历史和现行体制述略》，《教育论丛》1983年第2期。
② 张学仁：《英国教师教育的历史经验及启示》，《北京理工大学学报》（社会科学版）2013年第1期。
③ Committee on Higher Education, *Robbins Report*, London: Her Majesty's Stationery Office, 1963, p.13.
④ The National Committee of Inquiry into Higher Education, *The Dearing Report*, London: Her Majesty's Stationery Office, 1997, p.10.

进入 21 世纪，英国教育大臣查尔斯·克拉克发表了《高等教育的未来》白皮书。白皮书表示了政府对英格兰大学进行重大改革，其中一些政策也影响了英国其他地区的大学。白皮书涉及高等教育的众多主题，教学则是其核心内容。查尔斯·克拉克认为教学一直是英国高等教育的薄弱环节，高等教育教学并未受到尊重且没有明确的独立职业生涯轨道，学术界的晋升主要是基于卓越的研究而非教学能力。为提高教学在高等教育中的地位，他在白皮书中极力倡导教学应是高等教育目标的核心，应该致力于了解何谓良好的教学，如何进行良好的教学，以及采取哪些措施以确保产生有效的、高标准教学。白皮书中对查尔斯·克拉克的问题进行了回应，并提出了相应的解决措施。例如，鼓励各院校建立教学卓越中心；奖励优秀教学并推广最佳教学实践；为教学中心提供资金；建立新的提高教学的国家机构——教学质量学会；制定新的国家高等教育教学专业标准，作为对教职工进行培训的基础与依据等。英国在加强教学的过程中强调了要推广最佳教学实践，这一点也契合了舒尔曼对教学学术基本特征的描述，即希望通过对教学的公开、交流与同行评价促进大学教学学术的发展。

2. 澳大利亚

相较于英美德等国家，澳大利亚的高等教育起步较晚，但发展后劲十足，高等教育的发展速度与质量在短期内提高得很快。澳大利亚高等教育在高速发展下也保证了优异的教育质量，高等教育已成为澳大利亚第三大贸易产业，[①] 对国际学生有一定的吸引力。早期澳大利亚的高等教育除了几所研究型大学主要进行学术研究外，其他大学、学院的主要职能是教学。随着高等教育规模的扩大以及"学术漂移"现象的出现，以教学为主的大学和学院纷纷寄希望于通过研究能够跻身于研究型大学队伍，此举使澳大利亚的高等教育机构严重地忽视了教学，破坏了大学的教学质量。

---

① 徐晓红：《澳大利亚大学教师发展研究——基于学术职业的视角》，博士学位论文，上海师范大学，2015 年，第 60 页。

1957年，以基思·莫里为首的澳大利亚大学委员会对澳大利亚大学进行了调查，并最终提交了一份咨询报告《莫里报告》，该报告标志着政府正式介入了高等教育领域。《莫里报告》主要是为解决高等教育规模扩张速度过快而导致的财政、教师、教学基础设施资源紧缺问题而颁布的。教育质量下降作为各种资源紧缺导致的直接结果，受到了调查委员会的极大关注。报告对大学的教学质量尤其是大学一年级的教学表示了不满，[1] 要求大学采取相应措施提升教学质量。在该报告的基础上，1964年澳大利亚政府又发布了《马丁报告》，明晰了大学与学院的职责，认为教学是大学的主要职责，应通过各种努力改进教学方法。此外，《马丁报告》更是强调了教学的重要性，表示教师的晋升仅仅强调科研和学术是不明智的，要给予对教学有兴趣的教师一定的认可与奖励。自此，澳大利亚的大学开始纷纷成立教学中心，发展教师的教学能力。在澳大利亚众多具有代表性的政策报告中，尽管尚未涉及教学学术这一概念，但教学已经开始作为重要的内容被频繁地提及，教学的地位已经有所提高，这一做法实际上已经能够看作是对教学学术理念的实践。

　　进入21世纪，高等教育在国际竞争中起的作用愈加显著，为应对国内国际上的各种机遇与挑战，澳大利亚联邦政府开始了新的高等教育改革的步伐。澳大利亚联邦政府成立了大学质量保障署，并发布了一系列高等教育报告以监督管理高等教育的质量。2002年，时任澳大利亚联邦教育、科学与培训部长的布兰登·尼尔森发布了《追求质量：学与教》报告。报告从知识经济、信息技术和教育国际化等方面对澳大利亚高等教育的教学质量进行了分析，认为需要根据高等教育发展的新形势重新思考教师与学者的角色、师生间的互动以及学生的学习体验等。[2] 2003年，联邦政府颁布了《我们的大学——支持澳大利亚的未来》报

---

[1] Committee on Australian Universities, *Report of Committee on Australian Universities*, Canberra: Commonwealth Office, 1957, p. 7.

[2] Australia Department of Education, Science and Training, *Striving for Quality: Learning, Teaching and Scholarship*, Canberra: Commonwealth of Australia, 2002, p. 5.

告。报告中指出,澳大利亚的高等教育机构中存在重科研轻教学的现象,这种现象已经严重影响了教学质量。为保证高等教育的质量,澳大利亚政府制定了教学标准以改进教学评价活动,并投入了一定的资金用来奖励教学优秀的教师与高校,激励高校将工作重心转向教学。

从澳大利亚联邦政府发布的一系列关于高等教育改革的报告中可以看出,尽管澳大利亚高等教育发展十分迅速,但并未忽视其发展质量。对教学的重视,甚至将其以政策的形式所展示,提高了教学在澳大利亚高等教育机构中的地位,进一步加强了教学质量。

3. 中国

教学在中国具有悠久的历史,"教学"一词最早出现在第一部系统的教育教学著作《学记》中。《学记》中表示"古之王者建国君民,教学为先",古代就已经将教育教学提高到了相当高的地位,且自古就有通过教学政策进行教学改革的传统。尽管历史年轮不断向前,但教学作为教育机构的主要职能并未因此受到损害。中国的教学事业在经历了繁荣、战乱和恢复等沉浮后,得到了良好的发展。20 世纪 80 年代以后,中国高等教育的规模迅速扩大,并在 21 世纪迈入了大众化。高等教育大众化发展的同时,也带来了教学质量下降的问题。因此,教育部制定发布了一系列关于高校本科教学的政策文件。

2005 年,教育部印发《关于进一步加强高等学校本科教学工作的若干意见》,并以"大力加强教学工作,切实提高教学质量"为主题,强调高等院校要强化教学管理,深化教学改革。① 该文件明确表示高等学校要结合实际,健全和完善教学工作规章制度,通过制度建设,促使教师将主要精力投入教学工作、督促学生将精力投入学习,正确处理教学与科研的关系。学校在完善教师教学工作中,应表彰教学优秀的教师,将教学工作作为教师晋升、确定津贴的必要条件。此外,教育部还指出高等学校要倡导鼓励学术水平高、经验丰富的教师编写高质量教

---

① 中华人民共和国教育部:《关于进一步加强高等学校本科教学工作的若干意见》,2005 年 1 月 7 日,http://www.moe.gov.cn/srcsite/A08/s7056/200501/t20050107_80315.html,2023 年 7 月 29 日。

材,利用信息技术从事教学研究。在本科教学改革取得一定成效后,2007年教育部提出了《教育部关于进一步深化本科教学改革全面提高教学质量的若干意见》,2012年提出《关于全面提高高等教育质量的若干意见》,这两份文件均强调了继续深化本科教学改革,巩固本科教学的基础地位,提高教师教学能力。

在一系列政策文件的支持下,各高校尤其是研究型大学开始对本科教学进行改革,教学学术理念在高校及教师群体中得到了广泛的传播与研究。国内学者纷纷开始对教学学术以及如何促进教学学术的制度化进行研究。如学者张旸认为,高校可以通过教师学术自由制度、基层学术组织制度、教学学术评价制度以及教学学术中心等方面促进教学学术的制度化发展。① 方学礼则从教学学术理念出发,勾勒了教师的教学绩效评价指标。② 教育管理部门、高校以及教师对教学的强调与重视,对教学学术展开的激烈讨论与研究,不仅符合高等教育国际发展的趋势,也是中国建设世界一流大学的有力推手。

通过对英国、澳大利亚和中国教学、教学学术相关政策文件的分析,可以看出,教学向来是各国高等教育发展中的头等大事,更是国际高等教育发展的主旋律。在促进教学学术发展中,不难发现,国内外对教学学术的研究大多置于教师发展中,深刻地体现了大学教学学术与教师发展是一对彼此难以分离的搭档。③ 教育管理部门和高校大多采用调整教师教学评价标准、设置教学奖、开设教学发展中心以及利用数字信息技术等措施推动教学学术的制度化发展。然而,尽管国内外在践行教学学术,促进其制度化发展上有相似之处,但在种种原因的影响下,其教学学术的制度化进展并不完全相同,形成了独具特色的发展路径与优

---

① 张旸:《高等学校教学学术的价值意蕴及其制度建构》,《高等教育研究》2015年第2期。

② 方学礼:《基于教学学术的大学教师职务评聘制度重构》,《教师教育研究》2010年第4期。

③ Pat Hutchings, Mary Talor Huber and Anthony Ciccone, *The Scholarship of Teaching and Learning Reconsidered: Institutional Integration and Impact*, San Francisco: Jossey-Bass, 2011, p.10.

势。如，由于教育管理体制的不同，国内在教学学术制度建构的过程中，更多采取自上而下的强制性制度变迁的模式，教育管理部门制定相关政策文件，高等院校根据政策进行教学改革。而英国和澳大利亚更多地采用规范性和模仿性的制度变迁模式。无论以何种方式促进教学学术的制度化，其最终都能够提高教学的地位，彰显教学学术在大学场域中的价值。

(二) 高校明确发展方向

1. 多伦多大学

加拿大多伦多大学在教学研究上具有强劲的实力，但也存在教学质量下降的隐忧，为维持学校学术声誉并保证在国际上的优势，多伦多大学陆续制定了一系列政策报告，并采取了相应措施。

早在20世纪80年代，多伦多大学便开始探索如何加强本科教学。在此背景下，约翰·科克尼斯教授被任命为学校历史上第一位本科教育顾问，并于1989年成立了促进多伦多大学教学发展的教学质量联合会。随后，多伦多大学在教学质量联合会的基础上逐步完善了教学支持服务，成立了教学支持创新中心并形成了多伦多大学独特的三级教学发展体系。[①] 多伦多大学在加强教学方面的实践，推动了学校对教学发展战略规划的制定与实施。

1994年，多伦多大学教务长领衔制定了《步入2000年的发展规划》学校发展白皮书。在该规划中，多伦多大学明确将教学作为学校未来5年内的发展重点，并重新倡议教学与研究相结合的理念。1999年，多伦多大学副校长安迪尔·赛德拉制定并发布《扩展我们的视野：2000—2004年战略规划的重点白皮书》。该文件将多伦多大学的教学提高到了一个全新的高度，不仅强调对教师教学能力的培养，还注重学生在教学过程中的学习体验，不断提升学术培养计划的水准。2000年，由多伦多大学安大略教育研究院组成的一个卓越教学设计团队向副校长

---

① 秦炜炜：《大学教学发展的组织变革与体系构建——多伦多大学个案研究》，《高等教育研究》2014年第3期。

安迪尔·赛德拉提交了《多伦多大学教学支持与提升方案》。该提案为处于世纪之交的多伦多大学的教学提供了新发展方向。提案中提出了五大教学发展战略，即教学支持、教学网络、教学认同、教学引领以及教学提升。多伦多大学在《多伦多大学教学支持与提升方案》中提出的教学发展战略，目的在于协助各院系设计实施教学发展项目，将教学学术思想细化为具体的行动措施。同时，该提案也倡导建立覆盖全校的教学网络，为教学学术的实施创造良好的环境基础。①

当前，多伦多大学在教学学术上贯彻的是2007年时任校长戴维·奈勒于春季发起的一项长期战略规划倡议——《面向2030年：多伦多大学长期发展规划框架》。校长戴维·奈勒在校庆讲话中指出，要追求将多伦多大学建设成为世界上最好的公立大学，在追求这一愿景时，应将提高学生的体验、促进跨学科合作，以及将教育教学与学术联系起来并通过公平和多样性拥抱与促进卓越等作为学校的优先事项。在200多年的发展进程中，多伦多大学在加拿大高等教育中显然具有无可争议的学术领导地位。当今，多伦多大学需要在不断变化的新形势下重新定位学校的方向，利用学校卓越的学术水平，提高本科生的体验。为更好地落实教学学术，多伦多大学在《面向2030年：多伦多大学长期发展规划框架》中提出了3个优先发展战略，重塑和创新本科教育就是其中之一。多伦多大学对此所采取的关键措施为控制本科生录取人数，缩小本科生的班级规模。这种做法既能使本科生获取核心能力，提高其学习体验，又能缓解学校由于学生人数众多带来的资金短缺问题。②

可见，多伦多大学十分重视教学在学校发展中的地位与作用，将教学作为学校未来的发展规划，贯彻践行教学学术理念以提升教学质量并维持科研水平。

2. 悉尼大学

悉尼大学对教学的改革与创新主要通过悉尼大学学术委员会下辖的

---

① 柴少明、丁美荣：《加拿大多伦多大学支持和促进教学学术发展的经验》，《高教探索》2017年第3期。

② University of Toronto, *Towards 2030: A Long-term Planning Framework for the University of Toronto*, Toronto: University of Toronto, 2007, p. 4.

教学中心进行，教学中心为悉尼大学一流教学提供了强有力的保障。悉尼大学的学术委员会在1989年和1995年进行了两次教育评估，并提交了一份评估报告。报告建议将教学委员会进行改组并压缩为本科生学习、研究生学习、教学与学习、政策研究、图书馆与信息和学术人员6个部分。① 自此以后，悉尼大学对教学问题的解决开始进入实践层面。

20世纪末，悉尼大学提出了《悉尼大学1999—2004年战略规划》，并指出，为统一管理解决悉尼大学发展中的教学问题，成立教学中心以负责教师发展。此时悉尼大学教学中心的主要职能是促进教师专业发展，提高教师教学能力。随后，悉尼大学在《教学中心2003—2006年战略规划》中将注重学生学习体验增加为教学中心的使命之一，对学生的学习体验进行调查，获得教学反馈信息，以保证教学质量的提高。2007年，悉尼大学在《教学中心2007年年度报告》中明确提出了要进行教学研究，教学中心要与其他部门通力合作，致力于教学研究，提高并确保教学质量。当前，悉尼大学在总结了过去改革本科教学的经验基础上，制定了《悉尼大学2032战略计划》。该计划指出将继续通过教学培养顶尖人才，并期望在2032年能够以世界级的教学与研究在改变人们生活方面的非凡力量而闻名。为了达到这个宏伟目标，悉尼大学不仅要考虑如何教学，还要考虑何时何地进行教学。在悉尼大学新的学术卓越框架下，卓越的教学与卓越的研究被置于同等重要的位置，将投资更多的教学与学习支持人员，接受同行评审，鼓励创新，并以最佳学习研究为基础支持教学的专业发展。②

从悉尼大学关于教学的一系列文件报告中能够看出其推进教学学术制度化发展的过程，其中教学中心的建立是教学学术发展的重要一环，提供了教学交流发展的平台。悉尼大学教学中心的使命与学校整体的发展规划始终保持一致，其积极地与其他部门展开教学合作，服务于悉尼大学的教育教学，为提高教学质量起到了关键的作用。

---

① 汪霞主编：《中外大学教学发展中心研究》，南京大学出版社2013年版，第270页。
② The University of Sydney, "Sydney in 2032 Strategy", https://www.sydney.edu.au/about-us/2032-strategy.html. (2023-08-01)

二 改革教师管理制度

教师是教育教学发展的第一资源和教育改革的重要力量,教师管理制度的建立与完善是教师队伍建设的重要环节与保障,也是提升教师队伍素质和专业化水平的必要前提。当前,世界一流大学已初步实现了教师管理制度与教学学术制度之间的整合,然而两者之间仍旧存在一些制度"真空地带",影响了教学学术制度的建构,如师资培养制度、晋升制度及学术资源分配制度等。

(一) 完善预备师资培养

自大学成立起,培养职业人才便是大学的首要职能,而研究生教育作为高等教育的最高层次,肩负着培养高端人才与进行科学研究的责任与义务,即培养未来的大学教师始终是研究生教育职能的应有之义。然而,在科研主导下的研究生培养机制中,忽视了研究生教学实践能力的培养。因此,为了满足研究生职业发展规划、学术研究以及社会筛选的需求,对研究生进行专业的教学技能培训逐渐受到各界重视,并设计了一系列研究生培养项目。例如,美国研究生院理事会和美国学院与大学协会的未来教师培养项目(PEF)、加拿大多伦多大学的助教培训计划以及昆士兰大学的研究生助教计划等。

1. PFF 项目

20 世纪 90 年代,高等教育大众化发展使得美国的高等教育面临着两个主要问题,一是美国院校对本科教学质量关注不足,二是大学在培养研究生所期望的职业技能方面做得不够。为妥善地解决这两个问题,美国许多学院与大学基于教学学术理念成立了教学中心,并采取一系列举措为研究生提供了解决教学专业发展需求的资源和工具。

1993 年,美国研究生院理事会和美国学院与大学协会在皮尤慈善信托基金会、国家科学基金会及大西洋慈善机构的资助支持下,合作开展了未来教师培养项目(PFF)。PFF 项目自成立起就是一项全国性的运动,美国高等教育部门共同为有志于教师职业的研究生制定了专业的发展计划，旨在帮助其改变职业生涯的准备方式。PFF 根据发展状况划分为 4 个不同的项目阶段，以及另外其他一些独立但紧密相连的项目。这些项目有 3 个核心特点：第一，教师承担教学、研究和服务在内的全部职责和服务，并强调在不同的环境中对教师职责的期望有所不同；第二，参与者通常有多名导师，不仅在研究中，而且在教学与服务活动中会收到来自导师的反思性反馈；第三，该项目是在机构集群的背景下实现前两个目标，涉及博士学位授予机构与各种机构之间的合作。[①] 集群的培养模式使得项目参与者能够接触种类繁多的院校与机构，帮助研究生明确自己的职业倾向，合理规划自己的职业道路。

虽然基金会对 PFF 项目的拨款资助期只有 10 年，[②] 然而在 2003 年拨款期结束后，与 PFF 内涵类似的项目在美国不同类别的多所大学、机构中涌现，并开设了相关的课程。从学校层面来看，自该项目成立以来，拥有博士学位授予权的大学便制定了自己版本的项目计划，这些计划涵盖但并未完全包含 PFF 全部的基本要素。如，密歇根州立大学为参与项目的研究生提供教学档案，以记录、概括和反思教学经验；马里兰大学巴尔的摩县分校为所有学科的全日制、非全日制研究生提供"培训教授"计划，通过该计划定期举办校园范围内的教学研讨会；北卡罗来纳州立大学研究生院提供了准备教授课程以及艾奥瓦州立大学为学生提供了 3 学分的系列课程、1 学分的研讨会等。在院系层面上，部分大学除研究生院开设的项目外，还基于院系学科特点开设相关的项目，如宾夕法尼亚州立大学传播学院提供的研究生院教学证书，伊利诺伊大学香槟分校设置的高级研究生教师证书课程等。

美国研究生院理事会主席朱尔斯·拉皮杜斯将研究型大学传统的博士教育描述为"培养化学家、历史学家、数学家和许多其他学科的

---

① Preparing Future Faculty, "The Preparing Faculty Program", https://preparing-faculty.org/. (2023-08-03)
② Preparing Future Faculty, "The Preparing Faculty Program", https://preparing-faculty.org/. (2023-08-03)

个人；而不是让人们为特定的工作或职业做准备"①。博士学位标志着对所研究学科领域的精通，然而好的研究者并不等于好的教师，而PFF项目既包含了传统博士学位对学科研究的重视，又扩大了其范围，增添了教学学术的内涵。在PFF项目发展的第三、四个阶段，侧重于多学科相结合，通过相关的专业学科协会为未来教师做准备。PFF项目与化学协会、历史协会与政治学等11个学科协会建立了集群式的合作关系，为渴望从事教学职业的研究生提供最全面、最知名的培养模式。

PFF项目作为未来大学教师的培养措施之一，重在对其进行教学技能、教学反思能力的培训。从长远来看，PFF项目的目标直指美国高等教育教学质量的改善，契合了教学学术促进教学的理念，更是推动教学学术制度化发展的有效举措。

2. 助教培训计划

为保证高质量的教学，为高等教育继续培养优秀的教师，多伦多大学依托教学支持与创新中心实施了助教培训计划。多伦多大学的助教培训计划与上文阐述的美国PFF项目虽然在理念与实施方面有相似之处，但两者之间仍旧存在根本的区别。PFF项目的参与者通过正式的机构间的合作伙伴关系监督其他校园的教学和服务指导。也就是说，实施PFF项目的具有博士学位授予权的大学至少应与以硕士为重点的大学或文科学院以及至少一所社区学院形成集群，平均每个集群涉及3—6所其他机构。② 而助教培训计划一般则是以学校或院系为载体，尚未形成涉及众多机构的集群培训模式。

加拿大研究生协会在关于研究生专业发展的调查报告中表示，研究生的专业技能既包括学科课程和研究的学术技能，也包括在担任助教或

---

① Jerry G. Gaff, Anne S. Pruitt-Logan and Leslie B. Sims et al., *Preparing Future Faculty in the Humanities and Social Sciences*: *A Guide for Chance*, Washington, D.C.: Council of Graduate schools and Association of American Colleges and Universities, 2003, p.7.

② Dantel D. Denecke, Julia Kent and William Wiener, *Preparing Future Faculty to Assess Student Learning*, Washington, D.C.: Council of Graduate Schools, 2011, p.15.

课程讲师时进行教学的技能。① 助教培训计划的目的就是希望通过基于同行的支持网络，培养研究生助教的专业技能，为教学做好准备。为培养助教在教学方面的技能，助教培训计划提供了两种证书类型的培训，一是教学基础证书，二是高等学校教学准备证书。

教学基础证书面向有兴趣提高教学技能的学生。作为基础的教学技能培训，该类型证书的培训不仅面向研究生助教，也接收具有教学热情的本科生，并为其提供与经验丰富的教职工互动的机会，了解更多关于高等教育与教学的信息，拓宽对本科生学习方式的理解。然而高等学校教学准备证书周期为2年，目标群体则是打算从事教学工作的研究生群体，不对毕业生以及本科生开放。高等学校教学准备证书项目在扩大项目参与者对教学理解的基础上，为其提供在支持性环境中实践教学的机会。项目参与者通过互动研讨会、教学档案及教学实习等活动，获得有针对性的教学反馈。

多伦多大学为顺利开展助教培训计划，激励助教们开展教学工作，设置了一系列奖项，旨在表彰他们的杰出贡献。2003年设立了助教培训计划教学卓越奖，奖励敢于挑战教学的助教。2015年，推出了针对研究生课程讲师的奖项——课程讲师卓越教学奖，该奖项奖励能够在课程教学中证明其教育领导力，对课程及课程发展、学生学习有积极影响的研究生助教。2022年，多伦多大学为了回应反黑人种族主义工作报告，为少数族裔助教设置了BIPOC卓越教学奖，用来鼓励表彰各种黑人、土著及有色人种在教学实践中的成就和卓越表现。这些获奖的助教们能够得到一笔奖金、证书，重要的是，获奖者能够参加其他各种类型的教学研讨会，进一步进行教学方面的交流。

3. 研究生助教计划

昆士兰大学始建于1909年，不仅是澳大利亚本土著名的大学，也是公认的世界一流研究型大学。昆士兰大学出色的教学与研究质量得益

---

① Marilyn Rose, *Graduate Student Professional Development: A Survey with Recommendations*, Toronto: The Canadian Association for Graduate Studies, 2012, p.3.

于教学技能娴熟、积极进取的教职员工。昆士兰大学为使教学、科研得到可持续发展,为教职员工提供了系列教师专业发展项目,其中包含了研究生助教计划。

昆士兰大学的研究生助教计划意在培养下一代优秀的高等教育机构教师。研究生助教计划是昆士兰大学免费的教师发展计划,为参与者提供了在高等教育中构建成功教学生涯所需知识与实践技能的机会。该计划由一个研讨会提供支持,侧重于在线、混合以及面对面的教学环境,目的在于发展改善参与者的教学实践。这种改善并非为了改变学生的学习体验,也不是为了增加参加课程计划学生的学习负担,而是帮助参与者根据当代的教育理论对自己的教学实践进行反思、同行协助,研究什么是有效的教学实践。[①] 该课程计划每年提供两次,贯穿每个学期,完成课程的参与者不仅能够发展知识和技能,在未来教学生涯中取得进步,还能够凭借课程结业证书递交申请成为高等教育学院的副研究员,并申请相应的奖学金。昆士兰大学2023年第一学期的研究生助教计划中,教学反思是基本原理、教学哲学、课程设计、混合式学习、评估等6个不同主题研讨会的核心内涵。可见,昆士兰大学对研究生助教有着一套完整的培训流程,以保证培养出高质量的未来大学教师。

研究生助教培养被视为一流大学研究生教育以及教师教育重要的一部分,这一点一流大学已经达成了共识,绝大多数一流大学均设立了完善的相关项目以加强对研究生教学技能的培养。这一做法既促进了教师的专业发展,提高了教学质量,又使教学学术在更大的学者群体中传播发展,有利于教学学术的制度化进程。

(二) 调整教师晋升政策

教师的学术奖励制度能够深刻地影响教师教学、研究的自我效能感以及积极性。尽管研究与出版物是教授取得学术地位的主要手段,仍旧有不少学术人员出于对教学的热爱而加入教师队伍,此时是提出教师奖

---

① University of Queensland, "Graduate Teaching Associates Program", https://itali.uq.edu.au/advancing-teaching/teaching-career-development/professional-learning-programs/graduate-teaching-associates-gta-program. (2023-08-09)

励制度如何发挥作用的时候了。澳大利亚的英格丽·莫斯将"晋升"作为大学教师六大激励因素之一。① 由此可见，教师职称晋升制度作为教师奖励制度的一种，体现了教学学术的导向，影响了教师对于学校是否对教学有高标准、高要求的判断，进而能够影响教师在教学上投入的时间与精力。因此，将教学学术理念作为教师晋升的重要指标，是能够有效地促进教师实践教学学术，使教学学术制度化发展的措施之一。随着教学学术运动的发展，世界一流大学对教学学术的认识逐渐加深，对教师职称晋升纷纷进行改革，将教学作为重要的评价指标。本部分选取了澳大利亚昆士兰大学、英国伦敦大学学院和中国北京大学作为案例，对改革教师职称晋升制度，促进教学学术制度化进行研究。

1. 昆士兰大学的职称晋升

昆士兰大学获得的教学与科研成就离不开优秀的教师。正如美国高等教育学家克拉克·克尔所言："教师整体上就是大学本身——是它最重要的生产要素，是荣誉的源泉"，② 而教师职称晋升制度作为教师发展的一部分，是影响教师发展方向的重要影响因素。澳大利亚曾作为英国的殖民地，其在政治、经济、文化教育等方面深刻地受到了英国的影响。因此，昆士兰大学在教师职称晋升发展演变中具有一定的英国文化色彩。

20世纪80年代前，澳大利亚高等教育体制为双轨制，表现为综合性大学与英式的高等教育学院并行，此时昆士兰大学作为综合性大学追求高质量的教学与科研，其职称晋升主要与英式高等教育学院相区别。20世纪80年代后，澳大利亚教育部部长约翰·道金斯紧跟英国《1988教育改革法》的步伐展开了高等教育改革，即道金斯改革。在高等教育改革后，高等教育开始实行一体化，昆士兰大学设置了教学轨、科研轨等多轨晋升通道，且每一级晋升都有着严格的标准。然而，这种政府把

---

① Ingrid Moses, "Promotion of Academic Staff: Reward and Incentive", *Higher Education*, Vol. 15, 1986, pp. 135–149.
② [美]克拉克·克尔：《大学的功用》，陈学飞等译，江西教育出版社1993年版，第71页。

控的严格标准使昆士兰大学教师多集中于初级职称，教师晋升申请的积极性下降，教师群体的流动性减少。21世纪初期，问责制进入高等教育领域，昆士兰大学开始采用企业经营的方法管理学校，即战略性地将大学的教学、研究等职能与关键绩效指标结合起来。[1] 昆士兰大学由此制定了《昆士兰大学企业协议》，用以明确教师员工的分类、培训、职能、晋升流程等。因此，昆士兰大学的学术晋升和终身教职的获得与教学绩效不可避免地具有了可衡量的相关性：对教师教学、科研成果进行量化。然而，由于教学独有的特征，难以进行量化，所以教师的晋升主要依赖科研成果为主要评估标准。该阶段昆士兰大学在教学、科研方面的量化评估使得更为详细的晋升标准出现，而这种详尽的标准则进一步完善了昆士兰大学的教师职称晋升框架，奠定了其多级职称晋升通道的基础。

以科研为核心的职称晋升制度造成了高等院校对教学功能的忽视，进而破坏了教学与科研的平衡关系，这一问题成为21世纪世界高等教育发展面临的共同困境。博耶提出并倡导的教学学术则是解决该问题的有效途径，昆士兰大学在发展中同样受到了教学学术思想的影响，并基于教学学术理念对教师职称晋升制度进行了改革，对教学学术理念进行了较为完善的实施。

昆士兰大学为保持和提高教学质量，设立了教学创新学院，并通过制定教学专业知识框架确定了教师在不同的职业阶段能够发展出的专业知识，进而培养其职业阶段所需要的核心能力。该框架不仅旨在提升教师的综合教学能力，为教师职称晋升提供了相符合的标准，[2] 而且将教师教学学术的发展视为一个整体持续发展的阶段：发展—探索—参与—提高，如表7-1所示。

---

[1] Karin Mathison, "Effects of the Performance Management Context on Australian Academics' Engagement with the Scholarship of Teaching and Learning: A Pilot Study", *The Australian Education Researcher*, Vol. 42, No. 1, 2014, pp. 97-116.

[2] The University of Queensland, "Teaching Career Development", https://itali.uq.edu.au/advancing-teaching/teaching-career-development/teaching-expertise-framework-tef. (2023-08-05).

表 7-1　　　　　　　　　　教师教学学术发展阶段

发展阶段	探索阶段	参与阶段	提高阶段
教师类型	新手教师	业务精干教师	教学领导者
研究焦点	课程本身	课程项目、计划	国内外教学学术策略
影响范围	教师个人、学生	同校教师群体	突破空间、学科的教师群体

资料来源：https：//itali.uq.edu.au/advancing-teaching/teaching-career-development/teaching-expertise-framework-tef。

昆士兰大学对于教师教学的重视，使得教职员工角色的多样性得到了承认。为了这种卓越教学及教师角色多样化的持续健康发展，昆士兰大学根据教师的职业规划、职业期待重新设置了教师类型，大体上可分为教学型教师、科研型教师、教学科研型教师等。昆士兰大学基于教师类型的多样化，形成了多轨的阶梯式职称晋升通道，制定了严格的晋升标准、流程以及评估体系，并且规定了各个维度的教学细则与详细的晋升程序，以确保为学术人员提供强有力的职业发展通道。在昆士兰大学，B级教师职称晋升在一年内的任意一个时间均可以提交申请，而C级至E级的职称申请则需要在规定的时间内完成相应的申请程序。在2023年度，昆士兰大学C—E级职称晋升于4月1日正式开始提交申请，5月31日为管理部门审核申请材料的截止日期，并于6月30日关闭申请通道。在7月至来年3月昆士兰大学的评审委员会致力于复核申请人的个人材料以及对其进行年度绩效的评估。总的来说，除了时间节点的差异，昆士兰大学在教师职称晋升的具体程序上各个级别并无明显的差异。

昆士兰大学将教学纳入绩效管理，使之发展为完整的教师职称晋升制度。这种奖励制度保证了大学的教学质量，一定程度上激发了教师教学的积极性，促进了教学学术的发展并提高了教育质量，且显著地提高了大学的教学知名度与教学领导力。但也有学者认为，这种绩效管理模式的具体操作缺乏明确性，可能会限制学者参与教学学术活动。①

2. 伦敦大学学院的职称晋升

英国高等教育历史悠久，以优异的教学与科研质量享誉世界。1826年创立的伦敦大学学院是公立的研究型大学，是伦敦大学联盟的创校学院，是罗素大学集团与欧洲研究型大学联盟的创始成员，被誉为金三角名校和G5超级精英大学之一。

伦敦大学学院的教师职称晋升发展随着英国高等教育现状而改变。早期，伦敦大学学院教师职称晋升标准以科研成果为主。20世纪90年代后期，随着英国高等教育规模的扩张及学费上涨，以及教学学术运动在世界高等教育中的广泛传播与发展，高等教育的教学质量成为社会各界关注的焦点，政府开始重视奖励教学。② 1997年，全国高等教育调查委员会发布了《迪尔英报告》，报告中明确指出了"提高教学在高等教育中的地位，以帮助英国成为高等教育教学实践的世界领导者"。③ 2003年，英国政府出台了《高等教育的未来》白皮书，试图平衡高等院校中教学与科研的关系，完善大学教学评价标准。2011年，英国高等教育学院的研究报告《高等教育领域晋升的再平衡：卓越教学是否得到奖励?》表示，罗素大学集团中的成员院校陆续制定了职称晋升中明确的教学标准，并且实施该项措施的院校逐年增加。在一系列政策文件的支持和教学学术氛围的影响下，2014年伦敦大学学院发布了《伦敦大学学院2034：未来二十年目标》（UCL 2034：A 20-Year Strategy for UCL），并在此文件的基础上，于2017年形成了《学术职业框架》（Academic Career Framework，ACF）。该框架以教学评价为核心，旨在承认学术职业的多样性，并且完善了教师的职称晋升以提高教学的学术地位。

---

① Iris Vardi and Robyn Quin, "Promotion and the Scholarship of Teaching and learning", *Higher Education Research & Development*, Vol. 30, No. 1, 2011, pp. 39-49.

② 王铄、王雪双：《英国大学教学评估改革新动向——基于"教学卓越框架"的前瞻性分析》，《比较教育研究》2017年第7期。

③ The National Committee of Inquiry into Higher Education, *Dearing Report*, London: Her Majesty's Stationery Office, 1997, p. 7.

ACF 旨在支持伦敦大学学院的各种学术职业道路，并制定了详细的晋升途径作为教师劳动力规划的重要方式。在该框架中不论教师是从事教学或研究，还是专注于企业参与和公民身份，都能够使其在晋升中得到一致的衡量。ACF 针对不同的活动类型设置了相应的从 7 级到 10 级的晋升标准，标准的严格程度逐级递升。ACF 的晋升标准不仅包含了对教师的要求，而且指明了各个级别所期望的教师活动。例如在教学类型的职称晋升的第 7 级中，要求教师应对学科教学计划的发展有所贡献，期望教师能够将学科领域的进步转化为自己的教学成果，并在课堂内外支持学生。

ACF 在实行职称晋升中的一个重要原则就是平等性。为保证晋升流程的平等公正与多样性，校长和学术管理人员应熟悉 ACF 以及每种类型的晋升流程，并为各类教职工提供适当的机会，以帮助其发展学术生涯。除此之外，校长与学术管理人员鼓励职称候选人提出可能影响晋升的具体情况，如：因产假、育儿假或看护假而缺勤；因残疾导致持续 6 个月以上暂时失去工作能力；因非连续固定期限的合同而造成的就业中断等。① 候选人若有任何的上述个人情况，应在申请时向评审小组详细说明，以确保学术人员不会被忽视应有的发展机会。

ACF 根据制定的渐进式的晋升标准进行定性评价，而非单纯以量化为主，突出了以教学影响力为核心的晋升标准的多样化，进一步探索了平衡研究型大学教学与科研关系的可能路径。

3. 北京大学职称晋升政策

北京大学作为中国顶尖的高等学府之一，教学与研究是其核心使命，而吸引优秀学术人才并为其提供良好的职业发展道路是学校聚集人才、提高学校学术质量的有效途径。因此，北京大学对教学科研职位进行了分系列管理。北大根据学校的功能及特点，将教学科研职位按照三个系列进行管理，即教学科研并重的系列（教研系列）、教学为主的系

---

① University College London，"Academic Promotions Guidance"，https：//www.ucl.ac.uk/human-resources/policies-advice/academic-careers-framework-and-promotions-processes/academic-promotions-guidance.（2023-08-06）

列（教学系列）以及研究技术为主的系列（研究技术系列），并制定了对应三种系列的教师职务聘任与晋升的相关条例。

第一个系列是教研系列，教研系列的教师需要兼具教育教学与科学研究的双重任务。在教研系列中，职位由助理教授、副教授和教授构成，并根据学科发展需要和资金来源情况设立讲席教授。教研系列采取无固定期限预聘制，即助理教授为预聘职位，副教授为预聘职位或长聘职位，教授则为长聘职位。北大规定的教研系列三种职称的晋升程序，参照了国际学术评审机制，以同行专业评审意见和候选人已取得的教育教学、学术研究、校内外服务成就以及未来发展潜力为主要依据。

第二个系列是教学系列。北大的教学系列职位是学校教育教学的基础职位，主要承担基础课与公共课的教学工作，采取固定期限合同聘任制的教师聘任晋升方式。教学系列的职位由教学助理、讲师、高级讲师和教学教授构成。教学系列教师的聘任要求逐级递升，教学教师除能够良好地承担教学任务外，还应积极开展教育教学改革、精品课程与精品教材建设、具有教育教学相关的学术研究成果，并具有培养青年教师开展教学与团队建设的丰富经验。教学系列的晋升申请必须满足近3年内平均每学年承担课堂教学工作量不少于192学时或12学分，或是独立承担4门课程，且未发生过教学事故。

第三个系列为研究技术系列，同样采取的是固定期限合同聘任制。该系列的教师是学校科学研究的支撑辅助职位，主要承担以北大为负责单位、面向科技前沿的重大基础研究和面向国家需求的重大应用研究。该系列面向科研的特点，决定了教师的聘任与晋升要以研究经历与研究成果为核心。

北大划分的三种系列在晋升程序上没有明显的差别，晋升程序的完整流程为：第一，院系根据教师教研进展开展评估，要求候选人提供完整材料，并组织同行专家评审；第二，院系及院系党委对候选人的教育教学和思想政治、师德师风进行评估；第三，院系学术委员会进行审议；第四，院长或系主任进行独立评估；第五，学校"教师思想政治和师德师风评估小组"进行审议；第六，学校人才评估专家小组审议；第七，经由学校批准后，签署新的聘用合同。其中，评估在三种系列的教师晋升中占据重要的位置。在教学系列与研究技术系列中，教学质量与科研成果是评估的重要内容。而由于教研系列同时涉及教学与科研两项任务，且采取的是无固定期限预聘制，因此评估流程较为复杂。

北大高质量的教学与科研水平离不开学校的恰当管理，其中对教学学术理念的践行促使教师的实践性教学成果得到重视，成为重要的评估标准之一，不仅提升了教学质量，也提高了教学在研究型大学中的地位。

不论是昆士兰大学、伦敦大学学院，还是北京大学，都将改革教师职称晋升作为促进教师潜心教学、推动教学学术发展的制度保障。各国大学在利用职称晋升制度的改革来促进教学学术的进程中，既有相似点，也有各个大学的独特之处。如三所大学均将教师进行归类，总体上分为教学型、科研型与教学科研型，并对其分别制定了相应的晋升程序与规则。其中值得注意的是，昆士兰大学与伦敦大学学院允许教师在职业生涯中转换教师类型，更改自己的职业方向。这种灵活的教师发展策略能够激发和维持教师的教学热情，更好地将教学学术落地实施。但北大对此则明文规定了教师在聘期内不允许申请系列转换①，意在保证教学学术与科学研究的均衡发展与优势。总的来说，这种将教学学术的多元学术观纳入教师职称晋升中的做法，扩宽了大学教师发展的渠道，促进了教学学术的制度化发展，反过来使大学改变目标与计划，完善大学教师的聘任与晋升标准。

（三）合理配置学术资源

研究型大学代表着高等教育的层级水平，大学学术资源的合理配置是建设高质量高等教育必须着力解决的问题。学术资源指的是能够被用来促进学术发展、加强学术竞争力的各种有形、无形资源。美国教育经济学家斯科特·马斯廷将大学组织资源划分为 9 大类 31 小类，其中学

---

① 北京大学人事部：《北京大学教学科研职位分系列管理规定（试行）》，2021 年 12 月 9 日，http://hr.pku.edu.cn/docs/2022-01/3036371524a94c80806badd0395c03e1.pdf，2023 年 8 月 9 日。

生事务、学术计划与政策、各专业的教学任务、学生的学习活动以及学术带头人的选择等都是涉及学术资源的分类。① 学术资源配置在大学中是十分复杂的事务,最基本的原则在于有利于学术的发展。然而,大学却往往因学术资源而引发冲突,常见的"一种冲突"是学术权力与行政权力的争夺。可见,大学中各利益相关者能够通过学术资源的配置来影响自身、大学学术的发展。

大学作为利益相关者组织,大学学术资源的分配依赖于大学中的利益相关者群体。20 世纪 90 年代,美国学者罗纳德·米切尔提出了利益相关者的三类属性,即权力性、合法性和紧迫性。② 这三种属性代表了大学中的核心利益相关者群体:大学的管理者、行政人员、教师、学生以及资源提供者等。利益相关者根据掌握权力的大小,影响着学术资源配置的方向,也影响了教师职业生涯的规划和精力分布。大学发展教学学术并使其制度化涉及多方利益相关者,因此学术资源的合理配置首先需要明确大学中利益相关者的角色与职责,尤其是教师群体。教师作为大学学术与学术资源的重要利益相关者,对学术资源的获取与学术产出具备显著的影响,并且不是一种简单的线性关系,而可能是"最佳增长区间"或"理论最优值"。③ 教学学术既然是大学学术中的一种,那么教学学术资源的多寡与配置方式便会影响教学学术的产出与制度化进程。

大学配置学术资源难免受到行政权力的影响,由于当前大学学术声誉主要依靠科研成果,行政权力的主体为保持提升所在大学的整体声誉,科研类的学术资源相较于教学类资源要更为丰富。市场经济导向下,在学术资源的配置中学术价值与市场价值的冲突,致使学术资

---

① Scott E. Masten, "Authority and Commitment: Why Universities, Like Legislatures, Are Not Organized as Firms", *Journal of Economics & Management Strategy*, Vol. 15, No. 3, 2006, pp. 649-684.

② Ronald Mitchell, Bradley Agle and Donna J. Wood, "Toward a Theory of Stakeholder Identification and Salience: Defining the Principle of Who and What Really Counts", *Academy of Management Review*, Vol. 22, No. 4, 1997, pp. 853-886.

③ 陈文博、杨文杰:《怎样的大学教师职称结构有助于获取学术资源及提升产出》,《中国高教研究》2022 年第 2 期。

源的配置存在一定的实用主义倾向。当教学类资源短缺时，就会造成教学人员收入增长缓慢或下降，从而将导致教学人员从事其他高报酬的学术活动或经济活动，教师从教学中转移，教师作为教育者的角色与地位会变得越来越弱。那么，推行教学学术，提高教学质量就成为纸上谈兵。

当下，大学学术资金来源与种类的多样性决定了其应采用合理的配置方式，各利益相关者应就科研、教学等多种学术目标进行多次协商后制定学术资源配置方案，以满足教学学术与其他学术形式的共同发展。

三 培育教学学术生态环境

"组织场域是处于微观层次的个体行动者及组织、宏观层次的社会行动者系统，以及跨越社会行动者行动系统之间的中观分析单位。"[①] 大学作为教学学术制度化的一个组织场域，其生态环境对组织场域中各种理念的发展至关重要。大学追求的目标是卓越的学术。和谐的学术生态环境是教学学术发展的有力保障，也是推动大学整体学术水平的重要条件。大学和谐的学术环境包括多种要素有机结合的整体，在这种良好的学术环境中，教学学术制度化能够得到较为完善的落实。

（一）协调教学科研关系

教学与科研的关系最早可追溯到古希腊时期，此时教学与科研并无精确划分，教学在研究的基础上进行，而研究结果经由教学得到传播。到了19世纪，洪堡将研究作为现代大学的重要职能，并确立了教学与科研相统一这一大学根本指导原则。然而，随着高等教育的发展，大学内部结构出现了分化，具体表现为：高校将入门者的教育教学放在本科教育阶段，将以科学研究为根基的教学活动置于研究生阶段，而这种认为本科生阶段不适合做科研工作的思想，使得大学内部教学与科研的关系渐行渐远。长久以来，教学与科研的不和谐关系一直影响着每一个高

---

① [美] W. 理查德·斯科特：《制度与组织——思想观念与物质利益（第3版）》，姚伟、王黎芳译，中国人民大学出版社2010年版，第199页。

校,伯顿·克拉克也曾表示:"现代大学教育中,没有任何问题比教学与科研之间的关系更为根本,也没有任何问题在学术界内外有如此肤浅的想法和倒退性的批评"。① 这种对过于追求研究忽视本科教学的批评换来了世界范围内研究型大学对本科教学与科研关系的大调整,如20世纪90年代以来出现的教学学术运动。教学学术就是要超越"教学与科研"这一旧式的、已令人生厌的讨论框架,给予学术更丰富和宽泛的解释,这将使得学术活动的内容合理化。② 然而,要达到博耶所提出的目标,首先要明晰教师关于教学与科研的认识以及两者之间的关系。

教学与科研是大学教师的两大职责,教师对其具体内涵的认识影响了对这两者间关系的判断以及个人时间、精力的分配。针对该问题,华中科技大学的刘献君教授以"985""211"院校和一般普通本科院校为样本,采用分层随机抽样的方式进行了深度访谈。在调查中,42.6%的教师认为教学的内涵是通过师生交流而改变学生的观念或对世界感知的活动,29.9%的教师认为教学是开启学生对学科概念及概念间关系的理解的活动,并且超过一半受访谈的教师同意教学是一门需要进行研究的学问的说法。③ 教师对科研的内涵则秉持一种共同的态度,认为科研是采用科学的方法探究世界客观规律的活动。然而,虽然超过半数的教师赞同教学需要进行研究,但并未将其视为一种与科研具有同等地位的学术形式。此外,也有部分学者将学科知识与文化也作为影响教学与科研关系的主要因素之一。当前流行的学科认识论意味着科学研究与本科生教学发生在不同的"平面"上,相互之间具有等级关系。④ 在这种观念的影响下,教学与科研之间的关系开始发生变化,甚至在某一段时期大

---

① Burton R. Clark, "The Modern Integration of Research Activities with Teaching and Learning", *The Journal of Higher Education*, Vol. 68, No. 3, 1997, pp. 241-255.

② Ernest L. Boyer, *Scholarship Reconsidered: Priorities of the Professoriate*, Princeton: Princeton University Press, 1990, p. 18.

③ 刘献君、张俊超、吴洪富:《大学教师对于教学与科研关系的认识和处理调查研究》,《高等工程教育研究》2010年第2期。

④ Jane Robertson and Carol H. Bond, "Experiences of the Relation Between Teaching and Research: What Do Academics Value?", *Higher Education Research & Development*, Vol. 20, No. 1, 2001, pp. 5-19.

学从一个教学与科研关系相当融洽的地方变为一个相互对立的地方。[①]基于对教学与科研的认识,早期学术界开展了众多关于两者关系的研究,这些研究大多数是定量的实证研究。这类研究调查了以出版物数量、形式为主的研究生产力与以学生评价衡量的教学效率之间的联系。然而,并没有十分明确的证据表明高的研究产出与本科生教学有效性之间存在功能关系,教学与研究呈正相关这一简单的关系模式是可疑的,[②]并且这种关系是非常狭隘的界定。因此,麦考瑞大学的安吉拉·布鲁指出教学与科研若要达到共生关系,应向多元的知识观与学术观迈进,充分考虑学术工作的性质,[③]这种多元的学术观便是教学学术。

其次,大学中教学与科研始终保持着紧密的联系,尽管在不同的时期由于种种缘由而有所偏向,但两者都具有批判性反思的特质,而教学学术实际上就是对教学的一种反思。国内外学者对通过推行教学学术从而平衡教学与科研的关系进行了大量的理论研究,并且采取了一定的实际行动。1906年,卡内基教学促进基金会探讨了研究型大学的教授是否应该进行授课。时至今日,这仍旧是研究型大学甚至是普通高等院校具有争议的问题。然而这个问题并非没有答案,教学学术专家舒尔曼在尝试回答该问题时,提出可以通过校园创建组织实体来支持、保护和加强教学的学术工作的愿景。舒尔曼将其称之为"教学学院",在"教学学院"中,有教学兴趣的教师能够得到支持与良好的同行关系,帮助其做好在教学领域中的工作。为实现通过教学学术保护和加强研究型大学教学的愿景,舒尔曼提出了四个可能的教学学术模式:跨学科中心、研究生教育学院、技术中心以及分布式学院。这四种教学学术模式具有不同的特点与优势,但都致力于激发学校、教师对教学更大、更普遍的探究精神。舒尔曼对通过加强教学学术平衡教研关系进行了理论阐述和实

---

① Ronald Barnett, *Beyond All Reason: Living with Ideology in the University*, Buckingham: Society for Research into Higher Education and Open University Press, 2003, p. 157.

② Paul Ramsden and Ingrid Moses, "Associations Between Research and Teaching in Australian Higher Education", *Higher Education*, Vol. 23, 1992, pp. 273-295.

③ Angela Brew, *The Nature of Research: Inquiry in Academic Contexts*, New York: Routledge, 2001, p. 150.

践设想，各研究型大学则落实了其设想。

现代大学中教学与研究仍旧是重要的辩证关系，对高等院校的发展方向有着深刻的影响。《泰晤士高等教育增刊》的编辑曾表示："虽然不是所有的大学甚至院系都需要积极地参与研究，但一个教师，更重要的是一所大学必须有一个强大的研究使命……良好的教学会影响和推动良好的研究，有助于形成学科研究的基本问题和原则，将新见解与现有知识基础联系起来的能力。"[1] 将教学作为学术研究的教学学术，其最终目的在于提高教学水平，对教学学术的贯彻实施正是打破"学者就是好教师"的谬论，平衡高校教学与研究关系的有力手段，而院校内教研关系的平衡则为教学学术制度化发展创造了良好的发展环境。

（二）强化大学教学责任

大学教学学术已经发展了相当长的一段时期，但教学学术尚未完全实现，其理论体系仍在建构中，还处于发展的黄金阶段。教学学术实现的关键在于其制度化建设，除了上文中论述的职称晋升制度、教师发展制度等制度要素外，文化认知类要素也是影响教学学术实现的关键因素，大学教师的学术责任理念淡薄就是其中之一。

克拉克·克尔曾对不同时期的大学表达了自己的看法，克尔形象地将中世纪纽曼时代的大学比作僧侣居住的"村庄"，弗莱克斯纳时期的现代大学则是"城镇"，当今高等教育大众化时期的多元巨型大学则是一座"城市"。[2] 从"村庄"到"城镇"再到"城市"的嬗变中，能够发现，大学的规模已经发生了翻天覆地的变化，大学所承担的职责也相应地发生了改变，而教学育人、科学研究、服务社会以及文化传承作为大学的职能与责任已成为学者们的共识。

由于现代大学结构的庞杂，与社会各部分关系的繁复，其大学所承担的责任与职能也呈现多样化的态势，但教学仍然是大学应承担、履行

---

[1] Bruce M. Shore, Susan Pinker and Mary Bates, "Research as a Model for University Teaching", *Higher Education*, Vol. 19, No. 1, 1990, p. 21.

[2] [美]克拉克·克尔：《大学的功用》，陈学飞等译，江西教育出版社1993年版，第26页。

的最基本的责任:"对学生负责,是大学的主要使命,也是教师的主要学术职责"。然而,在当下教科关系失衡、市场导向的环境中,教学责任的履行并不尽如人意,"教学,尽管是我们的职业,却鬼使神差般地从我们的职业话题中消失了"①,这种远离教学责任的行为势必导致教学质量的下降,影响大学教育目的的实现。"学者有四失,教者必知之",在《学记》中就曾对教学失责有所告诫,并将教学失责的原因归结于"或失则多,或失则寡,或失则易,或失则止"。古人对教学失责的根本原因归结于教师对所教学科知识的生疏,以及教师对学生的"无知",而现代大学中教学失责的原因则涉及多个方面,例如教师的知识结构、教学过程以及师生关系等。教学失责不仅会影响教师专业能力发展和学生个性化、社会化,还会对大学的教学质量与学术声誉产生影响。因此,为了实现教学学术,大学应提高和强化教师的教学责任,以提高教学质量,增强高等教育的核心竞争力。

第一,教师自身要提高教学意识,加强教师职业的道德修养,处理好教学、科研与服务社会责任之间的关系,要以教学为底线。第二,高校在对教师的职前教育、在职教育中要注重培养其教学价值观念,从多方面引导教师从事教学学术工作,鼓励教师积极承担教学责任。第三,社会要形成重视教育教学的良好风气,将教学权力让渡于教师,扩大教师的教学自主权,使教师敢于承担教学责任,投身教学学术。只有教师、大学与社会共同努力,强化教学责任意识,用教学责任意识指导教学,才能有力地促进大学教学学术的发展。

(三) 重塑学术自由理念

学术自由是大学生命的真谛,也是现代大学发展的核心力量与原则。国内外对于学术自由有不同的描述。一般认为,学术自由是教师的教学与学生的学习有不受不合理干扰和限制的权利,包括讲学自由、出版自由和信仰自由。《中国教育大百科》中对学术自由的定义为,从事学术研究或教学的学者有探求知识、追求真理而不受非法干扰、支配和

---

① [美]唐纳德·肯尼迪:《学术责任》,阎凤桥等译,新华出版社2002年版,第36页。

控制的权利。① 芝加哥大学的社会学家爱德华·希尔斯认为,学术自由的内涵包括学者根据自己的智力倾向和学术标准自由地进行教学与研究。② 虽然国内外对于学术自由的定义有着不同的见解,但其内涵具有共同性,即教授与学生均拥有进行学术探索的自由,教授可以自由地研究与传授研究成果,学生能够自由地选择学习科目。

学术自由并非现代大学独有的理念,古希腊学者们以自由的精神探索真理,并成为中世纪大学和现代大学精神的发轫点。现代意义上的学术自由理念源于19世纪柏林大学的创立,洪堡将中世纪大学学术自治的古老传统发展为"教学自由""学习自由",更是将研究纳入了大学职能,从此学术自由也涵盖了"研究自由"。在"教学与研究相统一"原则下,大学教师在学术自由理念下可以自由地进行教学或研究。然而,"二战"后,各国对基础研究的推崇以及政府对大学,尤其是研究型大学基础研究领域的倾囊资助,导致学术自由理念开始无形地被破坏。基础研究带有特殊的政策语义,③ 体现了政府、基金会、企业等对大学内部学术活动与研究行为的影响,而学术自由作为学者的价值取向或偏好则在这种特殊的政策语义中受到影响,教学自由的空间逐渐缩小,教学的地位逐渐下降。

教学自由是学术自由的重要组成部分,与学术自由构成了包含与被包含的关系。教学自由空间被压缩的后果之一便是高等教育质量的下降,为提高教学,博耶提出了教学学术理念,希望通过教学学术为教学提供广阔的发展空间。然而,教学学术在制度化进程中面临着一系列的障碍,重塑教学自由的学术生态环境则是能够推进教学学术制度化发展的有效途径。

第一,正确处理大学行政化趋势,重塑学术自由理念。各国虽在法

---

① 顾明远主编:《中国教育大百科全书(第三卷)》,上海教育出版社2012年版,第2014页。
② [美]爱德华·希尔斯、林杰:《论学术自由》,《北京大学教育评论》2005年第1期。
③ 阎光才:《西方大学自治与学术自由的悖论及其当下境况》,《教育研究》2016年第6期。

律条文中明确规定了学术自由在高等教育中的地位,然而在高等教育的管理中,行政权力与学术权力之间的博弈对学术自由产生了深刻的影响。学术权力具体指高校学术人员和学术组织拥有的权力,学术权力的主体是从事教学与科学研究的人员与组织。高校行政权力指依靠国家法律、学校规章制度,以保障大学教育方针落实的权力,具有强制性,表现为"科层化"的特征。学术权力与行政权力在高校发展中有着不可替代的作用,然而当前高校面临着学术权力弱化、行政权力泛化的危机。因此,强化学术权力,重塑学术自由,需要大学去行政化。去行政化是世界高等教育发展共同面临的问题,美国形成了董事会、行政人员、教授的共同治理制度,防止高校中行政权力的中心化,以捍卫学术权力,重塑学术自由。

第二,重塑学术自由要承担一定的学术责任。唐纳德·肯尼迪在《学术责任》中曾指出:"学术责任是学术自由的补充与对应……这二者被视为同一硬币的两面"。① 关于学术责任,有学者指出学术责任涉及三个方面,一是学术工作者的责任,二是学术共同体的责任,三是行政管理者的责任。尽管这三个方面的相关责任方有不同的学术责任,但创造良好的学术秩序,维护学术自由的环境是其共同的责任与义务。"所谓大学者,非谓有大楼之谓也,有大师之谓也。"教师、教师团体作为大学的学术工作者与学术共同体,是承担并履行学术责任的主要主体,而教学责任正是大学教师学术责任的根本。伦敦大学教授罗纳德·巴尼特在《高等教育理念》中指出,"作为大学教师,其首要责任是对自己的教学负责"②,而要通过教学责任保证学术自由的良好运行,则需要一定的规范制度作为保障,如采取科学的教学评价与奖励制度激发教师的教学热情,使教师勇于承担教学责任,更好地服务于学术自由。

第三,重塑学术自由要正确对待高等教育市场化。高等教育市场化兴起于20世纪七八十年代,通常指在高等教育系统中引入市场机制,

---

① [美]唐纳德·肯尼迪:《学术责任》,阎凤桥等译,新华出版社2002年版,第2页。
② [英]罗纳德·巴尼特:《高等教育理念》,蓝劲松译,北京大学出版社2012年版,第172页。

通过市场自由地对教育资源进行配置。英国学者针对市场化进行的研究结果表明，市场化的高等教育环境破坏了学者与学生的内在动机……学术界遇到来自学生、管理者多方的压力会产生一系列的负面结果，这些结果会抑制教师的内在教学动机。① 不可否认的是，尽管市场化是高等教育发展的显著趋势，增加了高等教育的多元化，一定程度上提高了高等教育的质量与效率，但在市场和经济利益的驱动下，高校的学术风气逐渐功利化，对教师的教学动机产生了不利影响，并逐步偏离了学术自由的传统。因此，大学要保持学术活力，坚持学术自由的传统，需要辩证地看待市场对高等教育的影响，协调大学内部和来自市场外部的双重力量。

第三节 教学学术制度建构的国际比较

自 1990 年教学学术作为一种学术观念诞生起，教学学术的实践从美国已经蔓延至中国、英国、法国、日本、澳大利亚、新西兰等十余个国家和地区，并成立了教学学术协会、专业期刊等，开展了轰轰烈烈的教学学术运动。在几十年的发展中，欧美国家的一些研究型大学无论是在教学学术的理论层面还是实践层面，都积累了丰富的经验。这些研究型大学在推动教学学术的发展中，存在一定的共性，也有些许的不同，这些共同构成了教学学术制度化发展的特点，并能从中窥探教学学术面临的发展困境以及可能的改进方向，为中国教学学术的发展提供一定的经验。

一 国际教学学术制度建构的相同之处

关注高等教育的教学质量，提高教学地位是教学学术的内涵之一，这一观念在高等教育学界得到了普遍的承认。在博耶明确地提出教学学

---

① Naomi King and Louise Bunce, "Academic's Perceptions of Student's Motivation for Learning and Their Own Motivation for Teaching in a Marketized Higher Education Context", *British Journal of Educational Psychology*, Vol. 90, No. 3, 2019, pp. 790−808.

术这一学术理念之前，各国就十分重视大学教学质量，并采取了相应的措施提高教学质量，已经具有了教学学术的意蕴。教学学术提出之际，正值高等教育国际化进程加快之时，有关教学学术的国际协会、国际期刊纷纷成立，各国在相互借鉴中进行着自己的教学改革。因此，各国的教学学术制度化进程存在一定的相同之处。

(一) 培养教师教学领导力

胡博与赫钦斯指出，教学学术致力于理解和加强学生在特定背景下学习，这不仅涉及本科生和研究生如何学习，还涉及了学院和大学教师如何教学。[①] 教师作为实施教学学术的主体，在教学学术的实践中不但增强了学生的学习体验，还促进了教学专业的发展，尤其是教学领导力。教师教学领导力的研究起源于20世纪五六十年代，研究主体为校长。到了20世纪90年代，教学领导力转向了教师群体，演变为教师教学领导力研究，研究关注的重点在于教学质量的提升。这种研究方向的转变从侧面反映了教师教学领导力是在教学学术实践中被培养发展的，并且所培养的教学领导力又推动了教学学术的发展。尼古拉·西蒙斯对教学学术从业人员的调查研究佐证了这一点，研究结果认为教师、教育开发人员、教育管理人员以及学生都可以在促进、维持和领导教学学术方面发挥作用。[②]

国内外对教学领导力的研究取得了一定的成就，美国学者安·卢卡斯指出了拥有教学领导力的教师应该从多个层面上激励学生，并为其提供一种氛围，帮助学生完成学习活动并受到赞赏。[③] 有中国研究者认为，教学领导力是教师在教学过程中呈现出来的领导力，是教师通过对

[①] Pat Hutchings, Mary Talor Huber and Anthony Ciccone, *The Scholarship of Teaching and Learning Reconsidered: Institutional Integration and Impact*, San Francisco: Jossey-Bass, 2011, p. 31.

[②] Nicola Simmons and K. Lynn Taylor, "Leadership for the Scholarship of Teaching and Learning: Understanding Bridges and Gaps in Practice", *The Canadian Journal for the Scholarship of Teaching and Learning*, Vol. 10, No. 1, 2019, pp. 21-41.

[③] Ann Lucas, *Strengthening Departmental Leadership: A Team-Building Guide for Charis in Colleges and Universities*, San Francisco: Jossey-Bass, 1994, p. 17.

教学共同体实施领导,以使教学活动有效运转并取得预期目标的一种力量。① 归根到底,教学领导力、教学学术领导力都是为了更好地服务于教学实践。据此,教学学术领导力的内涵可以归纳为参与、联系、合作以及倡导,即教师群体应参与教学学术,并建立联系网络,共同探讨研究教学学术,以促进教学学术。

从教学领导力的内涵,并归纳世界一流研究型大学在教学学术的制度化现状,能够看出,尽管各研究型大学教学学术制度化各具特色,但教学领导力的培育发展则是共性之一。赫钦斯同样表达了教学领导力培养的重要性,他认为,正是领导力促进了教学学术在高等教育机构的文化、政策、资源分配以及奖励系统中的支持、实践与认可的整合,教学学术领导力的培养将作为一个严格且可持续研究领域的下一波浪潮。② 昆士兰大学明确规定了教学型教师的教学领导力的标准,并将教学领导力作为重要的学术晋升的条件,有效地促进了其与教学学术的良性互动。美国的未来教师培训计划、加拿大的助教培训计划等项目同样将教学领导力的培养作为教师重要的教学品质。世界一流研究型大学的教学学术实践证明了赫钦斯的观点,教学领导力正作为教学学术研究重要的一部分而影响着教学学术的实施。

尽管关于教学领导力对于教学学术、研究型大学教学的影响的研究仍处于起步阶段,③ 但种种迹象表明了教学领导力对教学学术、研究型大学的重要性。在高等教育极具多样化的今天,高校、教师应围绕教学学术领导力的能力建设为跨学科和跨地区的教育教学人员提供整合影响领导力实践的专业知识。

(二) 搭建教学学术共同体

学术的生命在于交流共享,没有学术主体间的思维碰撞,学术很难

---

① 冯奕競:《教学领导力探析》,《教育研究与实验》2013年第5期。
② Pat Hutchings, Mary Taylor Huber and Anthony Ciccone, *The Scholarship of Teaching and Learning Reconsidered: Institutional Integration and Impact*, San Francisco: Jossey-Bass, 2011, p. 3.
③ Alan Bryman, "Effective Leadership in Higher Education: A Literature Review", *Studies in Higher Education*, Vol. 32, No. 6, 2007, pp. 693–710.

获得广泛的认可和持续的发展。教学学术作为学术类型的一种也不例外,教学学术需要公开,成为共同的财富。因此,舒尔曼也曾指出教学学术的特征在于能够公开、研究成果能够被同行评审以及其成果能够为专业团体的成员使用、发展完善,并且教学学术必须在学术团体背景下完成,是"教学隔离"的对立面,是教学像干冰一样消失的解决办法。世界一流研究型大学在实施教学学术中也意识到了需要建立教师群体间、师生间平等参与的教学反思、交流共享的平台。因此,世界一流研究型大学教学学术制度化的第二个共性就是搭建了教学学术共同体,为教学学术的交流共享提供了平台。

教学学术共同体作为学术共同体的下位概念相较于学术共同体而言,更侧重于教学学术,学术指向更为聚焦。为更好地实施教学,开展教学研究,密歇根大学于1962年成立了教学研究中心,开始对大学的教学提供支持服务。1967年,加拿大的麦吉尔大学开始了自己的教学研究与教学服务工作。麦吉尔大学与密歇根大学隔湖相望,得天独厚的地理优势使得麦吉尔大学在教学研究上向密歇根大学学习,成立了学习与发展中心,这两个研究型大学的交流互动加快了改革教学、提升教学地位的理念在北美地区乃至世界范围内的传播与发展。无独有偶,英国、澳大利亚也同样成立了类似的教学支持服务体系。这些教学服务体系大多诞生于1990年教学学术提出之前,但其对教学研究的重视已经具备教学学术的内涵,能够视为教学学术共同体的历史缩影。进入21世纪,教学学术已逐步建立了完整的理论体系,不仅在各研究型大学、综合性大学、学院等高等教育组织中成立了教学中心,各国乃至国际上设立了教学学术协会,如卡内基教学促进基金会、国际教学学术协会、加拿大教学学术协会等,并且出版了《教学学术杂志》《国际教学学术杂志》《教学探究》以及《变革》等。此外,中国也于2012年启动了国家级示范性教学发展中心建设项目,为大学教学提供支持。

这些协会与期刊共同构成了教学学术共同体,不仅促使教育工作者在学习他人教学经验的基础上进行教学反思,也推动了教师群体的集体反思,从而为全球教学学术理论与实践的交流共享提供了平台。

(三) 坚持以人为本的导向

受传统教育教学模式的影响,各高校在实际教学过程中以僵化灌输式的教学方式为主,学生作为教育教学的主体地位尚未得到凸显。而现代教育理念强调的一个重要原则就是以人为本,在教学中要坚持教师主导学生主体,积极发挥学生的主动性。因此,高校、教师应采用以人为本为导向的教学模式,满足师生、高等教育发展的需求。

舒尔曼等人认为,教学的学术性要求关注学生的学习,解决学习是如何发生的以及学生在什么条件下学习等问题,并且这些问题将教学与学习联系起来,从而产生了教学学术。[①] 由此可见,教学学术本身就是以学生为中心的一种教学研究理念,事实上一流研究型大学在教学学术的实践中也坚持了以人为本的导向,如美国的纽约大学通过案例研究的教学方法,将学生视为教师实践教学学术的合作者,并鼓励学生独立开展研究活动,并且学生能够获得高度的智力和个人赋权,产生知识建设的参与感;澳大利亚的高等教育机构将教学学术作为解决学生经验问题的途径之一;英国的大学从教学学术的角度鼓励教师采用以学生为中心的教学形式;加拿大的研究型大学则把学生纳入了教师开展教学学术的全过程。

欧美教学学术的制度化发展充分地体现了教师与学生的价值与尊严,教师的教学反思促进了教师的教学专业发展,满足了教师教学育人的追求,体现了对教师的人文关怀,并且教学过程中对学生主体地位的强调营造了平等和谐的师生关系与课堂氛围,创造了一种和谐的教学生态。

二 国际教学学术制度建构的不同之处

高等教育国际化潮流的发展,加快了高等教育理念在欧美各国的传播发展,因此国际教学学术的发展存在一些共性。虽然各一流研究型大

[①] Pat Hutching and Lee S. Shulman, "The Scholarship of Teaching: New Elaborations, New Development", *Change: The Magazine of Higher Learning*, Vol. 31, No. 5, 1999, pp. 10-15.

学的教学学术都经历了萌芽、诞生、发展、制度化等几个阶段，但由于历史、文化、经济的原因，在各自的发展轨迹上又表现出各不相同的发展特征。

(一) 教学学术关注重点的不同

在教学学术理念被明确地提出之前，各国就已经开始加强对教学的关注，并建立了教学支持服务体系，涉及大学教学的方方面面，教学学术理念的提出进一步强化了教学研究的重要性。然而，各国实施教学学术的侧重点却有所不同。美国强调从教师专业发展的角度提升教学、进行教学研究，并且贯穿了教学发展领域的始终。如 PFF 计划将教学学术理念融入研究生教育作为重要的教学技能来培养，并且将教学学术视为教师未来职业生涯的一部分。中国同样更侧重于教师的教学发展，2012 年教育部设立了 30 多个国家级教师教学发展中心。这些发展中心的主体功能在于通过教师培训促进教学质量的提升，重在发展教师群体专业发展的理智价值。澳大利亚推进教学学术的直接目的则更多地是应对高等教育质量下滑的外部压力。"二战"后，澳大利亚的高等教育规模急剧扩张，大批新兴高等院校的成立导致教育质量的下降。为缓解学生、社会的不满，提升高等教育的声誉，澳大利亚政府开始改革高等教育，将教学纳入了质量管理。英国在教学上强调围绕改革更新教学方法以加强对教师教学研究的支持。在与美国隔湖相望的地理优势下，加拿大是紧随其后开展教学学术研究的国家之一，尽管加拿大最初的教学学术理念和实践借鉴于美国，但在发展中逐步地形成了自己的特色，其教学学术实践重点关注了学生的参与度，鼓励学生通过各种方式参与教师的教学学术研究，从而改善学生的学习体验与学习质量。

可见，中、美、澳、英、加等几国虽都十分重视教师教学、教学学术，但在对教学学术的具体实施及发展过程中仍然存在差异。这些差异在高等教育国际化的潮流中又具有一定共性，共同揭示了教学学术的一些特征。

(二) 教学学术支持来源的不同

教学学术的发展并非一帆风顺，各国教学学术的发展离不开相关部门为教学学术提供的各种支持。由于各国经济、文化、高等教育发展现状等的不同,教学学术发展的支持动力也有所区别。

美国高等教育管理体制是分权制,联邦政府并无高等教育的立法权与管理权,州政府才负有高等教育的立法权,并为高等学校提供经费支持和政策性指导。这种管理体制下,第三方非政府组织在高等教育管理中发挥了重要的管理职能,整合各州的高等教育资源,不仅对高校开展质量评估工作,还影响了政府对高等教育政策的制定。教学学术正是在卡内基教学促进基金会的主导下进而发展为世界范围的教学学术运动,并且各种基金会也为教学学术提供了充裕的发展资金。相较于美国,英国、澳大利亚在高等教育管理上政府占据了主导地位,英国和澳大利亚的教学中心由政府拨款赞助成立。尽管英国教学研究的发展同样有协会组织的参与,但英国协会组织带有半官方的性质,与美国有一定的区别。尽管各国在教育管理体制上各有特色,但教学学术作为促进高等教育发展的共识理念,各国在教学学术的发展中相互借鉴、取长补短,促进共同发展。

(三) 教学学术发展内部原因的不同

教学学术不约而同地在英美澳等国家出现,体现了教学学术发展的历史必然性,但各国发展教学学术除了提升本科教学质量外,还有着自己独特的内部原因。

20 世纪 80 年代,美国的财政已经陷入了危机中,尽管 90 年代后有所恢复,但整体经济状况尚不尽如人意。美国高等教育经费的削减致使各院校间教师的流动减少而着重于教师教学专业技能的培养。英国与澳大利亚则能够归结于高等教育规模的扩大,教师与学生数量的激增引起对教师教学的极大关注。不同的是,澳大利亚高等教育规模的扩大导致辍学率上升,学生对此更是极大不满。因此,澳大利亚着手通过致力于教学研究与改革以缓解学生与社会的不满情绪。中国教学学术相较于欧美,起步较晚,原因在于中国 21 世纪初才进入高等教育大众化阶段,教学与科研的矛盾逐步显现并影响了大学质量与学术环境,亟须通过教学学术促进高等教育的健康发展。

三 国际教学学术制度建构的探析

整体而言,国际教学学术的制度化建设具有全程化、学科化、信息化的特征。但在教学学术理念的不断丰富、实践不断地变化中,各国教学学术发展还有一些问题亟待解决。各国的教学学术制度化发展的经验同样为中国大学教学的发展提供了一些启示。

(一)教学学术制度建构的特征

通过介绍中国、美国、英国、加拿大和澳大利亚的一流研究型大学教学学术实践的现状,并将其进行比较研究,可以总结出国际教学学术制度建构具有以下特征。

1. 全程化

从参与教学学术的人员构成上来看,教学学术的发展已经逐步走向全程化了。教学学术合法地位的确立是在其融入大学教师职业发展的基础上进行的①,在教师的职前教育与在职教育中,教学学术都扮演了重要的角色。从教师的职前教育来看,各国的研究生助教培训计划正如火如荼地进行,特别是美国的PFF计划受到了广泛好评,"这个计划的拥护者认为仅仅开展研究技能的训练不能够使博士研究生成为大学教师,要让博士研究生了解各种学术环境中的教师角色与责任,为在以教学为主的大学中工作的研究生提供职业发展指导、反思与反馈的机会"。②从教师的职后教育来看,教学学术已经成为大学教师的职业方向,并且各高校基于教学学术对奖励、评价制度的改革影响了教师职业生涯规划,对于教学、科研、服务的职能有更多的选择空间。

2. 学科化

教学学术在学科中有着重要的地位,良好的教学在不同的领域有着共同的元素,但不同学科的教学也有着明显的差异。从大学教师发展的

---

① 朱炎军:《大学教师的教学学术:理论逻辑与制度路径》,上海大学出版社2017年版,第206页。
② [美]康斯坦斯·库克等著:《提升大学教学能力——教学中心的作用》,陈劲、郑尧丽译,浙江大学出版社2011年版,第87页。

现状来看，教师专业发展与学科教学相结合已经成为普遍的现状。针对这一现象，有学者指出，为保证大学或学院中教学学术的质量，完全地将教学学术视为一种学术，学科协会在其中扮演了重要的角色：学科协会应制定教学学术的同行评审流程、标准。① 这是因为每个学科都有自己的历史、关于研究主题和方法的协议，这些内容都会影响教授内容以及教授对象、时间、地点、方式等，并且每一种学科都有自己的学者社区和自己的教学交流论坛。在面对自己学科中特定的教学问题时，就必须使用能够理解这种学科语言的教学学术的方法。因此，教学学术不仅承认学科间的差异，并且能够从不同学科的特殊风格中汲取力量。② 此外，跨学科研究俨然已经成为世界一流研究型大学的显著特征和发展趋势，教学学术则通过非传统的方式增强了学者对学科、跨学科研究的贡献，不仅促进了普遍意义上的教学，而且所取得的进步集中在这些学科、跨学科领域，具有重要的理论与现实意义。

3. 信息化

信息技术的快速发展对高等教育的组织结构和教学形态产生了革命性的影响，已经成为大学教学发展的必然趋势，教育信息化更是得到了国家在宏观政策上的调控，利用数字信息资源全面推进教学手段、教学方法的变革。教育教学信息化最直观的例子便是在线教学与教育技术，这种信息化的教学形式不仅为教学学术注入了新能量，而且有望破解教学学术在教学发表、教学评价等方面的困境。③ 教学学术信息化极大地改变了教与学的方式，为教师深入实践教学学术提供了研究平台，并且为教师教学专业和教学学术能力的发展提供了充足的空间。

---

① Cheryl Stevens and Erik Rosegard, "Establishing External, Blind Peer Review of Scholarship of Teaching and Learning Within the Discipline", *To Improve the Academy*, Vol. 27, No. 1, 2009, pp. 311-331.

② Mary Huber and Sherwyn Morreale, *Disciplinary Styles in the Scholarship of Teaching and Learning: Exploring Common Ground*, Washington D. C.: American Association for Higher Education and The Carnegie Foundation for the Advancement of Teaching, 2002, p. 15.

③ 谢阳斌：《教学学术的历史、现状与趋势研究——大学教学的时代特征与学术导向》，博士学位论文，南京大学，2014年，第94页。

(二) 教学学术制度建构的困境及改进方向

经过 30 余年的发展，教学学术理念已经成为推动高等教育教学改革的重要推动力，教学学术的理念与实践在国际上已经取得了良好的成绩，国际教学学术协会的成立更是标志着一个世界范围的教学学术共同体的初步形成。但面对不断变化发展的高等教育，教学学术的发展仍旧存在一些困境。

1. 来自教师的困境

教师是实施教学学术的主体，然而也有各种不同的问题阻碍了教师群体践行教学学术。第一，随着大学教师评价制度、聘任制度的不断改革，大学教师的压力与日俱增。研究型大学教师是教师群体的重要组成部分，在建设世界一流大学的背景下承受了更大的教学、科研压力。有学者对于高校教师面临的压力源做了统计，将影响教师职业热情的压力源进行了归纳：高校对教师所提的要求越高，教师的职业倦怠水平越高；教师工作与家庭间的冲突带来的压力；教师工作中各种角色冲突产生的压力等。① 教师在实际的教学过程中，过重的教学、科研负担以及其他行政事务占用了教师的时间与精力，教师很难将时间分配给教学学术，并将学术成果运用于教学实践中。第二，传统学术观念对教师的影响。"师者，所以传道受业解惑也"是教师的根本职责，直到 19 世纪确立了教学与科研相结合的根本原则。至今，这一学术观念根深蒂固地融入了高等教育中。教学学术的提出虽在一定程度上提高了教学的地位，但教学学术作为一种学术研究仍处于边缘地位，并未获得与传统学术同样的重视与尊重。② 第三，大学中教学型、研究型、兼职、有限任期等教师数量越来越多，而终身学术职位的教师比例越来越低，③ 虽然

---

① 阎光才、闵韡：《高校教师的职业压力、倦怠与学术热情》，《高等教育研究》2020 年第 9 期。

② Roger Boshier, "Why is the Scholarship of Teaching and Learning Such a Hard Sell?", Higher Education Research & Development, Vol. 28, No. 1, 2009, pp. 1-15.

③ Denise Chalmers, "Progress and Challenges to the Recognition and Reward of the Scholarship of Teaching in Higher Education", Higher Education Research & Development, Vol. 30, No. 1, 2011, pp. 25-38.

这种模式为大学提供了灵活性，但这些职位的教师往往缺少晋升机会，影响教师进行教学学术、学科研究的热情。

2. 与学科教学间的割裂性

大学教学以学科为承载，然而各学科专业的认知、思维和研究方法各有差异，人文社科的差异尤为明显。教学学术是一个致力于跨学科甚至已然跨学科的领域，其在知识领域的融合超越了任何一个学科。因此，教学学术的实践显然并没有一个适用于所有专业与学科的普遍模式。当教师参与基于教学学术的多学科实践工作时，通常会出现情绪上的紧张，以及对身份的混乱，即教师会担心失去学科身份、地位或在教学学术中丧失自己的学科专业能力。并且，这种身份认同引起的不适会使教师产生"作为教师我是谁？作为研究者我是谁？以及我的同事是谁？"类似这样的疑问。学科类教师参与教学学术的困境还在于教学环境的限制。大学教师通常教授不止一门课程，而每年大学教师教授的课程并非完全一样，教学环境的变化使得教师无法开展教学学术，也无法在教学学术研究成果的基础上采取行动。

教学学术的重点是让教师跨越学科界限进行教学实践，在这一过程中也许会给教师带来一定的困难，高校、教师也不应回避这些困难，应给予参与教学学术的教师支持。第一，领导教师进行跨学科对话。为教师提供一位具有充足权威、经验丰富的领导者，通过制造教学冲突进行深入探讨以比较不同学科的知识方式的优势与局限性，弥合不同的文化以更好地进行教学学术。第二，当前教学学术共同体的出现为教学学术实践提供了良好的发展平台与空间，要关注教学共同体中教师群体间的关系，为教师营造开放的氛围，并通过交流增进专业知识，为每位教师参与者创造归属感。第三，设置辅助人员帮助教师调整教学学术实践中出现的身份不适，并为新手教学学术研究者提供足够的时间与空间去完成研究过程。

3. 来自同行评审的障碍

教学同行评价是一种以批判性反思、促进多方面协作发展为特征的评价方法，能够有效地提高教学质量。教学同行评价能够改善教学、促进教师同行之间就教学与教学过程的见解展开对话,并全面改进教学实践。教学同行评价强化了大学重视教学的信念,并强化了大学的教学文化,在这种学术文化中,对教学的批判性反思受到重视和鼓励。根据学者的调查发现,90%的教师对教学的同行评审持赞成态度,但当大学引入系统的教学同行评审时却往往遭到抵制与怀疑。引起教师对同行评审抵制的原因在于,教学的关系性质促成了教学是"个人化的经验",对于评价教师来说会感到不适:"当有人批评我的学术时,就是在批评我的思想;当在批评我的教学时,就是在批评我"。[①] 这也从侧面反映了同行评审尽管是促进教学学术的有效方式,但在教师群体中同样也面临着一些障碍。

教学学术作为高等教育的一种学术形式,与其他形式的学术一样,是伴随着实践、审查、反馈、应用的循环而发展。因此,对教学学术的同行评审应该是一种开放的过程,赋予教师一定的所有权,就教学学术达成共识。此外,由于教学是教师个人的经验,虽然舒尔曼等学者都倡导教学学术的特征在于公开、交流,但应确保教学的公开、交流、讨论维持在教师群体与同行评审人员之间进行。这种对讨论的保密可以为同行间提供一个安全的环境,与同行之间建立信任关系,并使其能够开放地反思收到的反馈,改进教学实践。

(三) 教学学术制度建构的启示

随着中国高等教育大众化、国际化进程的不断推进,提升高等教育教学质量成为促进高等教育内涵式发展的核心所在,在这一发展背景下,教学学术顺理成章地成了中国高等教育发展的方向与战略目标。世界一流大学已经拥有 30 余年的教学学术发展历史,拥有了十分成熟的教学学术实践经验,对中国一流大学推进教学学术、建构完善的教学学术制度具有一定的启示。

首先,将教学学术置于高等教育发展方向的战略地位。教学学术的

---

① Shelley L. Smith, "Peer Collaboration: Improving Teaching Through Comprehensive Peer Review", *To Improve the Academy*, Vol. 33, No. 1, 2014, pp. 94-112.

制度化发展对高等教育教学本质的回归、教育质量的提升等方面具有重要的推动作用。美国、英国、加拿大和澳大利亚等高等教育发达的国家和中国这种正处于高等教育内涵式发展进程中的国家均已意识到了这一点，并出台了一系列相关的政策文件以保障教学学术的制度化发展。除了国家层面的政策推动外，世界一流大学也将建构教学学术制度作为大学发展的战略方向，不但成立了专门的教学学术组织，而且制定了大学教学学术制度化发展的规章制度。世界一流大学给予了教学学术极高的地位，吸引了从管理者到学生的多层级群体参与，有效地推动了教学学术制度的建构。因此，高等教育机构应高度重视教学学术的发展，将其作为促进高等教育改革与发展的重要抓手和突破口。

其次，优化师资结构，提高教师水准。教师作为教育教学活动的主导者，是推动教学学术发展、促进教学学术制度建构的实践主体，对教师管理制度进行改革是激发教师投身教学研究的有效措施。世界一流大学调整创新了教师的培养模式，不仅为在职教师开设了各种类别的教学研讨会和教学学术项目，还为那些未来想要从事教育教学事业的研究生和研究者们提供了学习教学技能的机会。这种以实践为导向的新教师培养模式强化了教师教学学术能力培训，既有助于保持教师队伍的活力，又激发了教师实施教学活动、进行教学研究的热情。世界一流大学为进一步地推进教学学术制度的建构，将教学学术纳入了教师的晋升与考核评价，使其成为重要的评估标准之一。通过优化晋升与评价机制、调整教师激励政策，能够更加公正、客观地评价教师的教学学术成果，也增强了教师的职业荣誉感。此外，改革教师管理制度也有助于合理配置教学资源，协调一流研究型大学中教学与科研的失衡关系。由此可见，改革教师管理制度是促进教师专业发展、深化推进教学学术以及完善教学学术制度的有效举措，这在世界一流大学的教学学术实践中已经成功地得到了验证。

最后，营造独特的大学文化，打造重视教学的学术氛围。文化不仅是大学的创造性成果，也是促进其发展的精神动力，世界一流大学在对教学学术理念进行研究的过程中，十分注重对大学教学文化的塑造与提升,并通过在大学文化方面采取相应措施从而实现了教学学术的制度化。其中,世界一流大学在文化方面推动教学学术的经验做法主要包括:打造开放的学术氛围、重申教学自由的学术传统、加强跨文化的交流与合作以及弘扬教学学术诚信与道德等。这些举措提升了世界一流大学的教学地位,改善了教学质量与学术水平,并推动了大学的持续发展。

第八章　教学学术的伦理

近年来，随着教学学术的深入发展，教学学术伦理成了一个新兴的课题。伊利诺伊州立大学、密歇根大学、英属哥伦比亚大学、剑桥大学等世界一流大学在推动教学学术发展的过程中，对教学学术伦理的政策依据、审查机制和实施策略进行了较为深入的探索。本章以教学学术伦理释义为切入点，结合教学学术伦理困境的成因，总结了世界一流大学为突破教学学术伦理困境而采取的一系列措施。本章主要分析了教学学术伦理的内涵和教学学术中人类受试者的概念，同时指出了由人类受试者引发的一系列伦理困境；探讨了教学学术伦理困境的成因，比如，西方伦理传统的影响、人类受试者的脆弱性和教学学术的复杂性；概述了世界一流大学教学学术伦理的政策依据、审查机制和实施策略，以期为中国教学学术伦理准则的完善、教学学术伦理审查制度的构建以及教学学术伦理困境的突破提供经验和启示。

第一节　教学学术伦理释义

学术伦理或研究伦理是一套伦理原则与行为规范，它对研究人员应当做什么以及不应做什么进行了规定，旨在对研究人员的行为进行道德约束。但是，当研究涉及人类受试者时，伦理问题通常会变得特别复杂，教学学术中人类受试者的存在会引发一系列伦理困境。

一　教学学术伦理的内涵

伦理与特定的宗教、文化、职业以及其他以道德观为特征的群体有关，通常表现为特定群体的"价值取向"和"道德原则与规范"。教学学术伦理是从事教学学术的研究人员应遵守的价值取向和道德规范。其中，《贝蒙特报告》中提及的三大原则构成了教学学术伦理基本的价值向度。同时，《贝蒙特报告》与其他研究伦理政策、教育研究伦理准则以及世界一流大学科研管理政策共同为教学学术伦理的道德原则与行为规范提供了指导。

（一）学术伦理释义

从词源学的角度来看，"伦理"一词起源于古希腊语"Ethos"，最早出现在亚里士多德的《尼可马可伦理学》一书中。在此之前，"Ethos"并没有哲学或神学意义，多与人的自然习惯、习性以及居所有关，那些能够产生可靠预期的行为习惯被称为"伦理"。[1] 亚里士多德是历史上第一个把伦理用于研究具有道德价值的生活的人。在亚里士多德看来，伦理就是对个人性格、美德和恶习的探讨。古罗马时期，西塞罗将拉丁文"Mores"对译"Ethos"。"Mores"在拉丁文中意为风俗、习惯，是现代英语中"道德"的词源，但此时的"Mores"并不具备现代意义上的"道德"的含义。中世纪时期，随着基督教道德的兴起，"道德"开始与基督教戒律联系起来，指向行动的规范，现代道德观念由此形成。这样的历史转变促成了"伦理"向"道德"以及"风俗习惯"向"行动规范"的过渡。

伦理虽然与道德有一定的逻辑联系，但两者并不等同。"道德"一词主要指向调节人际行为的规范和准则，其本质是行为的规范。例如，《斯坦福哲学百科词典》在定义"道德"一词时指出，"道德"可以描述性地指"社会或群体提出的或个人因其自身行为而接受的某些行为准则"，或规范地指"在特定条件下所有理性人都会提出的行为准则"。而伦理则是一种特殊的价值评价活动，其本质是对于人的生活及其行为的善恶评价。[2] 在判断是非善恶时，人们需要依据一定的评判标准，这

---

[1] 樊浩：《"伦理"—"道德"的历史哲学形态》，《学习与探索》2011年第1期。
[2] 徐陶：《"价值""伦理""道德"的范畴区分与意义辨析——基于实用主义和自然主义视角》，《中南大学学报》（社会科学版）2022年第3期。

种评判标准通常体现了特定的价值取向。与此同时，评价活动还会导向"应当"或"不应当"的行动决策。如果某一特定的行为方式被评价为"好"或"善"，那么通常就意味着人们"应当"去这样做，而"应当"则通向了一定的道德规范和行为准则。因此，伦理不仅暗含了一定的价值取向，还包含着决定一个人应该做什么以及为什么这样做的道德原则与规范。

学术伦理或研究伦理是对学术研究行为所涉及的伦理问题的探讨。广义的学术伦理涵盖了学术研究人员在研究设计、研究开展和研究成果发表过程中所涉及的所有伦理问题，而狭义的学术伦理则主要聚焦于"以人类受试者进行研究"的伦理议题。本书所探讨的教学学术伦理主要集中于狭义的学术伦理范围之内，是指为了保护研究参与者免于伤害，教学学术研究主体应在研究开展前后及研究过程中应遵循的内在价值取向和外在行为规范。

(二) 价值取向

价值取向是活动主体依据自身的需要和利益对活动的价值进行选择时所持的一种倾向。① 它是个体在面对或处理各种矛盾、冲突、关系时所持的基本价值立场，反映了个体对什么是重要的、正确的或有价值的观点和看法。《贝蒙特报告》中规定的尊重个人权利、关心公众福祉和关注公平正义的原则是教学学术伦理的三大价值向度。其中，尊重个人权利是指尊重人类受试者的自主权，在研究过程中给予人类受试者自主进行价值判断的权利。尊重个人权利包含着尊重研究参与者的自主权，保护自主性不足或自主性受限群体的双重含义。关心公众福祉是指研究者应关注研究活动的"公共性效益"，即研究所创造的社会价值。这一价值取向意味着研究者在开展教学学术时应厘清研究的潜在影响，并尽可能将其造成的负面社会效应降到最低。关注公平正义是指以平等的尊重和关怀态度对待所有的人类受试者，并以公正的方式分配研究利益和研究负担，既不能由特定的利益相关群体承担研究带来的所有负面影

---

① 明庆华：《教育科学研究的价值取向与反思》，《教育发展研究》2008年第13—14期。

响，也不能由某一群体侵占研究产生的全部利益。以上三大价值取向为教学学术原则与道德规范提供了基本的伦理框架，它们不仅能确保所有研究参与者得到应有的保护，还能确保研究的科学性和客观性。

(三) 道德原则与规范

道德原则与规范建立在一定的价值取向的基础上，是道德主体在调节人际关系时应遵守的行为规范与准则。与价值取向相比，道德原则与规范的表述更为具体，在实践层面更具可操作性。在教学学术中，道德原则与规范主要以国际或国家研究的伦理政策、学会或专业组织制定的伦理准则以及高校的科研伦理政策等形式呈现，其目的是制约研究活动，保护人类受试者的合法权益。首先，国际组织颁布的《纽伦堡法典》《赫尔辛基宣言》，美国联邦政府颁布的《贝蒙特报告》《人类受试者保护条例》，以及加拿大联邦政府制定的《三理事会政策声明：涉及人类受试者的伦理行为》(TCPS) 等文件从宏观层面为教学学术研究活动提供了可靠的法律依据。其次，美国教育研究协会、英国教育研究学会以及国际教学学术学会等专业组织制定的伦理声明对伦理原则与规范在研究中的实际应用做出了具体规定，是教学学术研究主体对研究活动进行伦理反思的重要依据。最后，各高校的科研管理政策体系也体现了高校对研究伦理问题的关切，它们为校内开展的研究活动提供了方向性准则和操作性指南。由于教学学术研究活动通常在高校课堂中开展，因此，这些校本政策也是教学学术研究主体应接受和遵守的伦理标准和实践要求。

二 教学学术中的人类受试者

人类受试者不仅仅是研究数据的来源，还是一个完整意义上的人。因此，从被试的选择与抽样、筛选和筛查到参与和反馈的整个研究过程中，教学学术研究者都有义务保护人类受试者，确保其研究行为符合一定的伦理原则与道德规范。

(一) 选择与抽样

人类受试者是"一个有生命的个体，进行研究的研究人员通过采取干预措施或与之互动来获取数据或可识别的个人信息"[1]。由于教学学术涉及研究者与学生的互动、对课堂教学的干预以及对学生学习数据的收集等行为，因此，大多数教学学术中涉及的学生符合人类受试者的定义。[2] 涉及人类受试者的研究不能忽视研究伦理方面的考虑，其中，被试群体的确定与抽样是教学学术研究主体需要考虑的首要环节。首先，研究者在被试群体的选择与抽样环节不能以"方便"为原则选择被试，而要以研究问题为依据确定被试群体。大学中开展的各种研究经常因为便利性而选定大学生为被试群体，但这种做法在伦理层面存在争议，它违反了《贝蒙特报告》中提及的"公正"原则。其次，样本的数量要由研究设计来决定。不同的研究方法对被试人数的要求不同，教学学术可能是对一个学生的案例研究，也可能是对几十个学生的实验研究。一般而言，如果研究者采用定性研究方法，所需的被试数量通常为一个小组左右。但如果研究者采用定量研究方法，则涉及的学生数量要更多。同时，被试数量越多意味着研究结果的可推广程度就相对更高。教学学术研究者可能会受到班级规模的限制，在这种情况下，研究者可以选取其他班级的学生开展研究。

（二）严格的筛选和筛查

《贝蒙特报告》规定了涉及人类受试者的研究应遵循的三个伦理原则，即尊重人、有益和公正。这些原则是研究者在确定筛选被试阶段应遵守的重要原则。首先，尊重人意味着研究者应尊重学生的参与意愿及其退出研究的权利。其次，有益原则意味着研究者不应因方便接触或容易获得就将学生作为教学学术的被试群体，而应在研究问题与学生群体的利益直接相关时使用学生为被试群体。换而言之，教学学术应关涉学生群体的利益，能够使学生群体从研究中直接获益。最后，公正是指在

---

[1] U. S. Department of Health and Human Services, "2018 Requirements (2018 Common Rule)", https：//www. hhs. gov/ohrp/regulations - and - policy/regulations/45 - cfr - 46/revised - common-rule-regulatory-text/index. html#46. 102. （2023-07-01）

[2] University of Cincinnati, "Ethics & the IRB Review Process：A Guide for SoTL Researchers at UC", （2015-10-16）, https：//www. uc. edu/content/dam/uc/cetl/docs/IRB% 20for% 20SoTL. pdf. （2023-07-05）

教学学术研究人员在选择被试时应该具有包容性,不得基于文化、语言、宗教、种族、性取向、民族、语言熟练程度、性别或年龄等因素排除个人参与研究的机会。① 如果有充分的理由,研究者需要解释这种纳入与排除标准与研究问题或研究目的之间的关系。例如,如果某项研究与性别理论相关联,研究者在筛选被试时就可以将某一性别群体排除在被试之外。

(三) 参与和反馈

在教学学术中,人类受试者既不是行为、认知和人格变量的集合体,也不是单纯的数据来源,而是有尊严、有价值的人。他们不仅可以触及研究者的"专家盲点"②,还原真实的学习过程,还能从学生的视角出发识别出潜在的研究风险。因此,作为人类受试者的学生群体应积极参与研究,并在研究过程中给予适当的反馈。这种参与和反馈既可以保护人类受试者的合法权益,还能确保教学学术研究结果的科学性和客观性。

首先,学生的学习经验是教学学术重要的参考资源,③ 学生可以通过向研究者提供与其学习有关的数据来参与研究。在高校问责制的背景下,作为高等教育最终受益者的学生有权对高校的教学、课程及其学习体验进行评价。这种评价既可以作为高校开展学习效果评估的证据,也可以作为衡量学生学习表现的数据应用于教学学术。除此之外,学生还可以通过参加焦点小组、接受访谈和重点观察等途径为教学学术研究者提供更为丰富和深入的信息。其次,为了确保研究结果的真实性和可靠性,学生在教学学术研究过程中应参与研究数据的解释,尤其是定性数据。研究者在解释学生学习数据时可能会丢失一些关键信息,造成对数

---

① Lisa Fedoruk, *Ethics in the Scholarship of Teaching and Learning: Key Principles and Strategies for Ethical Practice*, Calgary: Taylor Institute for Teaching and Learning, 2017, pp. 2-11.

② Nancy Chick, "Strategies for Ethical SoTL Practice", *The National Teaching & Learning Forum*, Vol. 28, No. 6, October 2019, pp. 7-10.

③ Mia O'Brien, "Navigating the SoTL Landscape: A Compass, Map and Some Tools for Getting Started", *International Journal for the Scholarship of Teaching and Learning*, Vol. 2, No. 2, July 2008, pp. 1-16.

据的曲解或误读，而学生对其学习数据有充分的解释权。为了保证教学学术研究结果的真实可靠，研究人员需要结合参与者本人的观点及其对数据的解释来印证结论。最后，如果学生在研究过程中感受到了潜在的研究风险并由此萌生了退出教学学术研究的意向，应及时向研究者反馈。否则，教学学术将对学生造成伤害。

三 人类受试者引发的伦理困境

在确定被试群体、对被试群体进行抽样和筛选以及被试参与教学学术并给予反馈的过程中潜藏着一系列伦理困境。这些伦理困境包括胁迫与自愿参与的冲突、知情同意的获得与否、公开性与隐私权的冲突以及研究风险与价值的冲突。伦理问题的出现并不意味着教学学术本身存在问题，恰恰相反，对伦理问题的关注正是某一研究领域或实践领域走向成熟的标志。[①]

（一）胁迫与自愿参与的冲突

当研究参与者依赖于"权威人物"时，参与者就会构成"被俘虏群体"。在此情况下，参与者的决策自由可能会受到"权威人物"的压迫，其自主性会在无形中被削弱。教学学术实施主体及其研究对象，即教师和学生间不平等的权力关系使参与到教师主导研究中的学生成为"被俘虏群体"。[②] 因此，胁迫是教学学术需要特别关注的伦理问题。在教学学术背景下，胁迫可以通过三种方式发生。首先，学生可能会迫于教师权威而参与研究。教师掌握着指导学生，对学生学业成绩、品行等各方面表现进行评分的权利。如果拒绝参与研究，学生可能会受到教师的负面评价。其次，胁迫可能会通过为参与者提供激励而发生。在开展研究时，为了招募足够数量的被试，教师通常会为参与研究的学生提供

---

① Pat Hutchings, "Competing Goods: Ethical Issues in the Scholarship of Teaching and Learning", Change: The Magazine of Higher Learning, Vol. 35, No. 5, September 2003, pp. 26-33.

② Dalhousie University, "Dalhousie University Research Ethics Board Guidelines on the Scholarship of Teaching and Learning", https://cdn.dal.ca/content/dam/dalhousie/pdf/research-services/REB/SoLT_Guidelines_final_2017Feb10.pdf. （2023-12-13）

一些直接利益，如学分、现金等。这些激励可能会构成不适当的引诱，进而影响学生参与研究的自愿性。最后，学生也可能会因为喜欢某一位教师或想要获得教师的认可而被迫参与。

尊重参与者行使自由选择的权利是研究伦理的基石。① 而胁迫则违反了尊重人这一基本伦理准则，侵犯了学生自主决定的权利。因此，消除胁迫现象是使教学学术实践合乎伦理的必要条件。但在教学学术中，胁迫问题却难以从根本上解决。一方面，教学学术的本质决定了教学学术的实施主体将承担教师和研究者的双重角色，而双重角色意味着师生间的权力关系会同样存在于研究者与研究参与者的角色之间；另一方面，师生之间的权力差异是固有的，是由知识与权力的共生关系、尊师重教的社会文化以及大学内部的权力结构所导致的，难以在短时间内发生改变。既然自愿参与在教学学术中无法真正实现，那么研究者需要思考的问题就应是采取何种措施去减少参与者感知到的胁迫程度，进而缓解两者间的冲突。

(二) 知情同意的获得与否

获得研究参与者的知情同意是涉及人类受试者的研究需要遵守的伦理准则之一。以约翰斯·霍布金斯大学的鲁思·R. 芳登和乔治敦大学的汤姆·比彻姆为代表的生命伦理学家曾对知情同意的理论基础进行了直接和系统的论证，他们强调知情同意的目的就是尊重自主的个人和自主的行动。知情同意中包含"知情"和"同意"两点要求。② 第一，"知情"意味着研究参与者应被充分告知与研究相关的各种信息，包括资金来源、研究目的、研究方法、数据收集策略和保密措施、可能产生的利益冲突以及潜在的研究风险等。同时，研究参与者还应被告知其选择拒绝参与或在任何时候退出研究的权利。第二，"同意"是指研究参与者应当具有表示同意的法律行为能力，并且在开展研究之前，研究者

---

① Nancy L. Chick, ed., *SoTL in Action: Illuminating Critical Moments of Practice*, Sterling: Stylus Publishing, 2018, p. 64.

② Lin S. Norton, *Action Research in Teaching and Learning: A Practical Guide to Conducting Pedagogical Research in Universities* (second edition), New York: Routledge, 2009, p. 181.

应获得研究参与者的"同意"。这种"同意"应是研究参与者在掌握足够信息且没有受到任何胁迫的情况下自主做出的决定。知情同意最好采取书面形式,如果不能取得书面形式的知情同意,非书面的同意必须正式记录在案并由证人作证。

在将"知情同意"这一基本的研究伦理准则应用于教学学术实践中时,情况会变得特别复杂,这主要与教学学术与课堂教学以及学生学习数据的密切联系有关。首先,教学学术通常围绕正常的教学实践开展,涉及各种教学技术、学习工具、课程材料或课堂教学策略有效性的比较。这种比较需要以学生的行为表现为基础,因此,教学学术通常涉及对学生的自然观察和调查。一系列心理学实验已经证实,在研究开始前透漏太多信息会对研究结果产生无益的影响。如果学生知道正在进行教学学术,他们的表现可能会与平常不同,进而影响研究结果的准确性和科学性。在此情况下,如果不放弃知情同意,研究将无法进行。① 因此,有些教学学术研究者会质疑知情同意的概念,并开始怀疑这种"善意的告知"是否会适得其反。其次,虽然在通常情况下,研究者必须征得参与者个人同意后才能使用其数据开展研究,但教学学术有时并不涉及学生群体的直接参与,而是以当前研究项目之外的其他活动中获取的数据为数据源。例如,学生作业、教育材料、项目、课程和教师评估以及学校记录等。这就涉及了数据的二次利用的问题,即使用以往的活动中收集的数据开展研究时,是否需要获得学生的知情同意?最后,教学学术对学生的影响是不确定的。当研究者无法告知研究参与者这项研究对他们产生的所有影响时,应该如何要求"知情同意"也是教学学术中需要考虑的伦理问题。

(三) 公开性与隐私权的冲突

高等教育中的教学虽然是教师们的共同实践活动,且通常在公共的教育环境中进行,但它却被认为是教师的私人行为。然而,教学学术则

---

① Ryan C. Martin, "Navigating the IRB: The Ethics of SoTL", *New Directions for Teaching and Learning*, Vol. 2013, No. 136, December 2013, pp. 59-71.

将原本私密的教学工作置于聚光灯下,主张以一种可接受同行评议的方式记录和展示教师的教学以及学生的学习过程。① 因此,"公开"是教学学术的基本原则之一,它意味着将教师的私人课堂转变为公开的案例研究,并通过期刊论文、著作、会议报告、研讨会或社交媒体等正式或非正式途径传播研究结果。对研究过程和结果的公开虽然可以拓展高等教育教与学的知识体系,为他人的教学实践和研究提供基础,但对教学工作的公开也导致了新的伦理困境的产生,即教学学术的公开性与保护研究参与者隐私的需求之间的冲突。

"匿名"和"保密"是社会科学研究需要遵循的基本伦理准则。在进行学术研究时,研究者应确保给予研究参与者保密和匿名的权利。其中,"匿名"意味着研究者应隐藏研究参与者的身份信息;"保密"是指除了研究人员之外,其他人无权访问参与者提供的数据。② 在教学学术中,学生数据的匿名性和机密性是一个较为复杂的伦理问题。一方面,研究方法的选择和数据的收集是教学学术伦理的中心问题。教学学术将学生作业、考试数据、论文以及研究者对学生的调查、访谈等内容作为数据源,使得研究参与者的完全匿名成了一个无法实现的目标。尤其是在使用定性研究方法的情况下,研究中会包括丰富的上下文细节,这些详尽的背景信息有可能使学生的隐私受到侵犯。但如果研究中不包含这些叙述,教学学术又可能会失去其自身的研究价值。③ 另一方面,教学学术对研究结果的公开可能会使学生身份的保密性难以实现。保密性包括在公开研究成果时如何保护研究参与者数据的伦理考虑。教学学术通常在课堂教学的基础上开展,因此,当研究者以教师的身份在期刊、会议或社交平台公开其发表的研究成果时,其他人则可以相对容易地识别出特定的学生及其学习数据。最后,由于研究者与学生之间存在

---

① Pat Hutchings ed., *Ethics of Inquiry: Issues in the Scholarship of Teaching and Learning*, Menlo Park: Carnegie Publications, 2002, pp. 1-19.

② Lin S. Norton, *Action Research in Teaching and Learning: A Practical Guide to Conducting Pedagogical Research in Universities*, New York: Routledge, 2009, p. 185.

③ Pat Hutchings ed., *Ethics of Inquiry: Issues in the Scholarship of Teaching and Learning*, Menlo Park: Carnegie Publications, 2002, Forward vii.

直接的教学关系，因此，研究者通常对学生有一定程度的了解。在此情况下，研究者可能会通过研究数据识别出数据所指个人。

(四) 研究风险与价值的冲突

在所有涉及人类受试者的研究中，研究人员有义务保护人类受试者，使其免受身体、情感和社会方面的伤害。虽然与生物医学研究相比，教学学术的研究风险水平较低，不太可能对学生造成身体层面的伤害，但它仍然有可能损害学生的自尊心，影响学生的学习成绩，给学生带来情感和社会伤害。[①] 因此，如何在合理规避研究风险的同时确保研究价值是教学学术面临的又一伦理困境。首先，教学学术研究设计方面的风险。在进行有效性比较时，随机对照试验是相对客观和科学的方法，但这种研究设计可能会对学生造成一定的伤害。一方面，当研究者认为某种方法可以帮助学生更有效地学习时，它就变成了一个伦理问题。[②] 即让一组学生体验改进后的教学方法，而让另一组学生使用原来的教学方法是否合乎伦理？教师有责任让所有的学生获得尽可能好的学习体验，如果干预措施能够使学习者的学习成绩显著提高，那么控制组的学生就被剥夺了更好、更有教育意义的体验。另一方面，当研究者在无法确定干预措施对学生学习水平影响的情况下，这种伦理问题依然存在，即让学生接受一种不熟悉的教学方法在道德层面是否合理？[③] 在无法保证学生学习水平会提高时，这种研究设计实际上会干扰对照组学生的学习，甚至会导致学生的表现比平常更差。除此之外，随机对照试验还存在"研究者偏向"的问题，[④] 即研究人员在研究某一干预措施有效性时，会对研究结果抱有一定的期望。这种期望会自觉或不自觉地表现

[①] Kathleen McKinney, *Enhancing Learning Through the Scholarship of Teaching and Learning: The Challenges and Joys of Juggling*, Bolton: Anker Publishing Company, 2007, pp. 64–65.

[②] Jessica Pool and Gerda Reitsma, "Adhering to Scientific and Ethical Criteria for Scholarship of Teaching and Learning", *Critical Studies in Teaching and Learning*, Vol. 5, No. 1, 2017, pp. 36–48.

[③] Pat Hutching ed., *Ethics of Inquiry: Issues in the Scholarship of Teaching and Learning*, Menlo Park: Carnegie Publications, 2002, pp. 1–19.

[④] Pat Hutchings ed., *Ethics of Inquiry: Issues in the Scholarship of Teaching and Learning*, Menlo Park: Carnegie Publications, 2002, p. 20.

在研究人员与被试的互动过程中，如给予对照组学生更多的关注和精力，从而使研究结果产生偏差。

其次，教学学术还涉及侵占课堂时间开展的伦理问题。课堂是开展教学学术最合适的场所，但利用教学时间进行研究并不能直接让学生受益，反而还有可能减损课程的教育价值，进而影响学生的学习表现和学业成绩。

最后，给研究参与者造成额外负担的问题。学生学习数据是教学研究的核心。虽然大部分数据都是教师教学过程中自然产生的，但有时教学学术研究者需要额外的数据，这些数据可能与学生的学习并无直接关系。因此，研究者可能会要求学生在正常教学实践之外完成一些额外的调查问卷或测试。这些要求会增加学生的工作量，给学生造成一定的负担。要求学生参与研究，特别是在研究没有为学生个人带来明显益处的情况下，会造成教学伦理与研究需求相冲突的两难境地。

第二节　教学学术伦理的成因

西方伦理传统内在的缺陷和冲突、学生群体以人类受试者身份参与研究的风险以及教学学术作为一种特殊的学术类型所具备的复杂性是教学学术伦理困境的主要来源。由于教学学术与教学行动研究、课堂研究等研究类型存在一定的相似性，因此，教学学术的伦理问题呈现出既一般又特殊的特点。

一　西方伦理传统的影响

功利主义与义务论作为现代社会中较为流行的两种伦理理论，深刻地影响着教学学术研究主体的思维和行为方式，两种伦理理论内在的不足间接地导致了教学学术伦理困境的产生。其中，效果论忽视了个人利益和社会利益间的冲突，使研究者难以在确保社会利益最大化的同时保障研究参与者个人利益的最大化；义务论则未考虑到理性多元化背景下不同伦理原则间的矛盾，这种矛盾很难使研究者在不同的伦理原则中做出非此即彼的选择。此外，效果论伦理传统和义务论伦理传统之间的分歧和对立也进一步加剧了教学学术的伦理困境。

(一) 功利主义伦理传统

效果论又被称为功利主义或后果主义，是目的论伦理学思想之一，其思想渊源可追溯到古希腊时期亚里斯提卜和伊壁鸠鲁等人所主张的快乐主义伦理学说。快乐主义伦理学认为人是目的性的存在物，人生的终极目的就是追求快乐。因此，快乐就是最真实的善，不快乐或痛苦就是恶。例如，快乐主义伦理学代表人物伊壁鸠鲁曾言："快乐是幸福生活的开始和目的。因为我们认为幸福生活是我们天生的最高的善，我们的一切取舍都从快乐出发，我们的最终目的乃是得到快乐。"[①] 快乐主义伦理学强调从感觉论出发，以人的情感为标准来评断善恶，显得庸俗和狭隘，并没有得到人们的广泛认可。后来，以边沁和穆勒为代表的思想家以经验哲学和法国唯物主义思想为基础，对快乐主义伦理思想进行了改造。他们用"功利"这一更具社会价值性的概念取代了"快乐"，促成了快乐主义向功利主义的转变。自 19 世纪后期以来，功利主义渗透到了西方社会的各个方面，构成了现代西方社会的一种生活观，一种社会的整体价值取向，一种社会伦理准则和道德规范。

功利主义伦理思想中体现了"功利原则"。首先，"功利"指的是能够给利益攸关的当事人带来快乐或防止痛苦的事物特性。换而言之，"功利"就是"快乐""幸福"和"利益"的代名词，但这种利益并非单纯的物质利益，还包括精神、情感和心灵上的利益。[②] 功利主义伦理学所依据的原则是：做某事之所以合乎道德，是因为它会带来某些好处。对于研究人员和审查委员会而言，这涉及对研究的潜在利益及其可能产生的负面后果的考量。例如，学生参与研究访谈的负面后果可能仅仅是浪费了原本用于教学的时间。然而，如果潜在的好处被认为大于其负面影响，那么伦理立场就是可以接受的。简而言之，在功利主义伦理

[①] 周辅成编：《西方伦理学名著选辑（上卷）》，商务印书馆 1964 年版，第 103 页。
[②] 唐代兴：《边沁功利主义思想浅析》，《北京社会科学》2002 年第 3 期。

框架内，研究人员需要寻求"利益最大化，伤害最小化"。功利主义伦理学把"最大多数人的最大幸福"作为根本的道德准则意味着功利不仅仅是个人对自身利益生活的追求，也是个人对自身利益之外的社会理想的设定与追求。其中，个人利益的最大化是动机和起点，社会利益的最大化是目标和归宿。社会作为一个由个体构成的团体，社会利益就是社会之所有单个成员的利益之和。

由此可见，功利主义伦理思想忽略了个人利益和社会利益之间的冲突，存在试图把社会利益还原为个人利益总和的倾向。但是，个人利益的最大化不一定能保证社会利益的最大化，社会利益的最大化也不能确保个人利益的最大化。教学学术至少涉及三方面的利益：教师或研究者的利益、学生或研究参与者的利益以及社会利益。在功利主义伦理思维和价值取向的影响下，研究者很难平衡教学学术所带来的个人利益和社会利益，可能会陷入进退两难的伦理困境。例如，在将教学学术研究成果推广到其他群体会给更多人带来益处的情况下，功利主义伦理原则可能会忽视隐私泄露的问题，进而给受试者个人带来伤害。此外，教学学术研究成果的出版可能会为教师带来职业晋升等利益，但却可能会影响学生的成绩、情绪和社会声誉。按照这种狭隘的功利主义标准，一个人的行为只要能够创造最大的"利益净余额"，就是道德的。但实际并非如此，在人们利益不冲突时，哪怕牺牲一个人的利益，无论产生多少"利益净余额"也是不道德的。

（二）义务论伦理传统

义务论又被称为道义论，其思想渊源可追溯至古希腊时期的道德义务论。道德义务论将人最根本的目的视为德行的完善，而德行的完善则取决于人在城邦生活中对政治义务的充分履行。近代以来，在托马斯·霍布斯、洛克、卢梭和康德等人的推动下，以义务为核心的伦理学体系得以形成。在义务论视角下，人既是自然的一部分，从属于经验世界的必然规律，同时又由于具有理性和意志而从属于超验的世界。简而言之，人是自由和理性的存在。因此，义务论不赞成把道德的复兴完全寄托于人快乐或痛苦的情感，而主张求助于人理性中的道德法则和道德义务。与目的论相比，义务论有一个较为宏观的视野，它旨在探讨什么是人生世界的必然命运？人必须遵循什么样的自然法则？在命运和自然面前人必须做什么，必须服从什么？① 因此，义务论具有明显的"规范转向"，是一个以行为本身正当性而非行为结果为标准对行为道德价值进行评判的伦理体系。所谓的行为正当性是指行为符合一定的伦理规范与原则。由此可见，义务论中的"义务"并不是一个经验概念，而是先于一切经验存在的纯粹实践理性理念。在义务论的语境下，这种伦理原则与规范源于人的理性向人发出的"绝对命令"。

义务论排斥感性经验，主张实现最纯粹的道德价值。但人并不是抽象的理性存在物，感性经验是人类道德实践不可忽视的一部分，因此，义务论在面对道德实践时面临着因片面强调理性而造成的困境。义务论强调人们必须按照某种正当性或者某种道德原则去行动，将避免作恶而不是致力于行善作为道德准则的首要目标。这种把道德视为保护个体不受其他个体伤害的一种权力界限，为研究伦理中的不伤害原则做出了合乎逻辑的论证。但义务论摒弃了对行为选择产生影响的个体价值观、情感、利益诉求等偶然性因素，将道德推理置于一个不同于现实生活的形式逻辑空间。虽然在具体实践中，伦理原则与规范对于教学学术研究主体的伦理决策具有重要意义，但人们很难在理性多元化的时代背景下确定一套具有普适性的伦理原则和道德规范。真实情境中交织的许多伦理原则可能会产生价值冲突，使研究者陷入难以抉择的伦理困境。

（三）义务论和功利论的冲突

功利主义和义务论在道德标准、"正当"与"善"的关系等方面的分歧构成了价值冲突，从而加剧了教学学术伦理困境。就道德标准而言，功利主义着眼点是以"最大多数人的最大利益"为标准，而义务论认为行为的道德价值与行为结果没有任何联系，只在于行为本身是否遵循了善良意志。这种意志是处于尊重道德规律的普遍理性表达，行为

---

① 邓安庆：《道义论伦理学谱系考》，《伦理学研究》2021年第4期。

的道德价值最终只能在普遍理性的先天"绝对命令"那里得到确证。因此,在功利主义视角下,教学学术研究者的伦理决策应基于研究结果,而在义务论视角下,研究者的伦理决策应基于规则。行为主体本应满足两种规范的要求,但在具体实践中却无法做到这一点,从而使行为主体处于一种两难的情形。就"正当"与"善"两者的关系而言,功利主义认为"善"优先于"正当",而义务论认为"正当"优先于"善"。"善"与"正当"并不是相互排斥的两种价值,但两者在价值位阶上存在实质区别。在目的论中,"善"是"正当"的价值依据,而在义务论中,"正当"是"善"的价值来源。

以功利主义和义务论为代表的西方伦理传统在一定程度上产生了伦理冲突,引发了不同研究者对教学学术伦理的争议。实际上,实践领域中的价值冲突是任何一种伦理理论及其原则都无法应对的,单一的理论无法为现实问题的解答提供有价值的伦理导向。因此,促进不同伦理理论分支的融合互补是突破伦理困境的重要手段。在由各种伦理理论分支构成的组合体中,不同的伦理理论均拥有规范导向的价值,但某一伦理理论不会垄断全部的导向价值。[①] 换而言之,对某一行为道德价值的判断并非基于单个的理论或原则,而是建立在无内在矛盾的,由不同伦理理论分支构成的信念系统之上。例如,美国伦理学家汤姆·比彻姆等人提出的生命伦理学四项基本原则,即不伤害、行善、自主、公正就为生命伦理学中伦理冲突的解决提供了一个框架。

二 学生群体的脆弱性

尽管与病患、囚犯等弱势群体相比,学生群体在身体和精神层面普遍健康且具有理解、判断和自主做出决定的能力,但师生间的权力差异、研究者的双重角色以及学生之间的同伴压力却可能损害学生的自主权、给学生群体带来不当影响,进而引发了自愿参与、知情同意和学生隐私保护等方面的伦理冲突。

---

① 甘绍平:《道德冲突与伦理应用》,《哲学研究》2012年第6期。

(一) 师生之间的权力差异

米歇尔·福柯的微观权力理论超越了宏观权力理论只关注国家政治权力的局限,探讨了社会中精神病院、医院、监狱和学校等机构中的微观权力形式及其运行机制。① 该理论明确了现代权力的网状存在形态,认为权力是一种无处不在、错综复杂的关系,是遍布社会肌体的"毛细血管",社会中的每个个体都处于相互交错的权力网中,同时扮演着权力实施主体和实施对象的角色。学校作为社会组成部分,同样也是重要的权力运行场所。学校中的权力关系包括国家与学校的关系、学校与教师的关系、学校与学生的关系以及教师与学生的关系等。其中,教师与学生的关系是学校场域中各种权力关系运作的底盘。② 权力包括多种类型,从合格性权力的角度而言,若一个人控制着他人所需的资源或占据着某种权威的位置,这个人就能对他人形成权力。③ 因此,在学校中,师生双方的权力关系是不平等的。

首先,这种权力差异体现在学科知识和专业技能方面。教师掌握着丰富的专业知识和技能,对专门文化教育资源的占有处于决定性地位。而学生的知识水平和教育水平则低于教师,他们需要借助教师的指导才能满足其学习需求。因此,学科知识和能力作为权力来源的基础和核心,导致了学生对教师的依赖。

其次,相较于学生群体,教师在社会和大学制度文化中处于一个更加权威的地位。教师不仅受国家、社会和家庭的委托行使教育学生的权利,还是学校权力的具体执行者,负责对学生学业成绩、能力和品行进行评定。虽然学生也是师生权力关系中的权力主体,可以对教师的教学进行评价、与教师共同管理教育教学活动等,但学生的权威地位和话语权远不及教师。

---

① 刘军:《从宏观统治权力到微观规训权力——马克思与福柯权力理论的当代对话》,《江海学刊》2013年第1期。
② 于春燕:《我国学校场域权力关系运作及其后果分析——基于福柯微观权力理论的视角》,《理论与改革》2013年第1期。
③ [美]丹尼斯·朗:《权力论》,陆震纶、郑明哲译,中国社会科学出版社2001年版,第60页。

最后，学生与教师的经济状况也存在差距。如果教师为参与教学学术的学生提供物质层面的激励，那么经济状况不佳的学生即便对研究存在顾虑，也有可能选择参与研究。这种内在的权力差异使得学生和教师之间形成了一种俘虏或依赖关系，对处于依赖地位的学生群体具有潜在的不当影响，进而增加了学生群体的脆弱性。当教师以学生为对象开展教学学术研究时，学生自愿同意的能力会因为受到社会和大学中权力结构的影响而受到损害或限制，[1] 由此导致胁迫与自愿参与的伦理困境。例如，为了与教师保持良好的关系以获得教师的推荐信或因为害怕拒绝参与会收到教师的负面评价，学生即便没有参与研究的意愿，但迫于压力还是会参与研究。

(二) 研究人员的双重角色

双重代理是大多数循证研究共有的特征之一，它指的是一个人与其他人或其他群体互动时，同时扮演两种角色的情况。[2] 例如，在临床医学研究中，护士就同时扮演着研究者和护理者的双重角色。在这种双重角色背景下，可能会存在"一个道德上严肃的人发现自己履行一种社会角色的责任将阻止自己履行另一种社会角色的责任"[3] 的情况。教学学术是教学实践主体对自身教学实践的关怀。因此，教学学术的主体具有统一性，即教学学术研究主体往往与教学主体是同一主体。当教师以自己所教授的学生为对象开展研究时，他们通常会承担着教师和研究者的双重角色。不同的角色承担着不同的职责，被赋予了不同的行为期待。教学学术虽然试图模糊大学教授作为教育者和研究者两种角色的界限，但在伦理维度，教育者和研究者的角色冲突仍然较为突出，教师需要在教学和研究目标的分歧中取得平衡。

首先，从两种角色的职责而言，教师的主要职责是开展教学活动，

---

[1] Linda M. Ferguson, Olive Yonge and Florence Myrick, "Students' Involvement in Faculty Research: Ethical and Methodological Issues", *International Journal of Qualitative Methods*, Vol. 3, No. 4, December 2004, pp. 56-68.

[2] Marie Edwards and Karen Chalmers, "Double Agency in Clinical Research", *Canadian Journal of Nursing Research*, Vol. 34, No. 1, June 2002, pp. 131-142.

[3] [美] A. 麦金太尔：《道德困境》，莫伟民译，《哲学译丛》1992年第2期。

满足学生的学习需求。而研究者的主要职责是开展教学研究,创造学术知识。因此,在课堂教学过程中,教师应尽量排除一切干扰课堂教学的因素,确保教学实践的正常开展。而研究者则需要对正常的教学情境进行干预和控制,使其符合传统学术研究的科学标准以获得客观的研究结论。其次,两种角色处理教学实践问题的方式也存在差异。当教学过程中出现问题时,教师需要及时处理问题,为学生提供良好的学习体验。而研究者则更倾向于采取观察行为,以便收集、分析数据,并从中得出结论。最后,两种角色也存在一定的利益冲突。由于教师和学生之间存在信托关系,[①] 教师在教学设计、课程材料和教学策略选择等方面做出的决定要符合学生的最大利益,促进有效的学习。但当涉及教学研究时,情况会变得较为复杂。因为研究的目的不仅包括改善学生学习,还包括通过发表出版物或会议报告来促进教师的职业发展。由此可见,教学学术实施主体的两种角色之间存在一种不可避免的紧张关系。它不仅使得学生的完全匿名难以实现,还导致了胁迫、隐私泄露等伦理问题的出现。

(三) 学生之间的同伴压力

除了权威的影响之外,同伴压力或群体压力也在很大程度上影响着教学学术研究参与者的知情同意。[②] 群体压力一般指个体所在群体对个体行为决策的影响力。所罗门·E. 阿希的经典从众实验——三垂线实验表明,群体压力会使得个体放弃或违背自己的观点,使自己的观点和行为与群体保持一致。在该实验中,所罗门·E. 阿希以男性大学生为被试,每组 7 人,其中 6 人是实验助手,只有 1 位是真正的被试,并且该被试不知道其他 6 人的身份。实验开始后,所罗门·E. 阿希向所有人展示了一条标准直线 X 和三条用于与标准直线进行长度比较的直线,

---

① Linda M. Ferguson, Flo Myrick and Olive Yonge, "Ethically Involving Students in Faculty Research", *Nurse Education Today*, Vol. 26, No. 8, July 2006, pp. 705-711.

② Lin S. Norton, *Action Research in Teaching and Learning: A Practical Guide to Conducting Pedagogical Research in Universities* (second edition), New York: Routledge, 2009, p. 188.

三条直线中只有一条与标准直线长度相同,被试需要判断出该直线。实验过程中,被试的回答被安排在6名助手的回答之后,而6名助手均按照事先的要求说出了统一的错误答案。结果,在所有被试中有37%遵从了其他人的错误答案,大概有四分之三的人至少出现了一次从众。一般认为,发生从众行为是因为个体受到了信息压力或规范压力。其中,信息压力是指在模棱两可的情况下,个体越容易相信多数人的观点;规范压力是指个体往往不愿意违背群体标准,成为群体中的"越轨者"。在教学学术中,群体压力一般表现为规范压力。当教师在课堂上开展研究时,学生往往害怕成为"离群之马",也不愿意承担与众不同的代价。例如,当教师在课堂上进行问卷调查时,即便教师向学生保证不参与研究不会受到任何形式的惩罚,但大多数学生仍然会服从群体压力,选择参与教学学术。

三 教学学术的复杂性

社会科学研究领域已经为涉及人类受试者的研究制定了一系列道德原则与行为规范。当研究者将这些原则与规范应用于教学学术中时,问题会变得特别复杂。这种复杂性主要与教学学术研究人员的多样性、研究过程对证据的过度依赖以及研究结果的公开性有关。

(一) 研究人员的多样性

20世纪90年代,为了平衡教学与科研,改变美国大学将研究和出版物作为教师奖励制度的主要标准的做法,博耶在《学术反思——教授工作的重点领域》一书中扩大了"学术"的内涵,创造性地提出了教学学术的概念。在博耶看来,教学作为一门学术性事业,是从自己所懂得的东西开始的……教学上的程序应当认真计划、不断地检查,并同所教科目直接联系起来。[①] 自博耶提出"教学学术"一词以来,不少学者

---

① 吕达、周满生主编:《当代外国教育改革著名文献(美国卷·第三册)》,人民教育出版社2004年版,第23页。

对其内涵进行了界定。例如,舍恩根据学术活动依赖于行动研究这一特点,将教学学术定义为教师在教学实践中的研究能力。① 安·L.达林认为,教学学术是对与学生学习相关的教学进行实证检验的工作。虽然不同学者对教学学术的定义存在差异,但大学教授是实践教学学术的主体是学界广泛存在的共识。各学科领域的教师都可以运用其所处学科的概念和方法对教学过程和学生学习过程进行系统的反思和研究。

不同学科领域的认识论和方法论存在差异,这种差异可以延伸到研究者对教学学术伦理的认识层面,进而导致教学学术伦理问题的产生。例如,生命科学与社会学、心理学等社会科学领域的研究通常会涉及人类受试者,因此,生命科学与社会科学研究领域的教师具备较强的伦理意识,他们在将学生作为研究对象开展课堂研究时能够以研究伦理政策为依据,有意识地规避教学学术中潜在的伦理风险。但物理学与文学、历史学等人文科学的研究则通常以自然现象和人的精神、文化、价值、观念为研究对象,较少涉及人类受试者。这些学科领域的教师缺乏正规的研究伦理培训,对涉及人类受试者的研究伦理政策理解不足,因此在开展教学学术时不能充分考虑其中涉及的研究伦理问题。② 由此就导致了以权力差异胁迫学生参与研究、在未取得学生知情同意的情况下开展研究、在公开发表的研究中暴露学生隐私、对学生造成不当影响等伦理问题的出现。

(二) 对证据的过度依赖

"循证"或"以证据为基础"这一概念首先出现于临床医学领域,它建立在经验医学的基础之上,注重通过随机对照试验、元分析和系统综述等方法为医疗决策的有效性提供证据,进而提高医疗保健干预措施的效率。随着循证医学的系统化和制度化发展,"循证"理念逐渐被引

---

① 王宝玺、朱超颖:《国外"教学学术"概念发展脉络演进》,《全球教育展望》2018年第4期。

② Ruth L. Healey, Tina Bass and Jay Caulfield, et al., "Being Ethically Minded: Practising the Scholarship of Teaching and Learning in an Ethical Manner", *Teaching and Learning Inquiry*, Vol. 1, No. 2, September 2013, pp. 23-33.

入了教育领域以解决教育研究与实践脱节的问题。1996年,剑桥大学教育学院的戴维·H. 哈格里夫斯首次提出了"循证教学"的概念,他认为教师和医生在实践决策中存在一定的相似性,教师的教学应当与医生的诊疗一样遵循科学研究的证据。① 循证教学是指教师有意识地、有效地获取、解释、运用证据,进而以一种适用于学生的方式进行教学实践的过程。② 在开展循证教学实践时,教师首先要确定教学问题;其次由研究者对相关证据进行挖掘和呈现,这种证据既包括从实验研究、准实验研究、相关研究中获得的证据,也包括从质性研究中获得的证据;再次,教师应基于研究证据采取一定的教学策略;最后,教师需要对教学策略进行持续性的评估和改进。

教学学术主要包含三种类型的研究,首先是关于特定班级或课程的报告,在该类型的教学学术中,研究者通常需要收集学生在教学实践变化前后的定性或定量数据。其次是对课程和学生的比较,在此类教学学术中,研究者使用共同的测量工具或类似的工具对多个课程或课程的某一部分进行定量或定性比较。最后是对已有教学学术文献的综合,类似于研究的定量荟萃分析。③ 教学学术与循证教学实践一样,均以教学实践中产生的问题为导向,侧重于对教师自己在教学实践中收集到的证据进行系统反思,以提高学生的学习质量。许多世界一流大学都将"以证据为基础"作为教学学术的特点之一。例如,哥伦比亚大学将教学学术界定为:"一项以证据为基础、面向学术界的事业,在这项事业中,教师们使用学术视角来审视高等教育中学生的学习过程,并通过教学法和课程的创新来改进教学实践。"④ 英属哥伦比亚大学指出,教学学术的目标之一就是对课堂教学进行学术研究,就不同教学方法的有效性提出

---

① David H. Hargreaves, "In Defence of Research for Evidence-based Teaching: A Rejoinder to Martyn Hammersley", *British Educational Research Journal*, Vol. 23, No. 4, September 1997, pp. 405-419.

② 陈露茜、苏艺晴:《循证教育溯源及其困境》,《清华大学教育研究》2022年第4期。

③ Georjeanna Wilson-Doenges and Regan A. R. Gurung, "Benchmarks for Scholarly Investigations of Teaching and Learning", *Australian Journal of Psychology*, Vol. 65, No. 1, 2013, pp. 63-70.

④ Columbia University, "SoTL Research Basics", https://soler.columbia.edu/sotl-research-basics. (2023-07-05)

问题并收集证据，开展评估。① 这种循证取向意味着在开展教学学术的过程中，教师需要对教育情境进行一定程度的干预以获取学生学习数据，并在数据的驱动下对教育策略的有效性进行评估，进而做出教育决策。教学学术的循证取向对于提高教学学术的学术地位具有重要意义，但其对随机对照试验的强调、对证据的依赖以及对有效性的过度追求也引发了教学学术伦理困境。一方面，用于调查自然界因果机制的黄金标准随机对照试验方法难以在教学学术中运用，因为这样做干扰了正常的教学实践，可能会给学生带来学业风险；另一方面，通过实验、问卷、访谈等方法获取的证据虽然能证明教学行为的有效性，但也存在侵犯学生个人隐私以及使学生承担额外的研究负担等风险。

（三）研究结果的公开性

舒尔曼认为，教学在学术界之所以没有得到重视，是因为与传统学术研究相比，教学是一项私人性的活动。它通常由教师个人在一定的教学空间中单独开展，并且不会为教师个人之外的教学共同体创造出具有普遍性的知识以供利用。然而，将教学认定为一种学术类型则意味着教学学术需要具备公开、可接受同行的批判性审查和评价以及可被同行使用和发展的特征。② 这些特征是所有学术研究的基石，它们不仅可以确保研究的科学性和严谨性，还能够扩展和深化高等教育中教与学的知识体系，为共同体成员提供更多的信息和策略以供使用。因此，教学学术与传统学术研究一样，需要公开其研究结果，使教学成为学术共同体成员的"共同财富"。

当教学成为"共同财富"时，新的伦理困境就产生了。教学学术与行动研究在研究目的、研究对象、研究过程、研究方法和研究结果呈现等方面具有相似的基本理念。赫钦斯等人在对教学学术的内涵进行拓展时指出，教学学术是教师在自己的课堂上开展的行动研究。教学行动

---

① The University of British Columbia, "What is SoTL?", https://isotl.ctlt.ubc.ca/about/sotl/.（2023-07-06）

② Lee S. Shulman, "Taking Learning Seriously", Change: The Magazine of Higher Learning, Vol. 31, No. 4, July 1999, pp. 10-17.

研究通常以定性或现象学的方法论为基础,① 注重通过观察、访谈或焦点小组等方式深入挖掘与学生学习有关的信息和数据。因此,教学学术也较常使用定性研究方法。在定量研究中,研究者可以在去除个人标识符的情况下获取数据,并对数据进行统计分析。但在使用定性研究方法的情况下,教学学术的研究结果中会包含丰富的背景信息,即便是去除标识符的数据也可以通过上下文推理与特定的学生联系起来,数据的匿名和保密在教学学术中难以完全实现。因此,教学学术研究结果的公开性与保护研究参与者隐私之间存在一种紧张关系。

第三节 教学学术伦理的践行

教学学术伦理不是独立存在的,它涉及更大的政策背景。② 在不断发展的教学学术领域中建立一个规范的伦理指导框架至关重要。这些伦理原则与行为规范可以为学生提供必要的保护,满足教师研究人员的指导需求。目前虽然并不存在一套专门的教学学术伦理标准,但国际和发达国家现行的研究伦理政策法规、专业协会颁布的伦理政策以及世界一流大学科研管理政策可供教学学术研究人员参考。但是,教学学术的伦理问题要比遵守一套严格的伦理原则与行为规范更为复杂。在很多情况下,教学学术面临的不是对错判断的问题,而是如何在不同的价值取向和伦理准则之间取得平衡的问题。因此,教学学术伦理的践行不仅需要以完备的研究伦理政策体系和成熟的伦理审查机制为基础,还需要教学学术研究主体在具体实践中不断探索和总结缓解伦理困境的策略。

一 教学学术伦理的政策依据

尽管几个世纪以来,希波克拉底誓言一直被视为捍卫医学界道德标准的誓言,但实际上,研究伦理规范在最近一个世纪才逐渐得到发展。

---

① Lin S. Norton, *Action Research in Teaching and Learning: A Practical Guide to Conducting Pedagogical Research in Universities* (second edition), New York: Routledge, 2009, p.186.

② 何晓雷:《美国大学教学学术研究》,中国社会科学出版社2016年版,第190页。

"二战"后逐渐发展起来的一系列研究伦理政策在研究伦理领域具有重要的里程碑意义。它们虽然没能为教学学术提供具有针对性的伦理指导,却具有重要的启发和指导意义。但正如布鲁斯·麦克法兰所说:"发布对'做什么'的规定总是比发布关于'什么是不对的'的指令更具挑战性"①。我们同时也应该认识到这些伦理规范并不具有普适性,教学学术研究者需要在具体情况下进行解释。

(一)国际研究伦理政策

"二战"前,国际上并没有正式的伦理原则来指导涉及人类受试者的研究,研究人员只能依靠组织、地区、国家政策或个人道德意识开展研究。"二战"期间,纳粹德国和日本的科学家、医生在战俘和集中营囚犯身上开展的惨无人道的人体试验促使国际社会对此进行了深刻的道德反思。"二战"后,国际社会相继出台了一系列文件以防范或杜绝人体试验对人权的侵害,主要包括《纽伦堡法典》《赫尔辛基宣言》《贝蒙特报告》、美国联邦政府颁布的《人类受试者保护条例》以及加拿大联邦政府制定的《三理事会政策声明:涉及人类受试者的道德行为》等。这些文件概述了人体试验中应遵循的伦理原则,可在一定范围内应用于教学学术研究领域。

首先,《纽伦堡法典》的出台。1946年12月,美国军事法庭展开纽伦堡审判,二十三位纳粹医师和科学家被控滥用集中营囚犯进行人体试验,造成死亡和永久性伤残。1947年8月,纽伦堡军事法庭宣判审判结果,并签署了旨在管制人体试验中侵犯人权的《纽伦堡法典》。该法典共包含以下十项要点:第一,研究必须取得受试者知情且自愿的同意;第二,实验应产生对社会有益的、富有成效的结果;第三,进行人体试验前,必须有动物试验为依据;第四,必须避免造成不必要的身心痛苦与伤害;第五,若预期研究将造成死亡或伤残,则不予执行;第六,只有在预期之研究利益大于研究风险时,该研究才能被合理化;第

---

① Bruce Macfarlane, *Researching with Integrity: The Ethics of Academic Research*, New York: Routledge, 2009, p.3.

七，应做好适当的准备工作，并提供足够的设施以保护研究对象免受伤害；第八，唯有合格的科学家方能执行研究；第九，在实验过程中，如果受试者的身体或精神状态达到了不能再继续实验的程度，受试者可以自由地终止实验；第十，研究者必须做好在任何阶段终止实验的准备。《纽伦堡法典》是第一份主张"自愿参与"与"知情同意"的国际文献。该文件虽然不具备法律效力，但它却在生命伦理学领域具有重要的里程碑意义，是将人权理念带进医学人体试验领域之滥觞，为教学学术伦理奠定了坚实的基础。

其次，《赫尔辛基宣言》的颁布。纽伦堡审判后，世界医学协会意识到有必要制定一个范围更广、更清晰的伦理规范，并于1949年颁布了一份医学道德准则，即《日内瓦宣言》。尽管《日内瓦宣言》具有良好的出发点，但其措辞含糊，无法在医学伦理领域得到准确的解释。因此，世界医学协会于1964年的世界医学大会上，重新颁布了《涉及人类受试者的医学研究伦理原则》，即著名的《赫尔辛基宣言》。《赫尔辛基宣言》对《纽伦堡法典》进行了继承和发展，主要包括导言、所有医学研究的原则以及医学研究与医疗保健相结合的附加原则三部分。第一部分导言说明了什么是人体研究以及人体研究的必要性，同时强调了医生有义务将研究参与者的健康作为优先考虑因素。此外，该部分还提醒研究者密切关注研究中涉及的特殊人群，包括经济上和生理上处于不利地位的人、不能给予知情同意或在胁迫状态下给予知情同意的人，以及不能从研究中获益的人等。第二部分讨论了医学研究的基本伦理原则，重申了《纽伦堡法典》的要点。值得注意的是，《赫尔辛基宣言》放宽了同意参与的条件，将《纽伦堡法典》中关于同意"绝对必要"的要求改为了"如有可能"征得同意，并允许在研究参与者无法律行为能力的情况下由法定监护人给予同意。最后，第三部分讨论了医学研究与医疗护理的结合，并指出研究只有在具有预防、诊断或治疗潜力的情况下才能与临床护理相结合。与《纽伦堡法典》一样，《赫尔辛基宣言》也不具备法律效力。但是，它得到了国际社会的广泛认可，国际上许多其他有关医学研究和人体试验的伦理准则均以其为蓝本。《赫尔辛基宣言》的颁布及其修订体现了一种介于绝对主义道德和现实主义道德之间的医学试验伦理的中道原则，它寻求的是在个人利益与集体福祉、试验对象的福利与科学需要、个人的权利与科学的自由等之间达成一种妥协的尝试。它考虑到了涉及人类受试者的研究面临的现实伦理困境，对教学学术伦理困境的解决具有重要的意义。

（二）发达国家研究伦理政策

许多学者在论及教学学术伦理时均以美国联邦政府颁布的《贝蒙特报告》《人类受试者保护条例》以及加拿大联邦政府颁布的《三理事会政策声明：涉及人类受试者的道德行为》为政策依据。例如，何晓雷在论及美国大学教学学术伦理运动时指出，美国联邦法规《人类受试者保护条例》是教学学术研究者需要遵守的伦理规范。① 因此，本书以以上三份文件为例，介绍了西方发达国家的研究伦理政策，并结合实际分析其在教学学术中的适用情况。

首先，《贝蒙特报告》的颁布及其与教学学术伦理相关的规定。1966 年，哈佛大学医学院麻醉科教授亨利·K. 比彻对科研伦理发出了"毁灭性的指控"。他在《新英格兰医学期刊》上发表了一篇名为《伦理学与临床研究》的文章，即著名的"比彻文献"。该文章揭露了二十二个由知名研究者执行且发表在顶级医学期刊上的、违背伦理或存在伦理瑕疵的医学研究。② 而执行这些研究的机构均为著名的医学、军事单位，甚至是政府研究机构。20 世纪 70 年代初期，威洛布鲁克肺炎研究和塔斯基吉梅毒研究等研究丑闻又相继被揭露。在舆论压力与媒体的大力挞伐下，美国政府于 1974 年通过了《国家研究法案》，成立了"生物医学与行为研究受试者保护委员会"。该委员会于 1979 年正式颁布了旨在规范研究者行为，保护人类受试者权益的《贝蒙特报告》。《贝蒙特报告》揭示了适用于一切涉及人类受试者研究的三个基本伦理原则，即尊重人、有益和公正，同时也说明了如何将以上原则应用于人类受试

---

① 何晓雷：《美国大学教学学术研究》，中国社会科学出版社 2016 年版，第 186 页。

② Bernard A. Fischer, "A Summary of Important Documents in the Field of Research Ethics", *Schizophrenia Bulletin*, Vol. 32, No. 1, January 2006, pp. 69—80.

者研究中。《贝蒙特报告》是美国在保护人类受试者政策上的一大进展。其中，报告中提及的三大原则被视为研究伦理之基石。国际教学学术协会以贝蒙特原则为基础制定了以下教学学术伦理准则①：第一，尊重人。将这一原则应用于教学学术意味着应让学生在充分获得相关信息的前提下，不受教师权威的压迫自主决定是否参与研究。为了避免胁迫现象的出现，国际教学学术学会建议研究人员采取在其他班级开展研究、对数据进行匿名处理等措施。第二，有益。研究者在教学学术中有很多机会来践行这一伦理原则。例如，研究者可以通过开展课堂研究来对学生进行研究方法和研究伦理教育，使学生了解数据收集的道德规范、数据收集的过程等；还可以与学生分享研究结果，这种方法超越了研究者和教师两种角色的职责要求，能够真正使参与者的利益最大化。第三，公正。公正意味着研究参与者应是研究的最大受益者。如果参与研究的特定群体不能从研究中获益，那么对该群体进行过多的研究是不道德的。在教学学术中，参与者不仅可以从他们直接参与的研究中获益，还能从以往开展的研究中获益。鉴于教学学术的复杂性，教学学术中出现了一些新的伦理挑战，因此，有必要采取额外的措施来保护学生的合法权益。国际教学学术学会成员提出了由独立的第三方来管理学生数据等建议。

其次，《人类受试者保护条例》的颁布及其与教学学术伦理相关的规定。美国联邦政府于1974年通过的《国家研究法案》要求卫生、教育暨福利部②将人类受试者保护政策立法，并将其纳入联邦法规。1981年，卫生与人类服务部以《贝蒙特报告》为基础核定了《人类受试者保护条例》。该条例共包含5个部分，其中，A部分即著名的《通用规则》。该部分对政策适用范围、研究伦理相关术语进行了界定，总结了保护人类受试者的各项基本规则，同时也对机构审查委员会的组成、功

---

① Ryan C. Martin, "Navigating the IRB: The Ethics of SoTL", *New Directions for Teaching and Learning*, Vol. 2013, No. 136, December 2013, pp. 59–71.

② 该部门于1979年改制更名为"卫生与人类服务部"（Department of Health and Human Services）。

能、审查程序、记录保存与知情同意进行了一般性的规定。第一，通用规则的适用范围。通用规则适用于任何由美国联邦政府部门开展、支持或以其他方式管理的所有涉及人类受试者的研究，包括在美国境外开展的研究。第二，通用规则对相关术语的界定。例如，在通用规则中，人类受试者是指研究人员通过采取干预措施或与之互动来获取数据的个体。最小风险是指研究的预期伤害或对人类受试者造成不适的概率和程度不超过日常生活中进行常规身体或心理检查时遇到的风险。研究是指系统的调查，包括研究开发、测试和评价，其目的是发展或促进可推广的知识。第三，通用规则对机构审查委员会的规定。通用规则对审查委员会的人数、构成、功能、审查种类等方面进行了规定。其中，对快速审查和豁免审查的规定是教学学术需要重点关注的内容。联邦法规确定了六类豁免审查的研究，第一、二、四类与教学学术相关。① 第一类可获得豁免审查的研究是指在既定或普遍接受的教育环境中进行、涉及正常的教育实践的研究。例如，对常规和特殊教育教学策略的研究，以及对教学技术、课程或课堂管理方法有效性的比较研究等。第二类是指仅涉及教育测试、调查、访谈和公共行为观察，并且收集的数据不包含标识符的研究。第四类是指以现有数据、文件、记录、病理标本或诊断标本为基础开展的研究。这些现有资料必须是公开的，且不应包含任何可识别的个人信息。这种豁免适用于医疗环境中的研究，例如，如果一个研究人员想要回顾过去三年里治疗过的每一个特定疾病的病例，以探索某些治疗方法的成功率，那么这项研究可被豁免审查。许多教学学术学者认为，教育数据应该以同样的方式对待。此外，联邦法规还规定，预期风险水平不超过最小风险水平的研究应接受机构审查委员会（Institutional Review Board，IRB）的快速审查，快速审查是指由 IRB 的一名或多名经验丰富的成员开展的审查。考虑到最小风险水平的定义，大部分不属于豁免审查的教学学术研究将被归为快速审查。第四，通用规则对

---

① Ryan C. Martin, "Navigating the IRB: The Ethics of SoTL", *New Directions for Teaching and Learning*, Vol. 2013, No. 136, December 2013, pp. 59-71.

知情同意的规定。通用规则规定，研究者在将人类受试者纳入本政策所涵盖的研究之前，应获得受试者或其代理人具有法律效力的知情同意。只有在为研究参与者提供充分信息且将胁迫或不当影响的可能性降至最低的情况下，研究者才能寻求知情同意。知情同意的基本要素应包括研究目的、持续时间、可能对研究参与者造成的不适、可能给研究参与者带来的益处、个人信息的记录和保密措施等。当研究的风险水平不超过最小风险或将受试者与研究联系起来的唯一依据是知情同意书时，则可以豁免研究者获取知情同意书的要求。

最后，《三理事会政策声明：涉及人类受试者的道德行为》的颁布及其在教学学术中的应用。在美国研究伦理政策的影响下，加拿大卫生研究院、加拿大自然科学与工程研究委员会和加拿大社会科学和人文科学研究理事会三大科学基金组织于1998年联合制定了《三理事会政策声明：涉及人类受试者的道德行为》。随后又在对TCPS进行全面修订的基础上颁布了TCPS 2。TCPS 2是加拿大对研究伦理进行顶层指导的纲领性文件，它借鉴了《贝蒙特报告》的原则体系，确立了尊重人、关注福利和正义的三大核心原则，还就知情同意、隐私和保密、利益冲突等问题分别给予了指导。

就TCPS 2的三大核心原则而言，尊重人意味着承认人的自主权，给予人应有的尊重。这里的"人"包括直接参与研究的被试者以及因其数据或生物材料用于研究而间接成为研究参与者的人，而自主权是指一个人在深思熟虑的基础上采取行动的权利。尊重自主权意味着对一个人的判断给予应有的尊重，并确保其行为不受其他因素的干扰。因此，研究者在开展研究前应征得研究参与者的同意。由于对研究信息理解不全面、研究者与研究参与者之间的权力差异等因素可能会削弱一个人行使自主权的能力。因此，同意需要建立在研究参与者对相关信息充分掌握的基础上。关注福利意味着研究人员和研究伦理委员会（Research Ethics Board，REB）应尽可能多地为学生群体提供益处，充分考虑并采取措施规避一切可预见的研究风险。与此同时，研究人员还必须考虑研究可能为整个社会带来的效益。然而，这种考虑并不意味着一个群体的福利应该优先于个人的福利。最后，正义是指公平地分配研究利益和负担以及公正地对待研究参与者。

就知情同意而言，TCPS 2 规定"同意"应是自愿、知情和持续的，并且应当以书面文件的形式呈现。在获取研究参与者同意的过程中，研究者应注意权力差异、信任与依赖关系、胁迫和激励手段对参与者知情同意的影响。与此同时，TCPS 2 还指出，由于社会科学领域中的一些研究难以在事先征得参与者知情同意的基础上进行，因此在适当条件下修改或放弃对知情同意的要求是合理的。当某一研究同时满足研究风险不超过最低风险水平、不征得知情同意不会侵害研究参与者权益以及获取参与者知情同意将严重影响研究可行性的条件下，研究者可以未经研究参与者知情同意的情况下开展研究。[1]

就隐私和保密而言，TCPS 2 规定，研究者应在研究的各个阶段评估信息安全的隐私风险和威胁，并采取适当的措施来保护信息安全。研究人员不得滥用或泄露研究过程中收集的信息。在提交伦理申请以及招募研究参与者时，研究人员需要向机构研究伦理委员会和研究参与者说明详细的信息保密措施，解释部分披露信息的合理性。同时，持有研究数据的机构或组织也有责任建立适当的信息安全保障体系。在某些情况下，研究参与者可能会放弃匿名的权利，例如，当研究参与者希望别人能够认可他们对研究的贡献时。在此情况下，研究者需要与研究参与者就身份公开方式进行协商。当某一研究参与者放弃匿名会对整个参与者群体造成伤害时，研究者仍应保持匿名。

就数据的二次使用而言，如果历史数据中包含可识别的个人信息，同样会引发与知情同意和隐私保密相关的伦理问题。但当研究同时符合以下所有标准时，对历史数据的二次分析无须获取数据主体的同意：第一，可识别的信息对研究至关重要；第二，未经参与者同意使用可识别的信息不太可能对其本人产生不利影响；第三，研究人员承诺采取适当

---

[1] Government of Canada, "Tri-Council Policy Statement: Ethical Conduct for Research Involving Humans-TCPS 2 (2022)", (2023-01-11), https://ethics.gc.ca/eng/policy-politique_tcps2-eptc2_2022.html. (2023-08-13)

措施保护个人隐私；第四，研究人员遵守研究参与者就其信息使用所表达的已知偏好；第五，寻求研究参与者同意不太切合实际；第六，研究人员已经获得其他必要的许可。对于完全依赖于非可识别历史数据开展的研究同样无须征得研究参与者的同意，但仍需要接受伦理委员会的伦理审查。[①]

就利益冲突而言，TCPS 2 指出，研究者的利益冲突可能源于个人在机构内扮演的双重或多重角色。在此背景下，研究者应向研究参与者披露冲突的性质，并采取适当的措施去识别、最小化或以其他方式管理其利益冲突。除此之外，TCPS 2 还对伦理委员会的人员构成、职能范围等方面进行了规定。根据 TCPS 2，加拿大各高校应设立一个或多个研究伦理委员会，负责审查高校内部及其附属机构教职员工和学生所开展的涉及人类受试者的研究，以保护人类受试者的合法权益，确保人类受试者在研究过程中免受伤害。伦理委员会应至少由 5 名成员组成，并且应在性别和专业领域等方面具备一定的多样性。他们应分别掌握与审查的学科领域相匹配的专业知识和研究方法、熟悉与科学研究相关的伦理和法律知识，以便在此基础上对拟议研究的伦理问题进行反思和决策。此外，伦理委员会也要积极吸纳大学之外的社区成员来拓宽其审查视角，促进大学与社区的对话和问责。为了避免潜在的利益冲突，确保决策独立性，大学中的高级管理人员不得担任伦理委员会成员。

(三) 世界一流大学科研管理政策

研究者如何反思和处理教学学术伦理困境也在很大程度上取决于大学的政策和实践。世界一流大学一般都具备较为完善的科研管理政策体系，这些政策文件是教学学术伦理的重要保障。加拿大英属哥伦比亚大学在科研实践中建立了一套较为成熟，且极具个性化和针对性的校本政策体系，其科研管理规范享誉全球，是全球其他高校效仿的典范。因

[①] Government of Canada, "Tri-Council Policy Statement: Ethical Conduct for Research Involving Humans-TCPS 2 (2022)", (2023-01-11), https://ethics.gc.ca/eng/policy-politique_tcps2-eptc2_2022.html. (2023-08-13)

此，本书以英属哥伦比亚大学为例，旨在梳理世界一流大学科研管理政策对教学学术的伦理指导作用。

首先，学术不端行为的处置。英属哥伦比亚大学充分意识到了在学术活动中保持最高道德标准的必要性，并专门制定了以"培育学术诚信"为核心的《学术诚信政策》。该政策规定英属哥伦比亚大学的研究人员应熟悉并严格遵循相关研究领域的伦理标准和实践要求，包括资助申请要求、校本政策、相关专业或学科的伦理标准以及法律法规等，这些伦理标准在前文已部分提及。除此之外，《学术诚信政策》还对学术不端行为及其处置方式进行了规定。在《学术诚信政策》中，学术不端行为主要是指违反相关研究领域伦理标准和实践要求、捏造或伪造研究数据、销毁自己或他人的研究数据或记录、剽窃他人研究成果、自我剽窃、研究成果署名不规范等行为。为了降低学术不端行为发生的概率，英属哥伦比亚大学制定了学术不端行为的审查和管理办法。一般情况下，该政策由副校长负责执行，但当副校长与某项学术不端行为的指控存在利益冲突时，可将该权利转交给教务长和学术副校长。根据本政策，学术不端行为的审查程序主要包括指控、质询、调查、通报调查结果、追索与问责、上诉六个环节。① 其中，主管部门在调查过程中具有"禁用研究场地和设施""冻结资助账户"以及"封存证据"等权利。如果指控成立，主管部门可执行问责和惩罚程序；如果指控不成立，主管部门则需要采取补救措施恢复被指控人的声誉或修改审查程序以避免类似事件的发生。教学学术与传统学术研究一样，都是一种"系统的研究"。因此，教学学术同样需要遵守学术诚信，杜绝学术不端行为的发生，该政策恰好为教学学术提供了伦理指导。

其次，为了保证学术研究按照规范程序有效推进，英属哥伦比亚大学制定了《研究政策》。该政策对研究者的责任、外部资助的申请、研究经费的管理、研究结果的出版、实验动物的管理等相关事项进行

---

① The University of British Columbia,"Scholarly Integrity Policy（SC6）",https：//universitycounsel.ubc.ca/policies/scholarly-integrity-policy/.（2023-08-03）

了规定。① 由于教学学术中存在的伦理问题主要与人类受试者有关，因此本书择取了该政策中与教学学术伦理相关的几点要求以供参考。就研究者的责任而言，《研究政策》主要做出了以下规定：第一，必须确保所有研究都按照最高的科学、道德和专业标准进行，并符合学术诚信政策。第二，确保所有涉及人类受试者的研究遵从《人类研究政策》。第三，确保研究遵从所有适用的法律法规、英属哥伦比亚大学的安全政策以及相关的资助条款。第四，了解与研究有关的监管机制。

最后，英属哥伦比亚大学以《三理事会政策声明：涉及人类受试者的道德行为》中的三大核心伦理原则为基础，制定了《人类研究政策》以指导涉及人类受试者的科研实践，促进学术研究社会效益和伦理价值的结合。这一政策不仅明确了研究伦理委员会的人员构成、权责范围和审批规定，对伦理审批、人类受试者等相关概念进行了界定，还将确保研究以符合《三理事会政策声明：涉及人类受试者的道德行为》中的主要伦理原则作为大学的首要利益。② 在具体实践中，开展涉及人类受试者研究的研究人员需要熟悉与研究相关的校本政策，这些政策包括但不限于《人类研究政策》和《三理事会政策声明：涉及人类受试者的道德行为》。如果研究符合本政策对涉及人类受试者的研究的定义，则应在开始之前向相应的研究伦理委员会提交伦理审查提案。这些伦理审查规定并不是绝对的，在法律允许范围内利用"可公开获得的信息"以及不具有"识别性"或"隐私期待"的内容时，研究伦理委员会会适当放宽审查标准。虽然许多学者呼吁以传统学术研究的标准开展教学学术，但不可否认的是，教学学术具有一定的复杂性，它与严格意义上的学术研究仍然存在差距。因此，研究伦理审查程序在教学学术语境下可能会显得较为烦琐，而该政策在一定程度上为教学学术伦理审查宽严程度的把握提供了政策支持，能够确保教学学术以合

---

① The University of British Columbia, "Research Policy（LR2）", https：//universitycounsel. ubc. ca/policies/scholarly-integrity-policy/. （2023-08-03）
② The University of British Columbia, "Human Research Policy（LR9）", https：//universitycounsel. ubc. ca/policies/scholarly-integrity-policy/. （2023-08-03）

乎伦理的方式开展。

(四) 教育研究伦理政策

与教学学术相比，教育研究是一个上位概念，它为教学学术提供了理论基础。因此，教学学术本质上是一种教育研究。除了国际社会和国家制定的研究伦理准则之外，英美等国的教育学会根据教育学学科特点和研究范式制定的教育研究伦理准则也是教学学术研究主体应遵从的规范性文件。

首先，以英国教育研究协会于2018年修订的教育研究伦理准则为例，该文件从知情同意、研究信息的透明、研究参与者退出研究的权利、研究者的激励措施、参与研究的风险、隐私和数据保护以及违法行为的披露等方面规定了研究者对研究参与者负有的责任。其内容主要包括以下几点：第一，研究者要确保研究参与者的充分知情权。第二，在确保充分知情权的前提下，研究者要尽可能避免欺骗研究参与者或向其隐瞒研究目的。如果必须采取欺骗手段或必须隐瞒研究目的，研究者需要进行周密的论证和设计以获得伦理审查委员会的批准。第三，研究者要尊重研究参与者的参与意愿，并且研究参与者享有随时退出研究的权利。第四，研究人员为鼓励参与而采用的激励措施不应影响参与者的自由决定，同时也应避免激励措施带来的样本偏差。第五，保护研究参与者是最为重要的一项伦理规范，研究者有责任识别潜在的研究风险，保护研究参与者不受生理或心理上的任何伤害。第六，研究过程中获得的任何有关研究参与者的信息都属于个人隐私，需要遵守匿名及保密原则，使用以往档案数据开展的研究则可以排除在外。另外，如果研究参与者自愿放弃他们的匿名和保密权，且愿意以实名的方式出现在研究成果中以表达对自己信息的所有权时，研究者应尊重其意愿。第七，一旦研究中出现了违法行为，研究者必须向有关部门揭发。

其次，美国教育研究协会制定的教育研究伦理标准。该文件是一套专门用于指导教育研究人员工作的道德准则，其目的在于增强教育研究人员的伦理意识，保护儿童和其他弱势群体免于伤害。该文件总结了研究者对研究参与者负有的责任，主要包括以下几点：① 第一，研究参与者或其代理人有权被告知研究的潜在风险，并在参与研究前给予知情同意。第二，研究人员有责任采取适当的措施，在法律规定的范围内充分保护参与者和数据的机密性。未经研究参与者同意，研究者不应公开其个人信息。第三，除非必要，尽量不要采用欺骗或隐瞒等手段。如果研究者隐瞒了真实目的，则应在研究结束后向参与者解释其原因。第四，参与者有权在任何时候退出研究。第五，教育研究人员不应利用他们与下属、学生或其他人之间的权力关系来胁迫他们参与研究。第六，研究人员应尽量减少可能对参与者和社会产生负面影响的研究技术，例如，可能剥夺学生正常课堂学习体验的实验性干预手段。

二 教学学术伦理的审查

虽然博耶在《学术反思——教授工作的重点领域》中正式提出了教学学术，但他对教学学术研究的认识还处于思想认识层面，他并没有明确说明教学学术到底是什么？② 教学学术概念的模糊不清使其成为涵盖一系列不同调查活动和实践类型的"伞式概念"。同时，教学学术实践的不严谨也削弱了其自身作为一种学术类型的合法性，进而成为"教育研究中的肉中刺"③。虽然国内外学术界对于所有的教学学术项目是否都需要正式的机构伦理审查这一问题缺乏共识，④ 但不可否认的是，研究伦理审查在确保教学学术伦理合规性的过程中具有重要作用。本书选取了伊利诺伊州立大学、英属哥伦比亚大学、剑桥大学和北京师范大

---

① American Educational Research Association, "Ethical Standards of the American Educational Research Association", *Educational Researcher*, Vol. 21, No. 7, October 1992, pp. 23-26.

② 何晓雷：《西方大学教学学术研究：历史发展与演进》，《外国教育研究》2016年第1期。

③ John Canning and Rachel Masika, "The Scholarship of Teaching and Learning (SoTL): The Thorn in the Flesh of Educational Research", *Studies in Higher Education*, Vol. 47, No. 6, October 2022, pp. 1084-1096.

④ Amannda Lees, Simon Walters and Rosemary Godbold, "Illuminating the Role of Reflexivity within Qualitative Pilot Studies: Experiences from a Scholarship of Teaching and Learning Project", *International Journal of Qualitative Methods*, Vol. 21, No. 1, March 2022, pp. 1-9.

学四所世界一流大学为案例,试图梳理四所大学的教学学术伦理审查执行主体、审查内容、种类和程序流程。

（一）美国伊利诺伊州立大学教学学术伦理审查

1953年,隶属于美国卫生、教育福利部的国家卫生局（NIH）临床中心首度制定了人类受试者保护政策。该政策提出建立研究伦理审查制度,设立机构审查委员会,由未直接参与或构思研究的人员对研究进行伦理审查。20世纪六七十年代,威洛布鲁克肺炎研究、塔斯基吉梅毒实验等丑闻的揭露促使美国国会于1974年通过了《国家研究法》。该法要求美国卫生、教育福利部将其人类受试者保护政策纳入联邦法规,该法案即《通用规则》,它对机构伦理审查委员会的组成、功能和审查程序等方面进行了规定。

《通用规则》规定,每个IRB应至少有五名成员,其成员应掌握充足的专业知识,且应在种族、性别、学科和文化背景等方面具备一定的多样性,以便依据相关政策法规对研究进行全面、充分的伦理审查。[①]伊利诺伊州立大学的IRB会集了来自刑事司法科学、社会与人类学、教育学、心理学、护理学以及研究方法和研究伦理等领域的专家学者,能够为教学学术伦理审查提供充分的指导。美国大学伦理委员会依据联邦法规对其校内人员开展的研究进行伦理审查,以确保研究参与者的权益受到保护。但由于不同地区对联邦法规的解读存在差异,不同地区、不同机构对教学学术的审查方式也有所差异。曾在伊利诺伊州立大学伦理委员会任职的加里·克雷西解释了教学学术的三个审查级别,包括豁免审查、加速审查和全面审查。[②]首先,豁免审查适用于研究风险水平较低的研究,如研究对象为成年人且不属于联邦法规所规定的受保护群体、研究过程中不进行录音或录像以及数据资料的收集是匿名进行的

[①] U. S. Department of Health and Human Services, "2018 Requirements (2018 Common Rule)", https：//www.hhs.gov/ohrp/regulations - and - policy/regulations/45 - cfr - 46/revised - common-rule-regulatory-text/index.html#46.102. (2023-07-01)

[②] Kathleen McKinney, *Enhancing Learning Through the Scholarship of Teaching and Learning：The Challenges and Joys of Juggling*, Bolton：Anker Publishing Company, 2007, pp.59-62.

等。大部分教学学术属于豁免审查。其次，加速审查适用于中等及以下风险水平的研究。例如，对研究参与者进行录音或录像以及向参与者隐瞒真实情况的研究等。涉及未成年大学生的教学学术通常属于这一类别。最后，全面审查适用于风险水平较高的研究。例如，涉及囚犯、病人等受保护群体的研究。显然，对教学学术进行全面审查的情况较为少见。

（二）加拿大英属哥伦比亚大学教学学术伦理审查

英属哥伦比亚大学共设有行为研究伦理委员会（Behavioural Research Ethics Board，BREB）、临床研究伦理委员会（Clinical Research Ethics Board）、奥肯那根校区行为研究伦理委员会（Okanagan Behavioural Research Ethics Board）和妇女儿童研究伦理委员会（Children's & Women's REB）等六个研究伦理委员会。它们有权审查研究在伦理层面的合规性，并依据审查结果批准、拒绝、建议修改或终止任何拟议或正在进行的涉及人类受试者的研究。[①] 其中，教学学术通常由行为研究伦理委员会负责审查。英属哥伦比亚大学行为伦理委员会由25名成员构成，其成员的学科背景涵盖了语言学、社会学、心理学、人类学、伦理学、法学、课程教学法和教育研究等领域，可为教学学术伦理审查提供一定的指导。

英属哥伦比亚大学行为研究伦理委员会对教学学术伦理审查的内容主要集中于参与者的知情同意、数据的收集和保密、研究的潜在风险以及研究者所采取的风险控制措施等。研究者在提交伦理审查申请时，应向行为研究伦理委员会详细说明其参与者招募方法，包括如何确定潜在参与者、如何获得参与者的信息以及如何与他们取得联系等，参与者招募材料和知情同意书的副本要附于申请书之后。同时，研究人员也应向伦理审查委员会说明其研究设计，包括采用的研究方法、收集数据的范围、工具和方法、研究过程中潜在的研究风险以及控制这些不当影响的

---

① University of British Columbia, "Ethics Boards", https：//ethics. research. ubc. ca/about-human-research-ethics/ethics-boards. （2023-07-13）

策略。

为了给教学学术研究者提供伦理指导，帮助教学学术研究者通过机构研究伦理委员会审查，英属哥伦比亚大学教学学术研究所编写了BREB申请指南。该指南经由多方利益相关者审核和修订。该指南指出，教学学术研究者在申请伦理审批之前首先需要了解一系列相关术语，包括"行为研究伦理委员会""首席研究员""质量改进"或"质量保障"以及"研究"。英属哥伦比亚大学采用TCPS的定义，将质量改进或质量保障界定为"以评估、评价或改进教学实践、课程和项目质量为目的的活动"；将研究界定为"旨在通过学科探究或系统调查扩展知识的活动"。其中，只有研究才需要接受伦理审查，而质量改进或质量保障项目则不需要伦理审查。

在确定需要得到BREB批准后，研究者需要在研究信息管理系统中创建账户，并在此提交与研究相关的信息、查看研究伦理审批进度。在提交伦理审查申请之前，所有研究人员以及所有与研究参与者互动的人员都需要完成大约两个小时的TCPS 2在线学习。如果是由美国机构资助的研究，研究人员则需完成CITI培训。完成研究伦理培训后，研究者方可撰写伦理审查申请书，申请书的内容应包含研究的问题、过程、方法、风险水平、参与者招募方法以及数据收集工具等。BREB审核完毕后会给予研究者反馈，要求研究者进行补充或修正。通过研究伦理审查后，研究者才可以正式开展研究。此外，该指南还为教学学术研究者提供了初步联系函、知情同意书等样本文件，以及教学学术中常见问题的解答，这些信息为教学学术研究者提供了有效的指导。

（三）英国剑桥大学教学学术伦理审查

剑桥大学共设置了五个校级研究伦理委员会负责审查涉及人类受试者和个人数据的研究，包括剑桥大学人类生物学研究伦理委员会、剑桥大学心理学研究伦理委员会、剑桥大学人文与社会科学研究伦理委员会、剑桥大学物理科学学院研究伦理委员会以及剑桥大学技术学院研究伦理委员会。除了校级伦理审查委员会外，剑桥大学的各个院系还设置了院系研究伦理委员会负责审查各院系开展的研究项目，例如考古学系伦理审查委员会、犯罪学研究所伦理委员会等。其中稍有不同的是剑桥大学高等教育研究伦理委员会（CHESREC），该委员会则旨在为那些关注剑桥大学教学和学习的研究项目提供伦理审查。剑桥大学规定，如果教职员通过调查或其他形式的反馈获取学生数据，以此开展研究来加强教学实践和改善学习体验则不需要进行伦理审查。但是，如果该项目涉及人类参与者或个人数据，且研究结果要以出版物的形式发表或以其他方式公开，则需要开展研究伦理审查。[①] 因此，在剑桥大学开展教学学术需要接受剑桥大学高等教育研究伦理委员会的审查。

剑桥大学高等教育研究伦理委员会开发了三阶段的研究伦理审查流程。其中，第一阶段为自我评估。在该阶段，研究人员要根据自我评估清单来确定是否需要开展研究伦理审查。如果研究涉及人类受试者或个人数据则通常需要进行研究伦理审查，反之则不需要。第二阶段为比例审查，该审查适用于低风险的教育研究。在此阶段，研究人员被再次要求对其项目进行自我审查，以确定是否需要由部分研究伦理委员会成员对其进行快速审查。第三阶段为全面审查。第二阶段和第三阶段审查的内容包括关键伦理问题、研究者与研究项目的详细信息，包括研究者的姓名、联系方式、研究项目的持续时间、研究方法、数据收集和分析方法以及与人类受试者相关的伦理问题及实施措施等。若要提交审查的研究涉及弱势群体、敏感话题、依赖性受试者、欺骗、可能引起参与者不适、在未获得知情同意的情况下开展研究以及可能使参与者面临纪律处分，则需要由研究伦理委员会的全体成员对其进行审查。其中，依赖性受试者是指与研究者存在权力差异的受试者，例如，研究人员的学生。教学学术的研究对象通常为教师自己的学生，因此，在剑桥大学开展教学学术需要接受研究伦理委员会的全面审查。

（四）北京师范大学教学学术伦理审查

为了规范涉及人的教育研究和科研伦理审查流程，北京师范大学教

---

① University of Cambridge, "Research & Evaluation Ethics", https：//www.cctl.cam.ac.uk/educational-research/research-evaluation-ethics.（2023-07-15）

育学部以《赫尔辛基宣言》为原则制定了《科研伦理审查实施细则（试行）》。该文件对涉及人的教育研究伦理审查原则和伦理审查程序进行了规定。就伦理审查原则而言，北京师范大学教育学部规定，涉及人的教育研究应当符合知情同意原则、控制风险原则、免费和补偿原则、保护隐私原则、依法赔偿原则、特殊保护原则和结果反馈原则。

就伦理审查程序而言，伦理审查主要包括申请、受理、审查和决定四个环节。北京师范大学教育学部规定，任何涉及人的教育研究，都需要在研究项目开展前进行伦理审查。在申请阶段，项目负责人或项目组成员需要向伦理审查委员会秘书处提交申请材料。申请材料包括科研伦理审查申请书、参与者的知情同意书、研究项目计划书、研究项目相关材料、研究伦理培训证明等。其中，科研伦理审查申请书要求研究者就研究目标、研究内容、研究意义、研究设计与方法、参与者的筛选与征集、参与者的纳入与排除标准、人体安全与保护相关手段等内容做出详细说明。学期中每个月的 1—10 日，伦理委员会秘书处负责接受伦理审查申请，并按照伦理审查的相关要求对材料进行形式审核以确保提交的材料符合伦理委员会要求。如果审核通过，秘书处负责人则会对其进行伦理审查编号；如果审核未通过，项目负责人则需要补交相应的材料。受理申请后，主任委员会指定一名委员进行初步审查以确定审查类型。北京师范大学教育学部科研伦理审查类型包括会议审查、通信审查和简易审查三种。首先，会议审查类似于国外的全面审查，它通常审查对研究参与者而言风险水平较高的研究项目，会议审查要求 2/3 以上的委员参加会议。其次，涉及参与者风险水平较低的研究项目可进行通信审查，通信审查一般只需 1/2 以上的委员参加，并且通常会在收到申请材料 15 个工作日之内审查完毕。最后，简易审查是预期损害或不适的发生概率和程度不超过参与者日常生活和学习可能发生的概率和程度的研究，它通常由伦理审查委员会主任委员或主任委员委派的两名或两名以上委员负责，一般会在收到申请材料后的 10 个工作日之内完成审查。完成审查后，伦理委员会会以伦理审查批件或审查意见的形式书面传达审查结果。

三 教学学术伦理的实施策略

通过总结世界一流大学的实践可以发现，对研究者进行伦理培训、简化教学学术伦理审查程序、改进教学学术研究设计、将学生视为共同研究者以及引入独立的第三方是缓解教学学术伦理困境的重要手段。但是，这些策略并非解决教学学术伦理困境的完美方案，教学学术研究主体还需不断增强自己的伦理意识，对研究进行持续性的反思。

（一）对研究者进行伦理培训

当研究者表现出良好的道德适应性并在道德氛围中开展研究时，教学学术就会合乎伦理。[①] 但是，教学学术本质上是跨学科的，而围绕研究和教学实践的规范则是在特定的学科背景下制定的。[②] 这种混乱性使得许多研究人员缺乏对教学学术道德标准的认识。因此，各院校有必要推倒不同学科间的围墙，对研究者进行全面且系统的研究伦理课程培训。

为了提高教学学术研究者的伦理意识，规范研究者行为，密歇根大学、英属哥伦比亚大学等世界一流大学均要求教学学术研究者在提交伦理审查申请前完成研究伦理课程（Course on Research Ethics，CORE）或机构合作培训计划（The Collaborative Institutional Training Initiative，CITI），并提交结业证书。其中，CORE 是加拿大政府为提高研究者对联邦研究伦理政策的认识，帮助研究者将 TCPS 应用于实际研究而开发的研究伦理培训课程，其前身是女王大学于 2008 年开发的人类研究参与者保护课程（Course in Human Research Participant Protection，CHRPP）。CHRPP 是由研究伦理学、教育学和在线学习领域的专家共同开发的在线交互式课程。它以 TCPS 2 条款为基础，共包含为什么需要伦

[①] Ruth L. Healey, Tina Bass and Jay Caulfield, et al., "Being Ethically Minded: Practising the Scholarship of Teaching and Learning in an Ethical Manner", *Teaching and Learning Inquiry*, Vol. 1, No. 2, September 2013, pp. 23-33.

[②] KC Culver, "All in All: Tearing Down Walls in the Scholarship of Teaching and Learning", *Innovative Higher Education*, Vol. 48, November 2023, pp. 971-976.

理、定义研究、评估风险和收益、知情同意、隐私和保密、弱势群体、利益冲突和女王大学 REB 审查八个模块。① 每个模块都通过各种音视频材料和互动元素为研究者提供了情境示例和交互式练习,以帮助研究者理解研究伦理指导原则,并思考如何将这些原则应用于实际研究。自发布以来,CHRPP 得到了许多机构的研究人员和研究伦理委员会的认可和采用。2011 年,加拿大研究伦理小组在 CHRPP 的基础上开发了在加拿大全国范围内适用的 CORE。CORE 仍保留了 CHRPP 中的 8 个模块,但部分模块被重新命名。其中,为什么需要伦理被更改为核心原则,弱势群体被更改为公平公正,女王大学 REB 审查则被更改为一般意义上的 REB 审查指南。2022 年,研究伦理小组又对 CORE 进行了更新,模块一和模块二分别对 CORE 和 TCPS 2 的范围进行了介绍,同时还添加了涉及土著种族研究的模块九。研究者在学习 CORE 时可按模块顺序完成,也可以单独学习某一模块。每一模块后都附有测试题以供研究者测试其所学知识。研究者在完成所有模块后须参加知识巩固练习。若研究者的正确率在 80% 以上,就能获得 CORE 结业证书,反之,则需要重新参加知识巩固练习。目前,CORE 已成为加拿大许多公立高等院校和临床机构的强制性培训课程。②

  CITI 是迈阿密大学的保罗·布劳恩施魏格尔和弗雷德·哈钦森癌症研究中心的凯伦·汉森为了响应美国联邦政府对人类受试者保护教育的要求而联合创立的在线培训项目。CITI 的培训内容涵盖了人类受试者保护、实验动物保护、经济利益冲突管理、生物安全和科技伦理等方面。人类受试者保护这一模块最初主要提供生物医学研究领域的伦理培训,但为了满足社会、行为科学和教育研究领域研究者的需求,来自美国心理学会、哥伦比亚大学、杜克大学等机构的代表在杜克大学非医学研究

---

① Denise Stockley, Laura-Lee Balkwill and Carolyn Hoessler, "Leaving the Nest: Evaluating the First National Flight of the Online Ethics Course CHRPP (Course of Human Participant Protection)", *Canadian Journal of Learning and Technology*, Vol. 42, No. 1, April 2016, pp. 1-22.
② Denise Stockley and Madison Wright, "The Course on Research Ethics (CORE): Implications for SoTL", in Lisa M. Fedoruk, eds., *Ethics and the Scholarship of Teaching and Learning*, Cham: Springer Nature Switzerland AG, 2022, pp. 1-11.

人类受试者保护项目主任洛娜·希克斯的领导下开发了社会、行为科学和教育研究领域的研究伦理培训课程。① 目前，CITI 分别为生物医学研究人员、教育和社会与行为科学研究人员以及 IRB 委员会成员提供了三种不同的人类受试者保护课程，同时也为仅涉及档案数据二次使用的研究提供了相应的伦理培训课程。在进行 CITI 培训时，研究者无须完成以上所有课程，只需要根据研究的性质和内容选择合适的类别进行学习。每一类课程中都包括必修课和选修课，这些课程探讨了美国研究伦理政策法规的历史演变和核心原则，以及知情同意、隐私保密等原则在生物医学、社会与行为科学和教育研究中的应用。除必修课之外，研究者可根据实际情况选择额外的模块进行补充学习。每个模块后都有一个简短的测验来评估研究者的理解程度。如果所有必修模块测验的正确率在 80% 以上，研究者就能获得 CITI 结业证书，如果没有获得及格分数可重新参加测试。CITI 证书有效期为 3 年，研究者在 3 年后必须对 CITI 证书进行更新。

（二）简化研究伦理审查程序

公众舆论对风险增加的反映一般是要求加强监管和限制自由。曾供职于加拿大研究型大学伦理委员会的学者凯文·哈格蒂指出，人们通常根据假设的最坏情况，为用意良好但烦琐的规定辩护。② 但在实践中，这些冗杂的协议经常阻碍研究的开展和新知识的生产。教学学术的研究过程确实存在风险，但标准化或过于严格的伦理协议和审查程序将阻碍教学学术的开展，损害教学学术对教与学的独特贡献。为了在为需要保护的参与者提供充分保护与不必要地限制不需要保护的参与者的自由之间取得平衡，伦理委员会有必要采取一种包容的态度，简化伦理协议与审查程序。

---

① Paul Braunschweiger and Kenneth W. Goodman, "The CITI Program: An International On-line Resource for Education in Human Subjects Protection and the Responsible Conduct of Research", *Academic Medicine*, Vol. 82, No. 9, September 2007, pp. 861–864.

② Alison Taylor, Robyn Taylor-Neu and Shauna Butterwick, "Trying to Square the Circle: Research Ethics and Canadian Higher Education", *European Educational Research Journal*, Vol. 19, No. 1, January 2020, pp. 56–71.

密歇根大学在开展学生学习调查项目（The Investigating Student Learning Program，ISL）时，促进了教学学术研究者与伦理审查机构的合作，为教学学术简化了繁杂的伦理审查程序。学生学习调查项目于2008年正式启动，该项目由密歇根大学教学研究中心负责，旨在为有意开展教学学术项目的教师个人或团队提供资金支持。在开展ISL项目时，密歇根大学教学研究中心、研究伦理委员会和法律顾问办公室合作，简化了ISL资助项目的研究伦理审批程序。学习与教学研究中心的工作人员首先就教学学术项目研究伦理审查程序的简化向IRB进行了咨询，并提交了提案。该提案在研究设计方面给予了教学学术研究者充分的自由，使所有ISL项目免于进一步审查。其次，学习与教学研究中心与法律顾问办公室探讨了《家庭教育权利与隐私法》（The Family Educational Rights and Privacy Act，FERPA）在ISL资助项目中的潜在问题。在开展项目之前，密歇根大学会与获得ISL资助的研究者讨论IRB和FERPA的相关规定，要求他们遵循以下研究伦理基本准则[1]：第一，在研究过程中，研究团队应至少与CRLT工作人员会面两次，以了解IRB豁免审查的相关规定，并就研究方法的选择、研究结果的公开向CRLT咨询。第二，项目应聚焦于高等院校学生的学习过程。第三，当研究在正常教学实践中进行时，无论学生是否需要完成额外的测试或调查，均应获得学生的知情同意。第四，学生应自愿参与研究，参与研究与否不应对他们的成绩以及他们在项目中的地位产生影响。第五，在公开的研究结果或储存记录中删除可识别的个人标识符。如果获得ISL项目资助的研究者同意遵循以上指导方针，机构伦理委员会将其项目归为豁免审查，研究者可以自由开展教学学术项目，而无须经历冗长的研究伦理审查。

（三）改进教学学术研究设计

基于规则和原则的道德框架和准则虽然可能有所帮助，但却不足以

---

[1] Mary C. Wright, Cynthia J. Finelli and Deborah Meizlish, et al., "Facilitating the Scholarship of Teaching and Learning at a Research University", *Change*: *The Magazine of Higher Learning*, Vol. 43, No. 2, March 2011, pp. 50-56.

确保教学学术实践合乎伦理。伦理问题往往与方法论问题交织在一起。① 因此，研究者可通过修改研究设计灵活地处理日常实践中遇到的伦理问题。从教学学术诞生开始，教学学术学者就一直在与方法论问题做斗争。依隆大学教学促进中心主任彼得·费尔腾将"方法合理"作为良好教学学术实践的原则之一。② 但究竟什么样的研究方法或研究设计才能在伦理层面具备合法性的同时兼具科学层面的严谨性？对于一些人而言，随机对照试验是教学学术研究方法中的"黄金标准"，它可以揭示一些所谓的"因果关系"，进而回答"什么是有效的"。但随机对照试验在教学学术，甚至在教育研究中都是一种理想化的设想。一方面在于随机对照试验扰乱了正常的教学实践，增加了学生的学业风险；另一方面在于随机对照试验未能体现"公正平等"这一伦理原则。因此，教学学术研究人员必须考虑到这些风险，通过改变研究设计来减少风险。例如，将实验研究改为相关研究、采用交替干预的实验设计等。③

英属哥伦比亚大学化学系教授尼尔·德莱顿等人在探究科学一号项目对学生学习效果影响的过程中，开发了一种名为"增值分析"的方法替代了随机对照试验。科学一号是英属哥伦比亚大学理学院于1991年开发，并于1993年首次实施的跨学科课程。它综合了数学、物理、化学和生物四门课程，为本科一年级的学生提供了一个由不同学科教师和学生组成的跨学科学习社区。"科学一号"鼓励高水平的研究人员参与课程教学，为每门课配备了教学型和研究型两种教师。为了培养本科生的科研能力，该课程还要求学生开展独立的科学研究，包括撰写文献综述、进行定量测量等。科学一号的班级规模有限，因此，有意参与科学一号项目的学生需要在课程开始前提交申请，管理者将根据申请者对科学的感兴趣程度以及申请者的论文和学业成绩录取学生。在进行研究

---

① Pat Hutchings ed., *Ethics of Inquiry: Issues in the Scholarship of Teaching and Learning*, Menlo Park: Carnegie Publications, 2002, p. 20.
② Peter Felten, "Principles of Good Practice in SoTL", *Teaching and Learning Inquiry*, Vol. 1, No. 1, 2013, pp. 121-125.
③ Kathleen McKinney, *Enhancing Learning Through the Scholarship of Teaching and Learning: The Challenges and Joys of Juggling*, Bolton: Anker Publishing Company, 2007, p. 65.

设计时，尼尔·德莱顿等人意识到，无论是从伦理还是从实践层面而言，采用随机抽样的方式将学生分为严格的实验组和对照组是不可能的。这种方法不仅会使控制组学生面临潜在的学业风险，还违反了"公平"这一研究伦理原则，使对照组的学生无法获得与实验组同等的教育机会。为了解决这一伦理困境，尼尔·德莱顿等人开发了"增值分析"的方法。① 该方法主要通过对比参加科学一号项目的学生与未参加该项目的学生在本科一年级前后的课程成绩来验证科学一号的有效性，而无须干扰学生的教育经历。在研究过程中，尼尔·德莱顿等人分别收集了2001—2005 年间就读于英属哥伦比亚大学理学院的 6000 名学生在高中三年级、本科二年级和三年级的生物、化学、数学和物理四门课程的成绩，并将以上 6000 名学生分为参加过科学一号项目的学生和未参加科学一号项目的学生两组。通过对比两组学生的课程成绩发现，参加过科学一号项目的学生在随后的高级课程的表现优于未参加该项目的学生，从而为"科学一号"提供了实证支持。② 通过采用这种"增值分析"的方法，研究者规避了教学学术研究设计中潜在的伦理风险，为科学一号的有效性提供了实证支持，进而促进了科学一号项目在英属哥伦比亚大学的发展。

（四）将学生视为共同研究者

师生伙伴关系是良好教学学术实践的原则之一。在高等教育环境中，传统的课堂关系在学生的思想和行为中根深蒂固，教师在解构这些互动关系时的有效性是有限的。伙伴关系需要建立在尊重、互惠的基础之上。因此，让学生参与教学学术全过程并使其从中获益是缩小师生间权力差异，在师生间建立伙伴关系的重要途径。首先，学生从"人类受试者"向"共同研究者"的转变挑战了传统的专业知识等级模型和制

---

① Mark MacLean and Gary Poole, "An Introduction to Ethical Considerations for Novices to Research in Teaching and Learning in Canada", *Canadian Journal for the Scholarship of Teaching and Learning*, Vol. 1, No. 2, December 2010, pp. 1–10.

② Neil Dryden, Celeste Leander and Domingo Louis-Martinez, et al., "Are We Doing Any Good? A Value-added Analysis of UBC's Science One Program", *Canadian Journal for the Scholarship of Teaching and Learning*, Vol. 3, No. 2, February 2012, pp. 1–13.

度结构，颠覆了传统高等教育实践背景下师生间的权力等级，可通过创造权力共享的环境来平衡师生权力关系、解决教学学术伦理困境。① 其次，学生参与教学学术是一种通过"放大"学生的声音来确保研究真实性的重要机制。它不仅可以为研究者提供学生视角，帮助研究者突破"专家盲点"，还有利于培养师生间的尊重和信任关系，从而确保研究数据和研究结果的真实性。最后，教学学术项目本身也可以是学生的一种学习经历。在以合作者的身份参与教学学术的过程中，学生探究和分析的学术技能也会得到发展。当教学学术为研究者带来的益处明显多于其导致的伤害时，伦理困境也会在一定程度上得到消解。

希利等人构建了一个师生合作的概念模型。在该模型中，师生可以通过学习、教学和评估，基于学科的研究和探索、教学学术、课程设计和教学咨询四种方式展开合作。② 目前，学生作为教学学术共同研究者已经成为世界各地高等教育机构中的一种趋势。例如，印第安纳大学伯明顿分校教与学创新中心每年都会资助多个教师学习社区。教师学习社区是由不同学科或不同研究领域的教师围绕特定问题组成的小组。在学习社区中，成员们会提出有关教学和学习的问题，并尝试对教学实践模式进行创新、对学生学习情况进行评估，同时也会发表其研究成果。2018年，教与学创新中心为"学生以伙伴身份参与教学学术"学习社区提供了资助。在该社区中，教师和学生共同探讨了本科生以合作伙伴的身份参与教学学术的益处及其存在的挑战和机遇，同时也探讨了本科生参与教学学术对其研究经验的影响以及本科生在研究过程中对教师工作的支持。最终，该社区建议印第安纳大学制定一项计划以促进教师和本科生协同开展教学学术。

值得注意的是，当高等教育的传统权力结构遭到破坏时，教师虽然

---

① Mary E. Burman and Audrey M. Kleinsasser, "Ethical Guidelines for Use of Student Work: Moving from Teaching's Invisibility to Inquiry's Visibility in the Scholarship of Teaching and Learning", *The Journal of General Education*, Vol. 53, No. 1, July 2004, pp. 59-79.

② Mick Healey, Abbi Flint and Kathy Harrington, *Engagement through Partnership: Students as Partners in Learning and Teaching in Higher Education*, York: The Higher Education Academy, 2014, pp. 22-25.

可能不再是毋庸置疑的专家，但他们仍拥有对学生而言的重要权力。学生们可能会在他们对教师权威的认可和更多自主探究的机会之间感到进退两难。换而言之，将学生视为共同研究者虽然有助于缓解传统课堂中师生间的权力不对称，但难以从根本上消除这种权力差异。同时，将学生视为共同研究者也并不意味着所有学生都可以参与，参与学生的数量通常是有限的，这有可能会边缘化某些学生群体。

（五）引入独立的第三方

加拿大卡尔加里大学泰勒教学研究中心丽莎·M. 费多鲁克教授认为，引入中立的第三方帮助研究者招募被试并收集和分析数据是缓解师生间权力差异的重要手段。① 这种做法不仅可以削弱教师权威的影响，保护学生自由参与或退出教学学术的权利，在教学学术中实现真正的知情同意；还可以避免教师直接接触学生学习数据，从而确保研究数据的真实性和保密性。这种中立的第三方可以是与学生不存在直接教学关系的教师、研究助理或学生，也可以是具有匿名功能的在线数据收集工具等。例如，英属哥伦比亚大学在卡尔·维曼科学教育计划项目中设置了科学教学研究员这一角色协助教师开展教学学术。② 卡尔·维曼科学教育计划是一项由教育研究领域之外的教师开展的、旨在实现最有效的、基于证据的科学教育的研究项目。该项目中的教师通过采用循证互动的教学方法，有效地改善了本科生的科学教育。该计划中的科学教学研究员类似于学科教育专家，是在某一学科领域拥有较高水平专业知识、热衷于提高学生学习水平且对学科教育研究感兴趣的人。在卡尔·维曼科学教育计划中，科学教学研究员充当着中立的第三方角色，其主要职责包括促进课堂变革、组织教与学讨论、设计和实施研究、分析学生学习数据、传播研究结果等。他们既不直接承担学生的教学工作，也无权对

---

① Lisa Fedoruk, *Ethics in the Scholarship of Teaching and Learning: Key Principles and Strategies for Ethical Practice*, Calgary: Taylor Institute for Teaching and Learning, 2017, p.6.

② Mark MacLean and Gary Poole, "An Introduction to Ethical Considerations for Novices to Research in Teaching and Learning in Canada", *Canadian Journal for the Scholarship of Teaching and Learning*, Vol.1, No.2, December 2010, pp.1-10.

学生的学习成绩和行为表现进行评分。除此之外，为了解决有关师生权力关系和强迫同意等伦理问题，英属哥伦比亚大学心理学和社会学课程教授丹尼尔·里卡迪在其合作开展的一项有关学术话语语言复杂性对学生理解能力影响的研究中，选择由研究助理充当第三方的角色。研究助理通过电子邮件向学生介绍研究信息，到每个班级介绍项目概况，收集并管理学生的同意书。研究助理与学生讨论研究项目时，教师不会在场，并且教师对学生的参与情况也并不知情。在这种模式下，教师无法得知学生具体的参与情况，也不能直接接触学生的学习数据。因此，学生可以相对自由地表达自己的参与意愿，也可以提供更加真实的数据而无须担心被教师识别出来所导致的隐私问题，从而保护了研究参与者的自主权和隐私权、确保了教学学术研究结果的真实性。

印第安纳大学的泰莎·本特教授等人在探究助教角色在主动学习课堂中的有效性时，则采用了一个名为 Qualtrics 的在线调查工具。[1] 该工具提供了匿名收集数据的功能。在数据收集阶段，学生需要通过电脑、手机等设备完成调查。但是，使用第三方数据管理工具存在数据泄露的风险，因为它意味着学校将与该工具的开发公司实现数据共享。根据《家庭教育权利和隐私法》，一些受保护的学生数据，如学生成绩、作业和课程注册信息等在大学未与数据收集工具开发公司签订合同的情况下，不得储存在任何第三方工具中。为了保护学生隐私，印第安纳大学规定教师在使用第三方工具收集学生数据之前，应向大学的信息安全管理部门提交特定的信息以供审查。根据印第安纳大学《向第三方披露信息》政策，如果教师使用未得到印第安纳大学授权的应用程序收集受保护的学生数据，将受到学校处罚。[2]

---

[1] Tessa Bent, Julia S. Knapp and Jill K. Robinson, "Evaluating the Effectiveness of Teaching Assistants in Active Learning Classrooms", *Journal of Learning Spaces*, Vol.9, No.2, 2020, pp.103-118.

[2] Indiana University Bloomington, "Third-Party Services: Legal, Privacy, and Instructional Concerns", https://citl.indiana.edu/teaching-resources/instructional-technologies/third-party-services-legal-privacy-concerns/index.html.（2023-08-23）

参考文献

一 中文类

(一) 中文著作

顾明远主编:《中国教育大百科全书(第三卷)》,上海教育出版社2012年版。

韩延明:《大学理念论纲》,人民教育出版社2003年版。

何晓雷:《美国大学教学学术研究》,中国社会科学出版社2016年版。

贺国庆等:《战后美国教育史》,上海交通大学出版社2014年版。

胡锋吉:《高校学生评价研究:英国的实践》,浙江大学出版社2014年版。

瞿葆奎主编:《教育学文集·教育评价》,人民教育出版社1989年版。

李长伟:《实践哲学视野中的教育学演进》,湖北科学技术出版社2012年版。

林杰:《美国大学教师发展组织和项目》,山西教育出版社2018年版。

吕达、周满生主编:《当代外国教育改革著名文献(美国卷·第三册)》,人民教育出版社2004年版。

施晓光:《西方高等教育思想进程》,黑龙江人民出版社2002年版。

宋萑:《教师专业共同体研究》,北京师范大学出版社2015年版。

宋文红等著:《高校教师专业化发展及其组织模式:国际经验与本土实践》,山东人民出版社2013年版。

汪霞主编:《中外大学教学发展中心研究》,南京大学出版社2013年版。

王贵林、林浩亮、史芸:《教学型大学教师专业发展研究——基于教学学术视角》,东北师范大学出版社2020年版。

王玉衡:《美国大学教学学术运动》,北京师范大学出版社2012年版。

朱炎军:《大学教师的教学学术:理论逻辑与制度路径》,上海大学出版社2017年版。

(二) 中文译著

[德] 斐迪南·滕尼斯:《共同体与社会——纯粹社会学的基本概念》,张巍卓译,商务印书馆2019年版。

[德] 尤尔根·哈贝马斯:《作为"意识形态"的技术与科学》,李黎、郭官义译,学林出版社1999年版。

[美] L.迪安·韦布:《美国教育史:一场伟大的美国实验》,陈露茜、李朝阳译,安徽教育出版社2010年版。

[美] W.理查德·斯科特:《制度与组织:思想观念、利益偏好与身份认同(第4版)》,姚伟等译,中国人民大学出版社2020年版。

[美] 伯顿·R.克拉克:《高等教育系统——学术组织的跨国研究》,王承绪等译,杭州大学出版社1994年版。

[美] 伯顿·克拉克:《探究的场所:现代大学的科研和研究生教育》,王承绪译,浙江教育出版社2001年版。

[美] 丹尼斯·朗:《权力论》,陆震纶、郑明哲译,中国社会科学出版社2001年版。

[美] 弗兰克·H.T.罗德斯:《创造未来:美国大学的作用》,王晓阳、蓝劲松等译,清华大学出版社2007年版。

[美] 康斯坦斯·库克等:《提升大学教学能力——教学中心的作用》,陈劲、郑尧丽译,浙江大学出版社2011年版。

[美] 克拉克·克尔:《大学之用(第五版)》,高铦、高戈、汐汐译,北京大学出版社2019年版。

[美] 欧内斯特·L.博耶:《关于美国教育改革的演讲》,涂艳国、方彤译,教育科学出版社2002年版。

[美] 舒尔曼:《实践智慧:论教学、学习与学会教学》,王艳玲等译,

华东师范大学出版社 2013 年版。

[美] 唐纳德·肯尼迪：《学术责任》，阎凤桥等译，新华出版社 2002 年版。

[英] 罗纳德·巴尼特：《高等教育理念》，蓝劲松译，北京大学出版社 2012 年版。

（三）中文学位论文

李志河：《高校教师教学学术水平评价指标体系建构及其应用研究》，博士学位论文，北京师范大学，2018 年。

潘金林：《大学本科教育的守护神——欧内斯特·博耶的高等教育思想与实践的研究》，博士学位论文，南京大学，2012 年。

夏剑：《实践哲学视域下的教育实践论研究》，博士学位论文，南京师范大学，2017 年。

谢阳斌：《教学学术的历史、现状与趋势研究——大学教学的时代特征与学术导向》，博士学位论文，南京大学，2014 年。

张燕南：《大数据的教育领域应用之研究——基于美国的应用实践》，博士学位论文，华东师范大学，2016 年。

（四）中文期刊论文

别敦荣、李家新、韦莉娜：《大学教学文化：概念、模式与创新》，《高等教育研究》2015 年第 1 期。

陈露茜、苏艺晴：《循证教育溯源及其困境》，《清华大学教育研究》2022 年第 4 期。

陈时见、韦俊：《论大学教学学术的双重属性》，《西南大学学报》（社会科学版）2020 年第 6 期。

何晓雷、邓纯考、刘庆斌：《美国大学教学学术研究 20 年：成绩、问题与展望》，《比较教育研究》2012 年第 9 期。

侯定凯：《博耶报告 20 年：教学学术的制度化进程》，《复旦教育论坛》2010 年第 6 期。

黄培森、叶波：《教学作为学术何以可能：实践哲学的立场》，《高等教育研究》2017 年第 11 期。

李方安：《二十世纪西方教师研究运动发展脉络与启示》，《华东师范大学学报》（教育科学版）2009 年第 4 期。

栗洪武：《高校教师学术能力提升的活力要素与激励机制运行模式》，《陕西师范大学学报》（哲学社会科学版）2012 年第 6 期。

刘献君、张俊超、吴洪富：《大学教师对于教学与科研关系的认识和处理调查研究》，《高等工程教育研究》2010 年第 2 期。

刘喆：《什么是大学教师"教学学术能力"：内涵与发展路径》，《华东师范大学学报》（教育科学版）2022 年第 10 期。

王宝玺、朱超颖：《国外"教学学术"概念发展脉络演进》，《全球教育展望》2018 年第 4 期。

王建华：《大学教师发展——"教学学术"的维度》，《现代大学教育》2007 年第 2 期。

王铄、王雪双：《英国大学教学评估改革新动向——基于"教学卓越框架"的前瞻性分析》，《比较教育研究》2017 年第 7 期。

邬大光：《教学文化：大学教师发展的根基》，《中国高等教育》2013 年第 8 期。

宣勇、张金福：《学科制：现代大学基层学术组织制度的创新》，《教育研究》2007 年第 2 期。

阎光才：《西方大学自治与学术自由的悖论及其当下境况》，《教育研究》2016 年第 6 期。

张旸：《高等学校教学学术的价值意蕴及其制度建构》，《高等教育研究》2015 年第 2 期。

周波、刘世民：《教学学术视域下大学教学的品性及其意蕴》，《高等教育研究》2018 年第 6 期。

朱炎军：《学术界的"灰姑娘"：国际教学学术的发展困境和变革图景》，《高等教育研究》2022 年第 5 期。

［美］A. 麦金太尔：《道德困境》，莫伟民译，《哲学译丛》1992 年第 2 期。

［美］爱德华·希尔斯、林杰：《论学术自由》，《北京大学教育评论》2005年第1期。

二 外文类
（一）外文著作

Axtell, James, *Wisdom's Workshop: The Rise of the Modern University*, New Jersey: Princeton University Press, 2016.

Becker, William E. and Moya L. Andrews, eds., *The Scholarship of Teaching and Learning in Higher Education: Contributions of Research Universities*, Bloomington: Indiana University Press, 2010.

Boyer, Ernest L., Drew Moser and Todd C. Ream, et al., *Scholarship Reconsidered: Priorities of the Professoriate*, San Francisco: Jossey-Bass, 2015.

Braskamp, Larry A. and John C. Ory, *Assessing Faculty Work: Enhancing Individual and Institutional Performance*, San Francisco: Jossey-Bass, 1994.

Chick, Nancy L., ed., *SoTL in Action: Illuminating Critical Moments of Practice*, Sterling: Stylus Publishing, 2018.

Cook-Sather, Alison, Catherine Bovill and Peter Felten, *Engaging Students as Partners in Learning and Teaching: A Guide for Faculty*, San Francisco: Jossey-Bass, 2014.

Fedoruk, Lisa M., ed., *Ethics and the Scholarship of Teaching and Learning*, Cham: Springer Nature Switzerland A.G., 2022.

Gillespie, Kay J. and Douglas L. Robertson, eds., *A Guide to Faculty Development (second edition)*, San Francisco: Jossey-Bass, 2010.

Hutchings, Pat, Mary Taylor Huber and Anthony Ciccone, *The Scholarship of Teaching and Learning Reconsidered: Institutional Integration and Impact*, San Francisco: Jossey-Bass, 2011.

Norton, Lin S., *Action Research in Teaching and Learning: A Practical*

Guide to Conducting Pedagogical Research in Universities (second edition), New York: Routledge, 2009.

O'Meara, Kerry Ann and R. Eugene Rice, *Faculty Priorities Reconsidered: Rewarding Multiple Forms of Scholarship*, San Francisco: Jossey-Bass, 2005.

Patton, Michael Quinn, *Qualitative Research and Evaluation Methods* (3rd edition), Thousand Oaks: Sage Publications. Inc., 2002.

Schön, Donald A., *The Reflective Practitioner: How Professionals Think in Action*, London: Routledge, 2016.

Shulman, Lee S. and Suzanne M. Wilson, *The Wisdom of Practice: Essays on Teaching, Learning, and Learning to Teach*, San Francisco: Jossey-Bass, 2004.

Summerfield, Judith and Cheryl C. Smith, eds., *Making Teaching and Learning Matter: Transformative Spaces in Higher Education*, Heidelberg: Springer Science + Business Media B. V., 2011.

(二) 外文期刊论文

Arcila Hernández, Lina M., Kelly R. Zamudio and Abby G. Drake, et al., "Implementing Team-based Learning in the Life Sciences: A Case Study in an Online Introductory Level Evolution and Biodiversity Course", *Ecology and Evolution*, Vol. 11, No. 8, 2021.

Bailey, Emma, Ashley Le Vin and Louise Miller, et al., "Bridging the Transition to a New Expertise in the Scholarship of Teaching and Learning Through a Faculty Learning Community", *International Journal for Academic & Development*, Vol. 27, No. 3, 2022.

Bent, Tessa, Julia S. Knapp and Jill K. Robinson, "Evaluating the Effectiveness of Teaching Assistants in Active Learning Classrooms", *Journal of Learning Spaces*, Vol. 9, No. 2, 2020.

Billot, Jennie, Susan Rowland and Brent Carnell, et al., "How Experienced SoTL Researchers Develop the Credibility of Their Work", *Teaching*

& *Learning Inquiry*, Vol. 5, No. 1, 2017.

Boshier, Roger, "Why is the Scholarship of Teaching and Learning Such a Hard Sell?", *Higher Education Research & Development*, Vol. 28, No. 1, 2009.

Boyer, Ernest L., "The Scholarship of Engagement", *Journal of Higher Service and Outreach*, Vol. 1, No. 1, Apr. 1996.

Bozalek, Vivienne, Arona Dison and Melanie Alperstein, et al., "Developing Scholarship of Teaching and Learning Through a Community of Enquiry", *Critical Studies in Teaching and Learning*, Vol. 5, No. 2, 2017.

Canning, John and Rachel Masika, "The Scholarship of Teaching and Learning (SoTL): The Thorn in the Flesh of Educational Research", *Studies in Higher Education*, Vol. 47, No. 6, October 2022.

Chan, Cecilia K. Y., Lillian Y. Y. Luk and Min Zeng, "Teachers' Perceptions of Student Evaluations of Teaching", *Educational Research and Evaluation*, Vol. 20, No. 4, May 2014.

Chick, Nancy, "Strategies for Ethical SoTL Practice", *The National Teaching & Learning Forum*, Vol. 28, No. 6, October 2019.

Culver, K. C., "All in All: Tearing Down Walls in the Scholarship of Teaching and Learning", *Innovative Higher Education*, Vol. 48, November 2023.

Faulconer, Emily, "Getting Started in SoTL Research: Working as a Team", *Journal of College Science Teaching*, Vol. 50, No. 6, 2021.

Forgie, Sarah E., Olive Yonge and Robert Luth, "Centres for Teaching and Learning Across Canada: What's Going On?", *The Canadian Journal for the Scholarship of Teaching and Learning*, Vol. 9, No. 1, 2018.

Mackenzie, Jane and Annie Meyers, "International Collaboration in SoTL: Current Status and Future Direction", *International Journal for the Scholarship of Teaching and Learning*, Vol. 6, No. 1, 2012.

Newton, Genevieve, Janice Miller-Young and Monica Sanago, "Characterizing SoTL Across Canada", *The Canadian Journal for the Scholarship of Teaching and Learning*, Vol. 10, No. 2, 2019.

Pool, Jessica and Gerda Reitsma, "Adhering to Scientific and Ethical Criteria for Scholarship of Teaching and Learning", *Critical Studies in Teaching and Learning*, Vol. 5, No. 1, 2017.

Sabagh, Zaynab and Alenoush Saroyan, "Professors' Perceived Barriers and Incentives for Teaching Improvement", *International Education Research*, Vol. 2, No. 3, 2014.

Simmons, Nicola and K. Lynn Taylor, "Leadership for the Scholarship of Teachingand Learning: Understanding Bridges and Gaps in Practice", *The Canadian Journal for the Scholarship of Teaching and Learning*, Vol. 10, No. 1, 2019.

Smith, Susan and David Walker, "Scholarship and Academic Capitals: The Boundaried Nature of Education-Focused Career Tracks", *Teaching in Higher Education*, Vol. 29, No. 1, 2024.

Stapleton, Laura and Jill Stefaniak, "Cognitive Constructivism: Revisiting Jerome Bruner's Influence on Instructional Design Practices", *TechTrends*, Vol. 63, No. 4-5, 2019.

Tight, Malcolm, "Tracking the Scholarship of Teaching and Learning", *Policy Reviews in Higher Education*, Vol. 2, No. 1, 2018.

Whitton, Joy, Graham Parr and Julia Choate, "Developing the Education Research Capability of Education-focused Academics: Building Skills, Identities and Communities", *Higher Education Research & Development*, Vol. 41, No. 6, 2022.

Wilson-Doenges, Georjeanna and Reagn A. R. Gurung, "Benchmarks for Scholarly Investigations of Teaching and Learning", *Australian Journal of Psychology*, Vol. 65, No. 1, 2013.

(三) 外文报告

Centre for Teaching Support & Innovation, Developing and Assessing Teaching Dossiers: A Guide for University of Toronto Faculty, Administrators and Graduate Students, Toronto: Centre for Teaching Support & Innovation University of Toronto, 2017.

Denecke Daniel D., Julia Kent and William Wiener, Preparing Future Faculty to Assess Student Learning, Washington D. C.: Council of Graduate Schools, 2011.

Farrell, Kelly, Collegial Feedback on Teaching: A Guide to Peer Review, Melbourne: The University of Melbourne, 2011.

Fedoruk, Lisa, Ethics in the Scholarship of Teaching and Learning: Key Principles and Strategies for Ethical Practice, Calgary: Taylor Institute for Teaching and Learning, 2017.

Australia Department of Education, Science and Training, Striving for Quality: Learning, Teaching and Scholarship, Canberra: Commonwealth of Australia, 2002.

后　　记

　　本书是2024年度河南省高等教育教学改革研究与实践项目重大课题（课题编号：2024SJGLX0006）"中国式教育现代化视域下的地方高校一流本科专业高质量发展研究与实践"的研究成果。

　　教学学术是对"教"和"学"进行系统研究的实践过程，既关注教师的"教"，也关注学生的"学"；它要求教师从自身教学实践主体的角度研究教学过程，从学生作为认识活动主体的角度研究学习过程。教学学术关注教师在教学实践过程中的理论生成，以及理论与实践之间的有机结合，也注重对学生自主学习、自由探究和自我发现能力的研究。

　　《世界一流大学教学学术国际比较研究》立足于"强国建设、教育何为"，强化高等教育龙头作用，把握中国教育与世界的关系，建设具有重要影响力的世界教育中心。为此，我们探讨了世界一流大学的教学学术实践与理论，从学术研究的视角分析了一流大学如何将教学与学术相结合，如何创新和提升教学质量，以及对中国高等教育改革和发展的启示；在高等教育日益国际化的今天，希望通过比较研究，探索世界一流大学在教学学术方面的共同点和差异性。

　　对于这部作品的完成，我们要感谢所有提供帮助和支持的单位和个人：感谢河南省教育厅为这项研究立项；感谢国内外致力于教学学术发展的研究者和教师，他们的理论研究与实践经验为我们提供了宝贵的研究基础；感谢那些与我们分享思想和见解的专家学者，他们深邃的智慧和敏锐的洞见使我们的研究更加完善和深入；感谢河南大学和教育学部为我们的研究提供了全方位的支持和保障。希望这部作品能为中国式教育现代化提供一些有益的参考和启示，同时也期待更多的学者、专家和教师能参与到教学学术的研究和实践当中，共同推动高等学校的高质量发展。

这部作品是国家级教学名师、河南大学教育学部杨捷教授团队合作研究的成果。由杨捷、吴路珂担任主编并统稿，赵娜担任副主编。具体各章执笔人为：绪论——杨捷；第一章——杨捷、闫宇行；第二章——杨捷、窦雯馨；第三章——杨捷、王羽翾；第四章——吴路珂、吴偏妮；第五章——吴路珂、牛恪恬；第六章——吴路珂、王春辉；第七章——赵娜、彭媛媛；第八章——赵娜、张崇。在这部作品撰写过程中，团队成员参考了大量相关研究资料和最新研究成果，并在作品中引用注释，谨向有关作者和译者表示感谢。

2024年正值以教育强国建设支撑引领中国式现代化的关键节点，构建中国特色、世界水平、与中国式现代化相匹配的高质量教育体系是重中之重。期望这部作品对中国高等教育发展有所裨益，为教学学术发展提供国际视野和比较借鉴。

著者

2024年1月18日于河南大学金明校区田家炳书院